# L'HOMME

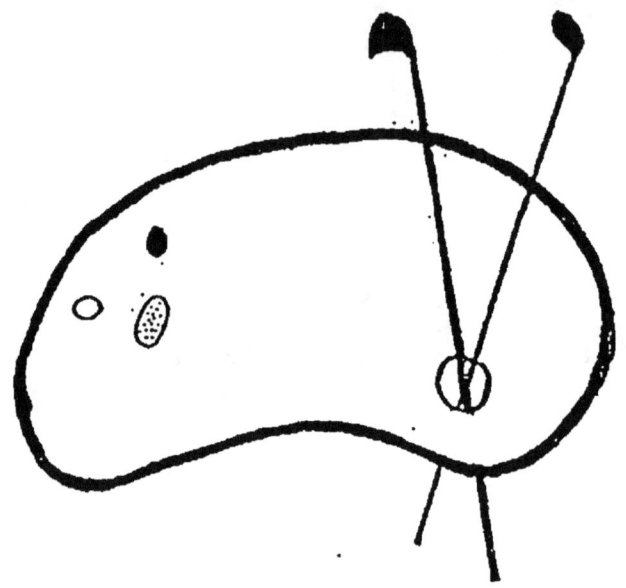

FIN D'UNE SERIE DE DOCUMENTS
EN COULEUR

## DU MÊME AUTEUR :

Paroles de Dieu. Un volume in-18 jésus.
Physionomie des Saints. Un volume in-18 jésus
Plateaux de la balance (Les). 1 volume.
Contes extraordinaires. Un volume in-18 jésus.
Philosophie et athéisme. 1 volume.
Rusbrock l'Admirable (Œuvres choisies). Un volume in-18 jésus.
Livre des visions (Le) et instructions de la Bienheureuse Angèle de Foligno, traduit du latin. 2° édition, in-18
Jeanne de Matel. (Œuvres choisies). Un volume in-12.

ERNEST HELLO

# L'HOMME

## LA VIE — LA SCIENCE — L'ART

Précédé d'une introduction par M. Henri Lasserre

NOUVELLE ÉDITION

PARIS
LIBRAIRIE ACADÉMIQUE DIDIER
PERRIN ET Cie, LIBRAIRES-ÉDITEURS
35, QUAI DES GRANDS-AUGUSTINS, 35
1894
Tous droits réservés

# INTRODUCTION

PAR

**M. HENRI LASSERRE** [1]

I

Il y a bien longtemps de cela. C'était en cette époque disparue, où la France était proclamée par la diplomatie la première nation du monde, où l'Exposition universelle attirait à Paris la terre entière, et où, sous mille formes, l'orgueil humain disait comme à Babel : « Nous pouvons nous passer de Dieu. » C'était le moment où l'Empire tout-puissant semblait assis à jamais dans sa force, et où, devant les douanes abolies et le spectacle de tant de richesses, la multitude humanitaire affirmait, en ses ligues honnêtes, que la paix éternelle avait enfin commencé pour le globe. Tous les égoïsmes étaient satisfaits, tous les appétits en train de se repaître, tous les plaisirs à la portée des lèvres. Sur l'asphalte de tous les trottoirs, sur les planches de tous les théâtres, sur l'estrade flamboyante des cafés-chan-

---

1. Cette *Introduction* fut écrite en 1872.

tants, la chair humaine toute étincelante de soie, de pierreries, de chrysocale et de nudités faisait fortune en se vendant. La Luxure prodigue s'amusait à jeter en terre cinquante millions, c'est-à-dire cent lieues de pièces de cinq francs bout à bout, c'est-à-dire de quoi nourrir pendant un an plus de cent mille pauvres familles ; la Luxure jetait en terre cinquante millions pour se construire un temple, le plus vaste du monde, et elle l'appelait l'Opéra. Invisible et cachée dans les violons d'Offenbach, de Strauss ou de Musard, Circé faisait de la musique devant l'innombrable troupeau des compagnons d'Ulysse et des disciples d'Épicure. Parmi ceux-là, l'Art, devenu immonde, se vautrait particulièrement dans la boue et se congratulait en son ignominie. Courbet et je ne sais quels autres régnaient; les galeries et les musées étaient de plus en plus le vestibule des mauvais lieux. Il y avait un ministère des beaux-arts et de la maison de l'Empereur. Il y avait, pour nourrir le peuple, la littérature Flaubert et la littérature du Terrail. Il y avait un grand journal, le plus grand qui eût jamais paru, car c'est par millions et par millions qu'il comptait ses lecteurs parmi le plus grand des peuples, et ce grand journal du grand peuple c'était le « Petit-Journal ». En religion, il y avait Proudhon, c'est-à-dire la haine ; il y avait Renan, c'est-à-dire la trahison ; il y avait Jules Simon, c'est-à-dire la sottise; en politique, il y avait le *Siècle*, c'est-à-dire tout à la fois. C'était là le pain quotidien. On était coupable, impie et imbécile. Thérésa paraissait et excitait les trépignements enthousiastes de la tourbe dorée et de la tourbe dédorée. Renan publiait son livre et savourait les mêmes bravos. On plaisantait aussi. La Prusse avait planté au beau milieu de l'Exposition universelle le plus gros canon d'acier qui eût jamais été fondu sur le globe ; et on riait à gorge déployée devant cette énormité ; et on disait : « Elle est mauvaise ; » et on criait : « Je la connais ; » et on répétait : « On ne me la fait pas. » La langue française se pourrissait. Et toutes choses marchaient à souhait. Travaillant dur, semaine et dimanche ; vendant cher ; gagnant gros ; contents de sentir le sol solide sous leurs pieds, les laboureurs labouraient, les commerçants commerçaient, les agioteurs agiotaient. Tout allait pour le mieux dans le pire des mondes.

C'est alors qu'errant un jour avec un camarade, dans les jardins cosmopolites de l'universelle Exposition, je rencontrai un homme. Oui, c'était un homme. Sa tête étrange et fulgurante, sa tête aux cheveux légèrement épars, était illuminée par deux yeux qu'on ne peut oublier. Ils étaient tout remplis de cette flamme semi-douce et terrible, de cette lumière supérieure que les hommes ont appelée le Génie. Le front était vaste comme la pensée. Le dos, légèrement voûté comme celui d'Atlas, semblait courbé sous le poids de quelque invisible Univers,

Cet homme m'aborda et, faisant un geste fatidique, me dit gravement ce seul mot :

— Mon ami, je m'étonne.

Je le regardai comme pour lui demander ce qui causait sa stupeur, car c'était bien la stupeur que traduisaient manifestement les traits assombris de sa vivante physionomie. Il reprit :

— Je viens de passer devant les Tuileries, et elles ne brûlent pas encore !

Ce fut à mon tour d'être stupéfait. Il le vit et ne s'en troubla point. Il leva sa main comme les Prophètes des temps disparus et me montra la ville immense. Puis, comme si, dans les profondeurs de sa pensée ou par-delà les horizons, il eût entrevu je ne sais quelles multitudes en marche, il ajouta lentement ces paroles, dont j'entends encore l'accent indéfinissable :

— Les Barbares tardent bien à venir !.. Que fait donc Attila ?

Et rentrant dans son silence, il me quitta, et je l'aperçus longtemps encore au milieu de la foule, poursuivant sa promenade et continuant sa rêverie.

Cet homme, c'était Hello.

— Il est fou, me dit mon compagnon.

Et voilà cependant qu'Attila est venu, et que les Tuileries ont été dévorées par le feu de la terre. La parole du fou a été littéralement prophétique et s'est rigoureusement accomplie.

## II

Hello a souvent de ces regards profonds, presque terribles, qui percent tout à coup l'épaisse apparence des choses, pour en signaler brusquement la réalité véritable et entièrement inattendue.

Il y a en lui du de Maistre et du Pascal, et comme un écho de la voix d'Isaïe ; bien qu'il ne soit ni Pascal, ni de Maistre, ni Isaïe, mais qu'il soit Hello, — c'est-à-dire une des originalités les plus frappantes du dix-neuvième siècle.

Caractériser ce génie singulier qui a, sans doute, des parents dans la grande famille des penseurs, mais qui n'a point de semblables ; faire le portrait de cet écrivain aux aspects mutiples, aux accidents imprévus, aux formes gigantesques et parfois abruptes ; montrer tout ce qu'il a d'immense et expliquer ce qu'il a d'inachevé, constitue un travail difficile devant lequel ma plume a longtemps hésité.

« Comprendre, c'est égaler, » est un mot de Raphaël, qu'Hello s'est plu à citer. Et, par malheur, je suis loin d'égaler. Il y a dans Hello des hauteurs que je ne puis mesurer et des profondeurs sur le bord desquelles le vertige me saisit.

Quand je lis, je crois voyager dans un pays de montagnes. J'admire des splendeurs et je côtoie des abîmes.

Ici, la région des aigles et l'habitacle de la foudre ; ici, d'inaccessibles sommets, tantôt perdus dans les nuées du ciel, tantôt tout éclatants de lumière et brillants comme le soleil ; là, des gorges béantes et noires, des crevasses titanesques qui semblent descendre jusqu'aux assises de la terre. On jette une pierre pour sonder ces gouffres, et on l'entend rouler et bondir çà et là dans les ténèbres avec un bruit sourd ; mais le bruit se perd avant qu'elle ait touché le fond. Des blocs erratiques laissés sur la pente des monts par quelque catastrophe contemporaine des six jours de Dieu ; des rocs de granit fendus comme par une hache ou coupés à pic par des cataclysmes inconnus ; des fleuves qui tombent comme une poussière d'argent du haut des cimes inexplorables ; des végétations énormes ; des arbres prodigieux que le déluge a baignés de ses eaux ; et puis, sous le pied du passant, des herbes parfumées, de petites fleurs exquises qui refusent d'habiter dans les jardins dont l'homme est le maître, et qui s'épanouissent librement dans ces déserts voisins du ciel ; de grands espaces arides et effrayants ; des oasis ; des nappes de lave solide que brûle le midi, des sources fraîches et jaillissantes ; et, par-dessus toutes choses, la solitude, l'immensité, le silence, je ne sais quoi de terrible : telle est la Montagne, tel est Hello.

De ces alpestres régions on domine l'humaine

vallée, on la voit d'autant mieux qu'on la voit de plus haut. On voit quelle pente suivent ses ruisseaux, vers quel océan se précipitent ses fleuves, à quelle frontière conduisent ses chemins. Le regard embrasse du même coup d'œil et la source et l'embouchure, et le point de départ et le lieu d'arrivée, et le principe et la conséquence. Il y a dix ans, Hello disait : « Les barbares sont en route. Attila est en retard. Les Tuileries vont brûler. »

Et cependant, faut-il le dire? on se fatigue en ces sommets. Le pied se lasse de toujours monter, de marcher sans cesse, en dehors des sentiers frayés, de parcourir indéfiniment des escarpements inexplorés. La poitrine finit par être mal à l'aise dans ce trop pur éther, et appelle, toute haletante, l'air épais de la terre. L'œil se trouble à l'aspect inaccoutumé de ces masses énormes et de ces horizons sans limites. L'être tout entier est épuisé par le contact prolongé du sublime.

Et monté sur le faîte, il aspire à descendre.

On va sur la Montagne : on la parcourt dans tous les sens, on frémit d'admiration devant ses grandeurs formidables, on respire avec délices le sauvage parfum de ses fleurs inconnues, on goûte dans le creux de la main la saveur de ses sources ; mais on n'y bâtit point sa demeure et on redescend du Thabor. On voyage dans la Montagne ; on y revient quand on l'a quittée ; on y fait des excursions sans nombre : on ne l'habite pas.

Mais si on ne l'habite point, le souvenir des horizons qu'il découvre et des merveilles qu'elle recèle ne s'efface jamais de l'esprit. Et quand la pensée, pour regarder les choses, est montée une fois sur les cimes immobiles de ces Himalayas, il est rare qu'elle n'en garde point une impression éternelle. Il est rare aussi, si elle est vraiment virile et douée de quelque vigueur, qu'elle ne se passionne point pour ces puissants sommets, et qu'elle ne retourne souvent, jusques au soir de la vie, gravir au hasard de la course ces escaliers de géants. En revanche, les natures faibles, les poitrinaires, les rachitiques, les fiévreux, les ramollis, les yeux malades, les gens de la foule, prennent en horreur, j'allais dire en terreur, toutes ces masses vertigineuses.

Pourquoi monter, quand il est si doux de descendre, ou si commode de demeurer chez soi ? Pourquoi chercher des horizons, quand la myopie réduit tout horizon à une enceinte de basse-cour ? Plus sage encore que le sage Bias, qui ne portait que sa fortune, le myope porte son horizon avec lui. Qu'on le fasse monter sur la plus grande des Cordillères, ou qu'on l'assoie, à sa place, dans le fauteuil de cuir d'un bureau, son horizon ne changera pas : il verra toujours la même chose, et de la même hauteur. *Omnia mecum porto.*

## III

Je viens d'analyser et de faire comprendre avec exactitude, je crois, la nature du génie d'Hello. Je viens de dire ce qu'il est en lui-même et de faire pressentir aussi ce qu'il peut être au regard des hommes.

Hello est admiré avec enthousiasme par plusieurs écrivains, sur lesquels son influence a passé; et je m'honore d'être de ceux-là. Depuis plus de dix ans, je lis tous ses travaux ; et je crois que ce n'est point sans grand profit pour moi-même, pour mon esprit, et, ce qui est mieux, pour mon caractère et pour mon âme, que j'ai fait de fréquents voyages dans les profondeurs et sur les cimes de ce génie. J'en suis toujours revenu plus fort, plus éclairé et meilleur, ou, si vous exigez de moi des termes rigoureux, moins faible, moins ténébreux, moins mauvais. Rien n'est pur comme l'air qu'on y respire ; rien n'est clair comme cette lumière; rien n'est limpide et vivifiant comme ces sources; rien surtout n'est élevé comme cet horizon.

L'élévation est le caractère le plus frappant, le caractère général et essentiel d'Ernest Hello. Tout est élevé : même les plaines, qui ne sont que le plateau des altitudes; même les gorges ombreuses, qui ne sont que des vallées supérieures et l'entre-deux des Grandes Montagnes. Partout on se sent au-dessus de la couche souillée que piétine la foule humaine. Il y a des neiges et des glaces ; il y a de vastes étendues pierreuses où le pied se déchire ; il y a des espaces arides et désolés ; il y a des éboulements formidables et des torrents roulant au fond des ravins : il n'y a pas de boue. La fange est absente.

La fange est absente ! Première et étrange raison de l'impopularité d'Hello.

## IV

On raconte qu'un jour, vers les derniers temps du premier Empire, le 1ᵉʳ janvier 1815, je crois, il y avait fête et réception dans ce palais des Tuileries que vient de brûler naguère la fureur aveugle des hommes et la colère clairvoyante de Dieu. Aux murs de la salle étaient appendus les chefs-d'œuvre de Michel-Ange, d'Angelico ou de Raphaël. Formidables, superbes et doux, allaient, venaient, parlaient, ces hommes de bronze qui avaient vaincu l'Europe et contre lesquels l'Europe se levait. Parmi eux rayonnait d'un feu sombre la figure césarienne et terrible de Napoléon. On causait, et ce qui s'agitait dans cette causerie, c'était le sort même du monde. Sur un vaste tapis qu'avaient brodé les mains exquises de l'Art, entouré de merveilles dont il faisait ses jouets, l'Enfant impérial était à demi couché. Des femmes dont les rubis et les pierreries brillaient comme des étoiles, des reines assises dans des nuages de dentelle, des jeunes filles d'une grâce enfantine écoutaient, ou s'amusaient à lutiner le petit prince, — celui qu'on appelait le Roi de Rome.

Par un pénible contraste avec ces splendeurs, on apercevait à travers la fenêtre un groupe hideux de malpropreté. C'étaient des gamins sordides qui s'amusaient à se vautrer dans la boue du quai, l'horrible boue de Paris.

Le Roi de Rome était triste, inattentif, agacé, mécontent. Il repoussait toute caresse et semblait tourmenté par quelque mal indéfinissable.

Le grand Empereur s'approcha :

— Qu'as-tu, mon fils ?

— Tout cela m'ennuie, dit l'enfant, en montrant d'un geste les statues, les tableaux, les chefs-d'œuvre, qui peuplaient le salon.

— Tout cela, c'est l'Art, dit Napoléon.

— Tout cela m'ennuie, répéta l'enfant, en désignant les hommes d'État et les généraux, et faisant sans doute allusion à ces conversations, trop fortes pour lui, à ces gigantesques plans de bataille, à ces idées d'où dépendait le sort de la terre.

— Tout cela, c'est le Génie et la Gloire, dit l'Empereur.

— Tout cela m'ennuie, répéta l'enfant une troisième fois, en indiquant le cercle charmant de jeunes femmes au milieu desquelles il était placé.

— Tout cela, c'est la Beauté... Que veux-tu donc, ambitieux terrible? fit alors le César tout-puissant en se penchant vers ce blond visage qui brillait de quelque désir inconnu.

— Père, — dit l'enfant, en étendant son petit bras vers la fenêtre, — je voudrais, moi aussi, aller me rouler *dans cette belle boue*.

Hélas! combien d'hommes, moins excusables que cet enfant qui n'avait autour de lui que des éclats factices, combien d'hommes sont insensibles à la Beauté, à l'Art et au Génie, et rêvent, au milieu des splendeurs, d'aller se rouler *dans cette belle boue!* L'immonde leur manque ; ils ont la nostalgie de la fange. Aussi des écrivains d'un incontestable génie comme, par exemple, en France, Victor Hugo et bien d'autres, hélas! ont-ils jugé bon de mettre beaucoup de boue dans leurs œuvres, et de capter par là l'enthousiasme et de la fidélité des viles multitudes. De Maistre, de Bonald, Hello n'ont pas mis de boue : ils ne seront jamais populaires. La foule les fuira ; et ils ne seront fréquentés de siècle en siècle que par l'élite de l'esprit humain.

## V

Hello n'est point populaire, non seulement

parce qu'il manque absolument de ces scories qui
plaisent à l'ignominie des foules, mais aussi
parce que ses qualités sont d'un ordre trop haut
pour la moyenne des esprits, pour ce qui est déjà
au-dessus de la plèbe, pour ce que j'appellerai,
sans nulle mauvaise part, la bourgeoise intellectuelle.

Cette bourgeoisie est instruite, diserte, savante;
elle écrit des journaux ; elle fait des livres; elle
déploie, dans l'ordre des affaires, des facultés
remarquables ; elle administre ; elle gouverne:
mais elle est entièrement privée du double et
unique sentiment qu'Hello possède à un degré
capital, je veux dire l'amour de tout ce qui est
grand, l'horreur de tout ce qui est bas.

Elle n'a ni ce sentiment, ni même la notion de ce
sentiment.

Absorbée en elle-même, prenant pour les bornes
du monde l'enceinte étroite de son horizon, elle
ressent une instinctive horreur pour tout ce qui
dépasse son propre niveau et sa portée. Remarquable dans sa sphère, appréciant, dans cette limite,
toutes les beautés, toutes les délicatesses, toutes
les forces de l'intelligence humaine, admirant le
talent, rendant même justice aux vertus modestes,
elle perd toute conscience du vrai vis-à-vis de ce
qui sort de son cercle, de ses habitudes, du point
ordinaire de son rayon visuel. Point méchante
dans le cours vulgaire des choses, elle devient

atroce ; ne manquant ni d'esprit, ni de sagacité, ni de tact dans les affaires de son ressort, elle devient inepte, en présence de tout homme qui a jugé bon d'enjamber ses frontières et de camper au delà. Celui-là, c'est l'ennemi, l'homme du dehors, l'*hostis* antique. On repousse sa personne et on ne comprend pas sa langue.

A cette race moyenne, le démesuré fait peur. Le Génie lui semble démence. Assise dans ses aréopages et ses académies, cette bourgeoisie intellectuelle emprisonne Colomb, enferme comme insensé Salomon de Caus, hausse les épaules devant Fulton ; et, réduite enfin par la brutalité de l'expérience à admettre l'Amérique ou la vapeur comme des vérités physiques, elle n'en demeure pas moins la même dans l'avenir : oubliant ses sottises de la veille, elle les continue sous une autre forme le lendemain. Si, pressée par les faits ou par la rigueur des mathématiques, elle est en quelque sorte contrainte de progresser malgré elle dans le domaine de la Science, elle est, de tout temps, demeurée stationnaire dans le domaine de l'Art, de la Philosophie, de la pensée pure. Lisez les discours des amis de Job et les articles du *Siècle* ou du *Temps*, et vous verrez que c'est à peu près la même chose, sauf la forme, qui est en décadence.

Telle est la classe nombreuse et lettrée auprès de laquelle Hello ne sera jamais populaire. Il est audelà de sa mesure ; il habite hors de ses frontières ;

il est exagéré; il est excessif; il parle un idiome incompréhensible : c'est un barbare ; c'est l'ennemi.

Pour comprendre Hello, il faut être soi-même, par quelque côté, en dehors de cette bourgeoisie intellectuelle. Au moins par certaines aspirations, par la passion ardente de la vérité, par le manque de toute crainte dans l'ordre des idées, par l'indépendance entière et les hardiesses de l'intelligence, par la générosité de sa nature, par le dédain des choses viles, il faut appartenir à l'aristocratie humaine. Le génie d'Hello a je ne sais quoi de royal ; et pour vivre dans sa familiarité, il faut avoir dans l'âme, dans l'esprit, dans le cœur, quelques quartiers de noblesse.

Aussi le public d'Ernest Hello est-il rare, rare comme tout ce qui est exquis. Incompris de la foule vulgaire, haineusement repoussé par la puissante caste des médiocrités; c'est seulement parmi les hommes d'élite que le génie d'Hello est pleinement reconnu. Là, il exerce sa suprématie ; là, on reconnaît sa supériorité et sa grandeur: il est maître parmi les maîtres. Là, on aime à lire et à relire, dans ses œuvres, certaines pages incomparables que nul autre que lui n'est capable d'écrire. Là, on s'inspire surtout de la hauteur de ses points de vue.

Je connais des écrivains très remarquables qui aimeraient mieux jeter au feu tous leurs manuscrits que de publier quoi que ce soit qui pût provoquer chez Hello ce jugement suprême et sommaire qu'il a coutume de formuler d'une façon souveraine, absolue, hors de toute contradiction : « Cela est bas. » En telles matières Hello ne discute pas ; il prononce ; et son verdict s'impose irrésistiblement.

Je me souviens qu'un jour je lui lus quelques vers d'un de nos grands poètes, Corneille : c'était une petite pièce intitulée, je crois, *Stances à une marquise*. Ces vers d'une très fière allure m'avaient charmé. Hello m'écouta, puis il me regarda et dit ce seul mot : « Cela est bas ! » Et il avait raison. Et, à ma honte, je n'avais pas vu, sous la splendeur castillane de la forme, ce que le fond même du sentiment avait de peu élevé. Ce me fut une lumière, presqu'une révélation. Hello avait d'un seul coup haussé d'un degré considérable le point de vue de mon jugement.

## VI

Si la médiocrité méconnaît et déteste Hello, Hello, à son tour, a pour la médiocrité une exécration qui va parfois, à mon avis, un peu au-delà de la justice. La haine de l'homme médiocre inspire tous ses écrits, et cette haine ne connaît pas la pitié. Habitué à vivre familièrement sur les sommets, Hello semble croire à une culpabilité manifeste, à une mauvaise volonté évidente chez l'homme médiocre, qui demeure dans la vallée, et dont l'œil confond la cime immobile des monts granitiques avec la brume inconsistante des nuées. Peut-être a-t-il raison en grande partie, mais assurément pas autant qu'il le pense. Sans doute, il y a, dans l'homme médiocre, une certaine petitesse volontaire, et un orgueil imbécile dont il lui serait loisible de s'affranchir, et dont, par suite, il est responsable ; sans doute, l'humilité est une porte par où toutes les âmes peuvent entrer dans la grandeur ; mais il y a aussi, dans l'homme médiocre, une part d'infirmité qu'il ne dépend point de lui de surmonter, et qui ne mérite pas l'irritation de ceux que Dieu a favorisés, comme les aigles, de la puissance du regard et de la puissance des ailes. La médiocrité n'est pas tout entière dans l'âme, sans quoi Hello aurait pleinement raison ; elle est aussi en grande partie dans l'esprit, et c'est ce qui fait qu'il a tort dans son exécration sans réticence et son mépris absolu.

Peut-être, en défendant l'homme médiocre, cédé-je un peu à la tentation de me préserver moi-même d'un jugement si dur :

Haud ignara mali miseris succurrere disco.

Mais, en dehors de tout intérêt personnel, je crois que je viens de toucher incidemment le point par où manque et par où s'égare le génie puissant d'Ernest Hello.

Hello possède à un degré éminent le sentiment de l'absolu, la notion de l'intégrale justice, la claire vision de l'ordre éternel, et c'est là sa grandeur, sa magnificence et sa gloire. Sa pensée habite constamment dans ces régions supérieures. Elle y plane, elle s'y complaît, elle y vit.

Or, Hello concevant si bien ce qui devrait être, ce qui pourrait être, Hello étant si ardemment épris de cet idéal possible, de cet idéal divin, qui est en quelque sorte à portée de main de l'humanité, et dont l'humanité se détourne, il advient qu'il supporte difficilement les grands et les petits désordres d'ici-bas. Métaphysiquement, il comprend d'une façon admirable et exprime lui-même, en un splendide langage, comment toutes ces dissonances aboutiront à la divine harmonie du règne éternel ; comment, pour lui emprunter ses propres paroles, les oppositions absolues trouveront une solution relative et les oppositions relatives une solution absolue. Mais c'est en vain que son esprit est pénétré de ces vérités, son caractère ne l'est pas et réagit avec impétuosité, je dirais même avec fureur, contre certaines imperfections de ce monde déchu. Son esprit sait parfaitement que le vrai, le beau, le bien, auront la gloire définitive ; mais son caractère ne se résigne pas à attendre et voudrait que ce fût tout de suite. Son esprit voit clairement que le triomphe des méchants, des sots, des hommes médiocres est éphémère et s'évanouira comme la brume du matin ; mais son caractère s'exaspère de cette victoire momentanée, comme si elle devait être éternelle.

Au lieu, par une très haute application morale de la belle loi métaphysique qu'il a formulée, au lieu d'opposer aux désordres absolus une patience relative, et aux désordres relatifs une patience absolue, il perd entièrement le calme et refuse de se résigner à l'accident mauvais qu'il plaît à Dieu de permettre ici-bas. Oubliant, ce qu'il connaît pourtant si admirablement, la différence du Ciel, pays de l'absolu, à la Terre, région du relatif, il porte, dans sa lutte contre les choses et contre les hommes, les sentiments qu'avait l'archange saint Michel contre Satan et ses mauvais Anges. Il ne fait point, dans certains égarements, dans certaines ignominies de la nature humaine, la part de l'infirmité ; et très injustement, il voit, en des hommes simplement coupables, des Démons radicalement mauvais. Il ne demeure point, je le crains, dans l'indignation contre le mal, indignation qui a fait les saints, mais il en sort et s'égare jusqu'à la haine, non point certes contre tous les pécheurs, mais contre celui qui viole l'ordre de Dieu d'une certaine manière qui lui est odieuse, ne songeant pas que, par cette haine, il viole lui aussi, d'une autre manière, ce même ordre sacré.

Il a conscience de son génie, et il s'irrite ou s'aigrit de l'injustice et de l'indifférence des hommes, comme si le spectacle du Dieu méconnu, — du Dieu méconnu jusqu'à être crucifié, — ne devait pas, sur ce point, nous rendre inaccessibles à tout. A des désordres relatifs, il oppose une impatience absolue ; et dans son zèle porté à la colère, il dirait volontiers à Dieu comme les fils de Zébédée : « Seigneur, voulez-vous que nous fassions tomber le tonnerre sur ces cités indignes qui refusent de Vous recevoir ? »

## VII

On ne peut trop aimer, mais on peut mal aimer. Un certain amour de la gloire et de la grandeur le jette peut-être par moments hors de son véritable équilibre.

Son génie a le culte des saints et sa plume incomparable a écrit sur eux des pages immortelles. Et cependant, suivant le courant de sa nature, s'il rencontre un saint qui ne soit que saint, il cherchera encore et ne sera point satisfait. Il lui faut dans ce saint la grandeur telle qu'il la comprend, la grandeur et la gloire. A côté de saint Vincent de Paul, il aura une certaine inquiétude inassouvie et son esprit se tournera de lui-même vers les splendeurs de Moïse ; vers l'éclat de ce Salomon dont la surhumaine sagesse donnait audience aux rois de la terre ; vers ces grands thaumaturges et ces terribles Chefs de peuple, qui ont passé en ce monde, le front illuminé d'un signe visible, commandant aux remparts de tomber, à la terre d'engloutir les pervers, aux dix plaies de frapper l'Égypte, au soleil de s'arrêter, aux Océans de s'ouvrir.

Faut-il le dire ? Oui, puisque je le pense. Dans cet ardent besoin de gloire et de grandeur, visibles dès ici-bas, je suis convaincu qu'Hello doit faire de temps en temps un énergique effort sur lui-même pour ne pas être mécontent que Jésus-Christ ne soit pas venu, à l'époque de son incarnation, comme il viendra en son second avènement, alors qu'il apparaîtra dans son éclat infini, alors que les soleils disparaîtront devant sa lumière, et que les générations ressuscitées trembleront devant la colère de l'Agneau. Je suis convaincu qu'emporté par sa soif de l'idéal réalisé sur la terre, non seulement il sent gronder sa fureur contre l'humanité médiocre qui refuse de faire un pas pour monter, mais que, plus d'une fois il est tenté de trouver que la Providence aurait plus sagement fait en écrasant tout obstacle. Il s'impatiente de la patience de Dieu.

Cette impatience, qui tient à son tempérament et non à son génie, est précisément le côté par où

Hello est incomplet ; car elle réagit malheureusement sur ce beau génie, le trouble, l'agite, et l'empêche de se développer dans toute la tranquillité de sa puissance et de son rayonnement.

J'en suis vivement attristé ; et j'ai été, je l'avoue, étonné bien souvent que de telles lumières dans la pensée, de telles intuitions des harmonies définitives ne fissent pas descendre en l'âme de cet homme, non certes l'indifférence, mais la paix, la paix suprême, la paix immuable, absolument inaccessible aux accidents et aux désordres passagers de ce monde. C'est que pour cela le génie ne suffit pas : il faut la Sainteté. Et même la Sainteté seule suffit. La Sainteté eût pleinement équilibré cette puissante nature et donné à ce beau génie toute sa force, toute sa fécondité, toute sa splendeur. Hello a le génie d'un saint, d'un saint comme a pu l'être le grand Denys l'Aréopagite. Il a le génie d'un saint et ce n'est pas un saint. De là ce manque d'équilibre, ce je ne sais quoi d'incomplet, de troublé et de heurté que l'on rencontre parfois chez lui et que je fais pressentir, sans y insister.

Génie admirable cependant, et qui laissera après lui des éclats de lumière jusqu'à la plus extrême postérité.

## VIII

J'ai dit ce qu'était ce génie dans les hautes régions. Son impatience trop grande en présence des tristes réalités de ce monde n'altère en rien la lucidité inouïe de son regard, quand il prend ces mêmes réalités dans sa main pour les étudier et pour les juger. Ce regard pénètre l'opacité des surfaces et voit la substance même.

Ni La Bruyère, ni Pascal, ni Tacite, ni Shakespeare, ni Balzac n'ont scruté avec cette vigueur et cette finesse les abîmes de l'âme, ou ses détours les plus cachés. Ce qu'ils disent semble superficiel, à côté des profondeurs étonnantes dans lesquelles descendent les terribles analyses d'Hello. Lisez l'Avare d'Hello, et lisez l'Avare de Molière ou de Plaute : Plaute et Molière vous sembleront des enfants. Leur Avare, formé avec trois ou quatre traits heureux d'un pinceau léger, est une silhouette sur un mur, une ombre chinoise sans épaisseur que le machiniste fait mouvoir et que le souffleur fait parler. L'Avare d'Hello, ce n'est ni le costume de l'avare, ni sa physionomie, ni son langage, ni l'accent de sa parole, ni tout cela à la fois ; il est l'Avare lui-même : non pas dépeint dans ses traits extérieurs, mais montré tout à coup dans sa vivante et effroyable réalité. Ce n'est pas son portrait, c'est lui-même. Ce n'est pas un avare, c'est l'Avare. C'est plus que l'Avare, c'est l'Avarice. C'est l'Avare avec son Avarice, l'Avare tel qu'il a été, qu'il est et qu'il sera. C'est l'âme de l'Avare ouverte brusquement par une main puissante, et étudiée par l'œil du génie, non pas à la lueur des torches, mais aux grands rayons du soleil. Hello connaît l'Avare plus que l'Avare ne se connaît lui-même. Il pénètre dans l'essence même de la passion et atteint des assises granitiques que nul ne connut avant lui. Il y a du Cuvier et du Geoffroy Saint-Hilaire dans sa façon d'écarter puissamment les couches terrestres de la passion humaine et d'arriver jusqu'au fondement primordial. Il y a du Lavoisier dans sa manière d'analyser et de décomposer les éléments constitutifs des choses qu'il étudie. — J'éprouve, en écrivant ces mots, une violente tentation de citer çà et là quelques fragments du Maître pour montrer combien est vrai ce que je dis de lui : mais je résiste à ce désir ; et je ne veux en rien déflorer, pour le lecteur, le plaisir qu'il éprouvera à goûter par lui-même une telle impression, dans le silence de sa pensée et sans le bruit importun de mes commentaires.

Je le dis encore, sans crainte de me répéter. Hello pénètre dans les gouffres et vous les montre. Il étend la main vers la voûte du ciel, prend au Soleil un faisceau de rayons, et entre ensuite dans l'abîme d'un pas tranquille, en vous tenant par la main et en vous disant : « Regardez et voyez. » Et le voilà, promenant la lumière.

Avez-vous jamais pénétré, par quelque crevasse d'un roc, dans une de ces vastes grottes, profondément souterraines, comme il en existe en certains endroits du midi de la France? Au-dessus, la Ville est bâtie, la Ville avec son mouvement, ses chevaux, ses voitures, ses usines, son commerce, ses théâtres, ses maisons tournées au soleil, ses cheminées dont le vent secoue comme des panaches la tourbillonnante fumée, ses hommes qui vont et viennent. Vous entrez dans la caverne immense, solitaire, silencieuse, habitée par des ténèbres particulières qui ne sont pas les ténèbres de la nuit. Vous vous sentez dans un lieu redoutable ; il vous semble que vous êtes dans l'atelier mystérieux des créations primitives. L'idée des Sept époques bibliques et le souvenir des grandes eaux du Déluge viennent d'eux-mêmes à votre esprit. Le flambeau que vous tenez éclaire des stalactites, de prismes diamantés, d'informes et gigantesques voûtes de cathédrales. Vous éprouvez au plus intime de votre être le sentiment que vous voyez ce que ces hommes qui s'agitent à la surface n'ont jamais vu et ne verront jamais. Et cependant leur cité tout entière, leur propre vie reposent sur ces abîmes. Le frisson vous saisit en ces régions inconnues, si proches de l'homme et si lointaines; une crainte religieuse s'empare de vous. Dieu est là. Le gouffre est devenu un sanctuaire. Vous parlez bas, comme si vous trembliez d'éveiller dans les profondeurs des tonnerres endormis. Et cependant vous allez plus avant, haletant, goûtant, en votre terreur, la joie ineffable de contempler les secrets de Dieu.

Eh bien ! voilà l'état où vous serez souvent en étudiant dans l'œuvre d'Hello le livre compris sous ce titre : *La Vie*.

Cette œuvre d'Hello est vaste. La pensée du Maître a successivement voyagé dans tous les continents et dans toutes les îles de l'esprit humain. Le monde contemporain notamment, avec ses hontes et ses grandeurs, avec sa philosophie, sa littérature, sa politique, avec ses découvertes prodigieuses, et ses ignorances plus prodigieuses encore, a passé sous ce puissant regard. Et, sur tout ce qu'il a vu, Hello a dit sa parole.

Cette parole, malheureusement, était éparse jusqu'ici en cent journaux, brochures, ou revues ; et les admirateurs d'Hello avaient la plus grande peine, souvent même une entière impossibilité, à réunir toutes ces splendeurs dispersées.

Élaguant tout ce qui n'avait qu'un intérêt passager ou secondaire, ne conservant que ce qui doit traverser les âges, Hello vient de ramasser lui-même et de classer dans un ordre magistral ces multiples fragments de cette œuvre unique. Ce beau volume est celui-là même que le lecteur tient en ce moment dans sa main, et qui est intitulé l'Homme.

La Vie, la Science, l'Art forment les trois grandes divisions de l'œuvre d'Hello. Je n'aurai point l'outrecuidance d'essayer quelque résumé et d'offrir quelques lithographies, à qui va comtempler dans leur originalité superbe les marbres de Michel-Ange et les fresques de Raphaël. La pensée du Maître veut être revêtue de la forme du Maître.

Ouvrez donc le livre et lisez. *Tolle, lege.*

Henri LASSERRE.

# PRÉFACE DE L'AUTEUR

Pour un livre, comme pour une Société, comme pour une famille, comme pour un monde, et comme pour l'Art, il y a deux sortes d'Unités : l'Unité organique, et l'Unité mécanique.

L'unité mécanique résulte, comme dans la tragédie classique, de certaines règles observées ou éludées, de certaines règles factices, au milieu desquelles l'auteur se débat, à demi révolté, à demi soumis, jusqu'à ce qu'il ait conclu avec elles une paix honteuse.

Si j'avais tenu à cette unité, j'aurais fait subir aux articles très divers et très semblables, qui composent ce volume, un travail de *remaniement*. Ce mot misérable indique un travail aussi misérable que lui, par lequel on essaye de pratiquer l'*art heureux des transitions*. Le mot : *art*, dans cette phrase, doit être écrit sans majuscule.

L'unité qui résulte du travail de remaniement est l'unité mécanique, celle qui colle ensemble des fragments juxtaposés. Les collections que l'unité mécanique agrège paraissent se tenir et ne se tiennent pas.

Tout au contraire, les parties d'un tout que l'Unité organique vivifie et consacre se tiennent en vérité. Mais quelquefois elles ne paraissent pas se tenir.

Les travaux qui composent ce volume vont tous au même but, par des routes différentes. Inspirés par un souffle unique, ils n'ont qu'à suivre ce souffle, pour aller en leur lieu, et c'est à ce souffle-là que je les abandonne. Ce lieu, c'est l'Unité : l'Unité qui est le cachet du Vrai, du Beau, et du Bien, posé sur chaque brin d'herbe, et sur chaque sphère céleste.

Le Christianisme parle sans cesse de l'Unité, et l'épithète de *Unam* est une de celles que l'Église se donne à elle-même dans le *Credo*. Et remarquez en passant que l'Église ne proclame pas seulement son Unité, mais qu'elle la chante, parce que l'Unité est le caractère de la Loi et le caractère de la Gloire. L'Unité véritable et vivante a droit au chant et au cri, car elle est le battement même du cœur.

L'Unité, tel est donc, dans le fond, sinon dans la forme, le sujet de cet ouvrage.

Ce livre est *un* essentiellement, et *divers* accidentellement. Son Unité consiste à présenter partout les applications de la même Vérité, et à en suivre, dans la Vie, dans la Science, dans l'Art, les reflets et les symboles. J'ai voulu montrer la

Vie, la Science et l'Art comme trois miroirs où se reflète le même visage, comme trois branches du même arbre, comme trois articles de la même loi.

Unité dans l'ordre naturel.

Unité dans l'ordre surnaturel.

Cette œuvre ayant pour essence l'Unité organique, qui est son principe, son centre et sa fin, je n'ai pas voulu entamer l'Unité vraie par une tentative d'unité fausse. Ayant l'Unité réelle, je n'ai pas voulu la sacrifier à l'unité apparente. Au mépris du mécanisme, j'ai essayé de placer la Vie, la Science et l'Art sous le rayon de l'Unité organique. J'espère être compris par tous les esprits élevés.

Un mot encore, non sur ce livre lui-même, mais sur les circonstances où je le publie.

A l'heure où je parle, il y a quelque chose d'étrange et de terrible à parler. Entre le moment où j'écris et le moment où vous lirez, que se passera-t-il? Le secret de Dieu est entre ma plume et vos regards. La destinée de ce livre dépendra des événements que l'avenir garde. Le nuage qui porte la Foudre est aussi secret qu'il est terrible. Ce qu'il garde est bien gardé. La situation actuelle du monde est un mystère. Dans le voisinage de ce mystère, je m'étonne de parler. Quand le poids de l'air, quand les tourbillons de la poussière, quand la couleur du ciel et de la terre, cette couleur particulière qui précède l'orage, quand ces signes se produisent, un certain silence se fait non seulement sur les hommes, mais aussi sur les animaux, j'allais dire sur les plantes. On dirait que la sève circule plus silencieusement sous l'écorce des chênes menacés, et les oiseaux n'osent plus faire entendre leur voix légère. Une certaine obscurité oppresse leurs petits cœurs.

Cependant, aux noces de Cana, au moment où la Toute-Puissance allait agir dans l'indépendance de sa souveraineté, les échansons ont jeté dans les urnes cette eau célèbre qui avait été choisie pour devenir tout à l'heure du vin. Les échansons avaient fait une petite chose, en versant de l'eau. Mais ils avaient fait une grande chose, en apportant le concours naturel de l'homme, et en préparant ce qu'allait faire Jésus-Christ.

Et quand Lazare était au tombeau, les hommes durent aussi retirer la pierre qui fermait l'entrée de son sépulcre.

Cette pierre retirée était peu de chose par elle-même. Mais elle était beaucoup ; car elle représentait l'acte humain, qui ne pouvait pas ressusciter le mort, mais qui pouvait retirer la pierre.

La Parole est un acte. C'est pourquoi j'essaye de parler.

E. H.

1872.

# L'HOMME

## LIVRE PREMIER

## LA VIE

### LE VEAU D'OR

#### I

La mer Rouge venait de s'ouvrir, et le Sinaï venait de fumer. Au milieu des races flétries, un peuple avait gardé l'Unité de Dieu. Ce peuple était par là même isolé sur la terre ; son histoire extraordinaire l'avait conduit en Égypte ; sur la terre même de l'idolâtrie, il avait gardé sa raison d'être ; il avait résisté au contact ; il avait attesté sa mission. La simple et gigantesque figure de Moïse s'était élevée au milieu de ce peuple, pour annoncer et réaliser la délivrance. Pendant qu'il gardait ses troupeaux, Moïse avait vu le Buisson ardent : c'était là, au pied du mont Horeb, qu'il avait demandé le Nom du Seigneur ; c'était là que le Seigneur lui avait dit son Nom, et Moïse avait emporté ce Nom avec lui, comme un guerrier qui se revêt de son armure. Devant le Nom que portait Moïse, la mer Rouge s'était écartée avec épouvante ; et Moïse promenait avec lui dans le désert le *Tetragrammaton*, et les créatures s'inclinaient sur son passage, comme si elles avaient reconnu en lui l'Ange gardien du Nom terrible.

Ce n'était pas tout encore ; le Sinaï venait de s'allumer. Moïse avait affronté la gloire, et il était là, sur la montagne.

A ce moment, l'idolâtrie mordit au cœur le peuple Juif, le peuple qui était là près du Sinaï, le peuple qui attendait Moïse, pendant que Moïse et Dieu étaient ensemble.

Et le Veau d'or est resté comme le type de l'idolâtrie, son nom, son symbole. Le Veau d'or, c'est l'idolâtrie elle-même dans sa fureur la plus grossière et dans le mensonge le plus invraisemblable qu'elle eût osé peut-être jusque-là.

## II

On a pris l'habitude de regarder comme une chose toute simple la place qu'occupe l'idolâtrie sur la terre ; et le culte des démons, au lieu de pénétrer les hommes d'horreur, avoisine, pour la plupart d'entre eux, beaucoup de leurs plus vives admirations. On apprend dans son enfance que les nations étaient idolâtres. On reçoit cette nouvelle à un âge où l'on n'est pas encore capable de ressentir l'étonnement qui lui serait dû ; et l'on se souvient de cette nouvelle à un âge où l'on n'est plus capable de ressentir la stupeur qu'elle mérite. Entre ces deux âges, pour beaucoup d'hommes il n'y a pas d'âge intermédiaire, et peu de créatures humaines ont le temps, pendant leur court passage sur la terre, de penser à l'idolâtrie, de s'étonner devant elle, et surtout d'avoir horreur. On a tant d'affaires et les journées sont si courtes !

Parmi ceux qui s'étonnent, quelques-uns lèvent la tête dans les nuits d'été, et demandent un refuge aux étoiles : ces splendeurs reculées, poursuivies dans la profondeur des cieux par nos instruments et par nos calculs, par nos verres et par nos chiffres, semblent promettre un asile aux regards fatigués. Mais ce qu'on n'aurait pas pu prévoir est arrivé : la terre a donné des noms aux étoiles, et ces noms sont les noms des démons.

Passons par-dessus les siècles ; nous voici en Judée, et le pêcheur Pierre jette ses filets : l'idolâtrie couvre le monde. Et dix-huit cents ans après le pêcheur Pierre, je ne dirai point: Regardez la Chine et ses Dieux de pierre ou de métal, mais je dirai : Regardons n'importe où sur la terre, nous allons voir ce que nous avons vu au pied du Sinaï, nous allons reconnaître le Veau d'or.

### III

Saint Paul, dans la profondeur brève de sa parole si pleine, l'a signalé là où il est. Saint Paul, qui entrelace de la façon la plus imprévue les réalités les plus visibles et les mystères les plus cachés ; saint Paul, qui traite un point en un mot et s'en va vers un autre point, sans s'arrêter plus de temps qu'il n'en faudrait à un autre homme pour mettre une virgule entre deux membres de phrase, saint Paul dessine en un mot l'idolâtrie moderne: elle s'appelle l'Avarice.

L'amour de l'argent est une idolâtrie qui mérite d'autant plus d'être signalée qu'elle est déguisée.

Cette idolâtrie a deux aspects : la cupidité et l'avarice. On parle souvent de la cupidité. On parle plus rarement de l'avarice proprement dite, et voici la raison de cette différence.

Les hommes s'effrayent facilement de la cupidité, parce que la cupidité est remuante et bruyante. Elle a des passions extérieures ; elle fait des affaires ; elle vise à quelque chose. Elle veut avoir plus qu'elle n'a, et puis plus encore, et puis plus encore! par là elle se signale à l'attention des hommes, qui quelquefois la craignent parce qu'elle les menace. L'homme qui remue le monde pour avoir beaucoup, soit beaucoup d'honneurs, soit beaucoup d'argent, menace lui-même et les autres, soit dans leur repos vrai, soit dans leur somnolence mensongère. Aussi, on fait attention à cet homme, et les autres, bien persuadés que la sagesse consiste à ne rien faire, au lieu de lui reprocher l'abus de son activité, lui reprochent son activité même. Par là ils abritent le vice sous le prestige de l'action.

La cupidité, comme l'ambition, se déclare; mais l'Avarice garde son secret. C'est pourquoi il peut être utile de le lui arracher.

Presque toutes les passions ont une physionomie expressive qui les empêche souvent de passer inaperçues. Elles se déclarent aux yeux de celui qui les éprouve et aux yeux de celui qui les regarde, par des accents et par des gestes qui disent leur nom. Sans doute, l'erreur est facile et fréquente. Mais cependant, si la colère prend possession d'un homme avec violence, cet homme et ceux qui l'entourent diront facilement le nom de la passion qui l'a saisi. Les passions aiment à faire des ruines, et sur les ruines qu'elles font leur nom reste écrit. L'ambition, quand elle réussit, perd toute chance de rester secrète.

L'Avarice se comporte autrement.

Cachée dans son principe, elle est, aussi, cachée dans ses effets. Elle n'exige aucun emportement, aucun éclat extérieur : comme certaines vertus, elle cherche l'obscurité. Elle évite le tumulte, elle vise à la concentration, elle cache, elle enfouit, elle garde au lieu de dilapiler, elle prétend augmenter au lieu de détruire. Elle prend les airs et les noms de prévoyance, d'économie, de sagesse ; peut-être même parle-t-elle de la famille, des enfants pour lesquels il faut se gêner, en vue de l'avenir. Elle est même capable de murmurer le mot de charité. Car enfin, si elle économise, c'est sans doute pour quelqu'un.

Les autres passions semblent prendre soin d'annoncer, par leurs allures, qu'elles vont à une catastrophe. L'Avarice semble annoncer, par son allure, qu'elle va à une fortune sage et durable, faite de patience et de sagesse. Mais, quand la catastrophe arrive, celui qui regarderait bien entendrait le rire du monstre caché sous les décombres : l'Avarice était là, et personne ne l'avait vue.

L'homme qui s'examine lui-même reconnaît facilement dans son âme les principaux vices dont les noms sont connus. Sur les péchés capitaux, il y en a quelques-uns qui attirent l'attention beaucoup plus que les autres. Quant à l'Avarice, on y pense peu. Un homme peut avoir été avare toute sa vie, et mourir sans s'en être aperçu.

Il y a tel crime dont on rit ; tel autre dont on est fier. On ne rit pas de l'Avarice, et on n'en est pas fier, mais on la nourrit longtemps de son sang, jusqu'à ce qu'on en meure.

L'Idole cachée est triste, morose, menaçante, sinistre ; toutefois, il faut pénétrer dans les détails les plus secrets et les plus intimes de la vie pour apercevoir sa face sombre : cette Idole demande à l'adorateur le sacrifice continuel de sa vie. Elle ne se paye pas de paroles ; elle veut un sacrifice réel, effectif. C'est un maître très dur : il abuse de son pouvoir et ne connaît pas la pitié.

## IV

L'avare, comme tout adorateur, a une préoccupation secrète et intime, à laquelle il rapporte tout.

Supposez un homme doux, conciliant, poli, qui craigne de contredire et de parler haut. Il faudra pénétrer dans l'intimité des choses pour arriver au moment où son Idole sera en question. Cependant il voit venir ce moment de très loin, et sa physionomie, composée jusque-là pour une sorte de bienveillance banale, subit une légère crispation, comme celle d'un homme qu'on vient de toucher à l'endroit où il avait une blessure. Le monstre qu'il porte en lui a fait un mouvement, et l'homme a tressailli. Si l'on approche, le monstre fait un autre mouvement, un mouvement prompt quoique lourd, et les yeux de l'avare deviennent sinistres, quoique rien de sinistre ne l'agite en apparence. La conversation n'a pas de caractère grave, elle roule sur des choses extérieures; mais l'avare a pressenti quelque part, dans un mot, dans un souffle, le voisinage d'une menace : il a vu cela là où un autre n'aurait rien vu, et il a senti s'agiter dans ses entrailles le monstre qu'il porte. Ce monstre tantôt dort et tantôt mange : quand il dort, l'avare est morose; quand il mange, l'avare est agité.

## V

Les autres passions aiment à parler de la personne ou de la chose qu'elles ont pour objet. L'avare aime le silence. Il ose à peine nommer l'argent, et s'il le nomme, ce n'est pas pour parler de son amour.

Les hauteurs aiment la parole. Les profondeurs aiment le silence.

La plupart des passions parodient les hauteurs et bavardent volontiers.

L'Avarice parodie la profondeur; elle se tait avec passion.

L'avare ne cache pas seulement son secret aux autres; il se le cache à lui-même. Il voudrait peut-être se tromper sur le lieu où est enfoui ce qu'il adore.

Je ne serais pas étonné si l'avare arrivait à se craindre lui-même comme un rival, comme un voleur, tant l'adoration est jalouse!

Il y a peut-être en lui deux hommes, dont l'un a des secrets pour l'autre. L'avare compte souvent des objets dont il sait le nombre depuis longtemps: il peut craindre, sans quitter les objets qu'il compte, que les uns ne disparaissent pendant qu'il regarde les autres.

L'avare a des terreurs à la fois bourgeoises et fantastiques. L'argent, qui remplit ses jours, remplit aussi ses nuits. L'argent envahit le domaine de ses rêves, et l'avare rêve éveillé. C'est une chose horrible de voir les centimes, qui se mêlent aux plus vulgaires besoins et aux plus misérables détails de la vie extérieure, c'est une chose horrible de les voir passer dans la vie intérieure, s'infiltrer dans le sang de l'âme, allumer les yeux d'un feu sinistre, colorer les joues et faire trembler les lèvres. Le sanctuaire de l'âme est envahi.

Tout est possible alors, même le recueillement.

L'avare adore, dans le silence de la nuit, ce qui est caché à tous les regards.

## VI

Toute religion, vraie ou fausse, demande le sacrifice. L'avare sacrifie à son Idole, il sacrifie beaucoup, il sacrifie toutes choses: il sacrifie sa famille, son plaisir, sa santé, sa vie. Si d'autres passions se rencontrent en lui qui soient en lutte avec l'Avarice, qui la gênent, qui la contredisent, il est probable que l'Avarice l'emportera.

Le sacrifice de l'avare a ceci de honteux qu'il sacrifie toujours le but, quel qu'il soit, à ce qui n'est jamais un but, mais toujours un moyen.

Il est clair que l'argent n'a qu'une valeur représentative; il n'est précieux qu'en vue des choses pour lesquelles il peut se donner. Réduit à lui-même, il n'est absolument rien. Celui qui posséderait tout l'argent et tout l'or du monde, sans posséder la faculté de dépenser cet or et cet argent, serait l'être le plus misérable.

Et l'avare se réduit à cette misère. Il offre à l'argent le sacrifice de la richesse. Car la richesse et l'argent, loin d'être unis ensemble, sont pour lui les deux termes d'une contradiction absolue. Plus il aime l'argent, plus il se rend misérable, plus il se prive. La richesse est la victime qu'il égorge sur l'autel de son Idole. La chose qui n'est qu'un moyen devenant pour lui le but, tout ce qui est but devient moyen.

Il considère tous les êtres, vivants ou morts, comme des moyens qui convergent vers un centre; et ce centre est l'argent immobile, froid, inutile. Cet argent est pour lui le cœur de l'univers, et ce cœur n'a pas de battements.

Non seulement l'avare sacrifie sa richesse à l'argent, mais il sacrifie à l'argent l'argent lui-même. Si, pour gagner beaucoup d'argent, il faut en dépenser un peu, l'avare, s'il est dans le plein exercice de sa passion, l'avare refuse. Il abandonne l'argent absent, fût-il abondant, pour l'argent présent, fût-il rare. Il abandonne l'argent *qu'il ne voit pas* pour l'argent *qu'il voit*.

Ce dernier mot nous introduit dans le fond de l'Avarice, dans le centre de son horreur. L'avare a l'amour physique du métal.

Il aime l'or et l'argent en eux-mêmes et pour eux-mêmes. Il les aime matériellement. Il est attiré par eux. Le contact du métal est pour lui une joie et un plaisir physique.

Plus il enfonce dans l'oubli de la richesse, plus il concentre sa passion sur l'or en lui-même, plus l'attrait physique du métal devient épouvantable.

S'il lui faut choisir entre une certaine quantité de pièces d'or qu'il possède déjà et qu'il voit, et une plus grande quantité de pièces d'or qu'il ne possède pas encore et qu'il ne voit pas, l'avare est déchiré. Car l'or qu'il convoite l'attire de loin ; mais il préférera peut-être la quantité moindre, mais connue et vue, à la quantité plus grande, mais encore invisible. Les pièces d'or qu'il a, il les a déjà tâtées ; elles lui inspirent une passion personnelle : les pièces d'or auxquelles il pense, il ne les a pas encore tâtées ; elles ne lui ont pas encore procuré de plaisir. Par une horrible reconnaissance, il préfère celles à qui il doit déjà des délices connues. Peut-être l'avare prendrait-il plaisir à animer par la pensée les pièces d'or : quelquefois il leur donne des noms, il les caresse. Le son qu'elles rendent en se touchant le fait frémir.

## VII

Tout adorateur éprouve le besoin de condenser tous les amour en un seul amour. L'argent rend à l'avare l'affreux service de lui présenter un abrégé de toutes choses.

L'adorateur a ou croit avoir toutes choses quand il a ce qu'il adore. Or l'argent se prête fort bien à cette illusion, parce qu'il représente non pas toutes choses, mais cependant une foule de choses. L'avare possède mentalement ces choses quand il joue avec les pièces d'or, en qui il croit voir la substance des plaisirs ramassée en un plaisir, et son idolâtrie se nourrit de son rêve.

S'il possédait ces choses en elles-mêmes, il les posséderait une à une, avec leurs limites, et les unes excluraient les autres. Peut-être croit-il les posséder toutes et les posséder à la fois, quand il tâte les pièces d'or. Et, quand il a fini, il peut recommencer. Les pièces d'or s'usent moins vite que les jouissances auxquelles il renonce pour elles. Peut-être lui fournissent-elles une parodie épouvantable de ce qui dure.

Mais si l'or s'use lentement, l'avare s'use vite. La mort arrive, et c'est dans la mort que l'avarice dit son vrai nom. L'amour de l'argent redouble dans le moment où augmente l'inutilité de l'argent. C'est au moment de la mort que l'idolâtrie de l'avare, qui adore encore l'argent sans espérance de s'en servir jamais, c'est alors que l'idolâtrie de l'avare apparaît dans sa fidélité risible et son hideux désintéressement.

Si les pièces d'or pouvaient rendre l'amour qu'elles inspirent, elles seraient touchées sans doute de voir un homme qui, après leur avoir sacrifié sa vie, leur sacrifie sa mort, et, sans illusion sur les services qu'il en peut tirer, leur garde l'adoration de ses yeux qui ne peuvent plus les voir et de ses mains qui bientôt ne pourront plus les tâter.

L'avare pourrait être l'emblème de la fidélité ; il meurt près de son or, comme le chien près de son maître.

## VIII

Parmi les illusions de l'Avare, il y en a qui concernent le Voleur. Pour lui, le Voleur est un être fantastique, parce qu'il attente, non à un objet quelconque, mais à l'Idole.

L'Avare et le Voleur vivent ensemble dans une assez grande intimité. L'Avare pense au Voleur comme à un coreligionnaire ; il pense au Voleur avec une frayeur peut-être mêlée de respect : car enfin le Voleur est un homme qui sait adorer l'Idole et deviner le lieu où l'Idole se trouve.

L'Avare et le Voleur sont de la même confrérie. Tous deux ont abandonné les choses mondaines pour s'adonner et se sacrifier au culte de l'Idole. L'Avare est séparé du reste des hommes ; il est indifférent à leurs affaires. Il ne s'épanche jamais. Le Voleur, je parle du Voleur pensé et non aperçu, le Voleur vu de loin, dans l'horizon de l'esprit, est pour l'Avare quelque chose qui ressemble presque à un confident.

Mais, entre l'Avare et le Voleur, il y a des relations plus profondes et plus mystérieuses. Pour l'Avare, le Voleur est une espèce de *fantôme réel* dont l'attentat vise à une chose adorée. Le Voleur n'est pas un coupable qui exerce sur les choses de la terre une coupable industrie. C'est un monstre dont l'audace a un caractère sacrilège et qui songe à attaquer les choses inviolables.

L'Avare, puisqu'il adore, établit nécessairement entre l'Idole et lui des communications secrètes. Il a des cachettes. Dans ces cachettes où il a mis son cœur, il viole avec plaisir les lois de la vie : car il retient captif un métal qui doit courir. Il concentre la chose qui doit être dépensée. Il s'oppose, comme il peut, à la circulation du sang. La Cachette de l'avare est une effroyable parodie du Sanctuaire. Or l'adoration est jalouse, et l'Avare croit toujours que sa cachette est menacée.

Il a peur. Mais cette peur, parce qu'il s'agit d'une adoration, ne ressemble pas aux peurs qui ont pour objet les choses visibles. Elle a un air fantastique. Elle ressemble aux peurs qu'on a en rêve. Elle craint sans raison ; elle craint sans menace ; elle craint sans danger. Elle craint parce qu'elle craint. Elle craint celui qui est là. Elle craint celui qui n'est pas là. Comme si son idolâtrie transportait l'Idole dans le monde des choses invisibles, l'avare craint qu'une main sans bras ou un bras sans corps ne commette dans l'ombre, contre la chose adorée, un impalpable attentat. Le voleur remplace pour l'avare cet être sans nom ni forme dont les enfants ont peur, quand ils sont seuls le soir.

## IX

La chose à laquelle l'Avarice ressemble le plus, c'est la Prodigalité.

Un père avare peut mourir en cachant son trésor à ses enfants. Un père prodigue peut mourir ayant dissipé la fortune de ses enfants.

Si les effets se ressemblent, c'est que les causes se ressemblaient.

L'Avare refuse à la vie son mouvement en dehors, il lui refuse son expansion ; il ne veut que la concentration, parce qu'il rapporte tout à lui et que la concentration est son caprice.

Le Prodigue refuse à la vie son mouvement au dedans, il lui refuse la concentration ; il ne veut que son expansion, parce qu'il rapporte tout à lui et que l'expansion est son caprice.

L'avarice et la prodigalité sont deux formes de l'égoïsme.

Un proverbe dit : A père avare, fils prodigue.

Si cela est vrai, c'est que le fils, ayant fui son père, est revenu au point de départ.

Le père est avare : le fils souffre de ce vice. Son père lui refuse la vie. Le fils a horreur du père, et s'en va à l'extrême opposé. Il devient prodigue. Mais voici ce qui se passe. Emporté par son horreur, le fils ne s'arrête pas en route. Il parcourt le cercle entier, et, ayant fait le tour des choses, se retrouve au point de départ, en face de son père. Le père voulait tout tirer à lui ; il était avare ; c'était sa façon d'aimer la jouissance. Le fils, privé de jouissance par l'avarice, prend sa revanche au moyen de la prodigalité et rencontre la même misère, la même mort sous une forme différente.

## X

En commençant cette étude, je parlais du Veau d'or. Je parlais d'un des crimes les plus célèbres que l'humanité ait commis dans un des moments les plus célèbres de son histoire. Il semble que l'étude de l'Avarice, aperçue dans ses détails, ait fait descendre l'esprit d'une montagne dans une vallée.

Il n'en est rien : et cette descente est plus apparente que réelle.

Quand on considère, en effet, une chose dans son type, elle apparaît avec l'emblème solennel de sa beauté ou de sa laideur. Quand on considère cette même chose dans ses détails pratiques, dans les applications contemporaines qu'elle peut avoir ; quand on la saisit dans l'histoire pour la transporter dans une maison, on dirait qu'elle perd quelque chose d'elle-même : on ne la reconnaît pas tout à fait. Elle semble moins belle ou moins laide quand on la voit de plus près. On dirait qu'elle n'a pas, quand on en fait le tour, les proportions qu'elle avait quand on la regardait à distance. Mais cette impression est illusoire. La chose est la même, considérée dans sa représentation typique et dans sa pratique familière.

Beaucoup de gens trembleraient si les crimes de leurs foyers domestiques leur étaient montrés de loin à la lueur solennelle de l'histoire. Ils ne tremblent pas parce que ces crimes se commettent étroitement, sur un petit théâtre. La petitesse de leur personne et la petitesse de leur vie diminuent à leurs yeux les proportions de leur injustice. Et cependant un nain peut commettre un grand crime. Car un grand crime, ce n'est pas un crime qui a de la grandeur : c'est un crime qui attente à une grande chose. Le crime ne possède la grandeur qu'à l'état négatif. Le mal est une privation.

Or l'avarice, dans ses manifestations familières et domestiques, attente à ce qu'il y a de plus grand. Elle attente à l'adoration. Le Sinaï n'est jamais loin de nous. La voix, qui s'est élevée parmi les éclairs, portait loin. Elle ne s'adressait pas seulement à la petite troupe qui était présente au bas de la montagne. Les dix commandements retentissent de siècle en siècle et la vieillesse n'a pas posé sa main sur la face sans ride de Celui qui parlait à Moïse au haut du Sinaï. La Synagogue a vieilli. Mais l'Église a saisi les dix commandements et les a promenés à travers le monde. Le temps et l'espace les ramènent vers Celui qui les leur a donnés, et leur force paraîtra dans la vallée de Josaphat.

Le culte des idoles reste ce qu'il était, plus affreux même depuis dix-huit cents ans, et l'usage n'atténue pas les horreurs de l'adoration donnée au Veau d'or.

# LES ASSOCIATIONS D'IDÉES

Il y a des mensonges exprimés qui courent le monde, des mensonges complets quant à leur formule ; mais il y a aussi des mensonges qui font une part au sous-entendu, des mensonges inconscients qui se glissent dans le monde par la conversation, par la lecture, par l'habitude de ce qu'on appelle la vie, et de ce qui est réellement la mort. Ces mensonges-là sont ceux qui dominent le monde ; ils consistent dans une fausse association d'idées.

Un homme est rarement guidé par les raisonnements bons ou mauvais qu'il sait faire ; ces raisonnements restent souvent chez lui à l'état de formule ; mais la force vivante par laquelle il est régi, ce sont les associations d'idées, raisonnements inconscients et souverains en vertu desquels une idée en appelle une autre dans notre esprit.

Les associations d'idées (je parle des associations involontaires, rapides, inconscientes, inévitables) gouvernent non pas ce qu'on appelle l'intellect pur, mais l'imagination, puissance terrible qui a ses habitudes dans l'ordre de la vie ou dans l'ordre de la mort.

Évoquez en vous les personnes et les choses que vous avez connues; vous verrez que très souvent la forme qu'elles ont prise dans votre pensée n'est pas dessinée par le raisonnement, mais par l'imagination. Interrogez vos souvenirs. Ils vous avoueront que la justice ne préside pas à leur durée : tel homme peut avoir mal fait et vous laisser de lui une idée belle ; tel homme peut avoir bien fait, et vous l'avez oublié.

C'est l'imagination qui est le siège de ce désordre.

Vous êtes habitué à croire que le crime peut être une marque de grandeur, qu'il y a des mensonges sublimes, et que la pratique du bien est une chose plate.

Si l'on ne vous enseigne pas absolument ces choses, du moins on les *infiltre* en vous ; on ne les démontre pas à votre raison, mais on les propose, dans les romans et dans les mélodrames, à votre imagination, qui les accepte.

La puissance qu'a sur nous l'imagination dépasse de beaucoup tout ce qu'on en peut penser et dire. Tel homme qui, entraîné par une passion terrible et, en apparence, profonde, durable, immortelle, résiste à tous les conseils de ses amis, aux prières de sa famille, à toutes les supplications, à toutes les larmes, à toutes les menaces, pourra être réveillé tout à coup de son rêve par la plus futile des circonstances, par un mot, par un geste, par une association d'idées, par un souvenir, par une plaisanterie, par l'impression du ridicule. C'est que son imagination, enflammée par les combats sérieux qui ont été livrés, aura été subitement éteinte par un léger vent qui vient on ne sait d'où, et qui a passé.

Si vous affirmez doctrinalement à un jeune homme qu'il est beau de commettre un crime, le jeune homme ne vous croira pas. Mais si vous lui présentez dans beaucoup de mélodrames de sublimes criminels et de plats honnêtes gens, le jeune homme prendra l'*habitude* de penser que, pour être grand, il faut avoir fait beaucoup de mal dans sa vie.

* * *

Le langage humain, qui est toujours complice de tout, a des expressions qui rendent témoignage contre l'homme d'une manière terrible. Quand un jeune homme a fait, sur sa route, beaucoup de bêtises, qu'il a perdu beaucoup de temps, qu'il a des dettes, qu'il est sot, médiocre, inutile et ennuyé, on dit qu'il a *beaucoup vécu*.

Il faudrait dire qu'il est *beaucoup mort*. Ce qu'il a fait, c'est le rien : il n'a rien fait. Il a laissé fermenter le rien ; le néant a produit le néant ; l'ennui est venu, et voilà tout.

Le néant est une racine qui produit l'ennui pour fleur, et pour fruit le désespoir.

Le désespoir, c'est l'ennui qui arrive à maturité : aussi ceux qui ont *vécu beaucoup* finissent volontiers par se pendre ; et les pendus trouvent des imitateurs. La pendaison devient une habitude, une contagion ; rien de tout cela n'est étrange : c'est le néant qui va son train.

D'où donc est née cette parole : *Il a beaucoup vécu ?*

Elle est née d'une fausse association d'idées. Elle est née d'un mensonge latent. Elle est née non pas dans la raison, mais dans l'imagination, qui a pris l'habitude d'associer l'image de la vie à l'image du désordre.

L'imagination a perdu l'habitude d'unir l'idée du *beau* à celle du *bien*.

Je voudrais arrêter sur ce fait l'attention. Il est capital, immense, presque universel, éclatant et latent. L'imagination a perdu l'habitude d'unir l'idée du *beau* à celle du *bien*.

Et quand cette habitude est perdue, il arrive ce que nous voyons. Quand cette habitude est perdue, les hommes croient que la splendeur et la pureté ne se trouvent pas dans les mêmes contrées, et qu'il faut choisir entre elles.

L'imagination entraîne cet homme, ainsi trompé, du côté de la splendeur, et il trouve, au fond du gouffre, le dégoût qui l'attendait.

*
* *

Au monde intérieur de l'imagination correspond le monde extérieur de l'art. L'art est une des forces qui ont corrompu l'imagination, parce que l'art a dit que le mal était beau.

L'art doit être une des forces qui guériront l'imagination ; il faut qu'il dise que le mal est laid.

L'art a complètement perdu la tête. Après avoir cherché ses types dans les régions de l'ombre, après avoir oublié que le soleil est sa patrie, après avoir tenté l'apothéose du mal, après avoir célébré de sa voix déshonorée le suicide et l'adultère, après avoir essayé de séparer le vrai du beau, il s'est tourné contre le beau. Après avoir attaqué le vrai qui est sa racine, il a attaqué le beau. S'étant frappé au cœur, il a voulu s'achever. Ayant persuadé aux hommes que le désordre, c'est-à-dire le faux, constituait la beauté, il s'est écrié, dans la logique de son délire : Le beau, c'est le laid !

Il importe de l'étudier, cette logique du délire. Il faut la suivre pas à pas. Si l'homme avait toujours associé dans son esprit le Beau au Bien, le Beau serait resté le Beau, le Bien serait resté le Bien ; l'homme, restant fidèle à l'un, eût senti qu'il restait fidèle à l'autre. Mais l'homme ayant dit, ayant permis aux écrivains de lui dire que les types du Beau devaient se rencontrer là où le bien n'était plus, dans les crimes hardis, dans les scandales éclatants ; que le désordre et le génie étaient une seule et même chose, l'homme donc ayant pensé que l'idée du beau et l'idée du bien étaient deux idées contradictoires, a fini par penser que l'idée du beau était contradictoire avec elle-même, et il a fini par dire : Le beau, c'est le laid ! Magnifique hommage rendu à l'unité par ceux qui en ont perdu la notion ! Ils nous ont prouvé que l'idée du beau, quand elle n'est plus associée à l'idée de l'ordre, du vrai, du bien, se nie elle-même et ne se reconnaît plus. Ils nous ont prouvé que quand l'homme veut mettre la main sur la beauté, détachée de l'ordre, associée au désordre, la beauté, qu'il voudrait saisir, fuit d'une fuite éternelle ; l'objet branle, et le fantôme glacé de la laideur reste dans la main de l'homme trompé.

Le mal et le laid sont si nécessairement identiques, qu'ils se cherchent partout ; ils aspirent à se confondre, et l'homme qui a commencé par croire que le beau c'est le mal finit par dire : Le beau, c'est le laid ! La force des choses entraîne sa parole et l'oblige à proclamer, en remplaçant un mot par un autre, une synonymie qu'elle ne soupçonnait pas, une identité qu'elle ignorait.

Pendant quelque temps, l'association fausse des idées produit des contradictions qui n'osent pas se proclamer. Puis, à un moment donné, quand l'erreur est mûre, la parole éclate et l'absurdité se trahit en se nommant.

∗<br>∗ ∗

N'a-t-on pas voulu aussi nous dire et nous faire croire que la sérénité ressemblait à la mort et que le trouble est le caractère de la vie ? C'est la faiblesse qui parlait ainsi pour faire penser qu'elle était vivante. Ne pouvant guérir sa fièvre, elle a fini par l'adorer : elle l'a montrée au monde, en disant : Voilà la vie ! et le monde a écouté, et ceux qui n'avaient pas la fièvre ont singé la fièvre, croyant par là singer l'ardeur. Ils avaient oublié combien les frissons sont froids.

L'Art grec a ignoré ce genre de folie. Sa beauté est tout entière dans le repos. Mais son repos n'est pas le repos qui termine, le repos définitif, le repos du dénoûment, ce n'est pas le repos de l'être qui a connu la colère et qui l'a abjurée : c'est le repos de celui qui n'est pas encore en colère.

L'art a pour caractère de préparer l'harmonie, qui n'est pas encore faite, en nous présentant l'image dans un miroir. Il combine d'avance les éléments qui sont encore en lutte dans la vie et cherchent à se combiner. Pendant que la vie, égarée et haletante, est encore en travail de la beauté qu'elle poursuit habituellement sans l'atteindre, l'art, pour la guider et la soutenir, dégage d'elle l'élément de splendeur qu'elle contient, lui montre son avenir et son idéal. Il est évident par là que le caractère essentiel de l'art, c'est la sérénité, c'est le repos, la conquête accomplie, la bataille gagnée, la paix pressentie et proclamée pendant la guerre.

Aussi les voix qui trompent ne cessent de répéter que l'artiste est et doit être le jouet de toutes les agitations, de toutes les erreurs, de toutes les violences. Ce petit personnage nommé Horace, qu'on a qualifié de poète et de viveur, sans doute parce qu'il ignorait autant la poésie que la vie, n'a-t-il pas dit quelque part : *Genus irritabile vatum?* mauvaise plaisanterie, qui, pour être comprise, demande à être ainsi traduite : la race irritable des prophètes.

L'Art, pour trouver le calme, a besoin de retrouver l'élévation et la profondeur. L'écume est toujours remuante, agitée, emportée, furieuse ; mais l'écume n'est pas l'Océan. La mer est profonde : voilà le secret de sa majesté. Si grande qu'elle soit, si elle n'était pas profonde, elle ne serait pas sublime. Si le regard peut se fixer longtemps sur elle sans fatigue, c'est qu'il devine sous les flots qu'il voit ceux qu'il ne voit pas. Il devine que l'Océan a une profondeur digne de sa grandeur. Aussi se repose-t-il. Mais la surface de la mer toute seule l'agiterait. Toutes les surfaces sont troubles : les profondeurs seules possèdent, contiennent et donnent le repos.

Sainte puissance égarée, enfant de la grande maison, qui as cherché ta vie loin du père de famille, et ne l'as pas trouvée, toi qui as partagé aussi la nourriture des pourceaux, toi dont la médiocrité ose parler légèrement, et qui pourtant portes le nom d'*Art*, infidèle, quand te convertiras-tu ?

Souviens-toi que Luther t'a fermé la porte, et que le Père de famille t'a donné asile au pied des autels. Dieu te reçoit dans ses temples ; il t'est permis de prier.

Le protestantisme a abandonné l'imagination de l'homme. Il n'a pas permis au Dieu rédempteur de s'en emparer. Il a oublié que le Dieu créateur avait fait les couchers de soleil et avait chargé les nuits resplendissantes de dire à l'homme un mot de sa splendeur.

Le siècle du mensonge, le dix-huitième siècle, puisqu'il faut l'appeler par son nom, a exercé sur le monde une influence difficile à expliquer. Les œuvres qu'il nous a données à lire sont des prodiges de niaiserie. En face de ce délire froid qui est devenu sanglant, en face de ces folies tièdes et ennuyeuses, on se demande comment ces choses sont devenues contagieuses.

Elles sont devenues contagieuses, parce qu'elles ont provoqué certaines associations d'idées. Le dix-huitième siècle a persuadé aux hommes, non pas en raisonnant, mais en associant mal les idées, que la science et la religion étaient contradictoires ; que, pour conserver la Foi, l'Ignorance était nécessaire. Cette chose, dont je ne sais pas le nom et qui même n'a pas de nom, ne peut pas avoir de nom, cette *non-idée*, cette quantité négative s'est introduite dans les domaines de l'imagination, et les a empoisonnés. Alors, maître du terrain, le dix-huitième siècle a fait croire que Dieu n'est pas le Père de toute créature ; que ses conseils sont bons, mais ennuyeux et froids ; que, quand on a de l'ardeur, c'est le mal qu'il faut faire. En un mot, l'homme, ou du moins l'imagination humaine, a fini par penser que Satan est l'*Acte pur*.

Je l'ai déjà dit, mais je le répète et je le répéterai.

Quand je dis que le dix-huitième siècle a faussement associé les idées, je lui fais, je crois, trop d'honneur. La vérité est qu'il ne les a associées en aucune manière. Il avait perdu jusqu'à la notion de l'unité. Il a fait le vide dans le monde intellectuel. Il a trouvé que la respiration était un esclavage, un préjugé ; il a posé sur le monde la machine pneumatique : il a étouffé les oiseaux *délivrés* de l'air. Mais le vide ne peut durer. A la fin les déserts se peuplent, et ils se sont peuplés de monstres. Quand le dix-huitième siècle est mort, étouffé dans le vide, dans le sang, dans la boue, on dirait que l'air du monde intellectuel, souillé par lui, a eu besoin de se reposer quelque temps pour redevenir respirable.

Pendant quelque temps les idées, qu'il avait séparées de force, n'ont pu se réunir. Le dix-neuvième siècle les a heurtées au hasard les unes contre les autres, sans les reconnaître. Les voix qui avaient hurlé pendant l'orgie avaient prononcé les noms de science et de religion, sans savoir ce que ces mots voulaient dire, et elles les avaient prononcés comme deux noms ennemis. Le dix-neuvième siècle a besoin de respirer quelque temps au grand jour avant d'oublier ces cris confus.

Le dix-huitième siècle, quand il est mort, nous a légué par testament l'habitude d'associer l'idée d'un rêveur à l'idée d'un homme qui croit à l'invisible et qui compte sur lui.

Il n'a pas remarqué que l'idée du rêve devrait s'associer à l'idée d'illusion, et que l'illusion est le partage de l'homme qui nie l'invisible. Prendre le change, être dupe, c'est ne croire qu'à ce qui se voit. L'illusion consiste à prendre les fantômes pour des réalités, et les réalités pour des fantômes.

Le rêveur est celui qui ne s'éveille jamais, qui ne se tourne jamais vers la lumière incréée, qui habite toujours et uniquement le pays de l'ombre, et pourtant le langage humain, trompé et trompeur, appelle rêveur, surtout depuis cent ans, l'homme éveillé qui voit et qui sait.

Si le dix-neuvième siècle s'éveille, si les idées qui se tiennent naturellement se réconcilient dans son esprit et dans sa langue, n'est-t-il pas possible d'espérer que l'homme, rapproché de l'Unité, se rapprochera de lui-même, et que la vie humaine, comme la science humaine, fera quelques pas vers la paix ?

# LE RESPECT HUMAIN

Le sentiment le plus bizarre qu'un être quelconque puisse éprouver, c'est le mépris du bien et le respect du mal. Ce sentiment existe ; on lui a donné un nom absurde comme la chose, un nom fou, qui ne signifie rien, et qui a raison de ne rien signifier, puisqu'il exprime le néant : ce nom, c'est le « respect humain ».

Chose admirable ! depuis que le bon sens est troublé dans son fond, et menacé dans ses ruines, les langues humaines contiennent d'effrayantes absurdités. Le sentiment dont je parle, parce qu'il est le contre-bon sens le plus radical que la pensée de Satan puisse concevoir, a nécessité une expression folle, qui ne peut signifier quelque chose que dans une maison d'aliénés.

Je me figure souvent un génie voyageur, un être, supérieur à l'homme et ignorant de l'homme, à qui je serais chargé d'apprendre ce qui se passe sur la terre. Je me figure un esprit qui viendrait du ciel et ferait connaissance avec ce bas monde ; je le vois tombant, quand je lui dirais les choses qui nous paraissent simples, dans des extases de stupéfaction.

« — Vous savez mieux que moi, lui dirais-je, ce que c'est que le vrai, ce que c'est que le beau. J'en sais pourtant assez pour savoir que, si j'en savais davantage, je mourrais d'admiration. Je fondrais, comme la cire devant l'essence du feu ; et c'est pourquoi je ne vois pas encore tout ce que je verrai un jour... Mais voici, ô mon maître et mon élève ! ce que vous ne savez pas, et ce que je vous apprends.

« Celui qui Est, celui dont le Nom ne se prononce qu'en adorant, celui devant qui les séraphins voilés et timides battent à peine des ailes tremblantes, devinez le sentiment que beaucoup d'hommes éprouvent en face de lui. Devinez ! Vous pensez à la crainte, vous pensez à l'amour. Vous ne devinez pas. O mon maître et mon élève ! en face du Dieu de gloire, ils éprouvent la honte. »

Il me ferait répéter, l'Archange voyageur ; il ne comprendrait pas ; il me dirait :

« — Lequel de nous deux devient fou ? » Je m'épuiserais en explications. Je lui dirais :

« — Oui, Monseigneur, les hommes sont fiers d'ignorer le Vrai, l'Etre, le Beau ; ils le méprisent et sont fiers de leur mépris. Si quelqu'un préfère cet infini que j'attends, cet infini dont vous êtes imprégné et ruisselant, si quelqu'un le préfère à un tas d'ordures, on lui dit : Cachez-vous, n'avouez pas votre préférence, car nous allons nous moquer de vous.

« Quant à ceux qui ont préféré le tas d'ordures, ils ne se bornent pas à s'y vautrer, ce qui serait explicable, mais ils s'y vautrent fièrement, et méprisent, en piétinant dans la boue, en cherchant la ressemblance des singes, ceux qui cherchent, sur la montagne, la ressemblance de Dieu. On a même inventé qu'il était beau de s'écarter du vrai. Vous ne comprenez pas, Monseigneur, ni moi non plus. On a inventé que les vices, les crimes, dont nous ne pourrions supporter la forme idéale, si elle nous apparaissait, sans mourir, foudroyés d'horreur, étaient BEAUX ; et la conformité royale et splendide de l'âme créée avec l'Être de Dieu, cet encens qui monte au trône de Dieu, plus pur et plus fort que celui des roses de la terre, ce diamant du ciel qui est feu et parfum, les hommes se sont dit entre eux que ces choses étaient petites, mesquines, laides, et que ceux qui avaient l'esprit assez bas pour les préférer aux adultères glorieux que les romans divinisent, devaient au moins se cacher. »

Je parlerais longtemps, et plus serait intelligent mon céleste interlocuteur, et moins il comprendrait, *car l'intelligence comprend l'Être et l'inintelligence comprend le Néant*. C'est en touchant à la *science du mal* que l'homme a désappris tout ce qu'il a désappris, le jour où Satan l'a trompé. L'inintelligence comprend le Néant... Ce dernier mot donne la clef des choses de ce monde ; il explique les réputations humaines. Beaucoup d'hommes seront trop bas pour le comprendre encore ; d'autres hommes, de niveau avec lui, le comprendront déjà.

Mais peut-être le génie voyageur, étant au-dessus de lui, ne le comprendrait plus. Et moi qui ai tant souffert dans ma vie de voir les choses de l'intelligence n'être pas comprises par des êtres trop au-dessous d'elles, je jouirais de voir les choses de l'inintelligence n'être pas comprises par un être trop au-dessus d'elles. Et si j'arrivais à prononcer devant lui le nom de cette chose qui n'en devrait pas avoir, si je disais : « Les hommes appellent respect cet inexplicable et universel mépris de tout ce qui est, » la conversation finirait sans doute. Je verrais l'Esprit voyageur déployer ses ailes de diamant, légères et brûlantes ; fatigué de l'absurde, il s'envolerait pour se reposer ; croyant à une plaisanterie dont je m'obstinerais à lui refuser le mot, il irait chercher, dans les régions supérieures, des choses claires, des choses simples, des choses intelligibles......

# L'INDIFFÉRENCE

Le Oui et le Non sont en présence.

Bien des gens, qui ne savent rien, reprochent à la vérité d'être intolérante. Il faut s'expliquer sur ce mot.

On dirait, à les entendre, que la vérité et l'erreur sont deux êtres qui peuvent traiter d'égal à égal ; deux reines, toutes deux légitimes, qui doivent vivre en paix chacune dans son royaume ; deux divinités qui se partagent le monde, sans que l'une ait le droit d'arracher son domaine à l'autre. De là l'indifférence, qui est le triomphe de Satan; la haine lui plaît, mais ne lui suffit pas : il lui faut l'indifférence.

L'indifférence est une haine d'un genre à part: haine froide et durable, qui se masque aux autres et quelquefois à elle-même derrière un air de tolérance, — car l'indifférence n'est jamais réelle. Elle est la haine doublée du mensonge.

Il faudrait aux hommes, pour vomir chaque jour contre la vérité un torrent d'injures ardentes, une certaine détermination qui n'est pas dans leur caractère.

Le parti qu'ils prennent, c'est de ne prendre aucun parti. Et pourtant la haine qui crie est bien plus explicable, étant donné le péché originel, que la haine qui se tait. Ce qui m'étonne, ce n'est pas d'entendre le blasphème sortir d'une bouche humaine. Le péché originel est là ; la liberté de l'homme est là ; le blasphème a son explication. Mais ce qui me plonge dans une stupéfaction absolument inexprimable, c'est la neutralité.

Il s'agit de l'avenir humain et de l'avenir éternel de tout ce qui a, dans l'univers, intelligence et liberté. Il s'agit certainement et nécessairement de vous-même, comme aussi de toute personne et de toute chose. Donc, à moins que vous ne vous intéressiez ni à vous-même, ni à aucune personne, ni à aucune chose, il s'agit certainement et nécessairement d'un intérêt sacré pour vous. Si vous êtes vivant, excitez en vous la vie. Prenez votre âme et apportez-la dans la mêlée ! Prenez vos désirs, prenez votre pensée, votre prière, votre amour ! Prenez dans vos mains les instruments dont vous savez vous servir et jetez-vous tout entier dans la balance où tout pèse.

Si vous êtes endormi, réveillez-vous. Si vous êtes mort, ressuscitez. Cherchez dans votre vie passée, dans votre vie éteinte le meilleur de vos souvenirs. Rappelez-vous le parfum matinal des rosées d'autrefois que vous avez dû sentir, et voyez si vous avez la force de dire : Qu'importe !

Placé entre le feu de ceux qui aiment et le feu de ceux qui haïssent, il faut prêter main forte aux uns ou aux autres. Sachez-le donc ! ce n'est pas à l'homme en général, c'est à vous en particulier que l'appel est fait ; car toutes les forces morales, intellectuelles, matérielles, qui se trouvent à votre disposition, sont autant d'armes que Dieu vous a mises dans les mains, avec la liberté de vous en servir pour lui ou contre lui. Il faut vous battre ; vous vous battez nécessairement. Il ne vous est laissé que le choix du camp.

Jésus-Christ, quand il est venu au monde, a demandé tout aux hommes, s'étant fait pauvre plus que les plus pauvres. Il a demandé une place pour naître : on la lui a refusée. Les hôtelleries étaient remplies : c'est une étable qui s'est ouverte. Il a demandé une place pour vivre : on la lui a refusée. Le Fils de l'Homme n'a pas eu où reposer sa tête ; et quand il s'est agi de sa mort, il n'a pas eu cinq pieds de terre pour s'étendre : la terre l'a rejeté entre le ciel et elle, sur une croix.

Or, celui qui a demandé demande encore. Il demande une place pour naître : — ces gens qui remplissaient les hôtelleries, et qui, ne se dérangeant pas, ont envoyé Jésus naître entre un bœuf et un âne, représentent admirablement l'insignifiance inouïe des bagatelles ennuyeuses auxquelles les hommes se sacrifient, dans un holocauste inexprimable.

Un homme qui fait un livre, qui a une imprimerie à son service, dispose d'une puissance incalculable. Nul n'a mesuré et ne mesurera jamais les actes intérieurs ou extérieurs qu'il provoque ou qu'il arrête. Or, demandez donc à un étranger, à un voyageur qui ne serait pas fait aux habitudes de la terre, qui ne connaîtrait pas la stupidité humaine, quel usage font en général, de la force mise dans leurs mains, ceux qui portent ainsi la parole devant le monde.

Imaginez sa réponse, et imaginez son étonnement, s'il ouvrait au hasard un livre et un journal. Mais quelles proportions prendrait, dites-moi, cet étonnement si l'auteur de ce livre ainsi ouvert ajoutait : « Il est vrai que j'ai parlé pour ne rien dire ; mais c'était dans l'intention d'amuser mes lecteurs : car nous sommes tous convaincus que les choses insignifiantes, qui ne touchent en rien ni Dieu ni l'homme, offrent seules de l'intérêt au public, et que la vérité est ennuyeuse. »

De toutes les folies que le diable inspire, voici la plus digne de lui. *La vérité est ennuyeuse.* La vérité ! mais c'est elle qui est la béatitude ! La vérité ! mais c'est elle qui est le principe des extases ! C'est elle que toutes les splendeurs connues s'efforcent de symboliser. C'est elle dont les rayons lointains causent des transports inconnus.

C'est elle qui faisait fondre de bonheur, au centre du désert, l'intelligence glorieuse de saint Athanase exilé, pendant que ceux qui l'avaient envoyé là pour le punir s'ennuyaient à mourir dans leurs palais !

L'âme humaine est faite pour la pâture divine, dans le temps comme dans l'éternité. Il n'y a pas deux sources de bonheur, il n'y en a qu'une, mais elle ne tarira pas, et tous peuvent y boire ! Avez-vous donc l'amour de l'ennui ? adressez-vous au néant. Avez-vous donc l'amour de la Vie, l'amour du Bonheur, l'amour de l'Amour ? adressez-vous à l'Être.

Me parlerez-vous encore de l'indifférence à laquelle l'erreur a droit ? Que diriez-vous d'un médecin qui, appelé près du lit de votre femme malade, refuserait de la traiter par égard pour la maladie, qui exige les bons procédés de l'indifférence ? « Car, enfin, dirait ce médecin, entre la maladie et la santé je suis impartial ; je suis éclectique : eh bien, pourquoi la maladie ne vaudrait-elle pas la santé ? Le choléra pourrait vous faire connaître des crampes que vous ignorez sans lui. Il faut goûter de tout, tout admettre, tout essayer. Pourquoi ne pas essayer du choléra ? Vous le jugez sur l'autorité des autres : chose indigne d'un philosophe ! Il faut l'apprécier vous-même, pour que votre appréciation soit raisonnable. L'angine couenneuse peut vous orner la gorge de végétations que la santé vous refuse. C'est une richesse et un progrès. Sans doute cette végétation n'est qu'*à moitié légitime*, mais *ne serait-ce pas aller un peu loin* que de la condamner ? Cela serait, *ce semble*, tomber *un peu* dans le fanatisme. »

Vous sentez l'horrible et le ridicule, quand il s'agit des choses visibles.

Sachez donc que les maladies, les végétations du corps humain, les champignons, les cancers, etc., sont une conséquence de ces horreurs invisibles que l'Apôtre appelle les productions superflues du péché. Songez que le mal physique, dont vous ne pouvez pas nier l'horreur, est la conséquence, le reflet, l'avertissement de l'erreur et du mal invisible.

Qu'est-ce donc que l'erreur, puisqu'elle engendre de tels enfants ?

Et maintenant jugez, s'il vous plaît, l'indifférence, elle qui demande que l'erreur soit !

Moi, je n'ose pas y penser.

Satan est le prince de l'ennui, du désespoir et de toute douleur.

Dieu est le maître de la joie. Que l'indifférence se regarde donc et qu'elle se juge !

Voilà l'indifférence théorique et dogmatique. Quant à l'indifférence pratique, *elle tient à peu près ce langage :*

« J'ai la peste ! il n'est pas impossible que la peste soit la conséquence de l'erreur et du mal : vous le dites et je ne le nie pas. Il est certain que je suis sur la route de la mort ; il est possible que je sois sur la route de l'enfer, et que tout cela vienne de l'erreur. Il est vrai que je m'ennuie, que les sensations s'émoussent avec l'âge et que la mort viendra. Cette pensée est désagréable. Cependant si Dieu me proposait de quitter un instant ces choses ennuyeuses, monotones, menteuses, mourantes et mortelles, qui me conduisent au désespoir présent et au désespoir éternel, puis de les échanger contre la vie, la joie et la béatitude, je refuserais : je ne l'écouterais même pas me parler. J'irais jouer un jeu qui m'ennuie et lui dirais : va-t'en. Va-t'en, maître de l'extase et propriétaire de la joie, va-t'en ! Va-t'en, soleil qui te lèves dans tes flots de pourpre et d'or ! Va-t'en, majesté ! Va-t'en, splendeur ! Va-t'en ! Va-t'en, toi qui as sué le sang au jardin des Olives ! Va-t'en, toi qui as été transfiguré sur le Thabor ! Va-t'en ! je vais au café, où je m'ennuie. »

Pourquoi y allez-vous ?

Parce que j'en ai l'habitude.

# LE RIRE ET LES LARMES

Parmi les phénomènes les plus singuliers, les plus caractéristiques, les plus frappants, les plus mystérieux de la nature humaine, il faut compter le rire et les larmes.

Que signifie le rire ? Que signifient les larmes ?

Je ne vais pas essayer de répondre à cette question tout entière. Elle est immense, insoluble, invincible. Je vais indiquer une des faces qu'elle présente.

Le rire et les larmes semblent être les deux aimants de nom contraire, les deux pôles opposés d'une certaine électricité mystérieuse.

Cette Électricité serait-elle la Force qui préside à la fois aux jours et aux nuits de ce monde relatif, et qui s'appelle la Relation ?

S'il en était ainsi, il me semble que le rire serait la Parole de la Relation brisée, et que les larmes seraient la Parole de la Relation sentie.

Expliquons ceci par quelques applications. Qu'est-ce que le ridicule, sinon la relation détruite entre les choses ?

La disproportion est la chose qui fait rire.

Un enfant veut être terrible et n'en a pas les moyens. Il fait rire... La cause fait semblant d'être grande, l'effet est nul, la relation manque.

L'ironie est une distance qu'on établit entre celui qui parle et celui qui écoute, ou celui dont on parle. C'est pourquoi elle choque tant.

L'ironie semble dire : Vous êtes d'un autre monde que moi. Je vous regarde de si loin que je ne sens pas ce que vous voulez faire sentir. Je le vois, parce que j'ai deux yeux, mais je ne le sens pas, parce que la relation entre vous et moi est brisée. Je suis trop haut, et vous êtes trop bas.

Voilà l'ironie ordinaire, qui contient ordinairement une somme plus ou moins grande d'amour-propre.

Qui sait s'il n'y aurait pas une ironie extraordinaire, laquelle briserait le rapport en sens inverse et dirait à quelqu'un :

Il n'y a rien de commun entre vous et moi. Vous êtes trop haut et je suis trop bas ?

Cette ironie renversée partirait de l'Abîme, et il y en a peu d'exemples dans l'histoire ! Cependant je ne voudrais pas dire qu'il n'y en a aucun exemple.

En général, le rire vient de la légèreté. Celui qui rit beaucoup est léger ou se fait léger accidentellement, par nécessité, ou par circonstance.

Le rire indique qu'on s'arrête à la superficie de la chose dont on parle. On la regarde du dehors ; elle est bizarre, on rit ! Si on enfonçait un peu, qui sait ce qui arriverait et si, au lieu du rire, on ne trouverait pas autre chose ?

La folie est chose affreuse, et cependant elle peut faire rire, tant le rire ressemble peu à la gaieté. Elle peut faire rire, parce qu'elle brise la Relation et rassemble des idées qui ne s'assemblent pas entre elles. Un homme ivre peut faire rire, malgré le dégoût qu'il inspire, parce qu'il a perdu le sentiment de la Relation. La familiarité excessive, l'expression excessive du respect, le tutoiement, les titres d'honneur, l'absurdité du rêve ou celle de l'ivresse, toutes les brisures de la Relation peuvent amener le rire.

C'est que la Relation est chose sérieuse. La Relation est intime, profonde ; qui sait la place qu'elle occupe dans l'ordre universel ?

Celui qui la brise défait le monde peut-être ; et le rire a l'air d'un éclat de joie poussé par quelqu'un sur un monde détruit.

La férocité peut rire ; celui qui a tué sans émotion peut rire ; la légèreté peut rire ; l'indifférence peut rire ; l'insouciance peut rire.

Mais n'y aurait-il pas un rire triomphant, qui serait le signe superbe de la Relation dépassée ? Qu'arriverait-il si l'Essence... ?

Arrêtons-nous..... Silence !.....

Deux hommes ont eu des relations. (Voici le mot de relation qui revient au pluriel.) Ils entrent en discussion. La discussion dégénère en querelle.

Ils se raillent ; ils rient l'un de l'autre.

Puis chacun rentre chez soi. Et, dans le silence de la solitude, le souvenir du passé revient.

Ceux qui riaient tout à l'heure pleurent silencieusement.

C'est la Relation qui se fait sentir.

Le rire était produit par la superficie des choses, les larmes par leurs profondeurs. Les larmes sont les eaux de l'abîme ; elles sortent des lieux très bas, très profonds, très cachés ; elles révèlent souvent à celui qui les verse ou à celui qui les voit l'existence de profondeurs qu'il ignorait dans lui-même ou dans les autres.

Dans ces profondeurs ignorées, où généralement l'homme oublie de descendre, dans ces profondeurs ignorées se meuvent les relations qu'il a eues, qu'il a et qu'il aura avec l'universalité des choses. Le souvenir est un endroit plein de larmes, parce que le souvenir est plein de relations.

Le présent est quelquefois l'endroit du rire, parce qu'il cache souvent la profondeur sous la superficie, et la Relation sous son défaut. Le Présent montre la relation absente ; le Présent montre en quoi la relation n'est pas complète ; il la montre s'évanouissant sous les accidents qui la surchargent ; de là, le rire. Le Présent est fait de pièces et de morceaux ; il est bigarré et voile les rapports secrets des choses sous le costume extérieur, capricieux, changeant que les circonstances multiples leur imposent. Le Présent a l'air d'un caprice. Il cache son vrai nom sous les fantaisies de son déguisement.

Mais le Passé parle sur un autre ton. Le Passé dégage solennellement les choses de leur apparence. Leur bizarrerie s'évanouit sous leur réalité sérieuse.

Le Passé dégage les événements de l'accident qui les isolait, et les montre ensemble dans la relation qui les unit. Le Passé montre les liens qui unissent les choses entre elles. Le Présent cachait cette petite tresse imperceptible ; le souvenir la découvre, et les larmes, sortant de la retraite mystérieuse où elles dorment en attendant qu'on les appelle, viennent voir le jour en disant : Nous voici.

Elles disent : Nous voici, quand l'homme se souvient ; car le souvenir appelle la Relation ; elles disent : Nous voici, quand l'homme se plonge dans l'amertume des eaux profondes : car il y trouve la masse confuse des objets qu'il a autrefois connus ; elles disent : Nous voici, quand l'homme est visité par la Joie, la Joie sublime et torrentielle qui éclaire comme la foudre l'obscurité profonde des nuits, montrant à la lueur du même éclair la face de la terre, la face de la mer et la face des cieux ; elles disent : Nous voici, quand l'homme admire ; car l'Admiration est une Explosion de l'Unité qui interdit l'isolement à tout ce qu'elle rencontre sur sa route. L'Admiration embrasse ce qu'elle voit et montre aux créatures surprises le lieu où elles sont ensemble, le lieu où elles sont à genoux. . . . . . . . . .

# LE TRAVAIL ET LE REPOS

L'année finit, l'année commence. Voici donc l'heure de rajeunir : *Adveniat regnum tuum !* Nous rajeunirons aux sons des cloches qui chantent la marche du temps, si nous suivons l'étoile qu'ont aperçue les rois Mages. Nous rajeunirons, si nous laissons là les petites choses, qui sont toujours vieilles, pour vivre dans l'Immense ; si nous rapprochons la science et l'art de l'éternelle beauté, qui est l'éternelle jeunesse, *ad Deum qui lætificat juventutem meam.*

Vous rajeunirez, vous tous qui vous plaignez du temps, à la fois lourd et rapide pour vous, le jour où vous voudrez servir les intérêts de la vérité sur la terre, et combattre pour elle. Nous rajeunirons tous, si nous obtenons de Dieu et de nous-mêmes deux choses, que je lui demande et qu'Il me demande : « le travail et le repos ».

Travailler, c'est chose simple, mais se reposer, voilà le difficile. Nous sommes affamés de travail ; mais le repos demande un effort. L'homme travaille sans repos quand il agit, ne comptant que sur lui ; il travaille et se repose quand il agit, comptant sur Dieu d'abord.

Vous ne pouvez rien faire sans moi, a dit Jésus-Christ.

Qui de nous peut se procurer, par ses propres forces, une minute de vie ? Si l'homme voulait s'inquiéter, il faudrait s'inquiéter de tout, car tout le menace avec la supériorité d'une force écrasante qui pèse sur un roseau. L'air qu'il respire peut l'empoisonner. Dieu le tient par un fil, suspendu au-dessus de l'abîme. Si l'homme conçoit un projet, ce projet exige, pour sa réalisation, un certain nombre de mouvements matériels et moraux, chez une foule d'êtres qui ne dépendent pas de lui. *Il faut déterminer*. Il faut que le monde extérieur lui prête une complicité qu'il est sans force pour se procurer. Autant vaudrait compter sur la force de son petit doigt pour pousser les planètes dans l'espace, que d'entreprendre une œuvre appuyée sur soi, que de lutter avec ses propres forces contre la nature et l'humanité. Mais, chose merveilleuse ! l'action de l'homme, y compris sa passion, peut s'unir à l'action de Celui qui Est. Tout acte humain, fût-ce le plus impuissant, perd son impuissance s'il s'unit à l'acte de la Rédemption. Dieu nous accorde et nous ordonne d'accepter la gloire féconde d'une activité qu'il unit à la sienne. Nous agissons avec lui, et notre travail se repose en lui.

Qui de nous peut mesurer l'immensité de son action ?

Il faudrait suivre les ricochets de nos actes et pouvoir entendre les échos de nos prières.

Nous ne sommes pas capables de nous mesurer.

Il y a, pour l'homme, deux choses, entre autres, qui sont incompréhensibles : sa puissance : *Je peux tout en celui qui me fortifie ;* son impuissance : *Sans moi, vous ne pouvez rien faire.*

L'Orient déchu a oublié la puissance de l'homme ; de là, la fatalité, qui oublie l'acte humain.

L'Occident déchu a oublié la puissance de Dieu et l'impuissance de l'homme isolé ; de là, l'orgueil et l'inquiétude, qui oublient l'acte divin.

Ces deux vices établissent l'indifférence, qui est la négation pratique.

La vérité produit l'humilité, qui s'oppose au vice occidental, à l'orgueil inquiet ; et l'activité, qui s'oppose au vice oriental, à la paresse fataliste.

La vérité produit à la fois le travail, qui est la vertu propre de l'Occident, et le repos, qui est la vertu propre de l'Orient.

Tourné vers l'Orient, la vie occidentale, Rome a proclamé l'Immaculée Conception de celle qui a répondu *Fiat !* à l'ange Gabriel : de celle que l'Église appelle : Porte orientale. Sainte Marie, mère de Dieu, priez pour les deux hémisphères !

# L'HONNEUR

Qu'est-ce donc que ce mot veut dire ? A force de l'ignorer, j'ai été longtemps porté à croire qu'il ne signifiait rien. Je me disais : Il y a le bien, et il y a le mal, qui est une négation ; mais l'honneur est un mot vide ; tout ce qui est bien est honorable, tout ce qui est mal est déshonorant ; mais l'honneur n'est rien de particulier, et il n'y a pour lui d'autre loi que la loi qui ordonne le bien et défend le mal. L'honneur est donc le nom que prend la morale dans la bouche de ceux qui ne la connaissent pas. L'honneur est une idole ; c'est le Dieu de ceux qui n'ont pas de Dieu.

Le discours que je me tenais ne manque pas de vraisemblance. Mais je suis porté à croire qu'il manque de vérité. Tous les mots ont un sens, et il est important de le découvrir. Quand un mot a été profané par l'erreur, il devient difficile de le dégager. On dirait qu'il a établi son domicile dans les ténèbres, et qu'il faut lui faire violence pour l'arracher à l'ennemi. L'honneur est un de ces mots. Le mensonge s'est emparé de lui, et l'a traité comme son bien, comme sa propriété. Le mensonge a voulu confisquer le nom de l'honneur, au point de lui enlever jusqu'aux apparences d'un nom sérieux. On a placé l'honneur dans le voisinage du duel, et ce masque a couvert si parfaitement son visage qu'il a paru le remplacer.

Mais les mots ont droit à la justice. Il ne faut pas raturer ceux qui ont été calomniés ; il faut les restituer à la langue et les replacer dans la lumière.

L'humanité est une immense assemblée de pécheurs ; quiconque se regarde s'épouvante de ce qu'il voit et recule devant l'objet qui se montre. Plus l'homme connaît l'homme, plus l'abîme grandit à ses yeux. C'est un spectacle effrayant que de regarder n'importe où ; car, partout où l'homme a passé, il a laissé sa marque, et sa marque est épouvantable.

Cependant, l'humanité, qui garde, dans son égarement, l'instinct de la justice, parle en marchant. Elle parle à la nature ; elle parle à elle-même ; elle parle à Dieu, et il faut faire attention à ses paroles, fussent-elles prononcées dans le délire ; car l'instinct de la justice est enfoui sous les ruines de l'homme ; et il n'est pas impossible de l'apercevoir, même pendant la nuit. On peut découvrir, au clair de la lune, un nid d'aigle, sous les décombres d'un vieux monument.

L'homme parle donc, du fond de sa ruine, et s'il est de bonne foi, il se dit coupable, et si on lui dit qu'il est coupable, il ne le nie pas, il sent ses frères coupables ; mais parmi cette multitude, il y en a quelques-uns qu'il n'appelle plus coupables ni pécheurs, mais qu'il déclare déshonorés.

Cette immense différence que fait le langage humain entre les hommes et les hommes, quand il nomme les uns pécheurs, les autres déshonorés ; quand il déclare que tous ont perdu l'innocence, et que quelques-uns ont perdu l'honneur ; cette immense différence que fait le langage doit trouver son principe, sa raison d'être dans quelque immense différence que font les choses. Car le langage a peu de caprices ; il est fait pour nommer les *choses*, et il se souvient toujours un peu de son origine. Il a respiré son air natal sous les ombrages de l'Éden, le jour où Adam, qui pénétrait l'intimité des choses, jugea les créatures en nommant les animaux.

Puisque le langage humain distingue si profondément le *déshonneur* de la *faute*, il doit y avoir un abîme entre ces deux abîmes. L'homme qui tombe éveille la pitié chez celui qui le voit tomber ; mais quel est le sentiment que provoque celui qui se déshonore sous vos yeux ? Peut-être le mot qui serait la réponse à cette question n'existe pas, ou peut-être il existe, et je ne le connais pas. Mais, au moins, que fait-il l'homme qui se déshonore, et en quoi diffère-t-il de celui qui tombe autrement ? car tout déshonneur contient la faute ; mais toute faute ne contient pas le déshonneur.

Je ne sais si la réponse que je vais proposer paraîtra arbitraire, ou, au contraire, fondée sur la nature des choses ! Peut-être le premier mouvement du lecteur l'inclinera vers la première de ces deux assertions ; le second, vers la seconde !

Quelle est la chose qui fait que le coupable n'est pas seulement coupable, mais infâme ? Quelle serait, si le déshonneur avait une essence, quelle serait l'essence du déshonneur ? Ce serait si je ne me trompe,

### PROMETTRE ET NE PAS TENIR

La honte a bien des formes, bien des aspects, bien des visages. Il y a mille façons de se déshonorer. Mais toute multiplicité se résout dans une unité quelconque ; le péché produit les effets les plus divers ; et, pourtant, au principe de tout péché, il y a un monstre unique, l'orgueil. La honte a tous les costumes ; elle en change souvent, elle s'habille suivant les circonstances ; sa physionomie est mobile ; tantôt elle rit, tantôt elle pleure ; mais si on y cherchait, la lumière à la main, parmi toutes ces laideurs, quel est le type qui les résume, et le principe qui les a fait naître, on verrait que le déshonoré a promis et n'a pas tenu.

Si on interrogeait le mépris, pour lui demander son secret, le mépris répondrait : Je connais quelqu'un qui promet et qui ne tient pas.

Si vous dites à un homme : Vous avez eu gravement tort ; vous êtes un criminel, cet homme se sent blâmé ; mais il peut se sentir estimé, et, comme le blâme ne flétrit pas, il peut vous tendre la main sans effort et vous remercier sans douleur. Si vous dites à un homme : Vous avez menti, cet homme se sent méprisé, fût-ce à propos de la chose du monde la plus insignifiante. Il a donné sa parole, et ce qu'il a dit n'était pas vrai. Donner sa parole signifie : *promettre.* Ces deux mots sont synonymes. Peut-être y a-t-il des promesses implicites. Peut-être l'homme, par cela seul qu'il naît homme, homme et non pas chien, par cela seul qu'il reçoit la parole comme signe de sa nature, comme marque de sa dignité, peut-être l'homme, en naissant, promet-il de ne pas mentir ? Deux hommes se haïssent ; ils se poursuivent d'une inimitié implacable. Ils peuvent se rendre très coupables ; chacun d'eux peut se perdre, en voulant perdre l'autre ; chacun d'eux peut tomber dans le piège qu'il tend à son ennemi, et ceci pourrait arriver plus souvent qu'on ne le croit ; mais leur situation respective, qui constitue souvent une série de fautes et de torts réciproques, ne constitue pas précisément le déshonneur.

Mais voyez l'ami qui a abandonné son ami. Celui-ci boit la honte comme de l'eau. C'est qu'il avait promis, explicitement ou implicitement, d'être fidèle. La fidélité est l'honneur des relations.

La fidélité et la franchise habitent le même lieu ; car parole et promesse sont synonymes. L'ami qui trahi a menti avant de trahir.

Saul est devenu Paul. Saul était ennemi de Jésus-Christ, et Jésus-Christ lui a dit ce qu'on peut dire à un ennemi déclaré : Pourquoi me persécutes-tu ?

Saul est devenu Paul. Il n'avait pas manqué à sa parole. Il n'avait fait que se tromper.

Mais voyez Judas ! Un mépris, qui s'est élevé jusqu'à l'horreur, a fait de son nom un cri de dégoût. Car le dégoût pousse des cris, quand il ne trouve plus de paroles. Judas n'est plus un nom : c'est une exclamation. Ce n'est plus une parole : c'est un geste d'horreur. C'est qu'aussi il a trahi par un baiser. Il a fait mentir ses lèvres d'une façon particulière. Il a inventé un mensonge, et au secours de son invention, il a appelé quelque chose de plus intime que la parole. Le baiser est une promesse située au-delà du langage. Il ne promet pas seulement de ne pas trahir. Il promet de faire le contraire. Il est le signe même de la fidélité. Aussi Judas l'avait-il choisi pour signe de sa trahison.

« Dederat autem traditor ejus *signum* eis, dicens : « Quemcunque osculatus fuero, ipse est... tenete eum, « et ducite caute. »

Il est à remarquer que les plus tristes égarements

n'excluent pas, dans leur avant-dernier degré, le sentiment vague d'un honneur quelconque. C'est au dernier degré seulement que ce sentiment périt. A l'avant-dernier degré, l'homme qui se plonge dans le faux parle encore, et même parle très souvent, de l'honneur, et il en parle toujours dans le sens de *la parole donnée*. Il veut bien qu'on le croie capable et même coupable de tous les crimes ; il ne veut pas qu'on doute de sa parole. Il veut bien qu'on le regarde comme un criminel. Il ne veut pas qu'on dise : Ce criminel promet en vain. Sa parole ne compte pas. Il veut bien que le jeu, par exemple, détruise sa fortune et la fortune des autres ; il veut bien risquer au-delà de ce qu'il possède ; mais il considère comme une *dette d'honneur* la dette qui n'a d'autre fondement que sa parole, d'autre valeur que la valeur qui vient de sa parole, et il ne veut pas qu'on croie qu'il se moque de cette dette-là. Il veut bien donner la mort, et même la recevoir, et même se la donner. Mais il ne veut pas que sa femme manque à la parole qu'elle lui a donnée. Il se moque peut-être du mariage ; mais il ne veut pas que sa femme le trahisse. Lui qui ne croit à rien, il croit que sa femme serait déshonorée, si elle violait sa parole. Lui qui n'adhère à aucune loi, il veut absolument que sa femme soit liée par la promesse qu'elle lui a faite. C'est peut-être par là qu'il tient encore à la société humaine. Le respect de la parole donnée est quelquefois d'autant plus vivace en lui que c'est peut-être la seule voie qui proclame encore au fond de lui la dignité de sa nature. S'il s'enfonce dans la boue, s'il atteint le dernier degré d'avilissement, le sentiment de l'honneur mourra peut-être. Mais il est probable qu'il mourra le dernier. Quand il sera mort, quand l'homme se moquera de sa parole, la distance qui le sépare de l'animal diminuera énormément. Sa figure prendra le type de la bête, et, fût-il enchaîné, on sera mal à côté de lui. Il y aura encore une descente de la nature humaine, faisant effort pour rejoindre la brute. Il est probable qu'alors la parole qui s'adressera à lui ne rencontrera plus rien. Le verbe humain sera sans action sur lui. Si le sentiment de la parole donnée est mort en lui, on ne trouvera plus dans cet homme une place à toucher. S'il rit d'avoir promis en vain, on ne pourra pas le faire pleurer.

Le soldat sur le champ de bataille joue aussi le drame de l'honneur. L'histoire est pleine de gens qui ont préféré à la vie ce genre d'honneur. Car l'histoire s'occupe beaucoup des champs de bataille, et la guerre est illustre en ce monde. Le soldat semble avoir conscience des regards fixés sur lui ; il se voit contemplé par l'Europe. Je dis l'Europe ; car le reste du monde a l'air d'une tête sans regard. Le soldat se voit contemplé par l'Europe, et comme s'il oubliait ceux qui l'attendent peut-être dans le village où il était paysan, formé tout à coup, et dirigé par une électricité singulière vers un sacrifice prodigieux que n'avait ni préparé ni deviné son enfance, il donne sa vie pour ne pas reculer. Et cependant il combattait sans haine ! Il ne combattait pas son ennemi personnel. Il combattait pour une cause qu'il ignore. Il ne sait pas la place qu'il occupe dans la situation pour laquelle il meurt. Son général, mort ou vivant, aura peut-être ce qu'on appelle ici la gloire ; mais lui, il n'aura que l'honneur. Son sacrifice ne participera pas aux éclats de la victoire. On ne saura pas ce qu'il aura fait pour elle, et les historiens ne raconteront pas les jeux de son enfance, les jeux qu'il a joués au village où on ne le reverra plus. Les historiens diront le nombre des hommes morts dans la bataille, et il comptera pour *un* dans ce nombre. Il meurt cependant, pour ne pas se déshonorer. Pourquoi meurt-il ? Il meurt parce qu'en acceptant, fût-ce malgré lui, le nom de soldat, il a promis implicitement de mourir, s'il faut mourir, mais de ne pas livrer le drapeau.

Dira-t-on qu'il est déshonoré par la peur, et non par la promesse trahie ? Mais ce même homme, pendant qu'il gardait les vaches de son père, ou qu'il faisait la moisson, ce même homme pouvait fuir devant le danger, quelquefois même devant un danger peu réel ; il avait la permission de prendre, pour assurer sa vie, mille précautions qu'il ne cherchait pas à dissimuler. Et les eût-il poussées à l'excès, il ne rougissait pas, quand il s'asseyait, en priant Dieu de bénir la table, pour prendre part au repas de famille. C'est qu'alors il n'avait rien promis. L'ouvrier qui fait un travail dangereux ; dans les mines par exemple, cet ouvrier est libre de fuir. Il n'a pas donné sa parole d'être courageux, mais le soldat est lié, et même si pendant la bataille il revoyait en esprit, comme Ulysse dans l'Odyssée, la fumée sortir le soir de la chaumière où il est attendu, un cri s'élève en lui, plus haut que le cri de la nature, et il affronte la mort qu'il pourrait éviter.

Il était timide peut-être... avant d'être engagé. Mais alors il n'avait pas donné son nom.

Les expressions familières aident presque toujours l'éclaircissement des choses mystérieuses. Le langage dit d'un homme qu'il a fait honneur à sa signature. Le langage rapproche à chaque instant le mot *honneur* et le mot : signature.

Qu'est-ce qu'une signature ? c'est une promesse.

Celui qui signe s'engage à faire.

Et quel signe donne-t-il ?

Le signe, c'est son nom. La signature d'un homme est son nom : son nom est sa parole, et sa parole est son honneur. C'est pourquoi le langage dit : déshonorer son nom.

Celui qui ne tient pas sa parole déshonore son nom.

Le nom en effet, le nom d'un homme, c'est lui-même. Donner son nom, c'est engager son honneur.

Le nom est la représentation de l'homme ; il l'exprime dans ce qu'il a d'intime, d'essentiel. Celui qui insulte le nom d'un homme fait plus, en un certain sens, que s'il insultait cet homme lui-même, d'une façon plus directe, mais moins solennelle. S'il l'insulte dans son nom, il l'insulte dans le lieu même où il faut être le plus nécessairement respecté.

Si le soufflet déshonore, dans l'opinion des hommes, ne serait-ce pas parce que le nom de l'homme est écrit sur son visage ? La figure est, comme le nom, la révélation de la substance; c'est à la figure surtout que les hommes se reconnaissent ; c'est par la figure qu'ils se distinguent les uns des autres. Un des mystères de la création, c'est que toutes les figures étant semblables, quant aux traits qui les composent, il n'y en a pas deux qui soient semblables, quant à la forme de ces traits. L'unité de la figure humaine indique que le nom commun d'homme convient à tous ces hommes. La diversité des figures indique que chaque homme a un nom propre. On dit d'un homme qu'on n'a pas reconnu : Je n'ai pas pu mettre un nom sur sa figure.

Il existe entre l'homme et sa femme, entre l'époux et l'épouse, une solidarité d'honneur qui tient à la solidarité du nom. L'épouse prend le nom de l'époux ; à partir de ce jour, elle porte son honneur. Si l'honneur de la femme est particulièrement délicat, si le plus léger soupçon ne peut pas même en approcher, ne serait-ce pas parce que le mystère du nom se déclare en elle avec une intention particulière ? Car c'est du nom qu'elle a reçu que dépend l'honneur qu'elle porte. Elle a changé de destinée le jour où elle a changé de nom. Le nom de la femme est l'histoire de deux vies, la sienne et celle de son mari.

Signature vient évidemment du mot : signe. C'est pourquoi la signature d'un homme est sa marque, son cachet, sa figure, son caractère, l'image de sa substance posée sur une promesse. Donner sa parole et écrire son nom sont un seul et même acte, et cet acte est celui qui engage l'honneur.

Pourquoi l'homme qui abuse d'un dépôt est-il plus déshonoré que celui qui commet un autre attentat ? C'est que le dépôt était confié spécialement à sa parole. L'acte bon ou mauvais, par lequel le dépôt a été ou n'a pas été conservé, s'est spécialement accompli dans le domaine de l'honneur.

La violation d'un secret est un attentat du même genre. Le secret est confié à l'honneur d'un ami. Celui qui reçoit un secret, quand il ne ferait pas explicitement la promesse de ne pas le livrer, la ferait implicitement, par le seul fait d'accepter le dépôt ; car le secret est un dépôt. Et l'honneur est d'autant plus directement engagé que l'attentat qui le compromet n'a pas de sanction humaine. Celui qui trahit le secret d'un ami ne s'expose pas. Il trahit en sécurité.

C'était sa parole et non son intérêt humain qui avait

répondu de sa discrétion. En général, le mépris est d'autant plus profond que l'homme qui s'en est rendu digne n'a pas encouru d'autre châtiment humain. Le mépris est une peine d'un genre à part, une peine qui frappe le nom.

Celui qui trahit en secret commet un attentat dans la nuit. Il trahit celui qui a eu confiance, celui qui s'est exposé, celui qui s'est livré. Un des attentats les plus déshonorants qui soient au monde, c'est d'abuser du sommeil ; le sommeil, en désarmant l'homme, le livre sans défense à l'honneur de ce qui l'entoure. Et la trahison contracte en pareil cas une laideur spéciale qui révolte le fond de l'âme. Or la confiance est une sorte de sommeil. Celui qui a livré son secret s'endort dans les bras de son ami. Comment exprimer les indignations de son réveil, s'il se réveille, en face d'une trahison ?

Le nom, c'est l'honneur; et, en montant un peu, le nom, c'est la gloire. La gloire : c'est l'honneur agrandi, c'est l'honneur couronné, c'est l'honneur vêtu de pourpre. L'honneur est ce dont personne ne peut se passer. La gloire est nécessaire à quelques-uns seulement. Quand l'honneur entre dans le domaine du sublime, il prend le nom de gloire, et la magnificence intervient. L'honneur donne ce qui est promis ; c'est la justice. La gloire donne au-delà de ce qui est promis : c'est la magnificence. L'honneur comptait, et ne donnait rien de moins que ce qui était dû. Mais la gloire ne compte pas; elle donne comme une aveugle ; elle donne magnifiquement. Quand un homme s'est élevé au-dessus de la sphère de l'honneur, pour entrer dans celle de la gloire, son nom devient synonyme d'une grandeur quelconque. Ce n'est plus seulement un nom d'homme, c'est une façon quelconque de désigner ce qui est sublime ! Son nom sort du domaine des choses particulières, pour entrer dans le patrimoine de l'humanité. La poésie s'en empare, il appartient au rythme.

Et qui sait si le grand homme, quand il accomplit l'acte de gloire, n'accomplit pas une promesse tacite, une promesse qui dit son vrai nom, la promesse de satisfaire un besoin rarement satisfait, — le besoin de l'admiration, qui implore à genoux quelque chose de sublime ? L'admiration est un pauvre qui demande son pain, comme les autres.

Si l'honneur donne ce qui est dû, et la gloire quelque chose de plus, nous n'aurons pas de peine à voir pourquoi la gloire est essentiellement miséricordieuse. Le père Faber dit quelque part que Dieu est fier de sa miséricorde ; cette superbe parole n'est pas étonnante. La miséricorde, faisant plus qu'il n'est juste de faire, transporte la puissance dans le domaine de la condescendance ; et, dans ce domaine-là, elle respire un air nouveau, qui lui fait un nouveau visage.

Le langage humain contient ici une grande beauté. En français, faire miséricorde se dit en un mot. Il y a un verbe pour exprimer l'acte de remettre les dettes.

C'est le verbe pardonner.

Par-donner, donner au delà !

Il est déjà difficile d'être juste. Mais il faut que l'homme soit bien grand pour que la gloire de pardonner soit devenue une loi pour lui. L'animal ne pardonne pas ; mais l'homme, parce qu'il est fait à l'image de Dieu, monte plus haut que la rigueur. L'homme pardonne, et à ce moment-là, il montre sur son visage de chair, sur son visage créé, l'image et la ressemblance du Dieu qui l'a fait capable de pardon. Puisqu'il s'agit, quand on pardonne, d'aller au-delà de l'honneur, et plus haut que la nature, le pardon répugne, par la dignité de sa rigueur, à toute restriction, à toute petitesse, à toute froideur, à toute limite. Il répugne à l'économie, il jette à pleines mains; cet enfant prodigue dissipe sa substance. Il donne ce qu'on n'avait pas droit d'attendre; la magnificence est l'attribut de la miséricorde.

La miséricorde? qui donc la vengera du visage niais qu'on lui donne très souvent? Quand donc comprendra-t-on qu'elle est inséparable d'une haine active, furieuse, dévorante, implacable, exterminatrice et éternelle, la haine du mal? Quand donc comprendra-t-on que, pour être miséricordieux, il faut être inflexible; que, pour être doux envers celui qui demande pardon, il faut être cruel envers l'ennemi des hommes qui a sucé le sang de cet homme à genoux, cruel envers l'erreur, la mort et le péché? La miséricorde est terrible comme une armée rangée en bataille. Elle a pris un jour la figure de Judith, et l'eau a été rendue à Bétulie qui mourait de soif.

Depuis fort longtemps la malveillance et la sottise ont conspiré pour donner aux vertus l'aspect niais et terne, effacé et lamentable. Personne ne sait jusqu'où va l'immoralité et le danger de cette erreur. Personne ne sait à quel point les hommes, affamés et altérés de grandeur, sont écartés de Dieu par les petits livres qui font Dieu petit.

Il y en a qui croient que l'honneur consiste à ne pas pardonner. D'autres pensent que le pardon est une concession que l'honneur doit faire à la morale. Quand donc verra-t-on que la miséricorde est la magnificence de l'honneur exalté? Toute chose aspire à s'élever au-dessus d'elle-même, à perdre ses limites, toute chose est tentée par la beauté de l'extase (ἔκστασις). Quand l'honneur monte cette montagne, il rencontre la gloire vers le sommet. C'est alors que les larmes arrivent. L'honneur affermit le visage, mais la gloire fait pleurer.

Je termine par un regard jeté dans l'intérieur du désert, là où Moïse paissait ses brebis.

De tout temps l'homme a cru que le secret de la puissance, c'était le nom du Seigneur. Dans l'Écriture nous voyons plusieurs fois l'homme à qui Dieu confie une mission ou fait une promesse, nous voyons l'homme répondre :

Comment vous nommez-vous?

Le fond du cœur est l'espérance qu'il a dans le nom de Dieu. Et Dieu a pris le nom de Jaloux parce que sa gloire lui importe.

Quand Moïse entendit la voix qui partait du buisson ardent, il demanda son nom à celui qui parlait.

La réponse qui lui fut faite retentit de siècles en siècles, et pour épeler le Tétragrammaton, l'éternité n'est pas trop longue.

Comme presque tous les noms hébreux, le nom de

JÉHOVAH

a beaucoup de significations. Il veut dire celui qui a été, qui est et qui sera. Il indique mystérieusement la trinité des personnes, et l'unité de l'essence divine. Il est l'alpha et l'oméga ; et l'espérance même, qui n'a pas peur de monter, n'arrive jamais à la hauteur de ce qu'il contient.

Or le nom de Jéhovah signifie, entre autres choses, d'après Cornélius à Lapide :

Celui qui tient ses promesses.

Adam a entendu le serpent mentir, le tentateur n'a pas tenu la promesse qu'il a faite à nos premiers pères. Il est déshonoré ! Quand le Dieu Jaloux, qui ne donne pas sa gloire à un autre, s'est manifesté, dans la personne de Moïse, à la race d'Adam, pour se rendre témoignage, il a déclaré, par les quatre lettres du nom terrible, qu'il se nomme :

Celui qui tient ses promesses.

## L'HOMME MÉDIOCRE

Dites dans un salon que tel homme célèbre est un homme médiocre, on s'étonnera ; on dira que vous êtes *paradoxal*. C'est qu'on ne sait pas ce que c'est que l'homme médiocre.

L'homme médiocre est-il sot, stupide, imbécile ? Pas le moins du monde. L'imbécile est à une extrémité du monde, l'homme de génie est à l'autre. L'homme médiocre est mitoyen. Je ne dis pas qu'il occupe le centre du monde intellectuel, cela serait tout autre chose ; il en occupe le milieu.

L'homme médiocre est-il donc celui qu'on appelle en philosophie, en politique, en littérature, un juste milieu ? Appartient-il nécessairement et certainement à cette opinion-là ?

Non pas encore.

Celui qui est juste-milieu le sait : il a l'intention de l'être. L'homme médiocre est juste-milieu sans le savoir. Il l'est par nature, et non par opinion ; par caractère, et non par accident. Qu'il soit violent, emporté, extrême ; qu'il s'éloigne autant que possible des opinions du juste-milieu, il sera médiocre. Il y aura de la médiocrité dans sa violence.

Le trait caractéristique, absolument caractéristique de l'homme médiocre, c'est sa déférence pour l'opinion publique. Il ne parle jamais, il répète toujours. Il juge un homme sur son âge, sa position, son succès, sa fortune. Il a le plus profond respect pour ceux qui sont connus, n'importe à quel titre, pour ceux qui ont beaucoup imprimé. Il ferait la cour à son plus cruel ennemi, si cet ennemi devenait célèbre; mais il ferait peu de cas de son meilleur ami, si personne ne lui en faisait l'éloge. Il ne conçoit pas qu'un homme encore obscur, un homme pauvre, qu'on coudoie, qu'on traite sans façon, qu'on tutoie, puisse être un homme de génie.

Fussiez-vous le plus grand des hommes, il croira, s'il vous a connu enfant, vous faire trop d'honneur en vous comparant à Marmontel. Il n'osera prendre l'initiative de rien. Ses admirations sont prudentes, ses enthousiasmes sont officiels. Il méprise ceux qui sont jeunes. Seulement, quand votre grandeur sera reconnue, il s'écriera : Je l'avais bien deviné! Mais il ne dira jamais, devant l'aurore d'un homme encore ignoré : Voilà la gloire et l'avenir ! Celui qui peut dire à un travailleur inconnu : Mon enfant, tu es un homme de génie ! celui-là mérite l'immortalité qu'il promet. Comprendre, c'est égaler, a dit Raphaël.

L'homme médiocre peut avoir telle ou telle aptitude spéciale : il peut avoir du *talent*. Mais l'intuition lui est interdite. Il n'a pas la seconde vue ; il ne l'aura jamais. Il peut apprendre : il ne peut pas deviner. Il admet quelquefois une idée, mais il ne la suit pas dans ses diverses applications; et si vous la lui présentez en termes différents, il ne la reconnait plus : il la repousse.

Il admet quelquefois un principe ; mais si vous arrivez aux conséquences de ce principe, il vous dira que vous exagérez.

Si le mot exagération n'existait pas, l'homme médiocre l'inventerait.

L'homme médiocre pense que le christianisme est une précaution utile, dont il serait imprudent de se passer. Néanmoins il le déteste intérieurement ; quelquefois aussi, il a pour lui un certain respect de convention, le même respect qu'il a pour les livres en vogue. Mais il a horreur du catholicisme : il le trouve exagéré : il aime bien mieux le protestantisme, qu'il croit modéré. Il est ami de tous les principes et de tous leurs contraires.

L'homme médiocre peut avoir de l'estime pour les gens vertueux et pour les hommes de talent.

Il a peur et horreur des saints et des hommes de génie ; il les trouve exagérés.

Il demande à quoi servent les ordres religieux, surtout les ordres contemplatifs. Il admet les sœurs de Saint-Vincent-de-Paul, parce que leur action se fait, au moins partiellement, dans le monde visible. Mais les carmélites, dit-il, à quoi bon ?

Si l'homme naturellement médiocre devient sérieusement chrétien, il cesse absolument d'être médiocre. Il peut ne pas devenir un homme supérieur, mais il est arraché à la médiocrité par la main qui tient le glaive. L'homme qui aime n'est jamais médiocre.

L'homme vraiment médiocre admire un peu toutes choses ; il n'admire rien avec chaleur. Si vous lui présentez ses propres pensées, ses propres sentiments rendus avec un certain enthousiasme, il sera mécontent. Il répétera que vous exagérez ; il aimera mieux ses ennemis s'ils sont froids, que ses amis s'ils sont chauds. Ce qu'il déteste par-dessus tout, c'est la chaleur.

L'homme médiocre n'a qu'une passion, c'est la haine

du beau. Peut-être répétera-t-il souvent une vérité banale sur un ton banal. Exprimez la même vérité avec splendeur, il vous maudira ; car il aura rencontré le beau, son ennemi personnel.

L'homme médiocre aime les écrivains qui ne disent ni oui ni non sur aucune question, qui n'affirment rien, qui ménagent toutes les opinions contradictoires. Il aime à la fois Voltaire, Rousseau et Bossuet. Il veut bien qu'on nie le christianisme, mais qu'on le nie poliment, avec une certaine modération dans les mots. Il a un certain amour pour le rationalisme, et, chose bizarre, pour le jansénisme aussi. Il adore la profession de foi du vicaire savoyard.

Il trouve insolente toute affirmation, parce que toute affirmation exclut la proposition contradictoire. Mais si vous êtes un peu ami et un peu ennemi de toutes choses, il vous trouvera sage et réservé. Il admirera la délicatesse de votre pensée, et dira que vous avez le talent des transitions et des nuances.

Pour échapper au reproche d'intolérance adressé par lui à tout ce qui pense fortement, il faudrait se réfugier dans le doute absolu ; mais encore ne faut-il pas appeler le doute par son nom. Il faut lui donner la forme d'une opinion modeste, qui réserve les droits de l'opinion contraire, fait semblant de dire quelque chose et ne dit absolument rien. Il faut ajouter à chaque phrase une périphrase adoucissante : *ce semble, si j'ose le dire, s'il est permis de s'exprimer ainsi.*

Il reste à l'homme médiocre en activité, en fonction, une inquiétude : c'est la crainte de se compromettre. Aussi il exprime quelques pensées volées à M. de La Palisse, avec la réserve, la timidité, la prudence d'un homme qui craint que ses paroles trop hardies n'ébranlent le monde.

Le premier mot de l'homme médiocre qui juge un livre porte toujours sur un détail, et habituellement sur un détail de style. C'est bien écrit, dit-il, quand le style est coulant, tiède, incolore, timide. C'est mal écrit, dit-il, quand la vie circule dans votre œuvre, quand vous créez votre langue en parlant, quand vous dites vos pensées avec cette verdeur qui est la franchise de l'écrivain. Il aime la littérature impersonnelle ; il déteste les livres qui obligent à réfléchir. Il aime ceux qui ressemblent à tous les autres, ceux qui rentrent dans ses habitudes, qui ne font pas éclater son moule, qui tiennent dans son cadre, ceux qu'on sait par cœur avant de les avoir lus, parce qu'ils sont semblables à tous ceux qu'on lit depuis qu'on sait lire.

L'homme médiocre dit que Jésus-Christ aurait dû se borner à prêcher la charité, et ne pas faire de miracles ; mais il déteste encore plus les miracles des saints, surtout ceux des saints modernes. Si vous lui citez un fait à la fois surnaturel et contemporain, il vous dira que les légendes peuvent faire bon effet dans la vie des saints, mais qu'il faut les y laisser ; et si vous lui faites observer que la puissance de Dieu est la même qu'autrefois, il vous répondra que vous exagérez.

L'homme médiocre dit qu'il y a du bon et du mauvais dans toutes choses, qu'il ne faut pas être absolu dans ses jugements, etc. etc.

Si vous affirmez fortement la vérité, l'homme médiocre dira que vous avez trop de confiance en vous-même. Lui, qui a tant d'orgueil, il ne sait pas ce que c'est que l'orgueil ! Il est modeste et orgueilleux, soumis devant Voltaire et révolté contre l'Église. Sa devise, c'est le cri de Joab : Hardi contre Dieu seul !

L'homme médiocre, dans sa crainte des choses supérieures, dit qu'il estime avant tout le bon sens ; mais il ne sait pas ce que c'est que le bon sens. Il entend par ce mot-là la négation de tout ce qui est grand.

L'homme médiocre peut très bien avoir cette chose sans valeur qu'on appelle, dans les salons, de l'esprit ; mais il ne peut avoir l'intelligence, qui est la faculté de lire l'idée dans le fait.

L'homme intelligent lève la tête pour admirer et pour adorer ; l'homme médiocre lève la tête pour se moquer : tout ce qui est au-dessus de lui lui paraît ridicule, l'infini lui paraît néant.

L'homme médiocre ne croit pas au diable.

L'homme médiocre regrette que la religion chrétienne ait des dogmes : il voudrait qu'elle enseignât *la morale toute seule* ; et si vous lui dites que sa morale sort de ses dogmes, comme la conséquence sort du principe, il vous répondra que vous exagérez.

Il confond la fausse modestie, qui est le mensonge officiel des orgueilleux de bas étage, avec l'humilité, qui est la vertu naïve et divine des saints.

Entre cette modestie et l'humilité, voici la différence :

L'homme faussement modeste croit sa raison supérieure à la vérité divine et indépendante d'elle, mais il la croit en même temps inférieure à celle de M. de Voltaire. Il se croit inférieur aux plus plats imbéciles du dix-huitième siècle, mais il se moque de sainte Thérèse.

L'homme humble méprise tous les mensonges, fussent-ils glorifiés par toute la terre, et s'agenouille devant toute vérité.

L'homme médiocre semble habituellement modeste ; il ne peut pas être humble, ou bien il cesse d'être médiocre.

L'homme médiocre adore Cicéron, aveuglément et sans restriction ; il ne l'appelle pas par son nom : il l'appelle l'orateur romain. Il cite de temps en temps : *ubinam gentium vivimus ?*

L'homme médiocre est le plus froid et le plus féroce ennemi de l'homme de génie.

Il lui oppose la force d'inertie, résistance cruelle ; il lui oppose ses habitudes machinales et invincibles, la citadelle de ses vieux préjugés, son indifférence malveillante, son scepticisme méchant, cette haine profonde qui ressemble à de l'impartialité ; il lui oppose l'arme des gens sans cœur, la dureté de la bêtise.

Le génie compte sur l'enthousiasme ; il demande qu'on s'abandonne. L'homme médiocre ne s'abandonne jamais. Il est sans enthousiasme et sans pitié : ces deux choses vont toujours ensemble.

Quand l'homme de génie est découragé et se croit près de mourir, l'homme médiocre le regarde avec satisfaction ; il est bien aise de cette agonie ; il dit : Je l'avais bien deviné, cet homme-là suivait une mauvaise voie ; il avait trop de confiance en lui-même ! Si l'homme de génie triomphe, l'homme médiocre, plein d'envie et de haine, lui opposera au moins *les grands modèles classiques*, comme il dit, les gens célèbres du siècle dernier, et tâchera de croire que l'avenir le vengera du présent.

L'homme médiocre est beaucoup plus méchant qu'il ne le croit, et qu'on ne le croit, parce que sa froideur voile sa méchanceté. Il ne s'emporte jamais. Au fond, il voudrait anéantir les races supérieures : il se venge de ne le pouvoir pas, en les taquinant. Il fait de petites infamies, qui, à force d'être petites, n'ont pas l'air d'être infâmes. Il pique avec des épingles, et se réjouit quand le sang coule, tandis que l'assassin a peur, lui, du sang qu'il verse. L'homme médiocre n'a jamais peur. Il se sent appuyé sur la multitude de ceux qui lui ressemblent.

L'homme médiocre est, dans l'ordre littéraire, ce qu'on appelle dans l'ordre social un homme à bonne fortune. Les succès faciles sont pour lui. Oubliant le côté essentiel, et saisissant le côté accidentel de chaque chose, il court après les circonstances ; il est à l'affût des occasions ; et quand il a réussi, il est dix fois plus médiocre encore. Il se juge, comme il juge les autres, sur le succès. Tandis que l'homme supérieur sent sa force intérieurement, et la sent surtout si les autres ne la sentent pas, l'homme médiocre se croirait un sot s'il passait pour tel, et trouve son aplomb dans les compliments qu'on lui fait ; sa médiocrité augmente en raison de son importance.

Mais enfin, me dites-vous, pourquoi et comment réussit-il ?

Assis à votre bureau, en face d'un livre signé d'un nom connu, et que le bruit public désignait à votre attention, ne vous est-il jamais arrivé de le fermer avec une tristesse inquiète et de vous dire : — Comment ces pages ont-elles conduit l'auteur à la réputation, au lieu de le condamner à l'oubli? Et comment tel nom, qui pourrait figurer à côté des grands noms, est-il absolument inconnu aux hommes? Pourquoi les quelques amis, les rares amis de celui à qui je pense en ce moment murmurent-ils timidement son nom entre eux, n'osant pas le prononcer devant tous, parce qu'il n'a pas eu la sanction de tous? La gloire a-t-elle des secrets, ou bien a-t-elle des caprices?

Voici la réponse: La gloire et le succès ne se ressemblent pas; la gloire a des secrets, le succès a des caprices.

L'homme médiocre ne lutte pas : il peut réussir d'abord ; il échoue toujours ensuite.

L'homme supérieur lutte d'abord et réussit ensuite.

L'homme médiocre réussit parce qu'il suit le courant ; l'homme supérieur triomphe parce qu'il va contre le courant.

Le procédé du succès, c'est de marcher avec les autres ; le procédé de la gloire, c'est de marcher contre les autres.

Tout homme qui fait connaître son nom produit cet effet, parce qu'il est le représentant d'une certaine partie de l'espèce humaine.

Voilà le mot de toutes les énigmes.

Les races supérieures se font représenter par les grands ; les races inférieures se font représenter par les petits.

Les unes et les autres ont leurs députés dans l'assemblée universelle.

Mais les unes donnent à leurs députés le succès, et les autres donnent à leurs députés la gloire.

Ceux qui flattent les préjugés, les habitudes de leurs contemporains, sont poussés et vont au succès : ce sont les hommes de leur temps.

Ceux qui refoulent les préjugés, les habitudes ; ceux qui respirent d'avance l'air du siècle qui les suivra, ceux-là poussent les autres, et vont à la gloire : ce sont les hommes de l'éternité.

Voilà pourquoi le courage, qui est inutile au succès, est la condition absolue de la gloire. Ceux-là sont grands qui s'imposent aux hommes au lieu de les subir ; qui s'imposent à eux-mêmes au lieu de se subir ; qui étouffent du même effort leurs propres découragements et les résistances extérieures. Ce que nous appelons grandeur, c'est le rayonnement de la souveraineté.

L'homme médiocre qui a du succès répond aux désirs actuels des autres hommes.

L'homme supérieur qui triomphe répond aux pressentiments inconnus de l'humanité.

L'homme médiocre peut montrer aux hommes la partie d'eux-mêmes qu'ils connaissent.

L'homme supérieur révèle aux hommes la partie d'eux-mêmes qu'ils ne connaissent pas.

L'homme supérieur descend au fond de nous plus profondément que nous n'avons l'habitude d'y descendre. Il donne la parole à nos pensées. Il est plus intime avec nous que nous-même.

Il nous irrite et nous réjouit, comme un homme qui nous réveillerait pour aller voir avec lui un lever de soleil. En nous arrachant à nos maisons pour nous entraîner dans ses domaines, il nous inquiète, et nous donne en même temps la paix supérieure.

L'homme médiocre, qui nous laisse là où nous sommes, nous inspire une tranquillité morte qui n'est pas le calme.

L'homme supérieur, incessamment tourmenté, déchiré, par l'opposition de l'idéal et du réel, sent mieux qu'un autre la grandeur humaine, et mieux qu'un autre la misère humaine. Il se sent plus fortement appelé vers la splendeur idéale, qui est notre fin à tous, et plus mortellement endommagé par la vieille déchéance de notre pauvre nature : il nous communique ces deux sentiments qu'il subit. Il allume en nous l'amour de l'être, et éveille en nous sans relâche la conscience de notre néant.

L'homme médiocre ne sent ni la grandeur, ni la misère, ni l'Être, ni le néant. Il n'est ni ravi, ni précipité; il reste sur l'avant-dernier degré de l'échelle, incapable de monter, trop paresseux pour descendre.

Dans ses jugements comme dans ses œuvres, il substitue la convention à la réalité, approuve ce qui trouve place dans son casier, condamne ce qui échappe aux dénominations, aux catégories qu'il connaît, redoute l'étonnement, et n'approchant jamais du mystère terrible de la vie, évite les montagnes et les abîmes à travers lesquels elle promène ses amis.

L'homme de génie est supérieur à ce qu'il exécute. Sa pensée est supérieure à son œuvre.

L'homme médiocre est inférieur à ce qu'il exécute. Son œuvre n'est pas la réalisation d'une pensée : c'est un travail fait d'après certaines règles.

L'homme de génie trouve toujours son œuvre inachevée.

L'homme médiocre est plein de la sienne, plein de lui-même, plein du néant, plein de vide, plein de vanité. Vanité! cet odieux personnage est tout entier dans ces deux mots : froideur et vanité !

# LA PASSION DU MALHEUR

Une des passions les plus invraisemblables et pourtant les plus réelles qui affligent l'humanité, c'est la passion du malheur. Pour qui ne connaîtrait pas l'homme, la chose paraîtrait impossible; pour qui connaîtrait l'homme, la chose est évidente. Il y a une corruption qui porte l'espèce humaine vers un genre de volupté épouvantable; cette volupté est une idole qui, depuis six mille ans, réclame et obtient des sacrifices humains. L'homme veut savourer quelque chose qui fasse mourir. Il faut bien que toutes les corruptions de la littérature et de la poésie, toutes les dégradations du théâtre et de l'amour aient une explication; or cette explication, la voilà. L'homme a la passion du malheur.

Le peuple romain poussait un cri profond, *panem et circenses!* le pain et les jeux du cirque.

Qu'est-ce que cela veut dire ? Voici la traduction : la vie et la mort. Le peuple romain, représentant de la civilisation païenne, ne demandait pas seulement ce qu'il faut pour vivre; il demandait ce qu'il faut pour mourir, et le rapprochement de ces deux demandes contient un enseignement grave.

Il mettait sur la même ligne, dans sa sauvage volonté, ce qui forme le sang de l'homme et ce qui fait couler le sang de l'homme.

Ce cri est typique : c'est lui qui a fait la plus grande partie de la littérature moderne. Quelquefois, au lieu de sang, on a demandé des larmes; mais les larmes sont le sang de l'âme, suivant la parole de saint Augustin, et le cri du peuple-roi est exaucé par elles.

Le goût du sang et le goût des larmes ne sont qu'un seul et même goût ; seulement le goût du sang est ressenti par un peuple plus brutal; le goût des larmes, par un peuple plus poli. Le goût des larmes est le goût du sang qui devient raffiné. Quand l'élément corporel domine dans la cruauté, l'homme éprouve le goût du sang. Quand l'élément spirituel domine dans la cruauté, l'homme éprouve le goût des larmes.

Le plaisir de faire souffrir, qui est dominant chez le barbare illettré, se change quelquefois, chez le littérateur dépravé, en un plaisir presque semblable, mais non pas tout à fait semblable : le plaisir de voir souffrir.

Ce second plaisir a un avantage sur le premier : il est moins fatigant.

Lucrèce, dans ses célèbres vers :

« Suave mari magno, etc. etc., »

attribue le plaisir de voir souffrir au sentiment de la sécurité personnelle du spectateur, sentiment qui s'exalte par le contraste, quand le spectateur tranquille assiste au danger des autres.

Lucrèce, qui veut être profond, est extrêmement superficiel. Il y a, dans le plaisir dont il parle, tout autre chose que le sentiment de la sécurité personnelle. Il y a le goût du sang ou le goût des larmes.

Sans doute, le contraste est essentiel au plaisir dont parle Lucrèce : mais c'est un contraste plus profond que celui qu'il soupçonne. Ce n'est pas le contraste du danger et du repos ; c'est le contraste de la torture et de la volupté.

L'homme est si profondément ignorant de lui-même, qu'il éprouve à tout instant, sans le savoir, ces impressions qu'il croit rares, et qu'il appelle monstrueuses.

Parlez à un homme du plaisir de faire souffrir ou du plaisir de voir souffrir ; il croira qu'il faut remonter à Caligula pour en trouver un exemple. Le même homme a éprouvé cela mille fois dans sa vie ; mais il n'a pas reconnu en lui ce genre de plaisir, parce qu'il ne lui a pas donné son vrai nom.

Bien plus, il s'est félicité de ce plaisir : il s'en est remercié, il s'en est admiré. Il l'a attribué à la grande sensibilité de son âme.

Vous me direz que la chose, se passant dans le domaine de la littérature, perd son caractère en perdant sa réalité.

Je vous répondrai que, si elle perd quelque chose de son caractère moral, elle ne perd pas son caractère psychologique. Si elle n'est pas la même quant à la culpabilité pratique, elle est la même quant à sa nature idéale.

D'ailleurs, nous nous faisons de très fausses idées sur ce qui est réel et sur ce qui ne l'est pas. Savons-nous au juste quels actes nous accomplissons, chaque fois que nous acceptons une pensée, une impression, un désir ? L'artiste qui conçoit pour la première fois dans son esprit le plan d'une statue fait un acte bon ou mauvais, mais plus réel que le second acte par lequel il fait cette statue : son idée est plus réelle que le bronze et le marbre. Qui donc peut mesurer les réalités dont il est l'auteur ?

Mais la passion du malheur ne s'exerce pas seulement sur les étrangers ; l'homme qui la possède aime son propre malheur.

Ce goût bizarre, invraisemblable aux yeux de celui qui ne réfléchit pas, est évident pour qui sait lire. Notre siècle, qui a mis le doigt plus profondément que les autres dans les plaies de l'homme, s'est occupé plus souvent jusqu'ici à les creuser qu'à les guérir. Il a enfoncé le poing avec volupté dans les blessures qu'on ne voyait pas, pour montrer combien elles sont profondes.

Le succès des *âmes malades* qui se sont abattues sur le monde depuis soixante ans, si nombreuses qu'on ne peut les compter, serait inexplicable si l'homme n'avait pas une passion étrange, qui est l'émulation du malheur.

Vous êtes malheureux, et par cette raison vous montez sur un piédestal, et vous criez à toutes les générations humaines : Voyez comme je suis malheureux ! et vous vous drapez dans votre malheur comme dans un manteau.

Votre voisin va vous imiter et se croire malheureux, et se rendre malheureux, car votre malheur est une corruption de la volupté ; c'est la volupté qui a pris la forme du malheur, et comme l'abîme appelle l'abîme, la volupté appelle l'orgueil, et puisque chez vous la volupté a pris la forme du malheur, votre malheur appelle l'orgueil, et l'orgueil lui répond.

Comment, s'il en était autrement, saurions-nous le nom de Werther ?

Combien de femmes, depuis soixante ans, ont voulu être pâles ! La santé a passé près d'elles pour une humiliation ! Combien de larmes ont été versées sur des malheurs sans cause, qui sont devenus réels pour avoir été aimés !

Le goût affreux des choses déchirantes a passé des mauvais théâtres dans les mauvaises vies, et la vanité humaine, non contente de chasser la joie, a voulu la déshonorer.

La passion dont je parle ne se sert pas de la souffrance comme d'un moyen pour la joie. Non, elle veut la souffrance comme fin, comme résultat, comme terme ; elle veut que le malheur soit définitif ; elle veut se reposer sur lui.

Le contraire éclate partout où la vérité paraît. La souffrance, quand elle arrive, n'intervient que comme moyen ; elle conduit à la joie, à moins qu'elle n'apparaisse comme châtiment éternel ; mais alors elle a un caractère à part, magnifique et rayonnant. Elle entre dans la grande joie de la justice sans fin, sans fatigue et sans défaillance.

Cette joie, les condamnés ne la sentiront jamais ; mais la justice mange son pain.

Parmi les amis du malheur, lord Byron occupe une place que plusieurs autres ont enviée. Ah ! que de pauvres gens auraient été contents s'ils avaient pu grincer des dents à l'imitation de ce personnage!

Lord Byron a rêvé toute sa vie un criminel idéal, un criminel farouche, impitoyable, mystérieux et fantastique ; ce criminel sans peur, et non pas sans reproche, est poursuivi par des remords sans trêve. Il épouvante, il assassine, il brûle tout ce qu'il touche. *Manfred* est une des aspirations de lord Byron vers ce malheur idéal. On dirait que ce malheur est à ses yeux trop grand, trop beau pour qu'il espère l'atteindre. Lord Byron a, vis-à-vis du malheur idéal qu'il rêve, l'attitude d'un jeune homme qui voit passer un cheval arabe. On le dirait captif dans son malheur réel, et tendant ses deux bras vers le malheur idéal qui a éclairé ses beaux jours et caressé sa jeunesse. Lord Byron méprise la paix et a horreur de l'espérance. Ce qu'il aime, c'est la perte irrévocable, la ruine sans remède, l'épouvante sans consolation. Si cet homme n'était que ridicule, ce serait déjà un grand dommage, car il était né pour n'être pas ridicule ; mais il s'en faut de beaucoup que le dommage s'arrête là. Lord Byron ment à l'essence des choses ; il fait mentir la poésie. Il trompe sur la nature du bien, sur la nature du beau, sur la nature du sublime, sur la nature de la vie. Il trompe, et on le croit, et il a eu des imitateurs !

Lord Byron, si je ne me trompe, a dit en propres termes que la vertu est ennuyeuse. Ce qu'il y a d'épouvantable dans cette parole, ce n'est pas seulement la parole en elle-même, c'est tout ce qu'elle implique ; c'est l'état qu'elle suppose chez celui qui la prononce ; c'est l'absence d'étonnement qu'elle cause à la plupart des lecteurs. Ce n'est pas seulement ce qu'elle dit qui fait horreur, c'est ce qu'elle sous-entend. Il y a quelques pensées qui ont empoisonné dans l'humanité les sources de la vie, et l'une de ces pensées, c'est que le mal n'est pas ennuyeux ; c'est que le mal est un remède contre l'ennui.

Cette illusion invraisemblable est très répandue, même au milieu de gens qui sembleraient au premier abord en devoir être préservés. Parmi les personnes *vertueuses*, il y en a quelques-unes, j'ai honte de le dire, qui croient que leur vie aurait plus d'intérêt, plus de variété, plus de liberté, si le mal se mêlait plus souvent au bien dans leur pratique journalière. Ces pauvres gens s'abstiennent quelquefois du mal, parce qu'ils croient devoir s'en abstenir ; mais ils s'en abstiennent sans le mépriser ; ils s'en abstiennent avec une sorte de regret. Quelque chose d'eux-mêmes reste avec lui quand ils le quittent ; ils ne le désertent pas à tous les points de vue. Ils ne savent pas combien il est fade, comment il est ennuyeux. Ils n'ont pas horreur de lui.

Un certain attrait pour ce qui fait tomber ; un certain regret de ne pas toucher au fruit défendu ; un certain partage de l'âme entre le bien et le mal ; un certain sentiment, vague et inconscient peut-être, que la poésie est diminuée par l'exclusion du péché et du malheur ; une certaine absence d'exécration en face du monstre infernal, surtout si son langage est élégant, si son visage est fardé, si son exigence est modérée, toutes ces pensées abominables ne dominent pas seulement les hommes livrés à l'erreur ; elles se glissent, elles s'insinuent dans les âmes honnêtes qui veulent être bonnes et droites. La fente par laquelle elles entrent, c'est la déchirure de l'unité. Les âmes dont je parle veulent le bien ; mais elles ne savent pas assez totalement, assez pleinement, assez pratiquement, assez absolument l'unité du vrai, du beau et du bien. Elles ne savent pas la laideur épouvantable de tout ce qui n'est pas la vérité pure. Elles ne savent pas la honte effroyable, sans nom, sans mesure et sans restrictions de toute chose appelée *honneur*, si cet honneur n'est pas la dignité du vrai ; de toute chose appelée gloire, si cette gloire n'est pas la magnificence de la pureté. Elles ne savent pas cette unité profonde du vrai, du beau, du bien, unité qui doit être non pas seulement notre pensée, mais notre vie, et nous faire circuler dans le sang l'horreur de tout mensonge, surtout s'il est déguisé.

Beaucoup de gens croient qu'il faut, par vertu, s'abstenir du bonheur, parce que le bonheur est dangereux. Ils ne savent pas qu'il faut, par vertu, s'abstenir du malheur, parce que le malheur est dangereux.

Un des caractères que possède le goût du malheur, c'est la stérilité de ce malheur et l'inutilité du regard qu'on jette sur lui. Le malheur est un aliment pour la vanité, pour la curiosité, pour l'illusion, pour le néant. Il n'a ni leçons, ni lumières, ni remèdes. Il ne sert à rien qu'à faire parler et à faire pleurer, malgré la dignité de la parole et la dignité des larmes qu'il outrage par son approche. Le malheur, dans ces conditions-là, devient une position et remplace, par une attitude mélancolique, le travail qu'on ne fait pas ; car le goût du malheur est une des formes de la paresse, et comme la littérature contemporaine a été, dans sa partie dépravée, l'apologie de la paresse, cette littérature a propagé et vanté le goût du malheur. Cette paresse dont je parle est une paresse adaptée aux hommes qui se croient grands, une paresse verbeuse, déclamatoire, doctorale et emphatique qui méprise l'action. Cette paresse, non contente de la pratique, s'élève à la hauteur de la théorie. Elle ne fait rien parce qu'elle est trop majestueuse pour agir. Elle s'admire dans sa niaiserie et surtout dans sa douleur. Elle tâche de pleurer et fait étalage des larmes stériles qu'elle essaye de répandre. Cette paresse prend quelquefois la plume pour donner aux hommes la passion du malheur. Les lamentations qui naissent ainsi n'ont ni vertu ni beauté. Elles ne corrigent ni n'éclairent ; elles énervent et enorgueillissent.

A propos de la passion du malheur, je vais signaler un genre de poésie qui vit de larmes, qui se nourrit de sang humain, qui s'abreuve de désespoir. Elle a un nom bien connu, c'est la *poésie légère*. Ceux-là seuls seront étonnés de ce que je viens de dire, qui n'ont pas réfléchi à la légèreté que le désespoir contient. La poésie légère parle d'amours trompées, de vies perdues, de douleurs éternelles, de tristesses sans espérance, de rêves sans réalisation. La poésie légère est faite de sépulcres et d'ossements. Elle est morne, elle est noire, elle est terne, elle est stérile. Elle est lourde comme le vide ; elle est écrasée sous le fardeau qu'elle porte, et il y a de quoi ; car ce fardeau, c'est l'absence de Dieu. La poésie légère a le droit de succomber. Toutes ces rêvasseries pleines de soupirs, de larmes et de mensonges, sont vides de Dieu et pleines de l'homme. Sous la charge qu'elle traîne, la poésie légère a le droit de succomber. L'élégie ignore la joie et la lumière qui comptent parmi les devoirs de la poésie. La poésie légère célèbre le malheur, parce qu'elle manque de gravité. La poésie austère, celle qu'il faut aimer, célèbre la joie, parce que la joie vient de Dieu. *Lætetur cor meum ut timeat nomen tuum*, disait le Roi-Prophète, et les psaumes de la Pénitence sont remplis du nom de la joie, parce que la pénitence de David était sérieuse et divine. Si son regret eût été léger et humain, David eût dit adieu, par forfanterie, à l'espérance. La joie est l'austérité de la poésie.

Si la rosée est féconde, certes les larmes doivent l'être. Parmi les richesses de la création, il n'y a pas de richesses peut-être qui aient été plus prostituées que les larmes. Sainte Rose de Lima disait qu'elles appartiennent à Dieu, et que celui qui les donne à un autre les vole au Seigneur. Or les larmes sont devenues des abominations. Elles, dont l'essence est de se cacher, elles sont devenues des parades, des poses, des attitudes. Elles, qui sont les sanglots de la vérité, quand la vérité ne peut plus parler, elles sont devenues des mensonges. Elles, qui sont des forces, elles sont devenues des dissolvants. Elles, qui sont des sources de vie, cachées plus haut que la pensée, elles sont devenues des sources de mort, cachées plus bas que la défaillance.

Il y a dans les larmes prostituées quelque chose qui ressemble aux sacrifices humains.

Le christianisme a restitué les larmes, comme le sang, au Créateur des cieux et des eaux. Il les a placées près des sources de la vie ! Jésus-Christ pleura près du tombeau de Lazare. Les larmes de Madeleine sont devenues un des grands souvenirs de l'humanité. Les peintres feraient bien de ne pas y toucher légèrement, et de ne pas les confondre avec les larmes contraires, dans la crainte d'un attentat. Les larmes sont montées si haut, qu'elles sont à leur place au tribunal de la pénitence, quand tout près d'elles le sang de Jésus-Christ tombe avec l'absolution sur la tête du pécheur.

Dieu fait ce qu'il veut des choses qu'il touche ! Il les emploie quelquefois à des usages étonnants ! S'il touche les larmes, il fait d'elles la force des faibles et la terreur des forts.

Le langage chrétien désigne par un mot énergique la douleur d'avoir péché. Ce mot est la contrition, qui veut dire brisement. Si l'habitude ne jetait pas sur toutes choses le voile gris de l'indifférence, les hommes seraient singulièrement frappés de ce mot magnifique. Mais voici ce que je voulais dire : la contrition est pleine de joie. Le brisement du cœur est plus délicieux que les choses les plus recherchées. Je ne parle pas des délices vagues de certains sentiments qui ressemblent à des rêves, délices stériles et affaiblissantes. Les délices dont je parle sont des réalités fortifiantes, actives, fécondes. Ce sont des joies qui font agir.

Pour apprécier un acte fait dans la vérité, il est bon de regarder le même acte accompli dans l'erreur. A côté du repentir, qui est un nom moins beau de la contrition, il y a le remords. Le repentir est bon ; le remords est mauvais. Aussi le repentir donne la joie et le remords la tristesse. C'est que Dieu est dans le repentir, et Dieu n'est pas dans le remords.

Le repentir calme le coupable ; le remords l'exaspère. Le repentir lui ouvre l'espérance, le remords la lui ferme. Le repentir est plein de larmes, le remords plein de terreurs. Le remords fait voir des fantômes, le repentir fait voir des vérités.

Mais je préfère le nom de la contrition même au nom du repentir. Je trouve dans la contrition beaucoup plus de joie et de lumière. Je veux, à ce propos, attirer l'attention sur le langage du christianisme, langage étonnant de profondeur, qui ouvrirait des avenues sans fin devant nos intelligences et devant nos âmes, si l'habitude n'était pas toujours là pour méconnaître les dons de Dieu, pour passer, sans lever la tête, sous les étoiles et sous les paroles du ciel. Or le christianisme nous dit dans son langage :

« Faites un acte de contrition. »

Un acte de contrition ! Quelle merveille, si l'habitude n'était pas là !

Aux yeux de l'homme qui ne sait pas son âme, la contrition semblerait être, comme la tristesse humaine, quelque chose de purement passif ; un amoindrissement, une déperdition de forces ; et c'est exactement le contraire qui est vrai. Chose admirable ! la contrition est un acte.

Une certaine sagesse inférieure pourrait dire au coupable :

« Ne vous abandonnez pas à la douleur ; soyez homme ; montrez un courage viril. »

Le christianisme lui dit :

« Faites un acte de contrition. »

# LA CHARITÉ

## I

Il faudrait s'entendre. Plus une parole est belle, plus elle est dangereuse. Il est impossible de dire quelle est l'importance du langage. Les mots sont du pain ou du poison, et c'est un des caractères de notre époque que la confusion universelle. Les signes du langage sont des instruments redoutables par leur complaisance. On peut faire d'eux l'abus qu'on veut en faire ; ils ne réclament pas. Ils se laissent déshonorer, et l'altération des paroles ne se révèle que par le trouble intime qu'elle produit dans les choses.

Il y a un mot de saint Paul dont la profondeur est tout à fait inconnue : l'Apôtre des nations déclare que quand il transporterait par la foi des montagnes, sans la « charité » *il n'est rien.*

Qui sait jusqu'où va ce dernier mot ? Celui qui l'a prononcé connaissait d'étranges secrets.

Satan est celui qui n'aime pas, disait sainte Thérèse, et sainte Brigitte entendit sortir de la bouche du maudit cet aveu terrible. Satan, parlant à Jésus-Christ, lui dit ces mots : O Juge, je suis la froideur même.

Celui qui n'aime pas n'est rien, dit saint Paul.

Dans quelle relation le néant et le péché sont-ils l'un avec l'autre? Quel nom porterait l'amour dans une langue supérieure à la nôtre, et quel nom porterait la substance? Ne serait-ce pas le même nom? Quoi qu'il en soit des mystères que garde au fond d'elle-même l'intimité, en tous cas, dans l'ordre moral, la charité est la loi de la vie. Elle est le principe même de l'activité. Si les hommes n'avaient pas tant d'affaires sur les bras, peut-être pourraient-ils réfléchir un moment sur cette chose trop vulgaire pour être remarquée, et trop profonde pour être comprise.

Mais, par cela même que la charité est la chose sublime, la réalité par excellence et la moelle des os de la créature, par cela même l'abus de la charité et le mauvais usage de son nom doit être spécialement et singulièrement dangereux. *Optimi corruptio pessima.* Plus ce nom est beau, plus il est terrible, et s'il se tourne contre la vérité, armé de la puissance qu'il a reçue pour la vie, quels services ne rendra-t-il pas à la mort?

Or, on tourne le nom de la charité contre la lumière, toutes les fois qu'au lieu d'écraser l'erreur, on pactise avec elle, sous prétexte de ménager les hommes. On tourne le nom de la charité contre la lumière, toutes les fois qu'on se sert de lui pour faiblir dans l'exécration du mal. En général, l'homme aime à faiblir. La défaillance a quelque chose d'agréable pour la nature déchue; de plus, l'absence d'horreur pour l'erreur, pour le mal, pour l'enfer, pour le démon, cette absence semble devenir une excuse pour le mal qu'on porte en soi. Quand on déteste moins le mal en lui-même, on se prépare peut-être un moyen de s'excuser celui qu'on caresse dans son âme. De générale qu'elle était, l'atténuation se localise, et l'homme s'adoucit vis-à-vis de la faiblesse qui veut l'envahir, quand il a pris l'habitude d'appeler *charité* l'accommodement universel avec toute faiblesse, même lointaine.

## II

Il y a un mot, dans David, auquel on ne fait pas attention. Le voici : *qui diligitis Dominum, odite malum.*

Le jour où le mal est entré dans le monde, il est né quelque chose d'irréconciliable. La charité, l'amour envers Dieu exige, suppose, implique, ordonne la haine envers l'ennemi de Dieu.

Dans l'ordre humain, l'amitié ne se mesure pas si bien à la vivacité de la tendresse qu'à la sympathie vis-à-vis de la souffrance. Si votre ami est heureux, vous pouvez manquer de tendresse à un moment donné et être encore son ami. Si votre ami est victime, dans sa personne ou dans son honneur, d'un accident, d'un attentat quelconque et que vous sentiez faiblement son mal, vous n'êtes plus son ami.

*Qui diligitis Dominum, odite malum.*

Voyez une mère : je la suppose bonne et intelligente. Elle redoute pour son fils une certaine relation ; il y a une fréquentation qu'elle voudrait rompre ; une approche qui la fait trembler. Et pourtant l'homme devant qui elle sent le malaise de la crainte semble l'ami de son fils. Rien ne justifie en apparence cet avertissement sans parole qui ressemble à une antipathie capricieuse, qui menace et ne s'explique pas. En général, quand ce fait arrive, le moment ne se fait pas longtemps attendre qui justifie la terreur. L'enfant était menacé. La mère le sentait sans le savoir, et l'horreur d'une chose absolument inconnue était née en elle. Cette horreur était née sans connaissance ; elle était née pleine de lumière et vide de science. De quoi l'horreur du mal était-elle née ? elle était née de l'amour.

## III

Josaphat est un des personnages les plus mystérieux de l'histoire. L'Écriture est si sobre, si avare de détails, si solennelle dans ses silences ! Ceux qui ne sont connus que par elle restent dans une ombre lumineuse pleine de terreurs et de mystères ! Le nom de Josaphat signifie Justice ! La vallée de Josaphat est le rendez-vous des créatures, le dernier rendez-vous, le rendez-vous suprême de la suprême justice ! Que de regards se sont élevés vers elle ! Que de cris ! Que de soupirs étouffés ! Que de silences ardents et terribles ! Que de choses, sans paroles, ont invoqué Josaphat !

C'est lui qui a vu ses ennemis se détruire ! C'est lui qui a dit cette parole profonde, qui ressemble à un cri de l'abîme, la parole de la Justice qui invoque la Puissance, et qui tomberait dans le désespoir, si la Puissance n'était pas là : *Domine Deus, ergo non judicabis eos?* Le besoin de justice devint chose puissante, et ceux qui étaient là pour le combattre se détruisirent entre eux. Ils se jugèrent eux-mêmes. Et ils firent par leur multitude ce que Josaphat ne pouvait pas faire, à cause de la multitude.

Car c'est l'habitude de la Puissance de changer les obstacles en moyens. Josaphat, dans son humilité, se sentait trop faible pour résister à la multitude. La multitude venge Josaphat d'elle-même ; elle se déchire le sein avec les larmes qu'elle avait apportées contre lui ; elle écrit avec son sang le nom de son ennemi. Josaphat, je le répète, signifie Justice, et la multitude contre laquelle il appelle Jéhovah se fait Justice elle-même à elle-même, et change en suicide le crime qu'elle allait accomplir.

Le lieu où Josaphat pria et vainquit devint le sépulcre d'une Vierge, qui est la Vierge Marie, mère de Dieu.

Les noms des hommes ont une importance inouïe, une importance qui leur échappe, parce qu'elle est au-dessus de leur intelligence. *Leur nom parle leur être;* c'est leur substance qui se trahit. Quelle est donc l'importance de celui qui s'appelle Josaphat? (Josaphat Jugement!) Il est même étonnant que, préoccupés depuis tant de siècles de la vallée où fut enterrée Marie, de la vallée où les victimes rencontreront les bourreaux, de la vallée où le mensonge sera vaincu et la noirceur dévoilée, les générations humaines aient tant oublié cet homme, probablement immense, dont le nom est devenu le nom de la vallée où sera faite, pour toujours, la Justice.

Or, ce grand Josaphat, dont les dimensions inconnues épouvantent la pensée, ce grand Josaphat reçut un reproche du Seigneur.

Car il avait fait alliance avec le roi d'Israël. Faire alliance avec l'ennemi, ceci est le crime secret, le crime profond.

Il y a des crimes d'apparence, des crimes d'apparat. Mais l'intimité, qui a tout, a aussi son crime. Son crime est de s'allier avec l'ennemi.

La mesure de l'amour est dans l'exécration qu'on a pour la chose ennemie de l'ami. Le roi d'Israël était l'ennemi de Dieu, Josaphat avait oublié la chose que Dieu exécrait.

L'alliance, le rapprochement, le voisinage spirituel de l'ennemi, sont les crimes contre l'intimité! Or, l'intimité, c'est la gloire, quand c'est de Dieu qu'il s'agit. Celui-là est le plus intime avec Dieu qui a le frisson le plus solennel en face de la Majesté. C'est pourquoi le péché contre le Nom sacré couronne d'horreur le front des saints ! Celui qui a senti passer sur lui l'haleine de la gloire devient irréconciliable avec le crime contre la Gloire.

La charité le presse, c'est pourquoi il est intraitable, car elle l'oblige, comme une noblesse supérieure, à ne pas consentir aux choses de la haine. Celui qui transige avec l'erreur, celui-là ne connaît pas l'amour dans sa plénitude et dans sa force souveraine.

## IV

Après une longue guerre, quand on n'en peut plus, quand la fatigue amène la ressemblance de l'apaisement, on a souvent vu les rois, lassés de combattre, se céder les uns aux autres telle ou telle place forte. Ce sont là des concessions qui fournissent des moyens d'en finir avec le canon. Mais on ne traite pas les vérités comme on traite les places fortes. Quand il s'agit de faire la paix, en esprit et en vérité, c'est la conversion qu'il faut et non l'accommodement. La Justice est tout entière ce qu'elle est.

Dans les relations d'homme à homme, quand un rapprochement semble avoir lieu, sans que le cœur du coupable soit changé, quand il croit qu'une poignée de main remplace le repentir et le sentiment de sa faute, ce rapprochement menteur s'ouvre promptement pour laisser voir la graine qu'il portait en lui. C'est une seconde séparation beaucoup plus profonde que la première. Il en est de même vis-à-vis des doctrines. La paix apparente, qu'une complaisance achète et paye, est aussi contraire à la charité qu'à la justice, car elle creuse un abîme là où il y avait un fossé. La charité veut toujours la lumière, et la lumière évite jusqu'à l'ombre d'un compromis. Toute beauté est une plénitude. La paix est peut-être, au fond, la victoire sûre d'elle-même.

Que dirait-on d'un médecin qui, par charité, ménagerait la maladie de son client ? Imaginez ce tendre personnage. Il dirait au malade : Après tout, mon ami, il faut être charitable. Le cancer qui vous ronge est peut-être de bonne foi. Voyons, soyez gentil, faites avec lui une bonne petite amitié ; il ne faut pas être intraitable ; faites la part de son caractère. Dans ce cancer, il y a peut-être une bête ; elle se nourrit de votre chair et de votre sang, auriez-vous le courage de lui refuser ce qu'il lui faut ? La pauvre bête mourrait de faim. D'ailleurs, je suis porté à croire que le cancer est de bonne foi et je remplis auprès de vous une mission de charité.

## V

C'est le crime du dix-neuvième siècle que de ne pas haïr le mal, et de lui faire des propositions. Il n'y a qu'une proposition à lui faire, c'est de disparaître. Tout arrangement conclu avec lui ressemble non pas même à son triomphe partiel, mais à son triomphe complet, car le mal ne demande pas toujours à chasser le bien ; il demande la permission de cohabiter avec lui. Un instinct secret l'avertit qu'en demandant quelque chose, il demande tout. Dès qu'on ne le hait plus, il se sent adoré.

La paix, disais-je, est la victoire sûre d'elle-même. La paix est un écrasement. C'est un écrasement assez complet pour ne plus faire d'effort.

Le sommeil semble placé au sommet de l'activité

humaine : quand l'effort extérieur a fait son œuvre et atteint son but, l'homme s'endort. C'est la vie qui se recueille ; c'est l'effort qui, vainqueur au dehors, rentre en lui-même pour vaincre au dedans, car le repos est la victoire remportée par la force qui répare sur la force qui dépense. La paix ressemble au sommeil. Elle est le recueillement du vainqueur qui, ayant fait son œuvre et atteint son but au dehors, demande aux sources de la vie la régénération intérieure, et la victoire intime après la victoire éclatante.

Mais, pour qu'il en soit ainsi, pour que la paix soit la paix, il faut que la justice ait été assouvie, il faut un dégagement de lumière et de chaleur qui ait fait mourir l'ennemi, car l'ennemi c'est le froid. Il faut que l'élément mauvais soit arraché, non pas voilé. Il faut qu'aucune rougeur ne menace les fronts de ceux qui vont s'embrasser. L'absolu est la chasteté de la victoire.

# LE MYSTÈRE ET LE XVIIIᵉ SIÈCLE

## I

S'il y a une chose évidente, c'est la réalité du mystère. Par la position qu'il occupe dans l'échelle hiérarchique des êtres, l'homme ne peut ouvrir les yeux sans apercevoir un mystère. Ouvrir les yeux, je me sers à dessein de ce mot. Pour ne point apercevoir le mystère, l'homme a besoin de fermer les yeux, et de les fermer violemment. Alors le mystère disparaît, parce que la lumière a disparu, car pour nous ces deux termes : *mystère, lumière* — ces deux termes que l'ignorance croit contradictoires, — ces deux termes sont, aux yeux de la science, deux termes corrélatifs.

Plus la lumière grandit pour l'homme, plus le mystère grandit avec elle. Chaque vérité qui apparaît se cache en apparaissant : car elle n'apparaît pas totalement, et plus l'homme la voit, plus il voit qu'il ne la voit pas. Plus il avance dans la route, plus la route est longue devant lui. Plus l'horizon s'étend devant nos yeux, plus les choses qui sont derrière nous, devenant plus lointaines et plus profondes, prennent d'importance pour nous, et, quand nous avons plongé bien avant dans l'abîme de la lumière, une de nos récompensés est de fermer les yeux, et d'admirer, au-delà des grandeurs vues, les immensités qu'on ne voit pas. C'est au point que la langue humaine, qui sait tant de choses, regarde presque comme synonymes ces deux mots : *Mystère*, *Vérité*.

## II

Or il y a dans l'histoire un siècle qui a pour caractère la négation du mystère. Qu'a-t-il fait? Quelle est sa raison d'être? Il a pris l'évidence que je viens d'exprimer, et il en a fait la démonstration par l'absurde. Il a montré jusqu'où va, dans la perte de la lumière, l'homme qui nie le mystère. Ce siècle ressemble à une interruption dans les temps historiques. Pour comprendre qu'il occupe une place quelconque, pour lui assigner une œuvre, une fonction, un emploi, pour se souvenir de lui tranquillement, dans le calme de la connaissance, il faut savoir qu'il s'est chargé d'une démonstration par l'absurde. Forcé de dater, comme les autres, sa naissance, et de prendre rang à partir de la croix, il s'appelle le dix-huitième siècle. Il appartient à la catégorie des monstres, et rencontre dans l'histoire l'explication que ceux-ci rencontrent dans la zoologie.

Un préjugé fort répandu dans les lieux où la lumière n'a pas encore pénétré, un préjugé que l'ignorance aime particulièrement, représente le dix-huitième siècle comme le siècle de l'élan, de la hardiesse, du courage intellectuel, comme un novateur ardent et fier qui, s'il s'est trompé, s'est trompé noblement, par grandeur d'âme et par *excès de pensée*.

Ce préjugé est dangereux, fatal. Il donne au dix-huitième siècle un air de grandeur qui peut le faire admirer et plaindre par tous ceux qui ne savent rien. Ce préjugé rend le dix-huitième siècle intéressant aux yeux de la foule, comme certains mélodrames et certains romans voudraient rendre intéressants, aux yeux de la même foule, les criminels.

Il y a des gens qui voudraient faire croire que les criminels sont de grandes âmes, ardentes et égarées, qui ont envahi les domaines du mal, parce qu'elles étaient trop grandes pour être emprisonnées dans le bien. On fait croire facilement ces choses-là au pauvre monde. La vérité est qu'en général les criminels sont des hommes mous, flasques, froids, qui glissent dans la boue et qui glissent dans le sang.

Ainsi a fait le dix-huitième siècle. C'est un être mou, flasque et froid, qui a glissé dans la boue et qui a glissé dans le sang. Stupide, insouciant, il a fait ce que font les bêtes.

Et voilà pourtant ce qu'on aimerait à nous faire admirer ! Une immense duperie a été organisée dans le but de faire croire que le mal est beau, et qu'il est l'apanage des grandes âmes. La crédulité des hommes est telle, qu'il n'est nullement impossible de leur persuader cela. Cette crédulité dépasse ce que les conceptions les plus hardies pourraient attendre d'elle. Quand une génération a perdu la foi, on ne sait pas jusqu'où va sa crédulité. Elle n'a plus d'armure, elle n'a plus de ceinture ; on fait d'elle tout ce qu'on veut.

Quand une génération a perdu la foi, on la ballotte, on la manie, on la roule par terre, on la berne dans une couverture de laine, comme les hôteliers espagnols bernaient Sancho Pança, et elle se laisse faire sans résistance. On lui parle des pensées du dix-huitième siècle et même de *ses excès de pensée ;* on lui parle du patriarche de Ferney : et elle n'éclate pas de rire ; et elle ne se dresse pas en fureur pour montrer à ceux qui parlent la trace du baptême sur son front!

Cette complaisance, cet aplatissement du front, cet avilissement intellectuel, voilà un des caractères les plus imprévus, les plus inconnus et les plus éclatants de l'esprit actuel. C'est qu'en effet il faut être fier de Dieu, ou bien rougir de lui. Il faut se glorifier en lui et le glorifier en soi, ou bien subir l'épouvantable honte de servir un Dieu qu'on n'adore pas, et de porter envie, en s'agenouillant, à ceux qui ne s'agenouillent pas.

C'est qu'il faut mépriser l'erreur avec toutes les forces de notre âme divinisée, et la pousser du pied comme une ordure, ou bien on finit par la trouver respectable, intéressante dans ses malheurs, un peu belle et presque vraie.

### III

Certes, si jamais le devoir du dédain fut facile à accomplir, c'est vis-à-vis du dix-huitième siècle. Considérons-le un instant, au point de vue de l'ordre naturel.

Que font Rousseau dans la Philosophie, Voltaire dans la Littérature, Montesquieu dans l'Histoire, Buffon dans l'Histoire naturelle ?

Ils font la même œuvre. Ils font une seule chose. Ils suppriment le mystère.

La chose est claire, en ne l'expliquant pas. Je crains de l'obscurcir si je la développe.

Rousseau croit ou paraît croire que l'homme sait le dernier mot des choses.

Il repousse tout ce qui le dépasse. Il rejette ce qu'il

n'embrasse pas. Il étend Dieu, l'homme et la nature sur le lit de Procuste qu'ont bâti ses petites mains. Quand il a fait un Dieu si petit, un homme si petit, une nature si petite que rien de tout cela ne l'étonne plus, il se repose et se *complaît en lui*, sans apercevoir dans son âme un monstre qu'il admet et qu'il admire : c'est la profondeur de son péché, et sa dégradation immense.

Il subit avec soumission cette tyrannie formidable, il aime ce maître qui est son péché, il ne discute pas, et, quoiqu'il soit incapable de le connaître, de l'embrasser, de le mesurer, de le comprendre, cependant il ne le rejette pas.

Voltaire, dans la littérature (je ne veux pas nommer l'Art à propos de ce sot), Voltaire n'a qu'une préoccupation, celle d'écarter le sublime. C'est que le sublime est nécessairement mystérieux. Les secrets de la parole sont profonds parce que la parole est chose sainte.

Il y a dans l'homme déchu une tendance vers la honte qui le porte à se moquer de sa propre gloire. Cette tendance, étonnante pour ceux qui ne connaissent pas l'homme, évidente pour ceux qui le connaissent, cette tendance constitue ce qu'on a appelé l'esprit voltairien. Cette intention d'abaisser l'homme découle d'une haine profonde de Dieu. Cette haine a un genre de clairvoyance. Elle déteste l'homme, parce qu'il est l'image de Dieu. Elle le méprise, parce qu'il est la gloire de Dieu, et elle veut qu'il se méprise pour renoncer à être la gloire de Dieu.

Ce goût pour le déshonneur, ce plaisir de ravaler les autres et soi-même, cette bave qui souille tout, cette honte radicale, qui est l'esprit voltairien, cette honte est le fruit de l'orgueil. A force d'orgueil, l'homme ne veut pas se rapporter à Dieu. Et comme en Dieu seul il trouverait la gloire, pour ne pas la chercher là, il y renonce et préfère se précipiter dans la honte. L'homme qui adore ne peut pas se moquer de lui-même. Et voilà pourquoi Voltaire veut qu'il se moque de lui-même, afin de ne plus pouvoir adorer. Voltaire décapite l'homme et déshonore la création, pour briser l'image de Dieu et effacer la trace de ses pas. Or, il est temps que la justice se fasse, il est temps que cet homme et ceux qui l'aiment soient traités suivant leurs œuvres. Le blâmer avec respect est une complicité. Il faut le mépriser comme la boue des ruisseaux, et que son nom, s'il demeure dans la langue humaine, serve à qualifier les infamies sans nom, auxquelles ne suffisent pas les colères connues.

## IV

Il y a, dans l'histoire de la médiocrité humaine, un nom qu'on peut rappeler ici. S'il n'appartient pas en fait au dix-huitième siècle, il lui appartient en droit; c'est le nom d'Ovide. Ce personnage est poète à la façon de Voltaire. Si un pari était ouvert, et si quelque récompense inouïe était promise à celui qui inventera une platitude inconnue, on fonderait des établissements, on travaillerait jour et nuit, pendant des années, et pendant des siècles : on ne surpasserait pas Ovide. Ovide, c'est le dix-huitième siècle anticipé. C'est une menace de la versification capable de faire pressentir la Henriade à quelque esprit un peu sagace.

Eh bien ! cet Ovide, placé si bas dans l'échelle des êtres que je demande pardon de m'en occuper ici, cet Ovide, quel est son caractère, s'il est permis de dire qu'il ait un caractère ? C'est l'absence du mystère. Et cependant, le récit des métamorphoses semblerait, au premier abord, comporter le mystère. N'est-il pas frappant qu'un homme puisse raconter ces horribles bêtises, sans se détourner d'elles un moment pour regarder les objets dont elles sont la parodie? Est-il possible qu'un homme, qui se donne pour poëte, ait pu prolonger si longtemps cette arlequinade, sans heurter, même par hasard, une idée sur sa route? Ovide et le dix-huitième siècle voient du même œil la Nature, l'Art et la Religion. N'ont-ils pas l'un et l'autre écrit *l'Art d'aimer?* Leur plume n'était-elle pas trempée dans la même liqueur?

Il y eut un homme qui s'appelait Pierre-Joseph Bernard ; Voltaire l'appela Gentil-Bernard. C'est ce Bernard qui avait écrit *l'Art d'aimer*. Voltaire, l'invitant à dîner chez une dame de la Vallière, lui écrivit un jour :

> Au nom du Pinde et de Cythère
> Gentil-Bernard est averti
> Que l'Art d'aimer doit, samedi,
> Venir souper chez l'Art de plaire.

Est-ce que ce ne sont pas là des vers d'Ovide? Est-ce que ce n'est pas le style des Métamorphoses?

Voltaire est plus noir, plus agressif; son venin circule plus loin ; mais il se rencontre avec son prédécesseur sur le terrain de la galanterie. Il a, comme Ovide, un caractère de laquais et un habit d'arlequin. Tous deux exécutent, en se donnant la main, à peu près les mêmes grimaces, les mêmes gambades, et aussi les mêmes révérences, devant le même public enchanté.

Et Delille? et Saint-Lambert? et Lebrun? et Crébillon? et Guimond de la Touche ? et Lemierre ? et Marivaux ? et Piron ? et Fabre d'Églantine? et Dorat? Voilà quels géants produisait ce dix-huitième siècle.

Si nous regardons sa philosophie, nous nous plongeons dans les profondeurs effrayantes de Condillac. Helvétius nous entraîne sur les hauteurs où il habite. Comme un aveugle qui chanterait les couleurs, cet Helvétius n'a-t-il pas fait sur le bonheur un poème en six chants? le malheureux! Et Dupuis? et Domet? N'est-ce pas un phénomène qu'une pareille réunion? Et comment se fait-il qu'après avoir vu le dix-huitième siècle, les hommes, au lieu de rentrer sous terre, trouvent encore le moyen d'en être orgueilleux au dix-neuvième?

Que fait dans l'Histoire Montesquieu? Il cherche à tout expliquer, en dehors du mystère, sans franchir la limite des choses connues, sans effrayer ses contemporains. L'Histoire est pour lui sans horizon, sans montagne et sans vallée, sans hauteur et sans profondeur. L'homme y apparaît resserré entre deux murailles, mutilé, aplati, sans aspiration et sans défaillance, seul et froid, loin de Dieu et ne souffrant pas de cet éloignement. Cette histoire ressemble à l'Histoire comme une présentation officielle ressemble au drame de la vie humaine.

Buffon, dans l'Histoire naturelle, emploie exactement le même procédé. Il regarde la nature à travers l'atmosphère que le dix-huitième siècle place autour de l'homme. Cette nature ressemble beaucoup à une décoration d'Opéra-Comique. Cet homme était en toilette quand il écrivait; il met en toilette les animaux dont il parle. Tout est fardé sous sa plume. Buffon enlève à la création cette majestueuse simplicité par laquelle elle verse sur nous un enseignement dont peu d'hommes profitent.

La création a une voix profonde, haute, douce et mystérieuse. Elle semble garder un secret et inviter gravement les hommes à respecter ce qu'ils ne savent pas.

L'instinct des animaux est le reflet obscur d'une volonté trop haute pour dédaigner les petits, et la conservation merveilleuse des espèces qui vivent sans prévoir, et trouvent leur nourriture à l'heure où elles ont faim, rend témoignage à l'attention de Celui qui voit tout. Le conflit des forces petites et grandes établit entre la vie et la mort un équilibre prodigieux, — et nos genoux se ploient d'eux-mêmes, et nous nous inclinons sous le poids des splendeurs de l'ordre. Au-delà de ce que nous voyons, nous entendons vaguement l'harmonie des merveilles que nous ne savons pas. Quand nous approchons du rivage masqué par une montagne, nous écoutons, avant de la voir, la colère de l'Océan, et dans les nuits d'été, quand nous perdons de vue les dernières traînées lumineuses, qui tremblent noyées dans un océan de lumière, nous oublions presque les espaces que nous découvrons, entraînés par leur grandeur vers ceux que nous ne découvrons pas, et nous nous abîmons, au delà de nos regards, dans la profondeur des choses soupçonnées. Ainsi fait partout la nature. Elle nous conduit plus loin qu'elle-même.

Qu'est-ce donc quand le symbolisme, éclatant sur elle comme un éclair dans la nuit, jette une lueur nouvelle et plus mystérieuse sur l'ordre universel qu'il agrandit, sans le troubler? Unissant le monde visible au monde invisible, le symbolisme entr'ouvre un secret étrange, qui est la relation des relations et l'harmonie des harmonies ; et à travers cette complication nouvelle, la simplicité de l'ordre apparaît plus gigantesque. Si notre point de vue très restreint nous permet d'entrevoir et de soupçonner de telles magnificences, tantôt à travers les fentes des rochers ouvertes sur le bord de la mer, tantôt par de petites fleurs au parfum délicat, tantôt à travers les voiles du ciel déchirés par la lumière durant les nuits de mai, tantôt derrière le chant du rossignol, quand la brise d'été secoue l'aubépine comme un encensoir ; que peuvent donc apercevoir dans la nature, ou deviner derrière elle, les intelligences supérieures à l'homme en profondeur ou en pureté ?

Nous voilà bien loin de M. de Buffon, et même incapables de revenir jusqu'à lui. Ne serait-il pas fastidieux de parler de ce qu'il a fait, après avoir parlé de ce qu'il n'a pas fait ?

## V

Une fausse conception de la nature provoque presque toujours le ton sentimental. Peut-être l'homme qui doit prendre la création au sérieux, la regarder comme une réalité, est-il condamné, quand il la regarde d'un œil impur, à la dégrader par la fausseté du langage. La poésie, dans le sens où le dix-huitième siècle a pris ce mot, est une des choses les plus ridicules et les plus honteuses qui soient ; c'est une grimace honteuse qui, refusant de voir les choses comme elles sont, voudrait les voir comme elles ne sont pas, et prostitue les larmes à son ignoble jeu. Les larmes, mystère profond ! les larmes qui condamnent quand elles ne sauvent pas.

Outre la parole articulée, l'homme possède deux paroles singulières, secrètes, inconnues, qui sont le rire et les larmes. Le dix-huitième siècle, non content de faire mentir la parole articulée, a fait mentir le rire et a fait mentir les larmes. Voltaire a accompli cette œuvre triple ; il l'a accomplie copieusement jusqu'au bout, sans faillir et sans s'arrêter. Il a prostitué le rire quand il a voulu, par lui, déshonorer le mystère des choses surnaturelles ; il a prostitué les larmes quand il a voulu, par elles, déshonorer le mystère des choses naturelles. Le même homme qui se moquait de l'Écriture s'attendrissait à propos d'Orosmane. Il écrivait :

> Je ne m'attendais pas, jeune et belle Zaïre,
> Aux nouveaux sentiments que ce lieu vous inspire ;
> Quel espoir si flatteur ou quels heureux destins,
> De vos jours ténébreux ont fait des jours sereins.
> La paix de votre cœur relève encor vos charmes,
> Cet éclat de vos yeux n'est plus terni de larmes,
> Vous ne les tournez plus vers ces heureux climats
> Où ce brave Français devait guider vos pas ;
> Vous ne me parlez plus de ces belles contrées
> Où d'un peuple poli les femmes adorées
> Reçoivent cet encens que l'on doit à vos yeux,
> Compagnes d'un époux et reines en tout lieu.

La niaiserie poussée à ce degré réclamerait un terme qui manque dans la langue ; mais la galanterie, qui attendrissait les sensibles spectateurs des anciennes tragédies, la galanterie qui permettait à Orosmane, sultan et musulman, d'aborder ainsi l'*objet de sa flamme :*

> Vertueuse Zaïre, avant que l'hyménée
> Joigne à jamais nos cœurs et notre destinée,

la galanterie n'est-elle pas une stupide et infâme parodie de l'amour, destitué du mystère qui est le fond de toute vérité ?

Le dix-huitième siècle traitait l'âme humaine comme il traitait toute chose : tous les espaces visibles ou invisibles étaient pour lui des boudoirs. Ces gens qui riaient de tout pleuraient des bergeries de Florian. Or cette double lâcheté ne pourrait-elle pas nous aider à pressentir, entre le rire et les larmes, une admirable et très profonde ressemblance ? Qui sait si ces deux paroles ne seraient pas situées au-delà du langage articulé pour dire ce qui échappe à celui-ci ? Qui sait si elles ne re-

culent pas pour l'homme la limite de l'expression!...
Sara se mit à rire quand la naissance d'Isaac lui fut
prédite; et Isaac porta le nom de *Rire*. Isaac, en hébreu,
signifie *Rire*.

## VI

Le dix-huitième siècle n'a pas voulu mourir sans nous
laisser son portrait. Ce portrait, c'est sa peinture. Si
quelqu'un était tenté d'attribuer à ces mauvais collégiens la proportion de grands hommes, je crois que le
portrait de ces collégiens peint par eux-mêmes pourrait le guérir de cette maladie. La peinture du dix-huitième siècle n'est pas seulement ridicule, elle est honteuse. Watteau, Boucher, Fragonard, sont les enfants
de cette société pourrie, et ces enfants sont des enfants
terribles qui disent aux passants les secrets de leur
mère. Toutes ces figures déshabillées et fardées ne sont
pas seulement laides, elles sont dégoûtantes. Si au
moins ces cadavres étaient verts, on les reconnaîtrait
pour des cadavres. Mais comme ils sont roses, on ne
sait plus de quel nom les nommer.

Je n'en connais qu'un; ils sont la figure du dix-huitième siècle, pourri, frisé, fardé, infect et sentimental!
Les bergers de Watteau ressemblent à des paysans,
comme des tragédies de Voltaire ressemblent à des
drames, comme Orosmane ressemble à un sultan,
comme un devant de cheminée ressemble à un lever de
soleil : et cependant la distance incommensurable qui
sépare toutes ces choses de la réalité semble petite,
auprès de la distance qui les sépare de l'idéal. Que la
justice de l'Art se lève enfin, et que son glaive abatte
ces têtes qui usurpent une place dans la mémoire des
hommes.

## VII

Tous les siècles ont vu de grands crimes, et l'antiquité en a commis qui seraient étonnants aux yeux d'un être qui ignorerait l'homme. Mais, en général, soit dans la vie, soit dans la science, soit dans l'art, l'homme sentait la terreur mystérieuse qui rend témoignage au Dieu inconnu ; et il attestait, en l'outrageant, la présence de Celui qui ne dort pas, de Celui qui voit les œuvres de la nuit, de Celui qui s'appelle éternellement rémunérateur et vengeur.

Le dix-huitième siècle fit autrement. Il ne voulut pas seulement outrager Dieu, il voulut l'oublier gaiement. Il voulut effacer son nom, faire une nature et faire une humanité où ce nom ne serait pas écrit. Il voulut enlever à l'innocence sa raison d'être et au crime son sérieux. Il voulut badiner sur les ruines de Dieu et sur les ruines de l'homme.

Certaines gens croient que le dix-huitième siècle a exagéré et que c'est là son défaut. Loin d'exagérer, le dix-huitième siècle n'a pas terminé son œuvre. Il s'est arrêté en route. Certaines gens, disais-je plus haut, croient que les criminels sont de nobles âmes, qui, ne sachant pas maîtriser la fougue de leurs passions, s'égarent par excès de grandeur et d'énergie. Ces gens-là admirent le dix-huitième siècle. Or, c'est le contraire qui est vrai. Les criminels en général, et le dix-huitième siècle en particulier, sont des êtres mous, flasques, indolents, froids comme des serpents, insignifiants par-dessus tout. — Je répète volontiers cette observation. On a tant de fois répété, déclamé et chanté le contraire !

Parmi les poisons qui sont dans l'air, je veux compter et signaler ce grain d'admiration qui se glisse entre quelques grains de blâme, quand il s'agit de dire : Voilà le mal. Notre devoir est de flétrir, et non pas de faire quelques réserves délicates. Le mal est un monstre dont il faut avoir horreur, au lieu de le regarder comme une chose curieuse, et avec une demi-complaisance. Le dix-huitième siècle aboutit à Estelle et Némorin, et j'admire qu'une débauche, prolongée pendant tant d'années, une débauche emphatique, qui s'admirait dans sa saleté, ait produit sur ses vieux jours cette niaiserie sans égale.

Serpents, race de vipères, ce que vous prépariez dans dans votre orgueil, c'était une gravure de modes!

# LA CRAINTE ET LA PEUR

Ce qui caractérise l'époque où nous vivons, c'est que l'erreur chez elle a perdu l'équilibre.

L'erreur moderne confond le miracle et le fantastique.

Pour rétablir l'ordre, étudions d'abord chez l'homme la nature de la peur.

La peur est fille du péché.

Le paradis terrestre était le temple de la sécurité. La menace relative au fruit défendu y introduisait la crainte, mais non la peur. La crainte et la peur sont, en effet, deux sentiments très différents. La crainte accompagne la joie, et l'amour, et la gloire. La peur est un affaissement qui procède de la défiance et de la haine.

L'Écriture prononce un mot dont nous ne connaîtrons jamais la profondeur : *Lætetur cor meum ut timeat nomen tuum :* Que mon cœur se réjouisse afin qu'il craigne votre Nom ! La joie inspire la crainte du nom incommunicable, la crainte du nom de Jéhovah ! La joie dont parle l'Écriture, c'est le sentiment profond, ardent, léger et sublime, le sentiment de la présence et de la puissance de Dieu. La joie compte sur la Toute-Puissance qui éclate dans la gloire quand elle cède et se rend devant les enfants à genoux. C'est pourquoi la joie craint le nom de Dieu. Craindre le nom de Dieu, c'est n'avoir peur de rien.

La peur est la parodie de la crainte. La peur exclut la paix et apporte le trouble. La crainte suppose le respect profond de l'ordre qu'on pourrait, mais qu'on ne veut pas troubler. La peur suppose le trouble qui naît du désordre, de la confusion, du pêle-mêle, la défaite de la sérénité, le triomphe de l'accident.

La crainte vient de la majesté de Dieu.

La peur vient du trouble qui naît de la loi violée.

Les choses divines ne troublent pas ; les choses infernales troublent toujours. Telle est, par exemple, la différence entre le repentir et le remords.

Le repentir apporte l'espérance qui pacifie le regret.

Le remords apporte le désespoir qui aigrit et exaspère le regret.

Le repentir est une pente qui mène aux larmes ; il a sa douceur, comme toute vérité sentie. Le remords mène à l'abîme ; il est sans pitié, sans larmes et sans voix, aveugle, sourd et muet. Le repentir peut chanter ; les Psaumes de la Pénitence nous indiquent les sons qu'il rend, quand le souffle passe.

Mais le remords ne parle même pas, il désespère et meurt.

Le remords précipite ; le repentir relève.

Le remords naît de la peur, le repentir naît de la crainte.

Beaucoup de gens, confondant le miracle avec l'action satanique, ou plutôt avec l'illusion humaine, car le diable n'est pour eux qu'une création de notre terreur, beaucoup de gens représentent très bien le signe particulier du dix-neuvième siècle, la confusion de l'Être et du Néant.

Ils confondent la terreur qui vient de l'illusion et celle qui peut venir du miracle; ils confondent l'ordre fantastique et l'ordre divin.

La vie a ses lois primordiales qui régissaient dans le paradis terrestre la nature innocente.

Les lois de la vie sont actuellement modifiées par les lois de la mort.

La Toute-Puissance peut modifier et vaincre les droits actuels de la mort en vue de la vie, et *troubler le désordre en vue d'un ordre supérieur*. Voilà la résurrection.

En face d'elle, j'admets la crainte et la terreur fondues dans l'amour.

Mais supposez ce que l'imagination humaine a toujours supposé, supposez un être qui échappe aux lois ordinaires de la mort sans rentrer dans l'ordre de la vie, et qui trouble le désordre non pas en vue de l'ordre, mais au profit d'un second désordre : voilà le revenant. Voilà le personnage fantastique. En face de lui, je conçois la peur et la terreur sans amour.

Car le revenant n'est pas délivré : il échappe *illégalement*.

Le ressuscité est vainqueur de la mort.

Le revenant est vainqueur de la mort : il ne fait que la tromper un moment; mais il est sous son empire. Il est avec elle en contravention, en rupture de ban. Mais il lui appartient plus que jamais. Il fait une escapade d'un moment qui le laisse tout entier dans le pouvoir de la mort.

Dieu est avec le ressuscité.

Le revenant est seul.

Le ressuscité est une réalité très supérieure aux réalités ordinaires. Le Lazare de la seconde vie a plus d'être en lui que le Lazare de la première vie.

Le revenant est une illusion ; son domaine est celui de l'ombre. Aussi c'est la nuit qu'il *paraît paraître*. Il ne faut pas confondre une réalité d'un ordre supérieur avec une illusion.

Il ne faut pas confondre le corps honoré par la visite de la Toute-puissance, et le corps *restitué*, avec une ombre.

Si la résurrection inspire la crainte, cette *crainte rassure*, car elle vient de la présence sentie de Dieu vivant, qui sait donner à la fois la crainte et l'épouvante.

Le revenant, c'est-à-dire l'illusion que ce mot représente, apporte sa peur froide. Dieu, l'homme et la nature sont tous les trois absents de lui.

Le ressuscité apporte la plénitude et représente la surabondance.

Le revenant serait la *forme du vide*, s'il était quelque chose.

Le ressuscité est, d'une manière spéciale, fils du Dieu qui est la vie.

Le revenant est la création de notre néant.

Comment ces mots de diables et de miracles ont-ils pu être associés dans une phrase pensée et écrite par un homme?

*Kosmos* signifie à la fois le monde et l'ordre. Jusqu'où donc ira, dans ce monde, le triomphe du pêle-mêle?

La peur est ce sentiment hideux qui de l'enfant de Dieu fait l'esclave tremblant des hommes et des choses. La crainte donne l'humilité. La peur dont je parle donne l'humiliation, mais cette humiliation laisse persister l'orgueil, qui est le compagnon de tous les mensonges.

La peur fait honte, et cet homme qui a honte et peur se redresse et fait le fier, tandis que la joie fait tomber à genoux.

La crainte rassure : elle donne la tranquillité, elle appuie l'homme sur le souverain domaine de Dieu. La peur oublie Dieu, et divise toutes les choses créées ; la peur est panthéiste : par elle tout devient Dieu, excepté Dieu même.

La crainte et la peur se jouent, dans ce monde invisible, sur les confins de deux royaumes ennemis.

Il y a un homme qui a été immortalisé par la terreur : c'est Pascal. Pascal avait la peur, il n'avait pas la crainte. S'il avait eu la crainte, il aurait eu la joie. Ayant peur, il fut triste, et cette âme, qui avait un besoin immense de dilatation, un besoin immense de lumière, se rétrécit et se replia sur elle-même. Pascal, qui fut uniquement préoccupé de la sainteté, ne devint pas un saint. Il passa sa vie en face de lui, au lieu de la passer en face de Dieu. Acharné sur sa propre substance, il fit de lui-même sa pâture, tandis que c'est l'Infini qui est la nourriture de l'homme. Le jansénisme corrompait, dénaturait, empoisonnait la crainte : il la tournait en peur. Saint Augustin disait: *Vis fugere a Deo, fuge ad Deum:* Voulez-vous vous sauver de Dieu ? Sauvez-vous dans le sein de Dieu.

Voilà la crainte : si elle est distincte de l'amour, elle n'est pas séparée de lui.

La peur, au contraire, si elle se sauve de Dieu, se sauve loin de Dieu. Aussi, au lieu de se sauver, elle se perd ; au lieu d'épanouir l'homme, elle le parque. Pascal, qui parla tant contre la vanité, fut victime et dupe d'une grande vanité ; car il manqua de simplicité et d'amour. Dans sa tristesse, il ne trouva que l'homme ; dans sa joie, il eût trouvé Dieu.

O réalité suprême, notre résurrection et notre paix, donnez-moi la joie pour que je craigne votre nom. Car vous seul, ô Dieu qui sondez les cœurs, vous seul connaissez la profondeur de cette parole : *Lætetur cor meum ut timeat nomen tuum.* Vous savez par quels liens mystérieux, délicats et sublimes, sont unies la joie et la crainte, et de quelles façons, si la joie m'abandonne, la crainte de votre nom m'abandonne au moment même. Jéhovah, qu'invoque Élie sur le mont Carmel, Jéhovah, qui êtes ce que vous étiez alors, Jéhovah, qui serez ce que vous êtes éternellement, Jéhovah qui savez seul votre plénitude et ma défaillance, Jéhovah, Dieu fidèle, qui avez promis de donner à ceux qui demandent, je demande la joie, je demande la crainte de votre nom. Jéhovah, écartez de moi la tristesse et la peur. Car je suis si misérable que je peux avoir peur de quelqu'un ou de quelque chose, — et si j'ai peur, je cesse de craindre. Si j'ai peur d'un autre, je cesse de vous craindre ; la tristesse et la peur méprisent votre nom. O Celui qui Êtes, donnez-moi la crainte et la joie, afin que je sente vivante en moi la signification inexprimable de votre Nom sans égal ; délivrez-moi de tout mal, passé, présent ou à venir. *Être délivré du mal passé :* quelle parole ! Je la comprends mieux que je ne puis la traduire. Délivrez-moi des souvenirs qui font peur, délivrez-moi des menaces de l'ennemi ! Que je meure à la mémoire des cauchemars d'autrefois ! *A timore inimici eripe animam meam.* Que votre Nom écrase celui qui veut provoquer la peur et étouffer la crainte ; que votre nom règne et domine dans la liberté de nos âmes affranchies !

*Ut sine timore de manu inimicorum nostrorum liberati, serviamus illi, in sanctitate et justitia, coram ipso, omnibus diebus nostris.*

Que votre Nom nous abrite dans les rayons de sa gloire souveraine, afin que, sans peur et pleins de crainte, nous l'adorions en sécurité, dans la forteresse de la lumière ! Amen à la joie et à la crainte ! Quand je dis Amen, je dis *Fiat*, et par une providence spéciale je rencontre aussi votre Nom, ô vous qui êtes sans borne et qui vous appelez Amen.

# LE MONDE

## I

Qu'est-ce donc que le monde ? Ce mot odieux a l'air de ne rien signifier du tout, et cependant il est odieux.

L'étymologie nous servira peu en apparence. *Mundus* en latin signifie pur ; le monde, c'est l'impureté même. Κοσμος, en grec, signifie à la fois ordre et monde.

Le sens actuel du mot « homme du monde » ne se rattache donc, au moins en apparence, ni à *mundus* ni à κοσμος.

Si nous revenons à l'étymologie, ce sera par un détour.

Le monde, est-ce le péché ? Évidemment non. Il y a une différence énorme. Sans doute, le monde est dans le péché, mais il est toujours situé en une région spéciale ; il a ses domaines à lui dans le mal, et ce sont ses domaines qu'il s'agirait de terminer, ou au moins d'indiquer.

Un assassin est un pécheur ; un voleur de grande route, comme on disait autrefois, est un pécheur. Sainte Marie l'Égyptienne, avant sa conversion, était une pécheresse.

Ce sont là des pécheurs ; ce ne sont pas des gens du monde.

## II

Il y a plusieurs mots terribles dans l'Évangile, et, parmi ces mots, voici l'un des plus terribles : *Non pro mundo rogo.*

Je ne prie pas pour le monde. Celui qui parle ainsi connaît le fond des choses et va mourir pour les pécheurs. Il ne prie pas pour le monde, c'est saint Jean qui nous le raconte ; c'est à cette même cène où il a dormi sur la poitrine de Jésus-Christ, c'est à ce moment solennel où les bras de Dieu allaient s'ouvrir sur la croix, c'est à cette cène, c'est à ce moment que saint Jean a entendu la Vérité dire : « Je ne prie pas pour le monde. » Vous savez ce qui est écrit ailleurs à propos des tièdes. Sans entrer dans les profondeurs de ces deux paroles, je voudrais, en regardant le monde, tel qu'on le voit, savoir à peu près de quoi on parle quand on parle de lui.

Le péché est le désordre, le désordre évident, avoué, violent, désastreux. Les passions font des ruines, et ne s'en cachent pas. Quelquefois même elles s'en glorifient. Mais, encore un coup, qu'est-ce que le monde ?

Le monde serait-il le domaine du péché, attiédi par la prudence ?

Le monde serait-il le domaine du péché, circonscrit par la tiédeur de la température ?

Le monde s'étend aussi loin que la tiédeur de l'air. Là où l'air est chaud ou froid, le monde s'en va scandalisé.

Et ainsi, comme il se fait à lui-même, au fond du désordre, un ordre apparent qui tient à sa tiédeur, — et au fond de l'impureté, une pureté apparente, qui tient à sa tiédeur, — peut-être rencontre-t-il, à ses propres yeux, la signification étymologique du *mundus* et du κοσμος, qui ont besoin de l'ironie pour reconnaître en français le monde, l'infâme par excellence, celui qui s'appelle le monde.

## III

Les barrières de la tiédeur séparent le monde des péchés qui ne sont pas à lui.

Dans la catégorie des températures, la tiédeur correspond à la médiocrité. Or, la médicrioté est l'espace du monde. Le pécheur a des passions mauvaises, mais le monde a le goût du mal, le goût, non pas le transport.

Le monde a des goûts et des opinions ; il n'a ni amour ni haine.

Ses goûts sont pour les choses mitoyennes. Ses opinions craignent d'être absolues, et par là de ressembler à des convictions. Elles ont cela de particulier qu'elles n'excluent pas les opinions contraires ; je dis les opinions, je ne dis pas les convictions. Les opinions du monde pactisent volontiers avec les autres opinions qui sont de leur espèce. Que ces opinions-là se contredisent ou non entre elles, elles n'en sont pas moins bien ensemble ; car quelque chose les unit : c'est une haine profonde et tiède contre l'ennemi commun, c'est-à-dire la Vérité.

Les opinions du monde, même quand deux d'entre elles luttent ensemble, sont coalisées contre la Vérité. Cette coalition est la parodie de l'union.

Tous les dieux étaient reçus dans le Panthéon romain, excepté Jésus-Christ. Toutes les opinions sont reçues dans le Panthéon du monde ; la Vérité seule est mise à la porte.

## IV

Le monde ressemble à une hôtellerie où les passants trouvent place. Qu'une erreur passe au dehors et veuille entrer, les convives se serrent, et lui font place au banquet. Mais si la Vérité frappe à la porte, toutes les places sont prises et certains voyageurs, parfaitement choisis, sont chassés : *Qui non erat eis locus in diversorio.*

Le monde, si borné et si aveugle, a cependant un instinct merveilleux, quand il s'agit de reconnaître et de chasser. Il ne se trompe pas, il vise juste ; il se fait justice, il s'exile. Il s'exile en voulant s'exiler ; car l'étranger qui s'en va emporte la cité habitable.

Le monde, lui, s'exile au désert. Qu'importe que ce désert se nomme ici la foule : il n'en est pas moins le désert, c'est-à-dire le vide, c'est-à-dire la mort.

Le désert, le vide et la mort, c'était Rome, quand Jean était à Pathmos. Pathmos était la vie, Pathmos était la cité. Voilà pourquoi saint Denis admirait la justice du monde qui fuyait, disait-il, la face de saint Jean.

Le monde est un désert où la foule va et vient. Elle est très pressée ; on dirait une armée en déroute ; cette armée fuit, que fait-elle ? Elle continue depuis Pathmos ; elle poursuit sa fuite haletante, elle fuit la face de saint Jean. Elle fuit en désordre, pêle-mêle ; les fuyards se tournent les uns contre les autres, et, dans leur égarement, s'égorgent entre eux ; car ils combattent dans la nuit. Mais leur terreur les aveugle : ils fuient la face de saint Jean.

Cette armée en déroute se trompe de chemin ; elle s'égare dans le désert, elle est trompée par des rêves et trompée par des mirages. Elle est poussée en tous sens ; elle va au gré des vents qui lui jettent le sable dans les

yeux, et, cependant, elle est poussée par une idée fixe !
elle fuit la face de saint Jean. Elle déguise son tumulte
sous une apparence affairée ; mais sa principale affaire
est de fuir la face de saint Jean. Tout le reste est un
détail.

Voyez ces gens : ils vont, ils viennent, ils vendent, ils
achètent, ils causent, ils remuent, ils discutent, ils se
saluent, ils sont polis, ils sont courtois ; ils mentent, ils
bavardent, ils flattent, ils dénigrent, ils séparent, ils
égorgent, ils détruisent, ils empoisonnent. Mais leur
principale affaire est de fuir la face de saint Jean.

Fuir la face de saint Jean, voilà leur travail intime,
leur vie intérieure, la moelle de leurs os, l'essence qui
produit tous leurs parfums ; le reste est un détail, un
ornement, une toilette, qui varie suivant la mode du
jour, ou le caprice du personnage.

## V

Le péché est moins déguisé que le monde. Il montre
mieux ce qu'il est et ce qu'il fait. Le monde ment toujours. Il ne fait jamais ce qu'il semble faire.

Le monde aime à contrefaire. Il est le singe de la sagesse ; il a fabriqué une sagesse à son usage ; cette sagesse ressemble à la sagesse, comme l'orang-outang ressemble à l'homme.

La sagesse vraie rencontre la paix sur la hauteur,
parce qu'elle domine les contradictions. La sagesse du
monde rencontre une paix qui ressemble au monde dans
le trou où elle est tombée, parce que de ce trou elle
n'aperçoit plus en quoi le blanc diffère du noir.

La sagesse vraie tend à unir. La sagesse du monde
tend à amalgamer des éléments qui ne peuvent pas
s'unir, et, quand elle voit qu'elle les a juxtaposés, elle

croit qu'elle les a fondus. Dès que l'on cohabite ensemble, le monde s'imagine qu'on est uni.

L'homme du monde ne craint pas de faire mal. Mais il craint de choquer. Il ne connaît pas les harmonies, mais il connaît les convenances.

C'est la convenance qui, dans le monde, remplace l'harmonie.

Le monde aime la haine ; mais il faut que cette haine, attiédie par la température des salons, évite certains éclats. Il faut qu'elle appelle à son secours certains mensonges. Quand ces mensonges lui sont venus en aide, elle peut se présenter dans le monde, avec l'aplomb d'une personne en toilette.

Quand la haine a fait sa toilette, elle est dans l'ordre du monde, elle est en règle, elle peut entrer.

La loi du monde est peut-être l'insignifiance. Si un homme vivant se trouve par accident dans le monde, il faut qu'il se fasse insignifiant, plus insignifiant même que les autres, parce qu'il est suspect. Pourvu qu'il efface toute vérité et toute lumière, il peut être supporté un moment. Mais, comme l'essence des choses ne se trahit jamais longtemps, il viendra un moment où le monde, dans sa clairvoyance, se détournera, et, dans sa justice, se séparera.

L'insignifiance est si chère au monde et si nécessaire à ses voies, que le mal lui-même, bien qu'il lui soit naturellement sympathique, lui devient antipathique, si, mêlé à un principe de bien, il fait éclater, en vertu de ce mélange, le cercle que la mort trace autour du monde. Si le mal, *altéré* par un mouvement généreux, s'emporte et fait explosion, il reste encore quelquefois dans le domaine du péché, mais il ne reste plus dans le domaine du monde.

Le monde aime le mal, mais il l'aime confit, fardé,

peigné, habillé suivant les habitudes ; il aime le péché, mais il aime le péché propret, gentil, attifé.

Dans les domaines du péché, on ment par intérêt, par passion, par honte, par peur. Dans les domaines du monde, on ment sans intérêt, sans passion, sans honte et sans peur. On ment parce qu'on est du monde, on ment par amour-propre, par vanité ; on ment par tiédeur, on ment parce qu'on ment, on ment comme on respire, parce que le mensonge est, dans ce pays-là, identique à la parole.

Que dirait-on, dans le monde, si l'on ne mentait pas ?

Le pécheur peut, après avoir menti, dire la vérité.

Mais le monde, quand il a menti, continue à mentir ; et, s'il dit la vérité, il ment encore. La vérité devient mensonge en touchant ses lèvres. Quand le monde dit la vérité, il croit exprimer une opinion comme une autre ; il veut que cette vérité soit entourée de mensonges et vive avec eux en bonne intelligence. Il veut qu'elle soit déshonorée par d'infâmes voisinages, et, quand il l'a tellement souillée qu'il ne la reconnaît plus, alors il la tolère, parce qu'elle est devenue mensonge ; — et ce mensonge est précieux, car il abrite les autres, il les autorise, il les prend sous sa sauvegarde, il leur enlève ce qu'ils auraient de trop violent, de trop cru, de trop net. Cette vérité devenue mensonge, par le ton, par l'accent, par l'entourage, par le contexte, cette vérité achève de confondre le bien et le mal, et les gens du monde sont contents.

Dans les moments où l'homme du monde dit la vérité, il prend avec elle un ton protecteur. On dirait qu'il consent à ne pas mentir toujours, et qu'il y consent par impartialité. On dirait que, par pitié, il veut bien permettre à la vérité de se trouver un instant sur ses lèvres. Il lui accorde cet honneur, et il le lui fait payer sur-le-champ, en la rendant l'égale du mensonge qui reprend bien vite ses droits, et qui rentre en possession de sa chose.

L'apparence de l'impartialité est un des pièges les plus affreux que la tiédeur tende à ses dupes, et le monde aime beaucoup à tendre ce piège-là. Il prend des airs de justice, le misérable ! Rien ne trompe avec une force et une autorité si redoutable que la vérité mal dite. Elle donne aux erreurs qui l'entourent un poids que ces erreurs n'auraient pas elles-mêmes. Elles les rend imposantes. Le mélange de la vérité et de l'erreur produit, dans la bouche du monde, des effets désastreux. Il donne à la vérité l'apparence de l'erreur, à l'erreur l'apparence de la vérité. Il fait participer l'erreur au respect qui est dû à la vérité.

Quand la vérité se rencontre sur les lèvres de l'homme du monde, elle est entrelacée avec l'erreur, et toutes deux sont si bien entrelacées qu'on ne les distingue plus. Elles s'embrassent, et ceux qui ont la vue basse les prennent pour deux sœurs.

## VI

Le monde, c'est la vieillesse ; il est difficile d'imaginer combien les gens du monde sont vieux. Les jeunes gens surtout sont remarquables par leur décrépitude, parce qu'elle est en eux plus monstrueuse, et par là plus éclatante. Tous ces vieillards de vingt ans, sans enthousiasme et sans désir, qui fuient la face de saint Jean, la fuient lourdement, lentement, tristement, pitoyablement. Ils se traînent, pour la fuir, dans un chemin où l'on ne respire pas, sans vue, sans montagne, sans air et sans horizon. Ils se condamnent non pas seulement à la douceur, mais au désespoir. Pour fuir la face de saint Jean, ils tournent le dos à Dieu, font leurs affaires sans adorer, et s'ennuient à jamais.

Il y a sans doute un secret de rajeunir ; ce secret appartient à Dieu qui réjouit la jeunesse. Dieu est le maître du temps, et le temps s'arrête, quand il parle, comme sont pétrifiés les bœufs quand le tonnerre gronde. Dieu, qui a puissance sur le feu, est le gardien de la jeunesse. Dans sa jeunesse éternelle, la sainte Vierge, la bien-aimée de Dieu, n'a pas connu de diminution. Elle est sortie de l'enfance, elle n'est pas sortie de la jeunesse. La jeunesse ressemble à un dépôt qui ne pourrait être confié qu'à Dieu, parce qu'aucune autre main n'est de force à le tenir. Aussi les ennemis de Dieu détestent la jeunesse, comme s'ils voyaient, en elle, un reflet de celui qu'ils haïssent. Ils détestent la jeunesse, et, au lieu de la retenir, par la vertu de l'Éternel, à l'heure où le temps l'emporterait, ils supplient le temps de hâter les pas et de l'emporter avant l'heure. Le monde déteste la jeunesse, la vraie jeunesse. Il aime à paraître vieux et à l'être. Le monde vieillit les enfants.

## VII

Ne croyez pas que l'esprit du monde soit borné aux salons et aux lieux où on le croit généralement accepté et renfermé. Les salons, s'ils sont vivants, peuvent être vides du monde et pleins de la vérité, tandis que le monde peut remplir et remplit souvent de son infamie surabondante les maisons isolées, désertes, inhospitalières, les foyers sans chaleur où l'on n'aime pas l'étranger, les affreuses demeures qui refusent à l'humanité la communion et l'amour.

Sur un rivage breton où il y a quelques baigneurs en

été, et en hiver personne (quelques rares familles de pêcheurs habitent ce désert où la nourriture même est rare et difficile) ; sur ce rivage, je causais un jour avec une paysanne, et elle me confia le désir qu'elle avait de quitter *le monde*. J'admirai la profondeur de cette parole, et la connaissance qu'elle avait du monde, dans le sens vrai de ce mot. Le monde pouvait être dans sa cabane, d'autant plus hideux peut-être que la grande mer était plus voisine. Peut-être le bourdonnement des hommes était rendu plus insipide encore par le bruit solennel des vagues.

## VIII

La loi du monde est l'effacement. Lui qui n'aime rien, il aime le niveau. Il veut faire passer toutes les têtes sous son joug, et ses sympathies sont acquises à ce qui est bas naturellement. La grandeur est sa haine, de quelque genre qu'elle soit, en quelque lieu qu'elle se manifeste. La médiocrité est son attrait. Le monde lui ouvre spontanément les portes dont il a la clef, et elle entre avec l'aplomb que donne le sentiment du droit. Elle est chez elle, dans le monde, et elle agit vis-à-vis des autres avec l'insolence qui est son caractère, à elle, et avec l'aveuglement qui est son caractère, à lui. La médiocrité est insolente, aussi naturellement que le monde est aveugle. S'il se passe quelque chose à côté d'eux, la médiocrité insulte, et le monde ne regarde pas.

Le goût du monde pour l'effacement est si prononcé, qu'il ne faut pas, pour lui plaire, aller très loin, même dans sa direction. Il ne faut pas trop faire ce qu'il fait. Il ne faut pas trop le dépasser, il ne faut pas excéder, même à son profit, ses habitudes. La tiédeur est son élément, et quiconque sortirait de cette région-là encourrait sa disgrâce. Il ne faut pas avoir pour ses intérêts plus de zèle que lui-même. On aurait l'air de quelque chose et il faut n'avoir l'air de rien. On se distinguerait de son voisin, et il faut lui ressembler.

Le caractère des hommes du monde étant de n'en avoir pas, la multiplicité est leur domaine. Il font mille choses: ils vendent, ils achètent, ils causent, ils lisent, ils écrivent, etc. etc. Quel est le lien qui unit entre elles les actions d'un homme du monde? On dirait qu'il n'y en a pas; ses actes se suivent et ne s'enchaînent point. Quel est le lien qui unit entre eux les hommes du monde? On dirait qu'il n'y en a pas. Ils se coudoient et ne se touchent jamais. En réalité pourtant il y a un point de contact, il y a un mot de ralliement. L'unité, disons-nous, a une parodie qui est la coalition. Les hommes du monde ne sont pas amis : mais ils sont coalisés. L'unité vit d'amour. La coalition vit de haine. Les coalisés sont des ennemis privés qui se joignent ensemble contre l'ennemi public. Les hommes du monde ont une haine commune qui leur donne une occupation commune, qui détermine le point central de leur activité.

Le monde avait mille affaires, pendant que l'aigle écrivait à Pathmos son Apocalypse. Mais, malgré les mille affaires, le monde n'avait qu'une affaire, c'était d'éviter et d'oublier Pathmos. Les hommes du monde ont mille affaires; mais ils n'ont qu'une affaire, — car ils n'ont qu'une haine et qu'une terreur : ils fuient la face de saint Jean !

# LE SPHINX

## I

L'Antiquité, qui corrompait tout, donnerait de singulières leçons à qui saurait ne pas se laisser duper par elle. L'admiration qu'on nous inflige en sa présence nous trompe doublement. D'abord cette admiration nous fait respecter ce qui est méprisable. Ensuite elle nous empêche de découvrir, au fond du mensonge, la vérité que ce mensonge contient. Pour profiter d'un mensonge, en effet, il faut le connaître à fond ; il faut le percer à jour ; il faut être le contraire d'une dupe ; il faut être un chimiste qui dégage du poison la substance que le poison cache et corrompt. Il paraît que l'arsenic contient de l'or. Mais, pour découvrir l'or, comme il faut avoir regardé profondément dans la substance de l'arsenic ! comme il faut lui avoir arraché son secret !

Il y a trois façons de se comporter vis-à-vis du poison.

La première consiste à l'avaler, c'est ce qu'on fait généralement. Alors on admire l'antiquité, on absorbe l'arsenic et on meurt.

La seconde consiste à le rejeter sans le connaître. Alors il devient inutile. C'est ce qu'ont fait ceux qui, dans ces derniers temps, ont proscrit en masse toute l'antiquité.

La troisième consiste à analyser, à s'emparer de son secret, à lui arracher le cœur.

Alors on trouve l'or dans l'arsenic, et le vrai dans l'histoire.

## II

« Quelle vérité, disait de Maistre, ne se trouve pas dans le paganisme ! »

Et il cite, à l'appui de sa proposition, une foule d'exemples. Il énumère les secrets que l'antiquité a trahis. Car l'antiquité trahit les secrets qui lui ont été confiés : elle les trahit de deux manières. Elle les révèle, et elle les corrompt.

Or, parmi les secrets que l'antiquité trahit, de Maistre aurait pu compter le sphinx.

Le sphinx est un monstre qui propose l'énigme de la Destinée : il faut deviner l'énigme ou être dévoré par le monstre. Quoi de plus absurde ? Mais quoi de plus profond, si les hommes savaient lire !

« Devinez ! » Ce mot est dans la langue humaine un mot bien singulier. Car la chose qu'il explique ne semble pas être à la disposition de l'homme. Et cependant elle est pour l'homme d'une importance qui fait frémir. Pour accomplir cette chose, il n'y a pas de procédé connu, et cependant nul ne peut dire à quel regret s'expose celui qui ne l'accomplit pas.

L'histoire de la vérité et l'histoire de l'erreur sont remplies toutes deux de rencontres, et d'événements, qui semblent fortuits.

La vie mêle ensemble les personnes et les choses : le bien, le mal, le médiocre, le très bien, le très mal, le sublime, le hideux ; tout cela se coudoie dans les rues. La terre, qui est grise, semble jeter sur toutes choses un manteau gris. Les hommes se ressemblent beaucoup en apparence. Le costume établit une dissemblance artificielle, l'usage en établit une autre, la timidité en établit une autre, la dissimulation en établit une autre, l'ignorance en établit une autre : on vit sur des apparences.

Une multitude innombrable de voiles cache les réalités. Les hommes ne disent pas leurs secrets ; ils gardent leur uniforme.

L'homme qui verrait de sa fenêtre une rue très populeuse serait épouvanté, s'il réfléchissait aux réalités magnifiques ou affreuses qui passent devant lui, sans dire leur nom, déguisées, couvertes, dissimulées profondément, — semblables les unes aux autres, si l'apparence est seule consultée.

Mais son épouvante augmenterait, si ce spectateur intelligent d'une foule qui ne parle pas se disait :

— Ma vie dépend peut-être d'un des hommes qui passent ici, sous mes yeux : peut-être un homme que j'attends, peut-être un homme qui m'attend est là, devant ma porte. Mais il y a beaucoup d'hommes devant ma porte. — Si celui dont je parle se trouve ici, à quel signe le reconnaître ?

La vie privée des hommes, la vie publique des nations, l'instinct secret, la littérature, le roman, l'histoire, le souvenir du passé, les besoins du présent, l'attente de l'avenir, tout avertit l'homme qu'il peut avoir besoin de deviner, — et il n'y a pas de règle pour bien deviner.

De là le sphinx.

## III

Le spectacle des choses qu'il faut deviner, et qu'on ne devine pas, a conduit l'antiquité sur le bord d'un abîme, et l'abîme a attiré sa proie. Cet abîme, c'est la fatalité. Au bord de la fatalité, penché sur le gouffre, se tient le sphinx, dans une attitude mystérieuse et terrible.

Si la fatalité était vraie, toutes les questions seraient insolubles, et l'unique réponse qui leur conviendrait à toutes serait le désespoir.

Mais, en général, les questions qui semblent appeler une réponse désespérante sont des questions mal posées, et les réponses désespérantes sont souvent aussi superficielles qu'elles semblent profondes.

## IV

Il y a à toute heure en ce monde *une inconnue* à dégager, un X, un grand X qui défie les ressources de l'algèbre.

Le sphinx antique voulait qu'il n'y eût pas de réponse.

Il y a une réponse, et nous pouvons tuer le sphinx.

Comment faire pour deviner?

Un pauvre approche et demande l'hospitalité?

Si c'était l'ange du Seigneur!

Mais aussi si c'était un assassin!

Comment donc faire pour deviner? Faut-il un effort de pensée, un acte étonnant d'intelligence?

Non, voici le secret.

Deviner, c'est aimer.

Demandez à tous ceux qui ont deviné comment ils ont fait? Ils ont aimé, voilà tout.

L'intelligence, livrée à elle seule, s'embarque dans un océan de pensées. Le problème de la vie se dresse devant elle, et si l'aiguille aimantée a perdu *la science du nord*, si la boussole est *affolée*, l'intelligence peut très facilement parvenir, en pratique, au doute ; en théorie, à la fatalité.

Le sphinx antique, c'est l'intelligence impuissante aboutissant au désespoir, et se précipitant dans la mort.

L'amour sait mieux son chemin. Il arrive, en pratique, à la lumière ; en théorie, à la justice.

## V

Voici une vérité admirable : cette récompense décernée à qui devine, refusée à qui ne devine pas, récompense qui scandalisait tout à l'heure l'intelligence égarée du spectateur que je supposais à sa fenêtre, cherchant quelqu'un, cette récompense, décernée ou refusée, contient une suprême justice, une justice supérieure à la justice qui dit ses règles.

Celui qui devine est récompensé, parce que celui qui devine est celui qui aime.

Celui qui ne devine pas n'est pas récompensé, parce que celui qui ne devine pas est celui qui n'aime pas.

Celui qui aime la grandeur et qui aime l'abandonné, quand il passera à côté de l'abandonné, reconnaîtra la grandeur, si la grandeur est là.

Celui qui passe à côté de l'homme qui a besoin, reconnaîtra le besoin, s'il aime l'homme près de qui il passe. Celui qui passe près de l'homme dont il a besoin reconnaîtra celui qu'il cherchait, s'il l'aime assez pour ne pas lui envier la place qu'il occupe, la place de celui qui donne et de celui qui pardonne.

# LE VOYAGE

## I

On a souvent comparé la vie à un voyage ; la comparaison, pour être vieille, n'a pas cessé d'être juste.

L'illusion du désir se sent en voyage mieux que partout ailleurs. En voyage, l'homme qui désire et qui réfléchit sur son désir se prend, s'il veut, en flagrant délit d'illusion.

Quand on est à Paris, on ne voudrait pas, même si la chose était possible, supprimer la route et arriver sans voyage au terme du voyage. On veut, comme le pigeon de La Fontaine, voir...

Voir, quoi ?

Je n'en sais rien, ni vous non plus.

S'il y avait une chose ici-bas qui valût la peine d'être recherchée pour elle-même, cette chose-là dispenserait d'en chercher d'autres et mettrait fin au voyage de l'homme. Mais cette chose, je ne la connais pas, ni vous non plus.

A Paris donc, l'homme qui va partir caresse l'idée de son voyage et ne voudrait pas être arrivé déjà au but. En route, il espère *voir*.

Quand il est monté en chemin de fer, habituellement

il regrette la diligence d'autrefois, la vue des chevaux, la voix du postillon, etc. etc. etc.

Si le chemin de fer l'abandonne à moitié chemin, et s'il finit la route dans une vieille voiture, il pense aux avantages du chemin de fer. Il trouve bien lente la vieille voiture, et désire habituellement le *relai suivant*. J'ai mille fois vu et commis cette innocente niaiserie de désirer le prochain village de la route, comme si, au relai, m'attendait le bonheur.

Après le relai, comme le bonheur manque à ce rendez-vous, le désir d'être arrivé au terme même du voyage se fait sentir; et quand on parvient au but, quand on est arrivé, quand on est définitivement descendu de voiture, une impression de tristesse se dessine dans l'âme.

C'est que l'attente, quelle qu'elle soit, est toujours trompée.

Elle est trompée, fût-elle surpassée. Car, si elle est surpassée en un sens, par l'éclat extérieur du spectacle aperçu, elle est trompée, en un sens plus important, par l'absence de la plénitude que l'on cherchait.

Les rives du Rhin, les montagnes de la Suisse peuvent être plus belles que vous ne le pensiez. Mais elles ne peuvent pas produire sur vous l'effet que vous attendiez, si vous attendiez la plénitude et la satisfaction.

L'homme passe sa vie à éprouver ces sentiments, et à les ignorer toujours.

Aucun voyage ne lui montre la réalité des choses. Et cependant, quand il regarde les splendeurs de la nature, il a un regard et un regret pour la maison qu'il a quittée, pour la maison qui est celle du travail, pour la maison où souvent, dans les heures de fatigue, il a désiré le départ; pour la maison où souvent, depuis le départ, il a désiré le retour.

Et lorsqu'il y reviendra, s'il n'a vu dans son voyage que les choses visibles, je ne le garantis pas contre une impression de tristesse. Ce ne sera plus celle qu'il a eue, quand il est arrivé sur la terre étrangère, ce sera l'autre. Ce ne sera plus celle du voyage, ce sera celle du retour.

Je ne le garantis pas contre le désir de repartir, afin de voir autre chose, ni, quand il sera reparti, contre le désir de revenir, afin de se retrouver chez lui.

## II

Sans doute, il se trompe, puisqu'il cherche toujours, sans trouver jamais. Mais au fond de cette erreur, comme au fond de toutes les erreurs, il y aura une grande vérité. Cette vérité, c'est le double besoin qui résulte de la loi générale, le besoin de satisfaire à l'alternance universelle, le besoin de se dilater, puis ensuite de se concentrer; le besoin du flux et du reflux.

C'est le besoin du cœur et du sang de l'homme; c'est le besoin du jour et de la nuit; c'est le besoin de toutes les harmonies qui veulent du silence, au milieu de leurs paroles; c'est le besoin de l'Océan, qui entretient, par le va-et-vient de ses colères mouvantes, la vie du monde, la vie de cette terre qu'il baigne, qu'il arrose, qu'il caresse, qu'il heurte, qu'il dévore.

C'est l'amour du flux et du reflux qui nous conduit sur le bord de la mer. C'est le besoin du flux et du reflux qui nous a chassés de chez nous, et qui nous a envoyés voir le flux et le reflux de la mer, — image du nôtre.

## III

Pourquoi donc, puisque l'homme qui va et revient obéit, dans son double mouvement, à un besoin vrai, pourquoi donc est-il trompé? Pourquoi ne trouve-t-il pas la satisfaction?... C'est qu'au lieu de la chercher dans le monde invisible, il la cherche dans le monde visible.

C'est qu'au lieu de la chercher dans la loi invisible et vivante, dont le monde est le symbole, il la cherche dans la création elle-même, qui symbolise la loi, mais qui ne la constitue pas.

Celui qu'il cherche Est Celui qui Est.

Celui-là est l'unique nécessaire, et le malaise inquiet qui nous entraîne sur tous les chemins n'est autre chose que le sentiment et la douleur de son absence.

Mais le mont Blanc, franchi et dépassé, ne le montre pas, dans l'horizon nouveau, aux yeux avides du voyageur. La neige vierge qui couvre le dernier sommet de l'Himalaya, la neige inaccessible, la neige qui ne se laisse ni toucher par la main ni admirer par le regard, cette neige elle-même n'a pas vu sa face.

Car, si elle l'avait vue, elle serait devenue un ruisseau de feu.

## IV

Si le voyage est une déception et semble même résumer assez bien les déceptions de toute la vie, quand on lui demande ce qu'il ne contient pas — à savoir le terme et le bonheur, — il peut répondre à l'attente, si nous lui demandons ce qu'il possède, c'est-à-dire des symboles et des *moyens*, au lieu d'une *fin*.

Le voyage a cet avantage précieux d'offrir à nos regards des matériaux nombreux et divers, de présenter la vie sous un jour nouveau, de rompre forcément les habitudes, de renouveler dans une certaine mesure le sang, d'augmenter les provisions de l'homme.

Car nous sommes si pauvres, qu'il nous faut mendier partout : nous mendions le pain du corps et celui de l'intelligence.

Et quand un pays nous donne ses productions, ses aspects, ses habitudes, ses conversations, ses secours, ses idées et son langage, tous les jours depuis quelque temps ; quand il nous fournit l'air et le pain, tous les jours depuis quelque temps, ce pays-là est épuisé pour nous, et nous éprouvons le besoin d'aller mendier ailleurs. Et quand nous avons traversé une contrée nouvelle, elle nous semble épuisée à son tour. Nous sommes grands à ce point que rien ne nous suffit pour nous nourrir, et misérables à ce point qu'il nous faut recourir incessamment à ces choses insuffisantes, et renouveler ces provisions qui s'épuisent dès qu'elles sont faites.

On dit souvent que le voyage instruit, et, dans le sens où l'on prend ce mot, on dit une sottise énorme. Car, en général, on entend par instruction la connaissance lourde, stérile et confuse de faits nombreux et désordonnés.

Ainsi entendue, l'instruction que donne le voyage sert à défrayer la conversation des sots qui s'alimentent toujours du récit des faits. Cette instruction-là donne à celui qui a le malheur de la posséder le triste pouvoir d'écraser son auditeur sous le poids des incidents dont il a été le héros. Cette instruction-là, quand elle est un peu abondante, est redoutable, et je vous engage à prendre contre elle, lorsque l'occasion s'en présentera, des précautions. Cette instruction-là est vaniteuse, car l'amour-propre trouve partout sa place, même dans un accident de voiture. Il y a des gens qui sont fiers du malheur qui leur est arrivé. Il y en a d'autres qui sont fiers du malheur qui ne leur est pas arrivé. Il y en a d'autres qui sont fiers d'avoir contemplé de beaux paysages, qui finissent par croire que la création est leur œuvre, et que la gloire de sa beauté doit légitimement leur revenir.

Cette instruction n'est pas seulement vaniteuse, elle est féroce. Elle veut des auditeurs, c'est-à-dire des victimes. Elle cherche à rétablir les sacrifices humains, et c'est souvent une chose terrible que d'avoir affaire à un homme qui *a beaucoup voyagé*.

Mais si le voyage donne aux sots une instruction qui augmente leur sottise, il peut donner aux autres une autre instruction qui agisse en sens contraire. Car chaque homme tire des faits et des choses un suc qui est le produit non des faits et des choses, mais de sa propre nature. Or, toutes les natures sont affectées diversement par les influences extérieures. Ce qui ruine l'un enrichit l'autre. Ce qui perd un homme sauve son voisin. Tout ce qui arrive à un sot augmente sa sottise. Tout ce arrive à un homme vaniteux augmente sa vanité.

Le voyage surtout, par la multiplicité et la flexibilité des éléments qui le composent, se prête avec souplesse aux impressions que l'homme est apte à recevoir. Que cent mille hommes fassent le même voyage, aucun d'eux n'aura fait le même voyage que son voisin ; aucun d'eux n'aura vu, ni fait, ni senti, ni compris, ni cherché, ni trouvé, ni aimé, ni haï, ni admiré les mêmes choses.

S'ils sont arrivés tous ensemble sur le bord de la mer,

plusieurs auront immédiatement baissé la tête, et consacré à la recherche immédiate des petits coquillages leurs regards effarouchés par l'étendue de l'Océan. Il y a des yeux et des esprits qui se détournent instinctivement, en face de la grandeur, et qui cherchent à se rassurer en cherchant l'autre aspect du tableau, l'aspect des petites choses, considérées isolément.

Il y a des hommes qui demandent au brin d'herbe un secours contre le cèdre du Liban, et au caillou du rivage une consolation contre la grandeur gênante de la mer, au lieu de les admirer du même regard.

Le premier regard de ces hommes est toujours consacré au détail. Suivez bien ce regard qui fuit le ciel et la mer et qui cherche un microscope pour étudier le brin d'herbe qui pousse près du rocher. Ce regard-là, quand l'homme qui le possède sera revenu à Paris, regardera, en face du génie, la forme d'un chapeau, et, dans les œuvres du génie, comptera les virgules, avec l'espérance qu'il y en manque une.

Il est certain que la grandeur de l'espace est la figure d'une autre grandeur. Car il est certain que le sommet d'une montagne, par l'horizon qu'il nous découvre, nous parle de la délivrance. De là, notre émotion. Cette émotion serait stupide si elle portait seulement sur une plus grande masse de terre aperçue. Elle n'est pas stupide, parce que l'horizon qui recule oblige les murs de notre prison à reculer avec lui, et notre joie est profonde, en face de l'étendue. Elle est profonde, parce qu'elle est symbolique. Nous sommes faits pour l'immense, et notre âme se dilate quand le ciel et la mer grandissent devant nos yeux. Cette grandeur ne serait rien, si elle était toute seule ; mais elle nous parle de l'autre, et voilà le mérite de l'espace. Ainsi, les ruines séculaires nous parlent de l'éternité, et voilà le mérite du temps.

L'horizon nous parle de ce qui n'a pas de borne, et voilà le mérite de l'horizon.

Le voyage est une chasse à travers les horizons; et voilà le mérite du voyage.

## V

L'horizon porte sur la stupidité humaine une condamnation que je voudrais rendre claire.

Les sots craignent toujours de s'occuper des choses sérieuses, dans la crainte de se fatiguer; et ils se fatiguent horriblement en songeant à des riens. Ils s'épuisent en efforts continuels et stériles, et comme ces efforts portent sur des choses insignifiantes, ils ne les redoutent pas. Si les mêmes efforts avaient un grand but, les hommes dont je parle se détourneraient en disant : « Cela ne me regarde pas. » Ils s'imposent volontiers des supplices terribles, pourvu que ces supplices soient en même temps stupides et stériles, pourvu qu'il s'agisse de leur *coin du feu, des heures de leurs repas*, des querelles qu'ont eues ensemble la femme de chambre et la cuisinière, pourvu qu'il s'agisse de commérage et de dispute, pourvu qu'il s'agisse du rien. Le bourgeois consent à se fatiguer démesurément, pourvu que le *chez soi* soit le théâtre de sa lutte imbécile; il mourrait à la peine, pourvu que le *chez soi* fût le théâtre de son agonie.

Et il refuserait de faire vingt pas, s'il s'agissait de rendre service à quelqu'un ou à quelque chose.

L'imbécile craindrait de se fatiguer, lui qui porte jour et nuit, sans se lasser jamais, le plus terrible des jougs, — son propre joug.

Or, voici ce que dit l'horizon :

L'œil de l'homme est fait pour l'espace. Placez un objet tout près de l'œil, l'œil ne voit pas, il ne peut distinguer et reconnaître. Ayez un mur blanc à quelques pas de votre fenêtre, votre œil distingue, mais se fatigue ; son action est arrêtée : la vue est trop courte, l'organe manque d'exercice.

Allez dans la campagne, votre œil se repose, parce que l'horizon s'élargit et parce que les couleurs sont variées. Gravissez une montagne : le repos de votre œil augmente avec le panorama qui se découvre. Enfin regardez la mer ; même malgré vous, votre œil se tranquillise et s'épure ; il jouit profondément de la limite reculée : le ciel et la mer lui imposent le repos.

Voilà ce que dit l'horizon.

Tout près, l'objet regardé aveugle l'œil ; trop près, il le fatigue ; lointain, il le repose ; immense, il le ravit.

Et la vue physique est l'image de l'autre.

C'est la portée du regard qui le fait beau, qui le fait calme, qui le fait souverain et qui le fait

# LIVRE DEUXIÈME

## LA SCIENCE

---

## BABEL

### I

Quand je jette les yeux autour de moi, sur la science philosophique ou sur ce qu'on appelle ainsi, je m'aperçois que la situation des esprits se résume en un mot : confusion.

La vérité est la solution des problèmes.

Quant à l'erreur, elle a, vis-à-vis des problèmes, plusieurs façons de se comporter. Elle a diverses attitudes, parce qu'il y a, sur la route du néant, plusieurs stations.

J'en distingue trois particulièrement :

A la première station, l'erreur dit : Voilà la solution du problème, et elle donne une solution fausse.

A la seconde station, l'erreur n'essaye même plus de résoudre le problème, mais elle essaye encore de le poser ; elle dit : Le voilà ! mais il est insoluble.

A la troisième station, également incapable de le poser et de le résoudre, elle prononce des mots sans suite.

A la première station, nous rencontrons un système qui fait semblant d'avoir des assises, qui fait semblant de se tenir debout, pour parodier l'attitude de la vérité.

A la deuxième station, nous rencontrons l'impuissance avouée.

A la troisième station, nous rencontrons le délire.

Jetons un coup d'œil sur l'histoire du monde ; elle va nous montrer *le progrès* des choses condamnées.

Avant tout, il faut que l'homme adore, l'homme commence toujours par adorer.

Mais pendant que le dépôt sacré n'était gardé intact que dans la nation choisie, qu'est-ce que l'humanité a fait de son adoration.

Vous le savez : l'histoire parle. Elle vous montre du doigt le bœuf Apis.

L'humanité a jeté son adoration sur la nature, et voilà le paganisme proprement dit.

L'homme s'est senti, en face de la nature, faible, menacé. Il a *vu* des actions qui n'étaient pas les siennes, et il les a adorées pour les apaiser.

Prêter à tout objet visible et extérieur une volonté propre, une personnalité puissante, et adorer cette créature, comme si elle tenait sa vie d'elle-même, voilà le paganisme.

Le paganisme adore les choses extérieures, le règne animal, le règne végétal, le non-moi de l'homme.

Mais, tout à coup, l'homme, qui s'est courbé devant un oignon, se relève, et, changeant d'idolâtrie, méprise les choses visibles, et s'adore lui-même dans sa vie intellectuelle, dans sa pensée propre, *comme s'il tenait sa vie de lui-même*. Voilà le rationalisme.

Le rationalisme, dont Fichte est le représentant le plus complet, est l'adoration du moi, de la ville intellectuelle et morale de l'homme. C'est une forme plus élevée de l'idolâtrie.

Mais l'homme qui s'adore n'est pas content de son Dieu. Il n'est content ni du dieu grec, qui est la nature, ni du dieu rationaliste, qui est l'homme ; il essaye d'un autre dieu, qui sera la combinaison des deux premiers.

Le rationalisme et le paganisme combinés produisent le panthéisme.

Le panthéisme est l'adoration simultanée de la vie animale et de la vie morale de l'homme, l'adoration simultanée de l'homme et de la nature, comme puissances identiques quant à leur essence et quant à leur développement, comme manifestations variées de la substance unique, *ne tenant leur vie que d'elles-mêmes.*

Le panthéisme représente l'erreur dans sa forme suprême, dans sa forme absolue : c'est le sommet du néant.

Paganisme, rationalisme, panthéisme, en voilà des erreurs dont l'esprit peut se rendre compte, des erreurs systématiques, des erreurs qui ont un *nom* (observation sur laquelle j'attire l'attention des penseurs). Le paganisme, le rationalisme, le panthéisme essayent tous trois de résoudre le problème.

Abordons la deuxième espèce d'erreur. Nous voici à la seconde station.

## II

Le paganisme a un voisin qui le menace, le rationalisme a un voisin qui le menace, le panthéisme a un voisin qui le menace. Ce voisin commun, cet ennemi commun, c'est le scepticisme.

Les trois doctrines que je viens de caractériser portent en elles une graine de laquelle naît le scepticisme.

La mythologie grecque, Fichte, Spinosa, Platon et Shelling, portent en eux Pyrrhon, qui naît un jour ou l'autre.

Quand l'erreur s'appelle le sceptinisme, elle ne prétend plus à la gloire de résoudre : elle ne veut plus que poser le problème, et à chacune des questions de l'esprit humain elle répond : que sais-je ?

Pourtant, le scepticisme a encore un nom : il s'appelle le scepticisme. Il a encore conscience de lui-même ; il sait qu'il ne sait pas. Il y a donc quelque chose au-dessous de lui.

Bossuet, pour suivre la marche des décompositions, a suivi du regard le corps humain dans le tombeau. Pendant quelque temps, on sait ce que c'est : c'est un cadavre. Le cadavre a un nom ; mais, au bout de quelque temps, la parole humaine s'embarrasse devant le je ne sais quoi, qui n'a plus de nom dans aucune langue ; il n'y a plus même de cadavre : il reste seulement le rien, le célèbre : je ne sais quoi.

Suivons aussi, dans le monde invisible, la marche des décompositions. Nous venons de voir et de nommer des cadavres.

Mais maintenant que Schelling est mort, maintenant que l'Allemagne dort dans son linceul, en attendant la résurrection, que fait l'erreur ? où en est-elle ?

Elle en est à la troisième station.

Prenez un microscope. Voyez-vous dans les bas-fonds se remuer ces infiniment petits ? Ce sont de petits bonshommes qui ne savent plus même lire. Vous qui auriez pu être grands, si vous aviez voulu vous mettre à genoux, Fichte, Schelling, Hégel, ah ! comme vous êtes punis ! Vous vous êtes révoltés sur les hauteurs, et vous voilà châtiés même dans les bas-fonds ! Quels sont ceux-ci, et que font-ils ? Ils parlent, mais ils ne disent rien ;

on ne peut même plus ni caractériser ni nommer leur erreur. Ils sont entrés dans le domaine du je ne sais quoi.

Trois hommes de génie avaient pourtant éclaté en Allemagne. Fichte, Schelling, Hégel avaient parlé.

Comment n'est-il sorti de là ni la vérité, ni même une école d'erreur, une école qui puisse porter ce nom ?

Comment ceux qui prononcent le nom de Hégel comme le nom de leur père sont-ils de ridicules écoliers ?

Et d'abord pourquoi la vérité n'a-t-elle pas couronné l'Allemagne ?

Que s'est-il passé dans les hauteurs ? Dans les hauteurs où il eût été si bon de prier, l'Allemagne a insulté l'Église, devant laquelle, sur les sommets du Liban, les cèdres, sous peine de mort, doivent abaisser leurs plus fiers rameaux. Et l'Allemagne a été frappée : elle est devenue stérile. La révolte s'est accomplie dans le monde invisible : le châtiment frappe nos yeux. Il est là, près de nous, comme une leçon. Fichte, Schelling, Hégel, n'ont pas conclu.

Dieu, qui n'aliène pas son indépendance et sa gloire, leur a refusé ses secrets.

Pourquoi donc leur avait-il donné le génie, à eux qui devaient le dépenser en vain ?

Peut-être afin que le monde vît où va le génie humain, quand il va tout seul.

Deuxième question. Ils n'ont pas trouvé la vérité : soit ; mais comment n'ont-ils pas laissé une école monumentale d'erreur ?

Par une raison très simple et très profonde. Ils avaient épuisés l'erreur. Hégel a condensé l'erreur ; il l'a systématisée, il l'a proférée, si je puis ainsi parler, tout entière, et tout entière en un mot. Sa formule est sur le frontispice de l'École de Satan, qui désormais se moque des imitateurs, en les défiant de faire mieux. Satan s'est reconnu dans la formule hégélienne, il l'a admirée comme une chose à lui, car l'Orgueil, Satan et Hégel poussent le même cri : l'Être et le Néant sont identiques.

Les maîtres allemands ne s'étant pas baissés pour se faire entendre des écoliers français, dont la taille n'est pas très haute et dont l'oreille est paresseuse, les pauvres écoliers sont dans un cruel embarras. Pour essayer de répéter sa leçon, il faudrait l'avoir entendue. Or, l'un avait saisi au vol un mot, l'autre un autre mot; celui-ci un substantif, celui-là un adjectif. Hélas! qu'est-il arrivé? Ils ont cousu ensemble ces bribes égarées; mais ces morceaux de phrases, mis les uns au bout des autres, n'avaient aucun sens, et les écoliers ne s'en sont pas aperçus.

Les écoliers des écoliers, qui forment une partie du public français, se sont écriés, comme dans le *Médecin malgré lui:* C'est si beau que je n'y comprends rien !

Et en effet, jouant la comédie dans une langue incomprise du public comme d'eux-mêmes, les acteurs ont pu, sans danger, proférer les sons qui leur venaient sur les lèvres.

Ce qui caractérise presque tous ceux qui, en France, bavardent philosophie, c'est une ignorance qui touche au prodige.

Les bases du monument n'étant pas posées, chacun lance une pierre au hasard, avec un geste grimaçant, pour voir si de toutes ces pierres il résultera un édifice.

Il serait impossible à ces hommes et de s'accorder et de se réfuter; ils ne peuvent ni faire la paix, ni faire guerre.

Demandez-leur ce que c'est que Dieu.

Ils n'en ont aucune idée, ni vraie, ni fausse, et si

vous allez au fond de leur pensée, ou de ce qu'ils appellent leur pensée, vous verrez que Dieu, pour eux, est une abstraction : — mais ils ne le savent pas, car ils ne se rendent compte de rien d'une façon précise. Le Dieu du catéchisme, qui est aussi le Dieu de la science, demandez-leur s'ils l'admettent ?

— Pas précisément.
Demandez-leur s'ils le rejettent ?
— Pas précisément.
En veulent-ils un autre ?
— Pas précisément.
N'en veulent-ils aucun ?
— Pas précisément.

L'être qu'ils se figurent, s'ils ressemblent à quelque chose, ressemble à une forme auguste du néant.

Continuons le catéchisme par lequel ils ont remplacé le catéchisme.

— Jésus-Christ est-il Dieu ?
— Pas précisément.
— Alors il n'est pas Dieu ?
— Je ne dis pas cela précisément ; vous allez un peu loin ; il est quelque chose qui ressemble un peu à un Dieu ; mais, ne sachant pas ce que c'est qu'un Dieu, je ne puis vous dire au juste si c'est tout à fait cela ou si c'est à peu près cela ; pourtant je suis chrétien.
— Jésus-Christ est-il Dieu, comme l'Église l'affirme ?
— Pas précisément ; je ne prends pas ce mot dans le même sens que vous.
— Quel mot ?
— Le mot : Jésus-Christ est Dieu.
— Dans quel sens le prenez-vous ?
— Dans le sens moderne, dans le sens large, dans le sens philosophique.

— Quel est le sens moderne, le sens large, le sens philosophique ?

— Vous me pressez trop. Je suis chrétien, mais non catholique.

— Alors, vous êtes protestant?

— Pas précisément.

— Qu'êtes-vous donc? Tout homme qui se dit chrétien, sans être catholique, est convaincu de protestantisme.

— Je suis de la religion de l'avenir.

— Vous pensez que Dieu va changer, ou qu'il va être remplacé ?

— Pas précisément. Vous allez un peu loin.

Ce dialogue, vous l'aurez quand vous voudrez, sauf la naïveté. La bonhomie que je prête au contradicteur sera remplacée par une solennité pédante. Le fond des choses sera le même.

Votre contradicteur se contredira autant qu'il vous contredira vous-même : vous chercherez sa doctrine, vous ne la trouverez pas. Elle fuira quand vous croirez la tenir ; elle changera de forme, — si toutefois ce qui n'est pas peut changer.

Voulez-vous avoir le secret de cette chose qui ne devrait pas avoir de nom, puisqu'elle n'a pas d'être, et que l'être seul a droit au nom, de cette chose qui passe pour de la philosophie près des habitués de la *Revue des Deux Mondes* ? Voulez-vous savoir ce que c'est que cette doctrine?

C'est la monnaie de la formule hégélienne, à l'usage de ceux qui ne peuvent supporter la somme totale de résolution que cette formule comporte.

C'est la pratique de la théorie hégélienne, à l'usage de ceux qui ne sont pas de force à regarder en face une théorie.

L'Être et le Néant sont identiques, avait dit le maître.

Disons au hasard n'importe quoi, répètent les écoliers.

Et ne vous imaginez pas qu'ils comprennent même le lien qui les unit à Hégel.

Ils ne comprennent absolument rien.

Ils obéissent à la loi qui les pousse en bas, sans comprendre ni cette loi, ni aucune autre chose.

Cependant le public français regarde et admire : je veux dire qu'il admirait, car il n'admire plus ; il n'admire plus ni l'Être ni le Néant. Il dort. Mais ce progrès ne suffit pas.

Il est temps qu'il comprenne qu'on s'est moqué de lui ; il est temps qu'on dise aux cadavres qui obstruent la route : Place à la vie et place à la lumière ! l'humanité ne veut pas pourrir dans votre impasse. Une tête puissante a trouvé la formule et la synthèse de l'erreur. Toute erreur est désormais une répétition.

Allez-vous-en donc ! allez-vous-en, mauvais écoliers, incapables de réciter une leçon mal apprise dans une langue que vous ne savez pas : Allez-vous-en, et tâchez qu'on vous oublie ! car, par hasard, si quelque érudit se souvient de vous dans dix ans, nul ne peut prévoir avec quels éclats de rire il prononcera vos noms. Vous avez spéculé sur la nuit ; le jour approche, allez-vous-en ! vous êtes morts. Il vous reste pour auditeurs quelques bons bourgeois qui vous écoutent bouche béante, ceux qui n'ont pas encore entendu battre au camp la diane du réveil. Vous êtes morts, bien morts ; et, par la grâce de Dieu, vous ne ressusciterez pas le troisième jour. Je tâte le pouls à l'Europe, et je sens qu'elle veut vivre : donc, vous êtes mort. La pierre de votre tombeau n'est pas de celles qui se soulèvent ; la pensée humaine va s'éteindre, ou elle va remplacer le vide par le plein, Hégel par la vérité.

Il n'y a plus qu'une chose jeune sur la terre, et c'est le christianisme.

Ses ennemis actuels, à force de médiocrité, nous permettent de voir à découvert le vide de l'erreur. Ils la montrent telle qu'elle est : un néant compliqué.

Profitons de leur complaisance. Si nous n'avons pas écouté le témoignage de la vérité, écoutons celui de l'erreur, écoutons la voix de la pourriture : elle a son éloquence.

A moins de ressembler à la bête que les fossoyeurs appellent la bête des sépulcres, parce qu'elle meurt si on l'éloigne des cadavres, il faut que la science fasse un effort pour se retourner, le même effort que les fleurs : qu'elle cherche le soleil ! Qu'elle aille en Galilée ! C'est là que l'attend l'éternelle jeunesse ; c'est là que l'ange lui donne rendez-vous, afin qu'elle retrouve enfin Celui qu'elle cherche, l'Immortel Ressuscité.

# L'ÉTAT DE LA QUESTION

## I

Si vous me demandez de quelle question il s'agit, voici ma réponse : Il n'y a qu'une question.

Cette question, de laquelle dépendent les hommes, mais qui, elle aussi, dépend en partie des hommes, c'est la question qui se pose quand on confie une semence à la terre : Que deviendra cette semence ? — C'est la question du grain de sénevé.

Toute chose qui commence, si elle doit devenir grande, commence par être petite, ou, si vous voulez, par paraître petite.

La vérité n'aime pas le fracas. Quand elle s'est faite homme, rappelez-vous ses procédés, et si vous ne vous les rappelez pas bien, regardez ce qui se passe quand une pauvre petite graine est posée dans la terre.

Si faible en apparence, et si menacée, chargée de percer la terre et de devenir un grand arbre, obligée de s'enfouir d'abord, de se cacher et de mourir, abandonnée, dit-on, de Dieu et des hommes, pauvre petite, à quoi ressemble-t-elle ?

A rien, si ce n'est au royaume des Cieux. Nous l'avons vu naître et fleurir, le royaume des Cieux.

Ses ennemis ont fait du bruit contre lui : lui, il a fait de la musique pour eux. Les bourreaux ont crié, les martyrs ont chanté. Les martyrs ont triomphé, les bourreaux ont été convertis. L'Église catholique a un *Credo* qui se chante.

Mais veuillez le remarquer: la petite graine qui franchit admirablement les énormes obstacles qu'elle rencontre toujours; cette délicate, chère et précieuse chose, si humble et si puissante, qui tourne les difficultés et devient un grand arbre, la main d'un enfant peut la briser.

Eh bien, vous qui lisez ceci, vous qui êtes un homme, chétif et grand personnage, vous pouvez faire mourir la semence divine, non pas dans l'humanité, car Dieu lui a promis qu'elle serait immortelle, mais en vous. Vous pouvez la faire mourir en vous et vous pouvez l'y faire vivre.

Où en est le monde vis-à-vis du grain de sénevé? Comment l'a-t-il traité? comment le traite-t-il? Voilà la question, qui est celle de notre perfection et de notre bonheur.

O chère vérité, qui, ne pouvant pas grandir en vous, puisque vous êtes infinie, avez la bonté de grandir en nous, pour l'amour de vous-même, vivez immense et douce sur notre pauvre terre, et permettez-nous de contempler vos augustes mouvements, si grands qu'ils enveloppent tout, si harmonieux qu'on ne les sent pas!

## II

L'homme peut garder la parole reçue et l'affirmer pratiquement; il peut la violer et la nier pratiquement.

Mais quand il l'a niée quelque temps, il porte la peine

de sa négation, et trouve comme châtiment la loi qu'il n'a pas voulu accepter comme salut, de sorte que, pour le spectateur du dehors, pour celui qui voit, qui comprend, cette négation se tourne en une affirmation, quelquefois plus frappante que la première. Caïn a nié la loi de l'amour, puisqu'il a tué son frère. Mais aussi puisqu'il a erré de ville en ville, portant sur son front le stigmate de la colère divine, il a proclamé d'une voix terrible et plus retentissante peut-être que ne l'eût été la voix d'Abel: *Non occides :* Tu ne tueras pas.

Celui qui sait tout nous dit ce qu'il faut faire. Le père donne à manger à l'enfant. Celui qui accepte simplement la nourriture offerte, la sainte nourriture, se dispense de ces tortures spéciales que réserve à ses dupes le menteur qui trompa Adam.

Voici le pain et voici le poison. Mais le diable persuade à ses dupes qu'il est plus beau, plus fier, plus grand, plus libre de s'empoisonner que de manger du pain; il rit, il se moque d'eux, pendant qu'ils se tordent dans les douleurs de leur agonie ; il pousse l'ironie et la méchanceté jusqu'à leur inspirer le mépris de ceux qui, fidèles à l'Intelligence et à l'Amour, ont écouté, ont cru, ont compris, ont mangé le pain. Il manquerait quelque chose à cet épouvantable dérision si les victimes la comprenaient : mais les victimes du diable sont toujours fières de leur rôle, et se couronnent elles-mêmes de fleurs pour lui en éviter la peine.

## III

Au seizième siècle, l'Europe, d'un air fier et dégagé, a repoussé le pain et bu le poison, pour voir un peu comment elle se porterait ensuite. Elle s'est mal portée, et on a attribué la faute, non au poison qu'elle avait bu, mais au pain qu'elle n'avait pas mangé.

Le seizième siècle avait ouvert la porte à la division ; le dix-huitième siècle admit tous les genres de division ; il devint la division elle-même. Quand les hommes sont unis entre eux, ils unissent les idées entre elles ; quand ils oublient le lien qui fait des hommes une seule et même humanité, ils oublient, du même coup, le lien qui fait des vérités une seule et même vérité, parce que celui qui n'aime pas se place, par le fait seul de ne pas aimer, dans les ténèbres. Or, c'est la lumière qui donne aux choses leur unité ; et cette loi, comme toutes les lois physiques, est un reflet de la loi métaphysique de laquelle elle découle.

Le dix-huitième siècle perdit donc de vue la nature des choses, qui est la lumière et l'unité. Les hommes ne se tenaient plus entre eux, les idées ne se tenaient plus entre elles. La Science ne tenait plus à l'Art ; l'Art ne tenait plus à lui-même. L'Art ! on avait oublié jusqu'à ce nom auguste ; on ne parlait plus que des arts. Non seulement les différentes manifestations de l'Art, qui d'ailleurs ne manifestaient plus rien, parce que l'Idée était absente ; non seulement les différentes manifestations de l'Art, telles que la Musique et la Poésie par exemple, furent étrangères les unes aux autres, mais chaque manifestation devint étrangère à elle-même. Le *poète lyrique* et le poète *satirique* exercèrent chacun un métier dont l'un n'avait aucun rapport avec l'autre. Au rayonnement de la vie fut substituée la convention stupide d'une rhétorique glacée. Cette rhétorique pénétra la vie et se mêla, dans le courant des affaires, à une philosophie aussi atroce qu'absurde. Bref, le siècle fut mené par les phrases emphatiques et vides au cabaret et à la guillotine. Babel, qui n'est que la division absolue, revint dans sa ridicule horreur. Quand l'homme veut, par ses propres forces, escalader le ciel, il a pour habitude de tomber dans la fange. Le dix-huitième siècle, ce fut l'oubli de la vérité, la corruption de la forme ; ce fut l'idolâtrie de l'amour et de la mort, dans le sens horrible que peuvent prendre ces deux mots ; ce fut l'orgie et l'égorgement, le cabaret et l'échafaud. C'est un massacre de soldats ivres qui s'assassinent dans les ténèbres, et le vin coule avec le sang.

Et pendant que les hommes rétrogradaient aussi loin que possible du côté du néant, le diable, qui rit toujours, sans doute parce qu'il s'ennuie toujours, appelait ce siècle-là le siècle du progrès, le siècle des lumières ; il est vrai qu'il n'a pas dit : le siècle de la Lumière. Que voulez-vous ! il déteste tant l'unité !

Tout se personnifie en ce monde. Chaque pensée, chaque époque, chaque forme a ses représentants. Le dix-huitième siècle devait avoir le sien. Cette longue et hideuse grimace, souillée de sang et de boue, devait laisser son type dans une grimace vivante, et Voltaire est né. Si ce méchant homme avait eu le sort qu'il méritait, je n'exhumerais pas ce nom ignoble ; Voltaire serait ce qu'il doit être, un gamin oublié.

Mais non ; ce singe a trouvé des admirateurs, et, puisqu'il en a encore, puisque je suis réduit à en parler tandis que personne ne devrait plus s'en souvenir, ah ! ne vous étonnez pas si la main commence à me trembler. Je l'ai défini quelque part : un imbécile malpropre. Je maintiens cette définition, dont la justesse, si elle avait besoin de preuves, m'eût été prouvée par les attaques dont elle a été l'objet. Si elle avait été fausse, elle eût rendu service à Voltaire et eût satisfait les voltairiens, car tout mensonge tourne à la gloire de la vérité qu'il nie. Mais ma définition n'a pas satisfait les voltairiens. Voyons si son explication les satisfera davantage.

Quant à la malpropreté, je crois qu'elle est évidente, et je n'en parle pas : je n'oserais pas même faire de citations, par respect pour les idées et pour les paroles, pour les choses et pour les personnes, pour vous et pour moi.

Passons donc à l'imbécillité. Je m'engage à la prouver. Engagez-vous seulement à consentir, si je prouve, à admettre ce qui est, au lieu de réciter les leçons apprises. Vous n'êtes pas habitué à entendre dire que Voltaire est un imbécile. Raison de plus pour vous le dire, puisque cette vérité ne vous est pas familière. Je hais également le paradoxe et le préjugé. Osons tout pour la vérité, n'osons rien contre elle.

Qu'entend-on, en français, par le mot imbécile ? L'imbécile est un homme qui ne comprend pas, qui n'est pas intelligent.

Or, qu'est-ce que comprendre ? Comprendre, c'est embrasser, c'est avoir le sens de l'unité : *cumprendere*.

Qu'est-ce qu'être intelligent ? Être intelligent, c'est (*intus legere*) lire dans l'idée et dans le fait.

Or, ces deux dons, à savoir le sens de l'unité et la faculté de lire dans l'idée, dans le fait, et de pénétrer le sens des choses, ces deux dons constituent directement le contre-pied de Voltaire : ils ne lui manquaient pas un peu, ils lui manquaient absolument.

Voltaire ne croyait pas que l'Art et la Philosophie eussent ensemble rien de commun : il croyait même que ces deux idées s'excluaient. D'abord il ne savait pas que c'étaient deux idées ; ensuite il ne savait pas que ces deux idées se rencontraient. A plus forte raison, ignorait-il l'endroit où elles se rencontraient.

Dans un fait, Voltaire n'a jamais vu autre chose que le fait lui-même, encore ne l'a-t-il jamais vu, car il n'en a jamais vu que le côté petit, c'est-à-dire le côté apparent. Il était l'ennemi-né de la lumière ; son paradis, c'était de ternir, de rapetisser et d'obscurcir. Écarter la lumière, écarter la grandeur, écarter l'unité, écarter la joie et l'admiration, telle fut l'œuvre de sa vie.

On parle quelquefois du bon sens de Voltaire ; voici ce que c'était que ce bon sens : c'était la faculté de n'apercevoir pas les choses supérieures.

Il n'est pas nécessaire, pour mépriser Voltaire, de le regarder du haut du Christianisme; ce personnage, qui s'est dit philosophe, est aussi aveugle en face de l'homme qu'en face de l'Homme-Dieu.

Si le singe est de tous les animaux celui qui ressemble le plus à l'homme, en apparence, il est un de ceux qui lui ressemblent le moins en réalité. Or, Voltaire méconnaît l'humanité de l'homme, comme il méconnaît la divinité de Jésus-Christ : c'est le singe qu'il aime, qu'il cherche, qu'il croit voir partout. L'ordre naturel l'offusque presque autant que l'ordre surnaturel : il méprise tous les grands désirs, il raille tout ce qui plane, il salue tout ce qui rampe. S'il eût été bon, il eût occupé une des dernières places dans l'ordre du bien, car je ne connais pas de tête plus basse que la sienne : mauvais, il doit faire horreur même aux mauvais, qui ont gardé le souvenir d'un vrai, d'un beau, d'un bien quelconque. Il faut, pour supporter sa vue, avoir rompu avec la pensée; il faut avoir dit à la boue des ruisseaux : Tu seras ma patrie. Les choses supérieures veulent, pour être admises, un certain genre de sacrifice d'autant plus grand qu'elles sont plus hautes; elles sont un poids qu'on porte et qu'on sent, — et l'imbécile qui vous voit courbé, sans voir (car il faudrait lever la tête) de quelle espèce est votre fardeau, l'imbécile ricane, et voilà Voltaire!

Incapable de vous connaître, de vous comprendre et de vous atteindre, n'ayant qu'une manière de se faire remarquer, il essaye de baver sur vous, et voilà le grand personnage! Il puise dans sa nullité absolue l'avantage de n'avoir pas à se porter lui-même. N'apercevant jamais aucune idée, il n'est gêné par aucune idée: voilà le secret de son allure légère. Il ne creuse rien. Il prend une drôlerie pour une conclusion. Il nie les causes invisibles, les rapports lointains, les lois cachées : il ne sait même pas s'il y a quelque part un problème. Il donne pour cause à un fait un autre fait voisin, qui n'est que l'occasion de celui-ci, procédé aussi bête que méchant et aussi méchant que bête ; car c'est à force d'avoir la vue courte qu'il nie toutes les horizons, et voudrait nous les fermer. On prétend qu'il fait rire ! Je ne sais ; mais j'affirme qu'il n'a jamais donné à personne un mouvement de joie ni même de gaieté. J'en prends à témoin tout ce qui a une âme, et aucune conscience humaine ne me démentira. Il supprime avec un couplet de vaudeville les rapports du fini et de l'infini, la prière et la rédemption. Il nous tient quitte de la réflexion. Il nous repose de la grandeur. Il nous dispense de l'infini ; de là notre reconnaissance. Il rabaisse tout ce qu'il touche. Il avilit l'homme pour l'empêcher de se croire immortel, de se croire l'objet direct des attentions de Dieu. Il ignore l'admiration.

A voir les choses d'un peu haut, admirer, c'est se donner, c'est sortir de soi. L'admiration, qui n'est qu'une face de l'amour, veut de deux vies n'en faire qu'une.

Voltaire est si invinciblement bas qu'il ne s'élève jamais, *même par l'imagination*, chose rare chez l'homme! Jamais il n'a levé les yeux, *même en rêve!*

Il n'y a pas de fleur dans le monde qui ait été à l'abri de sa bave. Il est sacrilège avec volupté. Le dernier des hommes, après ceux qui l'aiment, a dit de Maistre.

De Maistre se trompe : personne n'aime Voltaire ; à ce signe, vous le reconnaîtrez : personne ne l'aimera. Après le malheur de ne pouvoir aimer, qui est le malheur satanique, vient le malheur de ne pouvoir être aimé, qui est le malheur voltairien. On a honte dans ses livres comme dans un mauvais lieu. Sa parole est le sifflement de la vipère, stridente et venimeuse. Elle a une vertu d'infection qui empoisonne ce qu'elle pénètre. Son masque, c'est l'amour de l'humanité ; son visage, le mépris de Dieu et de l'homme.

Il est impossible de ne pas citer ici un mot sublime de Shakspeare. Les sorcières de Macbeth, après avoir fait une cuisine horrible, qui ressemble à l'œuvre du dix-huitième siècle, y ajoutent un ingrédient qui complète l'amalgame, et ressemble à Voltaire. Les sorcières disent :

Refroidissons le tout avec du sang de singe.

L'homme dont je parle est caractérisé par ce dernier mot.

Le vers de Shakspeare, comme tout ce qui porte la marque du génie, n'est pas borné à l'application particulière que l'auteur a faite de lui. Il est du domaine universel. Il fait partie du trésor de l'humanité. Il nous appartient. Nous pouvons nous en servir comme d'une chose à nous.

Et on ose nous parler des services que Voltaire a rendus? On a raison, si l'on veut dire qu'il a servi la marche des choses, parce que, dans les desseins éternels, tout obstacle est un moyen; parce que, précipiter la ruine, c'est avancer la réédification ; parce que Judas a travaillé à la rédemption du monde, quand, pour le livrer aux soldats romains, il a baisé Jésus-Christ.

Le festin où Voltaire avait convié les générations à boire en riant dans les vases sacrés a été troublé par la visite d'En Haut: *Apparuerunt digiti*. Une main mystérieuse a gravé trois mots sur la muraille : 93 a éclaté. Nous tous donc, qui que nous soyons, qui n'avons pas abdiqué notre âme, retournons contre lui son cri célèbre : « Mes amis, écrasons l'infâme ! »

La France a convoqué ses sages pour lui expliquer ses douleurs. Ses sages n'ont rien su dire : aujourd'hui, comme du temps de Balthazar, la parole est à Daniel.

Une explication, voilà ce que la terre demande.

## IV

Épouvantés de nous-mêmes, de ce que nous sommes, de ce que nous faisons, de ce que nous désirons, de ce que nous ne pouvons pas faire, nous demandons, comme jamais on ne l'a demandé, le mot de l'énigme; et, à force d'en avoir besoin, nous commençons à nous apercevoir que depuis longtemps il est prononcé.

Pendant les hontes et les horreurs du dix-huitième siècle, il était là, l'invincible grain de sénevé. L'Église disait ce qu'elle dit depuis dix-huit cents ans, aussi simple sur le trône que dans les catacombes, aussi triomphante dans les catacombes que sur le trône.

Elle attendait l'heure qui va sonner.

Au fond du mal germe le remède : c'est la loi.

Le Christianisme semblait perdu; donc il était, s'il est permis de le dire, plus sauvé que jamais.

Le seizième siècle avait voulu dissoudre la société des âmes, anéantir la foi commune.

Plus tard on essaya de supprimer toute vérité surnaturelle ; plus tard on essaya de supprimer toute vérité naturelle : arrivé là, on s'arrête de gré ou de force ; le fond de l'abîme a un avantage, c'est qu'il oblige à remonter.

Et en vertu d'une belle habitude, qui est donnée d'En Haut aux hommes et aux choses, quand nous avons touché le fond de l'abîme, nous ne remontons pas seulement dans la plaine, nous cherchons la montagne, et la plus haute montagne, pour nous venger de nos abaissements. Nous avons essayé des horreurs de la nuit, nous ne voulons plus du demi-jour : c'est le soleil qu'il nous faut.

Mais entre le dix-huitième siècle et celui que j'appelle le vingtième, dût-il commencer demain, l'horloge de la terre marque une heure, lente et terrible, celle de la transition : c'est le terrible dix-neuvième siècle. Les yeux à demi-ouverts, mal éveillé de son cauchemar, il ne sait pas encore, il ne possède pas, il ne tient pas ; mais il désire, il désire, il désire, ô mon Dieu ! comme jamais le monde n'a désiré. Il a fait de la douleur un inexprimable apprentissage ; il a éprouvé le néant de l'homme, il a senti le péché originel plus intimement que ses devanciers ; il a souffert dans la moelle des os, et s'est reconnu trop faible pour se guérir.

Il a senti dans l'intime de son âme cette tentation suprême, la dernière que Satan ait réservée à Job ; il a été *touché* par la main terrible qui pénètre dans l'intérieur, il a vu que *sans Dieu il ne peut rien* (*sine me nihil potestis*).

Que lui reste-t-il à faire ?

Il lui reste à faire une seconde expérience, aussi douce que l'autre a été cruelle. Il lui reste à savourer, en la pratiquant, la parole de la puissance : je peux tout en Celui qui me fortifie.

Il ne peut rien sans Dieu, il le sait; mais il peut tout avec Dieu; il le saura. Dieu l'a laissé passer pour lui montrer où l'on va sans Dieu.

Il va le rappeler, pour lui montrer où l'on va avec Dieu.

Le monde a joué un jeu horrible; il a joué à détruire. Il a fait le vide dans toute la mesure de sa puissance. Il a donné de toute sa force dans le Néant.

L'horrible n'est pas venu seul; il a traîné avec lui le ridicule. La raison humaine divinisée nous a dit, nous a montré même, sous quelle forme elle se présentait. Merveilleuse, admirable, inexprimable ironie! Je ne sais comment eût fait la vérité pour éclater plus sensiblement. Cette prostituée de 93, qui s'est appelée la Raison, qui est montée sur l'autel, qui a pris là, sur le trône de Dieu, la place de Dieu, est la plus profonde des plaisanteries de l'histoire, et je m'étonne que le bandeau qui nous cache tout ne tombe pas devant ce spectacle. L'homme, quand il a nié Dieu, semble pressé de se nier lui-même, image de Dieu, et de nier toute chose, afin que rien ne lui parle plus de Dieu. Sans doute, la Raison, dans le sens vrai du mot, a ses doits et sa puissance; mais quand elle s'est tournée contre la Foi, au lieu de la servir, les passions se moquent d'elle.

Sans doute la Raison peut parler, même dans le silence de la Foi chrétienne, mais n'entendez-vous pas la voix de l'abime qui appelle cet homme, et il impose silence à la Raison, et il écoute la voix de l'abîme. Ne se contentant pas des erreurs logiques qu'amène une première erreur, il appelle au secours son cœur révolté, afin de nier ce que l'esprit tout seul ne nierait pas; il adresse un acte de foi au néant, et se précipite, la tête perdue, là où le vertige conseille d'aller.

Ce n'est pas un rêve que je raconte, c'est l'histoire que j'écris. Le siècle qui a divinisé la raison humaine a été chargé de nous montrer comment il entendait cette apothéose. Et pourtant le grain de sénevé vivait toujours. L'histoire, en effet, fait deux démonstrations du Christianisme.

Elle en fait par l'histoire de l'Église, par l'histoire de la vérité, — toujours menacée, toujours triomphante, toujours faible en apparence comme un enfant, toujours invincible comme un Dieu, — une démonstration directe. Elle en fait, par l'histoire de l'hérésie, par l'histoire de l'erreur, du mal, du crime, une autre démonstration, une démonstration indirecte, une démonstration par l'absurde.

Les deux démonstrations sont faites.

Jésus-Christ a vaincu le monde.

Le monde a essayé de vaincre Jésus-Christ.

Dieu, qui éclate, même par son absence, nous a montré où il est, en nous montrant où il est, et en nous montrant où il n'est pas.

Enfants du dix-neuvième siècle, il nous est donné de continuer, en connaissance de cause, l'une ou l'autre de ces deux démonstrations.

Nous savons de quel côté nous appellent la Foi, la Raison, le Vrai, le Beau, le Bien ; nous savons où voudraient nous ramener les laideurs du mensonge.

L'utilité nous appelle en avant, la division voudrait nous retenir en arrière !

Le dix-huitième siècle et le vingtième siècle se battent dans nos âmes, comme, dans le sein de leur mère, ces jumeaux de l'Écriture.

Nous prouverons le Christianisme en l'embrassant ou en le maudissant, par notre amour ou par notre haine, par des cathédrales ou par des ruines. Nous lui rendrons, dans tous les cas, par notre salut ou notre perte, l'inévitable hommage que tout lui rend. Fidèles ou infidèles, nous joindrons nos voix à la voix des générations qui confessent Celui qui est; nous passerons, et la Croix restera pour notre gloire ou notre honte.

La lumière est; mais il nous est possible d'ouvrir ou de fermer les yeux. Entre les hideuses et ridicules ténèbres de la nuit qui finit et les divines splendeurs du jour qui veut paraître, choisissons. Il est difficile que vous n'ayez pas eu dans votre vie une heure d'amour pour la vérité. Au nom de cette heure-là, choisissez. Le grain de sénevé veut grandir.

La Science et l'Art, ces deux grands enfants prodigues, mouraient de faim dans leur exil volontaire. Ils reviennent affamés à leur patrie, qui les attend. Le père de famille va tuer le veau gras.

Prenons part à la joie du Ciel. Dans la bataille qui se livre entre la Foi et la Négation, entre le Néant et l'Être, chacun a sa place marquée, grande ou petite à nos yeux, immense toujours aux yeux des anges. Le Ciel attend de chacun de nous un mot décisif, *oui* ou *non*. En face de cette attente, l'indifférence est la plus inexplicable, la plus prodigieuse des folies.

Vous qui lisez ceci, le grain de sénevé vous demande, à vous personnellement et actuellement, de l'arroser de le faire grandir. Aidez donc de tous les instruments qui sont en vos mains ceux qui travaillent au triomphe de l'Église dans les âmes, et si les instruments semblables à la plume ou au ciseau ne sont pas à votre portée, aidez les combattants par une explosion de prières qui crève l'obscurité de la terre, comme la foudre crève le nuage.

# LA GOUTTE D'EAU

## I

Il semble que l'esprit du dix-neuvième siècle soit tiraillé par deux tendances directement opposées.

D'un côté, il adore la matière ; de l'autre, il la fuit.

Si nous regardons l'Art, nous serons frappés des efforts qu'il fait, tantôt pour se perdre dans les nuages tantôt pour se perdre dans la boue.

Si nous regardons la vie, nous verrons aussi que tantôt elle se précipite dans la matière, avide et cupide, pour la dévorer et essayer de se satisfaire ; tantôt elle essaye de la dédaigner, puis retombe un instant après sur elle pour se punir, en la divinisant, de l'avoir méprisée.

L'Art, au dix-neuvième siècle, a reproché à l'Art des siècles précédents de n'avoir pas embrassé la matière ; il lui a reproché son mépris pour la nature, son mépris pour les choses visibles, extérieures, ordinaires et sensibles. Il lui a reproché d'avoir sautillé entre ciel et terre sur un fil d'archal sans réalité. Il a eu parfaitement raison dans son reproche, et parfaitement tort dans le type nouveau qu'il est venu proposer à son tour.

Il a eu parfaitement raison quand il a refusé d'imiter ; il a eu parfaitement tort quand il a voulu devenir un modèle et se faire imiter à son tour.

Au lieu d'employer la matière, il l'a courtisée ; au lieu de la dompter, il s'est fait dompter par elle. Tandis que l'homme pouvait devenir dompteur d'animaux, l'animal est devenu dompteur d'hommes. La peinture a suivi la poésie dans la voie de la matière montrée, et a produit des monstres dont elle est fière ; car on est toujours fier quand on a fait un monstre. Mais pendant que la littérature se ruait, comme une louve affamée, sur la chair humaine, elle protestait contre elle dans une autre partie d'elle-même et devenait vaporeuse avec passion. Elle devenait vaporeuse avec transport, et cette évaporation avait pour elle la saveur d'une justice qu'on rend à sa nature intime, ou du moins qu'on croit lui rendre ; elle s'évaporait comme quelqu'un qui se venge.

Deux noms sont souvent rapprochés dans la pensée et dans la critique contemporaines : Victor Hugo et Lamartine. A force de les nommer l'un après l'autre, on a fini par croire presque qu'ils se ressemblaient. Or, ces deux hommes représentent exactement deux tendances contraires. Pendant que M. Victor Hugo plaidait pour la matière et soutenait les droits du laid qu'il confondait avec le réel, prenant ainsi le fait pour le droit, M. de Lamartine se réfugiait dans une sentimentalité singulièrement éloignée des réalités terrestres que réclamait à grands cris son interlocuteur. — Je les appelle de ce nom ; car ils faisaient à eux deux, dans le monde littéraire, une espèce de dialogue sans demande ni réponse !

M. de Lamartine transportait la poésie beaucoup plus loin de la ville, des salons, des rues, des palais et des bouges qu'on ne l'avait jamais transportée.

Au même moment, l'Allemagne voyait la poésie et la philosophie s'évanouir dans le même rêve. Néanmoins les plus vaporeux de ses poètes et de ses philosophes ne négligeaient pas la bouteille de bière. La bière et le fantôme, Schubert et le cabaret représentent assez bien en Allemagne les deux tendances que je constate. En Allemagne, le conte fantastique fréquente beaucoup le cabaret, et cela éclaire sur la nature du dix-neuvième siècle.

Autrefois, un héros lui-même, quoique simple mortel, fait de chair et d'os, ne semblait pas capable de manger. Un personnage tragique qui aurait parlé de se mettre à table eût scandalisé toutes les Universités, toutes les Académies, et se fût rendu indigne pour toujours du cothurne et de la toge. Il fallait faire bonne figure jusqu'au dernier moment, et *le trépas*, car ce n'était pas la mort, *le trépas* ne devait rien coûter à la pureté de la diction. Il était permis de recevoir un coup de poignard et même de le donner ; mais il était interdit de boire ou de manger. Il était permis de ne pas dormir, mais il eût été interdit de dormir. Il était permis de dire :

> Les ombres par trois fois ont obscurci les cieux
> Depuis que le sommeil n'est entré dans vos yeux ;

mais il eût été défendu de faire la remarque contraire et de féliciter l'héroïne sur la bonne nuit qu'elle aurait passée. C'eût été un manque de respect pour la dignité de sa position. Tantôt la trahison, tantôt l'amour, tantôt mille autres obstacles, tous plus nobles les uns que les autres, enlevaient au héros le sommeil et l'appétit.

Et cependant, qu'est-ce qu'un héros près d'un fantôme? Le fantôme moderne semblerait avoir droit, beaucoup plus que le héros antique, à l'abrogation des lois naturelles. Cependant il les accepte, au moins en apparence ; il boit, il mange, il dort, il fume, il demande si la bière est bonne; il cause avec l'aubergiste comme un camarade, et on finit par s'apercevoir qu'il est fantôme ; tandis que l'ancienne victime du cothurne n'avait d'autre grade que le grade de héros.

L'Allemagne nous avertit par là très implicitement de sa double tendance ; la matière grossière et la matière absente se rencontrent dans ses contes et dans ses mélodies, et ne s'étonnent pas de se rencontrer.

En France, l'élégie, quand elle a pris le nom de méditation, que M. de Lamartine lui a donné, s'est envolée très loin des affaires humaines. Elle est allée sur le bord des lacs, et elle s'est mise à chanter. Un peu plus tard, la *méditation*, en devenant *harmonie*, a fait une démarche nouvelle pour s'éloigner de la terre. Au même moment le roman et le drame s'accrochaient aux réalités les plus matérielles, comme si les différentes formes de l'art voulaient se venger les unes sur les autres.

Dans le même drame les deux tendances se rencontrent quelquefois. Le même personnage peut les provoquer toutes les deux. On admire de temps en temps la pureté de la courtisane ; il est question de sa virginité. Au dix-septième siècle on aurait parlé de sa flamme, sans préciser quoi que ce soit. Les mesures du temps même indiquent chez le personnage moderne une certaine tendance vers ce qui est réel, il suppute les années. Le héros antique ne connaissait pas le calendrier. Quand il cherchait quelqu'un, c'était toujours *depuis plus de six mois*.

Et encore ce n'était pas quelqu'un qu'il cherchait, c'était un confident. Or, le confident était une espèce de fantôme domestique, en qui le héros contemplait avec complaisance son image diminuée.

Non seulement le confident n'avait pas de nature

matérielle, mais il n'avait pas de nature morale. Il n'avait pas de caractère à lui; il n'était qu'un instrument fabriqué pour donner la réplique et fournir au héros une inépuisable occasion de récits et de tirades.

Si le fantôme allemand avait un compagnon de voyage, ce compagnon mangerait comme quatre, et nous connaîtrions le menu de ses repas.

On dirait que l'art moderne a le fantôme pour idéal et le cabaret pour tentation. L'art ancien semblait n'avoir ni idéal, ni tentation.

Le héros semblait naître, vivre et mourir dans le vestibule du palais, comme une plante dans sa terre natale. Et ce vestibule, aussi favorable aux conspirateurs qu'au tyran, où retentissaient alternativement les déclamations de l'un et les déclamations des autres; ce vestibule impartial ne semblait situé nulle part. C'était là qu'on déclamait, en attendant le coup de poignard; mais ce n'était pas un lieu quelconque.

Les tragédies de Voltaire représentent dans sa plénitude le vrai héros de théâtre. Crébillon et Campistron ont eu de la peine à dépasser ce maître.

Le XVIII$^e$ siècle est le lieu où l'on peut le mieux saisir l'art ancien, parce que, dans le siècle, la chose montre à nu ses ravages; elle se décompose et laisse voir tous ses ressorts; de plus, l'infériorité des hommes montre la machine comme elle est. On n'a plus le talent qu'il faut pour déguiser, et, à ce point de vue, les hommes du XVIII$^e$ siècle sont des modèles de franchise. Ils sont francs parce qu'ils déshabillent les idées qu'ils manient. Ils sont francs, parce qu'ils ont la force d'imposer un masque à leurs personnages. Voltaire et Florian sont francs, parce qu'ils n'ont pas le génie de déguiser leur système littéraire.

*Gonzalve de Cordoue* et *Zaïre* sont des œuvres pleines de sincérité ; car elles semblent défendre aux lecteurs l'illusion. Elles semblent dire : nous nous donnons pour ce que nous sommes ; trouvez cela beau, si vous pouvez.

Elles sont franches, à la façon de Rousseau dans ses *Confessions*.

Le XVIIIe siècle étale ses turpitudes, mais ces turpitudes ne le dispensent pas de la vanité. C'est en leur nom qu'il réclame l'admiration ; il a en même temps le mérite de la rendre impossible et la honte de la mendier.

Si les deux tendances du XIXe siècle, altéré d'idéal et de réalité grossière, sont visibles dans l'art, elles sont reconnaissables aussi dans la vie. L'homme actuel se précipite sur la jouissance, mais il parle à chaque instant de grandeur, de dévouement, de synthèse, d'unité, de transcendance, de lumière, de charité, etc.

Ces mots ne sont pas seulement des mots : sans doute, ils sont habituellement des illusions ; mais ces illusions révèlent des tendances, des aspirations égarées, des besoins d'âmes, qui se trompent, mais qui existent.

Le jeune homme qui fait fausse route au XIXe siècle pense vaguement à adorer quelque chose ou quelqu'un. L'homme du XVIIIe siècle ne songeait qu'à s'amuser. Il était bas avec sincérité. Il n'avait pas même l'excuse de vouloir admirer ! Son abaissement n'était pas un élan brisé, c'est un abaissement pur et simple. Dans la matière, le XVIIIe siècle a cherché uniquement le plaisir.

Le XIXe siècle, en se précipitant sur la matière, éprouve un certain besoin d'infini qu'il cherche à tromper. C'est une rage impure ; mais elle permet de voir autre chose derrière elle. Souvent les actes qui semblent appartenir le plus exclusivement à la tendance inférieure révèlent, en réalité, dans le xixᵉ siècle, les deux tendances.

Si le xviiiᵉ siècle avait la hideuse franchise dont je parlais tout à l'heure, le xixᵉ siècle est trompeur ; tantôt il se vante, tantôt il se calomnie ; il promène son inquiétude de l'orgueil au désespoir ; il n'est dans le vrai que quand il vous avoue ses infirmités incommensurables.

Si l'art et la vie se promènent et s'égarent des hauteurs sans réalité aux réalités sans hauteur, ne dirait-on pas qu'au xixᵉ siècle la science s'est chargée de symboliser la vérité que cherchent maladroitement la vie et l'Art ?

Traîner une masse de matière au moyen de l'impondérable.

La vapeur, emportant le fer à travers les montagnes déchirées, voilà, dans l'ordre de la locomotion, le problème résolu.

La matière est en jeu, la grosse matière : elle est emportée par une goutte d'eau qui s'évapore et qui triomphe.

La vapeur traîne derrière son char de triomphe tout ce qu'il y a de plus gros et de plus lourd, tous les poids, tous les fardeaux, les métaux, les provisions, enfin l'homme, en qui se résume le monde, et qui voyage traîné par la vapeur fidèle, docile, soumise, conquise et victorieuse.

Car la victoire de la matière, c'est d'être soumise à l'esprit. La gloire du cheval, c'est d'être soumis au cavalier. La gloire de la matière, c'est d'être conquise. La gloire de la vapeur est d'obéir. L'obéissance est son mouvement, on dirait presque son instinct. C'est par obéissance qu'elle s'envole, c'est par obéissance qu'elle entraîne, c'est par obéissance qu'elle triomphe.

Le mouvement est sa vertu, sa vie, sa loi, sa force, sa gloire ; il est le signe du mandat qu'elle a reçu. La vapeur est une magnifique image de l'impossible réalisé.

Imaginez le rire du xviii⁰ siècle, si on lui avait parlé d'un chemin de fer. Imaginez la coalition des hommes raisonnables, leurs plaisanteries, et la satisfaction qu'ils auraient eue à se moquer ! Imaginez la tranquillité de leur ironie, la bonne foi pleine et entière avec laquelle ils auraient raillé les fous, les fous qui auraient dit : Cela sera.

Et les montagnes ? aurait demandé le philosophe du xviii⁰ siècle avec le plaisir insolent de l'objection qui se complaît en elle-même.

On les percera, aurait répondu le fou. J'entends d'ici l'éclat de rire, le rire fou du philosophe.

Vous direz peut-être à la goutte d'eau que ce n'est pas elle qui transporte les montagnes ; elle passe, il est vrai, à travers leurs flancs déchirés, mais ce sont les hommes, armés de leurs instruments, qui lui ont frayé sa route à la sueur de leur front. La goutte d'eau vous répondra que cette circonstance agrandit son triomphe, au lieu de le diminuer. Sa route est faite d'avance : elle va venir et déjà les montagnes ont disparu. L'homme dit à la terre : Voici la vapeur. Retire-toi vite, elle est pressée.

L'homme est un héraut d'armes qui annonce au globe terrestre que la souveraine va paraître.

L'homme qui nie est toujours content de lui. Le doute est le paradis de l'orgueil. Celui qui fait une objection s'admire toujours. C'est que l'objection est la moelle des os de l'homme. Celui qui affirme, qui annonce, qui proclame, celui qui aurait dit : La vapeur traînera le feu et l'homme à travers la terre percée, celui-là sort de lui-même, cet homme se livre au transport. L'homme raisonnable, au contraire, rentre en lui-même ;

il fait appel à son propre fonds ; il invoque ce qu'il sait déjà ; il limite l'avenir à lui-même ; il a tout l'avantage de la situation jusqu'au jour où la vapeur, traînant l'homme et déchirant le globe, lui montre de quoi il s'est moqué, — et le rieur tombe dans un ridicule sans nom ! Et les masses énormes de matière, déchirées, soulevées, emportées, vaincues, disent à la force légère, active, motrice, ardente qui va passer :

— Voici que nous vous apportons, par notre fuite, le magnifique témoignage de notre faiblesse.

Le télégraphe électrique est le symbole de la Puissance, car il porte la foudre, et comme il la porte légèrement ! comme elle pèse peu ! comme elle est docile ! L'électricité ressemble à un effort de la matière pour devenir esprit. On dirait l'élan de la matière qui veut franchir ses frontières et sortir de chez elle. On dirait que la matière, par l'électricité, essaye d'avoir une extase. Or, cette chose, que le télégraphe transporte, cette chose est puissante sur les blocs et les masses de terre. Cette chose change la face matérielle du globe. Le télégraphe porte sur ses fils la destinée des choses les plus lourdes. Elles sont suspendues à lui et attendent ses ordres pour marcher.

Le télégraphe électrique est, comme la vapeur, une des paroles de la science, qui dit au XIX<sup>e</sup> siècle quelle doit être son œuvre. Le télégraphe électrique, comme la vapeur, lui montre ses tendances dans l'union de la force et de la légèreté, dans la puissance donnée à l'invisible et dans l'obéissance du visible.

Un caractère commun à ces deux découvertes, c'est la conquête de la rapidité, et la rapidité est encore un des désirs de notre époque. Autrefois on allait lentement, et cette lenteur n'attristait personne. Depuis cinquante ans, l'humanité presse le pas. Elle presse le pas comme un voyageur en retard qui voit l'ombre s'allonger, car le soir arrive, et il est bien loin de chez lui. Elle presse le pas comme un voyageur surpris par la nuit tombante et forcé par elle au recueillement, car il est loin de la patrie.

## II

N'avez-vous jamais éprouvé, en voyage, cette méditation profonde qui survient et s'impose, quand l'homme se sent seul, loin du foyer domestique, en pays inconnu, dans la campagne, à l'heure où le soleil se couche ? Le voyageur presse le pas : le paysan qu'il rencontre sur sa route doit croire cet homme agité ou égaré. Il dit : « En voilà un qui n'est pas du pays ! » En effet, le voyageur est égaré peut-être, agité peut-être ; mais au fond de son agitation, il y a une chose que le paysan ne voit pas et ne peut pas voir, c'est le recueillement. Le voyageur pense à sa patrie, et le soleil va se coucher. Les ombres des arbres s'allongent sur la route ; les hommes rentrent chez eux ; un certain apaisement annonce l'approche du sommeil ; il y a déjà longtemps que les bœufs se sont instinctivement rapprochés de l'étable, comme s'ils attendaient l'heure qui va leur en montrer la route et leur en ouvrir les portes. Le voyageur, sans donner à tout ce spectacle, que la campagne lui offre, une attention précise, est reporté par la pensée vers la maison où il a dormi enfant. Les oiseaux font la prière du soir et éveillent en lui quelque souvenir. Dans le lointain une cloche sonne ! c'est peut-être l'*Angelus :* en tout cas c'est un appel. Que font maintenant ceux qu'il a autrefois connus ? Où sont-ils ? Que prépare, dans son silence, la journée du lendemain ? Que verront ces astres graves qui s'allument les uns après les autres, comme si le ciel ouvrait ses yeux pour regarder la terre ?

Le voyageur pressé, égaré, qui sent les approches du soir, c'est l'humanité du xix° siècle.

La vapeur et le télégraphe électrique sont les instincts de rapidité qui s'éveillent au fond de lui. La rapidité est un mystère. Quand tous les désirs de l'homme seraient accomplis, s'ils étaient accomplis, lentement, je crois que la joie manquerait. Si quelque chose pouvait donner une idée de la joie, ce serait peut-être la rapidité.

La vie de l'homme est un étourdissement perpétuel. Mais le voyageur, qui sent la distance et qui veut la franchir dans la soirée, est forcé à un certain sérieux. Il se recueille, et le recueillement appelle à lui le souvenir.

Le souvenir ! Quoi de plus commun et quoi de plus rare ? Le souvenir, dans sa forme ordinaire, la plus légère, la plus accidentelle, est la monnaie courante de la vie. Mais le souvenir profond, efficace, celui qui fait sortir le passé de l'absence et le fait comparaître devant l'homme pour rendre ses comptes et raconter ce qu'il a fait, ce souvenir est rare, car il faut, pour l'appeler, le loisir du recueillement, et la solitude à laquelle on ne songe pas, — la solitude intérieure.

Le voyageur, perdu dans un bois de pins, et qui voit à travers les troncs d'arbres les dernières lueurs du soleil couchant colorer à l'horizon les derniers nuages, se souvient profondément. Il se souvient des soirées les plus paisibles de sa maison ; il se souvient du feu qui pétillait dans la cheminée ; il se souvient des rires qu'on entendait peut-être dans la chambre ; il se souvient aussi, il se souvient surtout des larmes.

L'humanité, que je représente sous les traits de ce voyageur a aussi inventé, dans un égarement du soir, c'est-à-dire au XIX° siècle, le symbole du souvenir ; elle a inventé ce qui eût paru impossible ; elle a inventé un miroir qui se souvient. Elle a inventé la photographie !

La photographie révèle la durée virtuelle de l'acte humain, qui semble fugitif et qui est éternel, à moins que quelque chose de supérieur ne survienne pour l'effacer. Quand je ne vous aurais vu qu'une fois, votre forme sensible, votre beauté ou votre laideur, image révélatrice de votre nature, vit en moi, telle qu'elle s'est manifestée dans un point donné du temps et de l'espace. Le souvenir soustrait cette image accidentelle à l'empire du temps et de la mort pour lui donner la vie et la permanence. Ainsi fait la photographie. Elle est impitoyable comme la mémoire. Elle arrache la plus fugitive des attitudes, la plus imperceptible des choses visibles à la foule des distractions qui allaient l'ensevelir pour toujours dans l'oubli, et elle dit au bout d'une année révolue : C'est ainsi que vous étiez l'an dernier, à pareil jour.

En général, le souvenir est juste. Le présent provoque chez l'homme la passion qui dénature les choses et trouble les jugements. Mais le souvenir rend justice. Le présent grossit ou diminue : il agite presque toujours. Le souvenir rend aux choses leurs proportions perdues. Il est le dépositaire fidèle des secrets qui lui sont confiés. Il les rend même plus purs qu'il ne les a reçus. Il les dégage des détails extérieurs qui les altéraient, en les touchant. Il isole l'objet et le montre en lui-même, au lieu de le montrer dans l'embarras et le tumulte des circonstances que le présent accumulait autour de lui.

La photographie, comme le souvenir, est juste. Elle est impartiale, intègre comme la lumière. La peinture peut flatter : c'est l'homme qui agit en pensant à l'homme, et quand l'homme pense à l'homme, qui sait de quoi il est capable ? La photographie ne flatte pas. Elle dit ce qui est, avec douceur et avec sévérité, sans colère et sans complaisance.

La douceur et la sévérité, ne sont-ce pas les caractères du soir ? Le voyageur, que je suivais dans sa marche rapide et recueillie, se souvient, parce que le jour baisse : son souvenir est doux, parce qu'il est lointain ; son souvenir est sévère, parce que les raisons de flatter sont absentes. Et la soirée qui jette autour de lui les ombres longues et mélancoliques, la soirée, dans sa clémence sérieuse, est douce et sévère comme le souvenir. On dirait, dans un beau soir d'été, que la journée va rendre ses comptes, mais que le juge sera clément.

Je ne m'étonne pas que l'humanité ait inventé, vers le soir, la photographie.

Le détail des opérations que la photographie exige ressemblerait peut-être beaucoup à celles que fait la conscience. Le nettoyage de la plaque, qui doit être parfait pour que l'opération soit possible, ressemble à la préparation intérieure sans laquelle le souvenir et la conscience n'ont pas leur pureté et leur profondeur. Le moindre objet qui s'interpose entre le verre et la lumière arrête l'image et l'empêche de se former.

Quand la plaque est bien préparée, l'image se dépose sur elle, pendant qu'elle est exposée au grand jour, en face de l'objet qu'elle doit reproduire.

Mais voici quelque chose de très frappant. Cette image ne s'aperçoit pas. Elle est là, mais elle est invisible.

Pour qu'elle devienne visible, l'opérateur appelle à son secours l'obscurité. C'est dans l'obscurité, dans le cabinet noir, qu'il emporte précipitamment sa plaque, au moment où elle vient de recevoir, par la vertu de la lumière, l'impression de l'objet. C'est dans l'obscurité qu'il verse l'acide. Alors, lentement, à la lueur d'une bougie, il voit apparaître l'image.

Ce portrait, déposé par un objet présent sur une plaque qui garde l'image sans la montrer encore, ne ressemble-t-il pas merveilleusement aux impressions sourdes que l'âme a reçues, sans les montrer clairement ni aux autres ni à elle-même ? Cette lumière à laquelle elle était exposée, c'était l'impression du présent.

Elle emporte l'image dans l'obscurité : c'est là que le souvenir, semblable à un acide, c'est là que le souvenir ou la conscience, agissant sous le voile du recueillement, dans la nuit et la solitude, font apparaître l'image autrefois déposée.

## III

Résumons ce qui précède.

Le dix-neuvième siècle a deux tendances : l'une vers l'impalpable, l'impondérable, dans ses manifestations les plus extrêmes ; l'autre vers le sensible, le tangible, le palpable, dans ses manifestations les plus grossières. Il demande à la chose impondérable de commander, à la chose grossière d'obéir.

Dans l'art et dans la vie, il a abusé de ces deux tendances : il les a livrées à la corruption, qui les a dénaturées sans les faire disparaître, qui les a altérées sans les supprimer, de sorte qu'on peut entrevoir encore, parmi les ravages du péché, les splendeurs possibles du type.

Dans la science, le dix-neuvième siècle s'est montré beaucoup plus fidèle, et il a révélé ses instincts en les redressant. La vapeur lui dit ce qu'il demande, et il obéit plus loyalement à son désir quand il est aux prises avec la goutte d'eau, avec le fer, avec la terre, que quand il est aux prises avec la plume, le pinceau ou le ciseau.

La science possède enfin une propriété particulière que ne possèdent ni l'art, ni la vie. La science, la science physique, celle qui invente et qui exécute, bien qu'elle puisse se tromper et se trompe souvent dans ses conjectures, dans ses suppositions, dans ses démonstrations, dans les conséquences qu'elle tire des principes posés, dans ses raisonnements et dans ses recherches, la science physique possède, à ses côtés, dans ses résultats matériels, prochains, visibles, une pierre de touche qui manque à l'art : cette pierre de touche, c'est le fait.

Si les savants se trompaient dans la confection d'une locomotive, d'un télégraphe électrique, d'un appareil photographique, comme les artistes peuvent se tromper dans l'art et les hommes dans la vie, la locomotive, le télégraphe électrique, l'appareil photographique refuseraient de fonctionner, et, par leur refus, avertiraient le savant de son erreur.

L'art, et souvent la vie, au contraire, ont cela de terrible qu'ils obéissent mal à propos. Ils obéissent injustement : ils obéissent à qui les déshonore ; ils obéissent, et leur obéissance est terrible, car elle conduit l'artiste et l'homme dans l'abîme où il va, les yeux bandés. Ni la plume, ni le pinceau ne refusent leur service à l'homme qui abuse d'eux, pour les faire mentir. Ils obéissent avec une patience cruelle ; leur obéissance est redoutable, car elle aveugle l'homme qui, se voyant obéi, croit pouvoir commander.

La science, elle, a l'indulgence de prévenir. Si les lois

sont violées dans la construction d'une machine, la machine refuse formellement d'agir.

Les machines sont donc bien faites, par cela seul qu'elles fonctionnent. Malheureusement, leur fonctionnement n'aboutit qu'à un simulacre d'unité, à une unité matérielle, extérieure, qui ne touche pas le fond des choses.

La vapeur rapproche les nations ; mais, dans l'intérieur de ces nations rapprochées, les individus sont divisés par une division beaucoup plus profonde que toutes celles qui portent des noms : c'est la division intime.

On habite la même terre et cette terre tend à devenir un même pavillon ; on porte le même costume, on parle la même langue, on fréquente les mêmes lieux, et la division intérieure est d'autant plus immense qu'elle est plus dissimulée par le rapprochement des choses extérieures. Plus les hommes sont voisins les uns des autres, plus l'abîme qui les sépare se creuse intérieurement. Plus l'espace visible se ramasse et se contracte par la vapeur et le télescope, plus les âmes inventent, pour se fuir, des distances inconnues.

Les âmes auraient besoin d'entendre les grandes leçons de la vapeur, de la lumière et de l'électricité.

C'est par obéissance que la foudre a conquis la gloire de transporter la parole à travers toute distance. C'est par obéissance que la lumière a conquis la gloire de reproduire la figure humaine, d'imposer la durée au miroir, et de faire des portraits que la justice approuve toujours, des portraits sans mensonge.

C'est par obéissance que la goutte d'eau transporte les masses et leur donne la joie de la vitesse qu'elles risquaient d'ignorer toujours. C'est par obéissance que la vapeur, abrégeant les distances et économisant les heures, impose au temps et à l'espace le joug superbe du mouvement !

# LA SCIENCE

## I

La Science avait cessé d'adorer : de là le malheur.

Pour saisir à son principe la catastrophe de la Science, il faut jeter les yeux sur l'Eden. La Science eut sa place dans la phrase que le serpent dit à l'homme : *Eritis sicut Dii, Scientes*. Le nom de la Science fut l'occasion de la révolte, et ce souvenir a pesé sur elle d'un poids inconnu.

Regardez l'histoire du monde. Une crainte mal définie s'empare de l'homme, quand le nom de la Science est prononcé. Il lui semble vaguement, sans qu'il s'explique cette apparence, il lui semble vaguement que la science est dangereuse. Elle se lie, dans la haute antiquité, au souvenir, à la fois confus et intime, d'une désolation épouvantable.

L'homme a la conscience d'avoir été condamné. Jamais, nulle part, il n'a radicalement oublié le lieu de son bonheur. Jamais il n'a radicalement oublié les ombrages du paradis et le parfum de ses roses. Toujours et partout il a levé la tête, il a regardé, cherchant qui ouvrirait le livre fermé. Toujours et partout il a voulu rétablir, entre le ciel et la terre, le lien désiré. Toujours et partout il a eu faim et soif de la chair et du sang d'un médiateur. Toute l'antiquité est un cri, un cri qui appelle. L'homme appelle du fond de ses entrailles, — et l'Inde, et la Grèce, et tout le paganisme, sous toutes les formes qu'il a revêtues, rendent témoignage à la vérité perdue, et à la vérité attendue. Ils lui rendent le triple témoignage du souvenir ; car jamais les traditions n'ont disparu, elles auraient emporté avec elles le cœur de l'homme ; du souvenir égaré, car les traditions, en dehors de la Judée, portent toujours le caractère de l'impuissance et de la terreur ; du souvenir obstiné, car, malgré les délais, malgré les retards, malgré l'absence de Celui qui est le désiré des collines éternelles, le désir persiste au fond du souvenir, et l'homme ne peut pas renoncer.

Or, pendant les siècles de l'attente, il se passe un phénomène d'un immense intérêt. La Science est suspectée, la Science fait peur à l'homme, comme si un écho, incomplet, mais prolongé, lui répétait à l'oreille quelques syllabes de la phrase du serpent.

Prométhée, en somme, est le savant antique.

## II

La Science, dans l'antiquité, semble avoir le désir vague, mais persistant, de dérober le feu du ciel. La conquête de la foudre occupe dans l'histoire de l'humanité une place immense, et le mode de cette conquête est d'une importance particulière.

La Science passait, dans l'antiquité, pour l'ennemie naturelle et nécessaire de la religion. La religion disait : Obéissez aux dieux, et vous serez récompensés. La Science répondit : Je veux les vaincre, et non leur obéir, leur enlever la foudre, et non obtenir la clémence.

De là, un antagonisme sourd, inconscient, entre la religion, qui offrait des sacrifices extérieurs, matériels, et la Science, qui semblait refuser le sacrifice intime, intellectuel, la Science qui semblait croire que les dieux interdisaient à l'homme la connaissance de la création, et refusaient de se soumettre à la défense. Cet antagonisme ne devait pas échapper et n'a pas échappé au regard de Joseph de Maistre.

« Observez, dit-il, une belle loi de la Providence : depuis les temps primitifs, dont je ne parle pas en ce moment, elle n'a donné la physique expérimentale qu'aux chrétiens... Les anciens nous surpassaient certainement en force d'esprit. »

Voici une erreur, mais passons sur elle sans la discuter, parce qu'elle nous entraînerait trop loin et qu'elle n'entame pas l'observation qui suit.

« Leur physique, poursuit de Maistre, est à peu près nulle. Car, non seulement ils n'attachaient aucun prix aux expériences physiques, mais ils les méprisaient, et même ils y attachaient je ne sais quelle légère idée d'impiété, et ce sentiment confus venait de bien haut. »

Ce dernier mot est profond. J'aime le regard de Joseph de Maistre, lorsque rien n'altère sa pureté. *Ce sentiment confus venait de bien haut.* Peut-être serait-il plus exact de dire : Ce sentiment confus venait de bien bas. Il venait d'une ignorance radicale de la nature première des choses, ignorance qui permettait à l'antiquité de considérer Dieu et l'homme comme deux ennemis. L'homme semblait croire encore la parole du serpent et regarder la Science comme la propriété de quiconque réussirait à désobéir aux dieux. De là, l'immensité du malentendu.

Il est important de bien constater ceci pour ne pas se méprendre, ni sur la pensée de Joseph de Maistre, ni sur la réalité des choses : Si les anciens ont été à peu près dépourvus de la science proprement dite, ce n'est pas que la Science soit impossible et nécessairement nulle, en dehors de l'ordre surnaturel. La voie de la connaissance naturelle est réelle, incontestable, légitime, et il y a, en dehors de tout dogme révélé, une certitude scientifique et rationnelle. Mais l'ordre naturel lui-même était profondément troublé dans l'intelligence des anciens. La lumière de la raison avait subi une altération épouvantable, et il ne faut pas, par l'état de leur science, juger de l'état *naturel* de la science humaine.

## III

De Maistre ajoute :

« Lorsque l'Europe fut chrétienne... Le genre humain étant ainsi préparé, les sciences naturelles lui furent données.

Tantæ molis erat Romanam condere gentem !

L'ignorance de cette vérité a fait déraisonner de très fortes têtes, sans excepter Bacon et même à commencer par lui. »

Cette observation jette une grande lumière sur l'histoire. Car l'histoire et la Science ne peuvent pas se séparer. Pour l'esprit distrait et inattentif, quelle leçon ! L'antiquité travaille énormément. Elle lutte contre la matière, mais elle ne la connaît pas. Elle triomphe d'elle quelquefois, mais elle ignore les lois suivant lesquelles elle triomphe.

Il ne faut, bien entendu, entendre la proposition de Joseph de Maistre que dans le sens où il l'entend lui-même. Il ne veut pas dire que les anciens aient tout ignoré ; quant aux lois physiques, ils ont eu de nombreuses connaissances. Mais ces nombreuses connaissances gardaient le caractère du multiple et ne faisaient pas corps dans l'unité d'une science.

Cette distinction n'est pas un jeu de mots. Elle repose sur une réalité du premier ordre. Un homme peut avoir une multitude de connaissances en physique, en chimie, en astronomie, en mécanique, en géologie, et ne pas posséder la Science, et ignorer les lois de la création. De la même manière, un homme peut connaître une multitude de faits, le nom des batailles, leur date, la nomenclature des rois, etc., et ignorer radicalement l'Histoire. Car l'Histoire n'est pas un composé de faits : elle est un esprit qui procède des faits, en tant que matière, et de leur intelligence, en tant que forme.

Ainsi la Science n'est pas l'assemblage des connaissances multiples. Elle est un esprit qui procède des êtres qu'elle étudie, en tant que matière, et de leur intelligence, en tant que forme. Certainement la boussole était connue 2602 ans avant Jésus-Christ. Les Tyriens fabriquaient du verre dès l'an 1640, toujours avant l'ère chrétienne, et la fabrication du verre suppose une grande familiarité entre l'homme, le feu et l'air ; elle suppose l'homme vainqueur du feu et de l'air, et, pour les vaincre, il faut les bien connaître. En 520, Anaximène de Milet inventait le cadran solaire : les tapisseries en 521 étaient déjà belles à Pergame ; l'Égypte, en 250, avait des horloges à eau ; en 220, Archimède faisait la magnifique invention du miroir ardent, etc.

Certes, toutes ces choses attestent de nombreuses et belles connaissances. Et pourtant, chose admirable, l'observation de Joseph de Maistre reste vraie, quoique incomplète ; elle est inattaquée, malgré les apparences. La physique des anciens est à peu près nulle, parce que ces connaissances ressemblaient à des membres disloqués et non pas à un corps ; parce que l'ordre qui doit leur donner l'unité était si absent, ou du moins si incomplet, qu'elles n'atteignaient pas ce lieu central où les connaissances se rejoignent les unes les autres et prennent le nom de Science, en apercevant leur commune origine.

La Science, pour être vraie, doit porter la paix avec elle, parce qu'elle saisit les choses dans le lieu de l'unité. Or, les connaissances physiques des anciens ne les rapprochaient pas de la lumière, parce qu'elles étaient des accidents de l'intelligence, plutôt que des rayons convergeant vers un centre. Elles n'éprouvaient pas le besoin de s'unir pour chanter l'Unité de Dieu. Elles se prêtaient à la division du ciel comme à la division de la terre ; la division ne les gênait pas. Or, l'unité est le chiffre de la Science ; l'unité vraie caractérise la Science vraie, l'unité fausse caractérise la Science fausse, le désir de l'unité caractérise le désir de la Science.

Mais l'absence de l'unité caractérise l'absence de la Science. *Deus scientiarum Dominus est*, chantait Anne, mère de Samuël. Il y a entre l'idée d'un Dieu Un et l'idée de la Science quelque affinité plus grande que l'affinité évidente et visible. Remarquez que nous ne parlons pas encore ici de l'ordre surnaturel. Si les anciens étaient déchus au point d'avoir à peu près perdu l'idée de la Science, ils avaient aussi à peu près perdu l'idée d'un Dieu qui fût Un. Je ne parle pas ici de la Science dans ses rapports avec la connaissance surnaturelle de Dieu, mais de la Science dans ses rapports avec la connaissance naturelle de Dieu.

Or, les anciens n'étaient pas seulement privés de la connaissance surnaturelle : ils avaient perdu, au moins en grande partie, la connaissance naturelle de Dieu. Quant à ceux qui l'avaient gardée, ils avaient gardé l'idée de la Science. Platon la possédait. Lisez, dans sa République, la fameuse allégorie de la caverne : vous y verrez l'idée de la Science, parce que l'unité intervient.

Denys, avant d'être saint Denys, quand il était seulement l'Aréopagite, avait certainement la notion de la Science, parce que l'unité de Dieu avait préparé en lui l'avènement du Christ, parce que la notion naturelle avait préparé la notion surnaturelle, parce que la faim et la soif du Dieu Un avaient creusé l'abime qu'allait combler le Dieu Un en trois personnes. Quand il se promenait à Héliopolis avec Apollophane, le jour où Jésus était sur la croix, Denys ne savait pas l'événement ; mais il remarqua le phénomène. Il sentit alors frémir en lui l'esprit de la Science. Il sentit tressaillir l'Unité dans son cœur et s'écria : Ou Dieu souffre, ou il compatit à la souffrance. C'est que Denys était un savant. Il n'était pas seulement instruit et riche de connaissances ; il était un savant. Car, avant d'avoir encore entendu saint Paul révéler à l'Aréopage le Dieu inconnu, il avait déjà dans le cœur un autel sur lequel brûlait la création ; et qui attendait le Dieu inconnu. Denys l'Aréopagite, comme Platon et mieux que lui, car l'âme était plus pure, Denys, avant d'être saint Denis, représenta peut-être ce que la Science antique aurait pu être, si l'antiquité avait été fidèle à la notion naturelle de Dieu.

## IV

L'homme antique a toujours regardé la nature avec une terreur mystérieuse et inavouée, comme une ennemie qu'il fallait sacrifier à la colère du ciel, sous peine d'être sacrifié lui-même, et qu'il fallait sacrifier sans la connaître, de peur d'attenter aux secrets qu'elle garde. Les animaux n'apparaissent guère dans l'antiquité que comme les instruments de la guerre, ou comme la matière du sacrifice.

Virgile commence à les regarder d'un autre œil, sans peur, et en ami. Mais aussi Virgile attend le grand réconciliateur. Il commence à se pencher sur la nature pour la voir de près : mais aussi il annonce les siècles nouveaux, et, ce qui est bien remarquable, il les annonce dans une églogue, comme s'il tenait à chanter le grand événement tout près de la création qu'il aime, comme s'il voulait annoncer la grande paix au milieu du repos de la campagne, faire retentir la voix des traditions orientales à côté des bœufs qui mugissent, et célébrer dans une étable la venue de Celui qui allait naître entre un bœuf et un âne.

Il faut pardonner à Virgile l'Énéide, en faveur de la quatrième églogue et en faveur de quelques mots prononcés sur la campagne. Car il regarda la création avec les yeux d'un ami, je dirai presque avec les yeux d'un savant, et il ne repoussa pas — malgré la cour d'Auguste, malgré le voisinage de Mécène, — il ne repoussa pas la grande espérance qui venait d'Orient et qui, en passant, touchait de son aile la Rome de la Louve, comme pour marquer la place où devait s'élever la Rome de la Croix.

Jésus-Christ naît. L'homme n'a plus peur de la nature. Il commence à la regarder comme son domaine, comme le champ qu'il doit exploiter.

Virgile venait de dire :

> Felix qui potuit rerum cognoscere causas,
> Atque metus omnes, et inexorabile fatum
> Subjecit pedibus strepitumque Acherontis avari !

Cela est clair ; il demande deux choses qui, dans sa pensée et dans sa parole, n'en font qu'une : la fin du paganisme et la connaissance des causes, c'est-à-dire la fin du paganisme et la Science.

Je ne m'étonne pas qu'il ait écrit la quatrième églogue. L'homme qui demande à connaître les causes adresse une prière à la Lumière. Ceux qui ont accepté cette connaissance naturelle de la cause première ont inauguré la science dans l'Antiquité. Mais l'antiquité, considérée dans ses manifestations les plus publiques, les plus officielles, a écarté la notion des causes avec une singulière affectation. Je me garde bien de la juger. Elle avait peur, et je le conçois. Un vague souvenir lui disait que le nom de la Science avait été prononcé un instant avant l'anathème, et elle ne savait pas dans quelle relation étaient ensemble la Science et l'anathème. L'écho des traditions ne lui avait apporté que des débris de phrases, des mots détachés, qu'elle ne savait pas lier ensemble, et le nom de la Science retentissait dans ces paroles qui n'arrivaient que par lambeaux sur les nations épouvantées.

## V

Mais, quand la croix eut été dressée sur le Calvaire, une paix incompréhensible descendit non seulement sur les hommes, mais sur toute la création. Cette paix s'insinua dans l'air purifié par cette croix, et la vertu du sang versé s'infiltra, plus subtile que la lumière et plus tranchante que l'épée.

Saint Paul prend la parole et dit à l'Aéropage : *In ipso enim vivimus et movemur et sumus.*

Denys devient saint Denys, et le symbolisme convertit la création, qui prend les proportions d'un temple magnifique. La description des cérémonies, telle que saint Denys la présente, renferme une science très haute de la nature et une intelligence profonde des effets visibles aperçus dans leur cause. Les relations de l'ordre naturel et de l'ordre surnaturel, les analogies universelles éclatent de toutes parts. L'œuvre de saint Denys est le palais de la Science.

Quand la paix fut revenue, la Science s'enhardit, leva la tête sur la terre et étudia la création. C'est que la Science est la paix des connaissances entre elles. Elle est la paix des connaissances réconciliées. Aussi la sérénité est-elle le caractère du savant, son cachet, sa marque. Si j'ose donner au mot style sa véritable acception, je dirai que la sérénité est le style de la Science.

La Science domine tout ce qu'elle embrasse. La sérénité est sa respiration.

Ainsi conçue comme une créature faite pour apercevoir du haut des montagnes les quatre horizons, la Science s'explique, et nous avons le secret de ses mouvements. Elle cherche l'ombre des croix, et l'humanité a l'habitude de mettre les croix sur les hauteurs. Et par l'admirable nature des choses, voici que je vais me répéter. Je vais dire, à propos de la Science, ce que je dis à propos de l'Histoire : ces deux fleurs ne s'ouvrent qu'aux rayons du même soleil, et ce soleil est la croix. Cherchez, depuis dix-huit cents ans, en dehors du Christ, l'histoire : vous ne la trouverez pas, puiqu'elle n'existe pas. Le Japon n'a d'historique que la mort de ses missionnaires. Cherchez, depuis dix-huit cents ans, en dehors du Christ, la Science. Vous ne la trouverez pas, puisqu'elle n'existe pas. Elle existe bien moins qu'elle n'existait dans l'antiquité, parce que l'ordre naturel est bien plus ravagé là où l'ordre surnaturel est repoussé que là où l'ordre surnaturel n'avait pas encore apparu. Il y a des peuples qui adorent les éléments, les animaux, les choses créées. Ceux-là, chose admirable ! sont tout à fait dépourvus de science. Pour connaître la création, il faut ne pas l'adorer. Il faut la voir telle qu'elle est. L'œil qui la perce comme un voile peut aller plus loin qu'elle. Ce que Platon déjà faisait, ce que Virgile pensait à faire, cet œil peut la connaître. Il la pénètre, il l'entr'ouvre, il peut lui demander le secret des lois qui la régissent, quand il voit ou quand il entrevoit le secret des lois qui la dominent. Mais le regard qui s'arrête à elle, pour en faire l'objet de son culte, ce regard-là ne peut pas la voir. L'idolâtrie exclut la Science.

Je prie ceux qui se défient des conceptions, et qui n'attachent d'importance qu'aux faits, de vouloir bien vérifier historiquement ce que je viens de dire. Qu'ils cherchent une nation idolâtre et savante !

Voudrait-on citer l'ancienne Égypte ? Elle entre éminemment dans la loi que je constate, car la Science, chez elle, fut l'écho des traditions qui excluaient l'idolâtrie, et l'idolâtrie, quand elle prévalut, tua la Science. L'Égypte prouve donc, à sa manière, l'impossibilité où sont la Science et l'idolâtrie de coexister quelque part. Il faut que l'une tue l'autre.

La pensée de chercher, entre le monde physique et le monde moral, l'harmonie qui les joint et de constater le rapport qui les unit, cette pensée est toute moderne. Le symbolisme, dans l'antiquité, ou n'était pas, ou était comme un souvenir. Il n'avait pas plus de consistance qu'une ombre. Il était fugitif comme un rêve, tremblant comme un écho. Les peuples apercevaient quelquefois au fond de leur mémoire sa trace altérée ; mais ils se hâtaient de l'oublier ou de la corrompre.

Car le symbolisme demande une grande pureté au regard qui se fixe sur lui. Il est rempli des concepts de Dieu ! il brûle du feu divin. Il fume, comme l'encens. Il échappe aux mains, qui ne sont pas blanches.

La pureté du regard est la force qui lève le voile, et permet d'entrevoir le monde invisible à travers le monde visible. Or, plus l'homme aperçoit le monde invisible à travers le monde visible, plus il connaît le monde visible ; la création a des délicatesses : elle ne livre pas ses secrets au premier venu.

## VI

L'immense édifice de la science moderne commença bien plus tôt qu'on ne le supposait il y a cinquante ans.

Je me garderai bien de dire que le moyen âge ait tout fait. Mais il faut rendre justice aux siècles comme aux hommes. Le moyen âge a travaillé immensément : il a pénétré très avant dans la nature des choses. Enfin, et voici sa gloire : il n'a jamais regardé la création comme une chose à part, isolée du Créateur.

Ce fut précisément cette alliance des sciences et de la Science qui lui a valu le mépris des trois derniers siècles. On s'est moqué du moyen âge, parce qu'il parlait de Dieu à propos de tout, et de tout à propos de Dieu. On s'est moqué du moyen âge, parce qu'on a voulu regarder la nature, dans l'oubli de son auteur, la regarder détachée, isolée, la scruter avec des instruments matériels, l'examiner comme un objet, sans respect pour elle, et sans souvenir pour son principe. On a cru que la Science serait plus précise, plus clairvoyante, plus incisive, plus maîtresse, si son regard, détaché du ciel, fouillait la terre, bien loin de Dieu. On a cru qu'elle aurait la réalité, si elle perdait l'idéal : on a cru qu'elle gagnerait en profondeur tout ce qu'elle perdrait en hauteur.

La science, il y a trois cents ans, descendit de la montagne où elle avait grandi et où elle allait fleurir sous les rayons de la croix et arriva, il y a cent ans, à ce ravin où, ne levant plus les yeux, elle prit le ciel pour un rêve. C'est qu'elle était descendue si bas qu'elle commençait à mépriser. *Quum in profondum venerit, contemnit.*

Pour mesurer l'horreur de ce second adultère, il faut jeter un coup d'œil sur l'admirable union des sciences et de la Science, union qui était commencée et qui allait éclater dans la lumière, quand Descartes et Bacon ont paru.

La tendance du moyen âge fut de sentir partout la vie, de ne rien isoler, et d'assister au travail intérieur de la création.

L'antiquité avait été singulièrement privée du sens intime de la vie. L'élément, ou les éléments, dont elle supposait le monde formé ressemblaient au ressort d'une montre qui joue mécaniquement. Pour Thalès, c'était l'eau ; pour Xénophane, la terre ; pour Phérécide, l'air ; pour Héraclite, le feu. Empédocles les avait réunis tous les quatre. Mais ces hypothèses se promenaient autour de la création, comme des profanes autour d'un temple, et ne pénétraient pas dans le sanctuaire. Elles se tenaient à distance de la vie, comme si elles eussent eu peur d'approcher, et peut-être, en effet, avaient-elles peur d'approcher.

La Science du moyen âge arrive et dit :

Les êtres en général ont deux constitutifs métaphysiques, la Puissance et l'Acte.

Les composés en général et les corps en particulier ont deux éléments physiques, la matière et la forme.

La matière et la forme sont dans l'être physique ce que la Puissance et l'acte sont dans l'être métaphysique.

Voici un grain de café. Vous pouvez le détruire, mais, après l'avoir détruit, essayez de le refaire ou essayez d'en faire un autre. Analysez toutes les substances qui le composent, ensuite procurez-vous une à une toutes ses substances et essayez de faire un grain de café. Pourquoi l'entreprise est-elle impossible ? C'est que le grain de café possédait, outre les substances dont il était composé, quelque chose que vous avez pu lui ôter, et que vous n'avez pu lui rendre ; ce *quelque chose* est absolument distinct des substances séparées que le corps décomposé vous a présentées une à une. Or, ce quelque chose, c'est la forme.

Par la vertu de la forme, le grain de café était du café et non du cacao. La forme le déterminait dans un genre de substance et lui donnait l'être du café.

Chose admirable ! Pour avoir la science de la matière, il faut d'abord avoir la science de la forme, vertu invisible qui la substantie, la spécifie et l'individualise. En d'autres termes, le matérialisme est la négation absolue de la Science des corps.

Le pain que l'homme mange devient la chair et le sang de l'homme. Le pain change donc de substance en changeant de forme. (Il est bien entendu que je prends ici le mot *forme* dans son acception philosophique.)

La transubstantiation naturelle est donc la loi de la vie.

Par la corruption, la matière passe d'une forme supérieure à une forme inférieure; par la nutrition, la matière passe d'une forme inférieure à une forme supérieure.

La substance qui va germer perd d'abord sa forme substantielle et commence par se corrompre autour du germe, point immortel, qui se nourrit de la substance du grain en décomposition, et est le symbole de la résurrection.

Et quand le Fils de Dieu a dit : *Nisi granum frumenti, cadens in terram, mortuum fuerit, ipsum solum manet; si autem mortuum fuerit, multum fructum affert.*

Il a posé la loi de la création, la transmission de la vie et de la mort.

Si nous nous servons de cette loi pour nous élever à la loi dont elle est le reflet, le grain de froment va tourner nos regards vers Celui qu'il symbolise : nous allons voir la vie et la mort se rencontrer sur le Calvaire, et la Science va s'asseoir, à sa place, près de la croix, sur son trône.

En effet, quelle est son œuvre?

Cherchant partout l'image ou le vestige de Celui qui est, elle recherche et constate comment il a donné aux créatures d'être sans être, comme lui, par elles-mêmes, et de donner l'être, puisqu'elles se transmettent la forme les unes aux autres, sans être, comme lui, créatrices. *Plena est omnis terra gloria ejus!* Ce n'est pas une phrase sonore, c'est une réalité.

La science est chargée de découvrir à quel point les mondes sont imbibés de la miséricorde éternelle.

## VII

Nous avons jeté un coup d'œil sur la Science dans l'antiquité et sur la Science dans le moyen âge. En effet, le dix-neuvième siècle jette tous les fleuves dans la mer. Il faut, pour le comprendre, suivre sur la carte la route que les fleuves ont tracée, pendant leur cours, dans la campagne.

Or, à partir de Descartes, la Science eut la pensée de se séparer de Dieu, pensée étrange, dont l'habitude seule nous empêche de nous étonner dans la mesure où elle est étonnante. Étonner veut dire foudroyer, et le foudroiement est la seule action naturelle qui ressemble à ce que devrait éprouver l'homme, quand il voit que les hommes ont entrepris de faire une science sans Dieu.

Le seizième siècle, qui fit la révolte de la Science, éveille dans l'esprit le souvenir de la catastrophe paradisiaque. Chose remarquable ! il ne songea pas à nier Dieu, mais il songea à se passer de lui dans la Science. Il admettait Dieu, mais désirait l'éloigner, et l'Arche sainte où il le plaçait avec un respect ennemi était un moyen de l'oublier.

Il est vrai que Dieu existe, disait le seizième siècle, mais, pour être savant, l'homme doit faire comme s'il n'existait pas. Puisque Dieu existe, il est nécessairement la vérité. Essayons donc, aurait dit le seizième siècle, s'il eût été franc, essayons de nous passer de la vérité en vous occupant de la science. Créons une science en dehors du Dieu qui est vérité, séparons la Science de la vérité.

Il ne l'a pas dit avec cette franchise, mais il l'a fait avec cette brutalité.

L'idée de l'indépendance s'est encore présentée à l'esprit humain, et il en est résulté des hallucinations. L'homme a pensé qu'il était honteux pour lui d'être soumis, dans la Science, aux affirmations de la vérité, et qu'il serait plus glorieux quand il ne relèverait que de ses propres études.

Et la Science a accepté le rôle qui lui était donné. Oubliant que sa vie est la connaissance de la vérité, elle a consenti à se décapiter, à se suicider, en se séparant du principe et de la fin pour laquelle elle existe. Elle a consenti à être la connaissance du faux, car, en dehors du vrai, il n'y a que le faux.

Ayant consenti à être la connaissance du faux, elle s'est admirée elle-même, elle s'est complue dans sa force et son indépendance, car l'amour-propre grandit toujours avec la honte.

Le jour où le crime fut accompli, la Science tomba foudroyée ; car elle ne se priva pas seulement des lumières surnaturelles que seize siècles avaient allumées devant elles : elle se sépara intérieurement, par l'esprit de révolte qui entra en elle, de l'ordre naturel. L'union nécessaire, évidente, de la Science et de la vérité commence dans l'ordre naturel et se consomme dans l'ordre surnaturel. L'esprit de révolte qui s'insinua dans la Science rompit avec l'un et avec l'autre, sous prétexte d'étudier le premier, sous prétexte de respecter le second.

Voici une loi générale :

L'esprit de révolte est hostile à toute science, parce que la Science suppose l'adhésion de l'intelligence à la nature des choses ; aussi, quand il est entré, l'esprit de révolte ne s'arrête pas aux négations logiques qu'entraîne sa première négation. Il va devant lui, dans la négation, niant pour le plaisir de nier, et s'enfonçant dans les ténèbres parce qu'il les aime. Hégel est fils de Descartes, non par la logique de la raison, mais par la logique du cœur. Les raisonnements de Descartes n'appellent pas forcément ceux d'Hégel ; mais l'Esprit qui a fait Descartes a éveillé l'esprit qui a fait Hégel.

L'ordre naturel s'est couvert aussi d'un voile, parce que l'œil qui avait voulu l'étudier n'était pas pur, et l'homme a fini par nier Dieu, parce qu'il avait regardé la création avec les yeux d'un révolté.

Alors les nations virent un spectacle extraordinaire, mais non pas inouï : les sciences se détachèrent de Dieu, et, par une justice qu'elles n'évitèrent pas, se détachèrent les unes des autres. Leur adhérence réciproque fut détruite quand elles cessèrent d'adhérer à l'unité de Dieu. Ne tenant plus à lui, elles ne tinrent plus entre elles.

Les sciences se livrèrent néanmoins à une multitude de recherches, elles possédèrent des connaissances nombreuses. Elles étudièrent, avec un soin minutieux et un travail infatigable, les manières d'être des choses, mais elles perdirent l'unité qui constitue la Science et qui est le nom de sa gloire.

Elles crurent même (il faut parler d'elles au pluriel) que la science philosophique pouvait gêner les connaissances de détail qui étaient devenues l'objet de leur ambition, que l'Être était un rêve dont la préoccupation pouvait gêner ceux qui avaient le microscope à la main pour regarder les êtres. Elles ne descendirent pas d'un seul bond à ce degré ; elles mirent deux siècles à faire cette chute qui dura du seizième au dix-huitième siècle, de Descartes à l'Encyclopédie. L'Encyclopédie représente l'état des sciences détachées de Dieu, détachées de la science, penchées sur les animalcules microscopiques, niant tout ce qu'elles ne voient pas, ne comprenant rien aux petites choses qu'elles voient, parce qu'elles ont perdu la clef des êtres, mais cherchant à découvrir les détails de la création ; heureuses et fières quand, à force d'aveuglement, elles croyaient trouver dans un fait qu'elles voyaient mal, l'occasion de railler une vérité qu'elles ne voyaient pas.

La Science doit proclamer l'harmonie des faits qu'elle observe avec les vérités qui les contiennent, les embrassent et les dominent.

Les sciences au dix-huitième siècle oublièrent les vérités de la création, dénaturèrent les faits de la création et mirent leur bonheur à proclamer la contradiction de ces faits dénaturés et de ces vérités oubliées. Ces deux ignorances venant au secours de la mauvaise volonté, le dix-huitième siècle jeta sur la nature un regard trouble et impur, et l'Encyclopédie parut.
L'esprit du dix-huitième siècle fut un souffle empoisonné qui semblait avoir la propriété de s'infiltrer à travers les pores dans le sang et de faire tomber en pourriture la substance qu'il pénétrait. Ce souffle toucha la Science : elle disparut pour faire place aux sciences. Ce souffle toucha l'Art : il disparut pour faire place aux arts. L'élément spirituel, qui garde l'unité, s'envola, et, la substance des êtres, abandonnée de l'esprit, s'en alla en poussière. Florian représenta la littérature, Boucher et Fragonard représentèrent la peinture, Voltaire représenta la philosophie, les Encyclopédistes représentèrent la Science. C'était la poussière qui régnait.

Ainsi se montra la loi des rayons du cercle.
Plus ils s'éloignent du centre, plus ils s'éloignent les uns des autres.
« S'ils s'en éloignent davantage, dit saint Denys, ils

continuent à se séparer dans la même proportion ; en un mot, plus ils sont proches ou distants du point central, plus aussi s'augmente leur proximité ou leur distance respective. »

Ainsi plus les branches de la Science et de l'Art, qui sont les rayons d'un cercle, s'écartent de la vérité, plus elles s'écartent les unes des autres, et quand elles ont tout à fait perdu de vue la vérité, elles se perdent de vue les unes les autres.

Cette loi au dix-huitième siècle se révéla dans les ténèbres et par les ténèbres ; mais, quand elles sont éclaircies par les lois, les ténèbres deviennent transparentes.

Le dix-huitième siècle a tellement effacé en lui la trace de la lumière qu'il nous expose à oublier son type. On serait tenté de croire qu'il était condamné fatalement, qu'il n'avait pas de place au soleil. Ce serait une erreur : tous les siècles ont leur œuvre, et à travers la nuit qu'ils ont jetée sur eux, l'œil peut encore découvrir de quelle couleur eût été leur lumière. Or, le dix-huitième siècle était probablement destiné à éclairer la création, à aimer la nature, et comme la déchéance garde l'image détournée et parodiée du type, Rousseau, Bernardin de Saint-Pierre et Florian ont dit qu'ils aimaient la nature. L'ordre naturel avait été insulté, méconnu par Luther et par Jansénius. Le dix-huitième siècle devait prendre sa défense et proclamer sa vérité. Aussi prononçait-il, du fond de sa nuit, des paroles qu'il ne comprenait pas, qu'il dénaturait, qu'il faussait, qu'il altérait, mais qui étaient peut-être les échos mal appris et en même temps mal oubliés des paroles qu'il aurait dû prononcer dans la lumière. Oui, je le crois, il était appelé à prendre, contre Luther et Jansénius, la défense de la création ; il était appelé non à chanter, — le souffle manquait, — mais à dire la beauté qui subsiste dans l'ordre naturel, à protester contre le serf arbitre de Luther, à protester contre le désespoir de Pascal, à sentir le parfum des roses dont Port-Royal semblait avoir horreur. Il était appelé à étudier plutôt qu'à contempler, mais à étudier l'ordre naturel, à écraser, sous le poids de la science naturelle, la tête hideuse du Jansénisme.

Il devait honorer la raison de l'homme, parce qu'elle est honorable ; aussi, comme il fut infidèle, il la déshonora, car il voulut l'adorer, et vous savez sous quelle forme !

Une erreur engendre plusieurs erreurs et les engendre de différentes façons. Elle en produit directement quelques-unes par voie de filiation. Elle en produit indirectement quelques autres par voie de réaction. De cette seconde manière, le Jansénisme, qui semblait mépriser la création, appela le dix-huitième siècle qui aurait dû l'honorer, l'étudier, l'épeler, la lire, l'admirer, et qui la déshonora, parce que, faussant son œuvre, il voulut l'adorer.

Le dix-huitième siècle laissa l'Europe parfaitement convaincue que les sciences et la religion étaient contradictoires, qu'il fallait choisir : — que les hommes d'esprit choisissaient les sciences ; que les autres, par bassesse et par peur, choisissaient la religion.

## VIII

Le dix-neuvième siècle, qui a faim et soif de plénitude, ne pourrait la réaliser que par l'union profonde de la Science et de la Religion.

Il faut que les sciences constituent la Science. Il faut

que la Science sache, comprenne, sente et proclame que la vérité est une et que la religion, étant vraie, ne peut ni contredire, ni gêner la vérité. Il faut établir l'unité de Dieu. Dieu ne se contredit pas, et puisqu'il est Un, il ne peut jamais, en aucune manière, se gêner, se troubler, s'embarrasser et se démentir.

Joseph de Maistre eut l'un des premiers, parmi les contemporains, la gloire de proclamer cette vérité évidente. C'est un fait bien remarquable et c'est une loi bien profonde ! La gloire consiste toujours à dire non des choses compliquées, étranges, contestables, mais des choses évidentes. De Maistre eut la gloire d'écrire cette phrase naïve :

« J'en jure par l'Éternelle vérité ! la Science et la foi ne s'allieront jamais hors de l'unité. »

C'est comme s'il eût dit : Dieu est Dieu, — et l'affirmation sembla paradoxale.

« Les sciences, dit-il ailleurs, germent comme tout ce qui germe ; elles croissent comme tout ce qui croît, elles se lient avec l'état moral de l'homme. »

Et encore :

« Parcourez le cercle des sciences, vous verrez qu'elles commencent toutes par un mystère. Le mathématicien tâtonne sur les bases du calcul des quantités imaginaires, quoique ses opérations soient très justes. Il comprend encore moins le principe du calcul infinitésimal, l'un des instruments les plus puissants que Dieu ait confiés à l'homme. »

Ces lignes admirables semblent être la préface du livre de la Science, qui commence par le mystère. Le dix-huitième siècle eut la haine du mystère, parce qu'il eut la haine de la lumière, et ces deux haines n'en font qu'une. Il crut que les sciences devaient, pour flatter l'homme, nier les mystères ; et, par cette négation et même par la disposition d'esprit d'où cette négation procède, il perdit la clef des sciences.

Magnifique attitude de l'homme qui n'a la lumière, même dans l'ordre naturel, que s'il accepte le mystère naturel, qui est le fond des choses. Il comprend dans la mesure où il s'incline ; l'humilité de l'intelligence est la mesure de sa grandeur.

« Il n'y a, dit de Maistre, aucune loi sensible qui n'ait derrière elle (passez-moi cette expression ridicule) une loi spirituelle dont la première n'est que l'expression visible. »

Enfin, dans une page célèbre :

« Attendez que l'affinité naturelle de la Religion et de la Science les réunisse dans la tête d'un seul homme de génie : l'apparition de cet homme ne saurait être éloignée et peut-être même existe-t-il déjà. »

Immédiatement la science a repris son vol, comme si elle eût attendu, pour s'élancer, cette permission.

Les découvertes de la science contemporaine ressemblent au siècle qui les fait éclater. Elles ont un caractère à part, le caractère de l'universalité, et celui du symbolisme.

Voyez les chemins de fer, la photographie, le télégraphe électrique.

La foudre et la lumière disent leur secret, et la terre entière entend dans le même moment la même parole.

Le secret de la lumière, c'est l'universalité du rayonnement des corps. L'univers est une immense plaque photographique, et tout exerce sur tout une action mystérieuse. Nous n'apercevons le rayonnement de notre visage que sur le point précis où une plaque photographique le fixe sensiblement. Mais si le rayonnement se fait sur cette plaque, c'est qu'il se fait partout, moins visible, mais aussi vrai.

Chaque homme remplit l'univers de son image, et si cette image n'est pas partout visible, c'est que la Science ne dresse pas partout l'appareil photographique : l'image est toujours là ! c'est la plaque photographique qui manque.

Or, la gloire de la photographie est dans sa signification symbolique. Si le rayonnement physique est une loi universelle, quelle est donc la réalité, quelle est la puissance du rayonnement moral? Dans l'ordre physique et dans l'ordre moral, nous ne croyons à notre rayonnement que dans la mesure précise où nous le voyons s'exercer. Qu'éprouverions-nous si nous apercevions tout à coup l'universalité de ce rayonnement, que nous croyons si restreint ? Que deviendrions-nous si nous apercevions de nos yeux l'action que nous avons sur les Chinois par le rayonnement incessant de notre âme, rayonnement actif et invisible, aussi réel qu'il est oublié ?

La solidarité est la loi de toutes les découvertes modernes. Elles semblent s'entendre entre elles pour la proclamer par toutes les voix dont la création dispose. Les effets de l'électricité, les réservoirs, les décharges, les chocs, les chocs en retour, tous les jeux de la foudre, à peine soupçonnés, bien que la télégraphie électrique en fasse notre servante, toutes ces choses, tantôt conquises par l'homme, et tantôt révoltées contre lui, nous remplissent d'une admiration qui grandirait au-delà de ce que notre pensée peut atteindre, si elles nous racontaient les merveilles morales qu'elles symbolisent; si, mettant à nu l'intérieur des secrets, elles nous montraient l'action du désir et l'activité de la prière ; si elles nous montraient la lumière, incessamment reçue, repoussée, envoyée, renvoyée, cherchée, évitée, reflétée, opérant dans le monde invisible et marchant où il lui plaît, suivant les angles inconnus ! L'allumette chimique, qui semble plus modeste, mais qui n'est pas moins admirable, constate sensiblement la présence universelle du feu ; la photographie constate la présence universelle du rayonnement ; le télégraphe électrique qui transporte la parole, la vapeur qui transporte l'homme, suppléent, dans une certaine mesure, au désir d'ubiquité qu'éprouvent l'homme et sa parole.

Mais voici ce qui est sublime : Pour reconquérir la foudre, il faut non se révolter contre elle, mais obéir à sa loi. Elle brise qui lui résiste, et se rend à quiconque lui obéit.

Dans son ardeur et sa puissance de rapprocher, la science actuelle n'a pas borné ses regards à la planète que nous habitons. Elle a fait du télescope une merveille qu'il est difficile d'admirer autant qu'elle est admirable. Le perfectionnement merveilleux de lunettes d'approche convient et ressemble à cette époque de préparation qui a inventé la photographie, le télégraphe électrique, l'allumette et la vapeur. Le besoin de voir de près, le besoin de toucher est le génie du dix-neuvième siècle, et ce génie élève la voix, réveille la lumière endormie, la foudre endormie, la flamme endormie, les mondes endormis. Il les appelle, il les convoque, il les invite à une grande fête, la fête de la connaissance et la fête de la charité.

Je n'étonnerai pas beaucoup ceux qui ont percé la surface des choses si je constate que la Science, au moment où elle prend, dans ses découvertes, le caractère de l'universalité, prend, dans sa théorie, le caractère du catholicisme. Bien que ce mouvement ne se soit pas encore répandu dans tous les étages de la Science, il en occupe si évidemment le sommet que la prédiction de Joseph de Maistre est déjà réalisée.

En effet, les hommes comme Humboldt ont énormément travaillé. Ils ont amassé et même réuni d'innombrables matériaux ; ils ont préparé, couru, regardé, constaté, amoncelé. Humboldt a su beaucoup de choses; mais ce n'est pas un savant, car il n'a rien synthétisé, même dans l'ordre purement naturel.

Un découragement immense s'est emparé de ceux qui regardaient seulement pour regarder; c'est que leur œuvre est faite; ils ont amené, comme des ouvriers, la nature sous les yeux de l'homme.

## IX

Maintenant il s'agit de comprendre, et la science contemporaine est chargée de déchiffrer, à la lumière de l'Évangile, les caractères nombreux et confus qu'on a jetés sans ordre devant nos yeux, pendant la nuit. Ce travail immense est commencé, la voie est indiquée, tracée, déblayée. La géologie s'est retournée vers Moïse, et le centre de la terre s'est éclairé. La physique, la chimie, l'histoire naturelle viennent tour à tour rendre témoignage, et proclament que leur plénitude est de vérifier scientifiquement l'exactitude scientifique de la Bible.

Pour résumer cet immense mouvement, qui est la description scientifique du globe, éclairé à la fois par les lumières naturelles et les lumières surnaturelles, il faudrait indiquer et caractériser les grands travaux qui contiennent et représentent la Science convertie.

Sans exclure aucune des voies par lesquelles l'homme

peut parvenir à la connaissance des causes, sans exclure aucun des procédés que l'expérience ou la raison lui fournit, dans l'ordre naturel, la Science se place au sommet que le christianisme rend accessible. N'excluant rien, et profitant de toutes les clartés pour les fondre dans la lumière du vrai, distinguant toutes les choses, mais ne les séparant pas, unissant tout et ne confondant rien, elle peut jeter sur le monde un grand regard de vainqueur, un regard clair et pur, et ce regard verrait, dans toute créature, l'image ou le vestige de la Très Sainte Trinité.

La véritable science dépasse et écrase tous les systèmes. Elle connaît les choses, telles qu'elles sont, non telles que l'esprit humain aime à les arranger ; elle les connaît telles que Dieu les a faites, non telles que l'homme les a rêvées.

Le système trouve dans la nature l'image ou le vestige de son propre caractère. La Science trouve dans la nature l'image ou le vestige de Dieu.

Regardez l'homme éclairé ! S'il le veut, il s'empare des données de toutes les sciences pour construire la Science ; et les pierres se posent d'elles-mêmes, parce que leur place est indiquée d'avance ; et le monument se construit de lui-même, parce que la lumière est là ; et qu'en vertu de son caractère, la lumière rassemble.

Il interroge le minéral, le végétal, l'animal, et tous lui font la même réponse ; il classe les êtres, les sciences qui correspondent à ces êtres et de tous côtés le nombre *trois* resplendit sur toutes les facettes, toujours identique, et toujours différent.

La création est un plan incliné, une échelle qui monte : l'homme, esprit et corps, relie le visible à l'invisible, toute chose atteste Dieu, la plus petite lui convient déjà, la plus grande ne lui ressemble pas encore ; les cieux racontent sa gloire, *et Sanctum Nomen Ejus.*

La création est un cantique ; la science l'épèle, et l'art le chante, et la vie le prolonge.

Saint Paul disait à l'Aréopage, le jour où saint Denys le suivit :

*In ipso enim vivimus, et movemur et sumus.*

Il est impossible de lire ces trois paroles sans penser aux trois personnes de la Trinité divine.

L'homme, dit saint Augustin, est, voit, aime, *est, videt, amat.*

*In æternitate Dei viget, in veritate Dei lucet, in bonitate Dei gaudet.*

Être, lumière, amour et joie.

O Père ! Ô Fils ! Ô Saint-Esprit ! La terre est pleine de votre gloire !

Les créatures sont donc en rapport avec Dieu, et, toutes entre elles.

Le cardinal Wiseman, dans son discours sur les rapports de la Science de la religion révélée, constate le magnifique témoignage que rendrait au Verbe divin l'homme qui montrerait l'action religieuse pénétrant dans les parties les plus intimes de l'économie de la nature.

Au vrai savant incombe cette tâche immense. Promenant sur toutes les parties de la Science la lumière révélée, il confronte avec le récit de Moïse toutes les théories relatives aux révolutions géologiques, toutes les traditions des peuples, et il lit partout les hommages volontaires ou involontaires qui sont rendus par la science et par l'histoire à la parole de Dieu. Il appelle le son, la lumière, la chaleur, l'électricité : le son, la lumière, la chaleur, l'électricité disent leurs secrets à l'homme et rendent témoignage à Dieu.

Plus le monde physique est connu, plus la vérité de la parole de Dieu éclate en lui. Chaque découverte est une hymne de gloire. Les matériaux sont amoncelés. Un rayon de lumière arrive d'une étoile : l'homme le décompose et sait s'il y a du fer dans l'étoile qui envoie le rayon. Un rayon de lumière part de la figure d'un homme : l'homme le fixe sur une plaque et impose à la lumière la fixité, l'obéissance. Il ordonne au miroir de se souvenir et le miroir se souvient. Un rayon de foudre captif dans nos mains porte une parole : ô Dieu, que notre parole soit digne enfin d'être portée par la foudre ! L'homme lui dit d'aller et de venir : la foudre va et vient. La vapeur, la plus faible des choses, la vapeur traîne les masses énormes que nous la chargeons de traîner, et devant elle, sur notre ordre, les montagnes prennent la fuite pour nous livrer passage, et nous entr'ouvrons la terre, afin de la traverser, conduits, traînés par une goutte d'eau. Le feu découvert dans l'intérieur des corps nous a livré le secret de sa présence. Toutes nos découvertes parlent de la solidarité universelle. Elles affirment non par la parole, mais par l'acte ; elles montrent, même aux yeux du corps, les faits de la lumière, les faits de la vapeur, les faits de l'électricité. Elle réalise plusieurs vérités que le dix-huitième siècle eût prises pour des rêves.

C'est pour cette raison même que la prudence de l'esprit est imposée par une obligation rigoureuse, et particulièrement rigoureuse pour nous. Plus l'homme est hardi, plus il doit être prudent. Plus la Science est hardie, plus elle doit être prudente. Plus les réalités sont hautes, plus il faut éviter tout ce qui ressemblerait au rêve. L'homme a nié depuis longtemps les grandes vérités naturelles ou surnaturelles ; aussi est-il actuellement porté à les remplacer par des illusions. Il a nié le corps ; il est tenté par le fantôme. Quant à nous, n'oublions jamais que l'ordre est la loi du monde naturel et la loi du monde surnaturel. Les saints, dans leurs plus grands transports, ont toujours été les plus prudents des hommes. L'erreur, au contraire, quand elle veut essayer des hauteurs, s'éloigne de la Science.

C'est que les hauteurs réclament une pureté de doctrine parfaite et irréprochable. Souvenons-nous toujours que la musique a pour base l'arithmétique et que le nombre est la loi de l'harmonie. L'exactitude la plus rigoureuse est la condition absolue du chant. Dans l'ordre surnaturel, ceux qui sont montés sans inconvénient présentent le spectacle d'une science pleine, assurée, qui se possède dans la paix. C'est surtout sur les hauteurs qu'il importe d'avoir le pied le plus ferme. Or, de tous les hommes, ceux qui ont eu le pied le plus ferme, ce sont les Saints, tandis que, dans le domaine de l'erreur, la paix s'écarte de l'homme qui, pour aller à Dieu, suit sa fantaisie, et l'hallucination se présente à lui, au milieu du chemin.

L'erreur croit toujours que l'ordre et l'amour sont contradictoires. L'Église est d'une sagesse surhumaine. Saint François d'Assise, ne l'oublions jamais, était un homme de bon sens, tandis que ceux qui veulent monter, en dehors de l'Église, sur les hauteurs de l'Amour, tombent dans les bas-fonds du caprice et du désordre. Plus les choses dont il s'agit sont élevées, plus la prudence est nécessaire devant elles. Dans l'amour du surnaturel, l'ordre est plus nécessaire que partout ailleurs. Il y a une route qui mène au but. Mais, à droite et à gauche, les précipices sont épouvantables, et beaucoup y sont tombés qui voulaient gravir une montagne. La vérité suffit à tout et à tous. L'illusion ne sert à rien.

Gardons-nous du rêve, et que la sagesse soit toujours pour nous la loi de la science, la loi de la vie et la loi du désir !

Plus la navigation est hardie et lointaine, plus l'étoile polaire est nécessaire à fixer. Or la Science a une étoile polaire, et saint Paul la nomme. Que la Science ne perde jamais de vue son principe, et sa fin, et sa voie. L'apôtre des nations lui a, par la même parole, tracé la route et montré le but. Il n'a voulu *savoir* que Jésus-Christ, et Jésus-Christ crucifié. La croix est le premier et le dernier mot de la Science ; la croix est la parole immense que les générations balbutient ; par la croix, l'amour et l'ordre demeurent en équilibre et se dilatent sans s'égarer. Ce saint Paul, qui, sans la charité, déclarait n'être rien, est un modèle merveilleux d'ordre et de prudence. Il est l'homme pratique par excellence. Je ne m'étonne pas si la montagne du Calvaire lui a seule fourni l'horizon que cherchaient ses regards, l'horizon de la Science.

# L'IGNORANCE RELIGIEUSE

Parmi les choses qui décident les hommes ou à se réunir ou à se séparer, il faut compter presque en première ligne l'opinion qu'ils ont les uns des autres au sujet de la Science ou de l'ignorance.

Ce sentiment qui pousse l'homme à s'entourer de ceux qu'il estime savants, soit pour paraître savant, soit pour le devenir, soit pour mille autres raisons plus mystérieuses, et à repousser ceux qu'il estime ignorants, soit par ennui, soit par dédain, soit pour mille autres raisons plus mystérieuses, ce sentiment est si profond qu'il conduit les hommes à leur insu. Il est si puissant qu'il faut, pour lui résister, un mobile extraordinaire, et habituellement un mobile divin. L'homme savant, livré à lui-même, méprise l'homme ignorant. Et cet homme qui méprise du haut de sa science ne se doute pas combien profonde est sa propre ignorance.

Les hommes sont dupes des mots. Cela est vrai à un point qui étonne, ou du moins qui devrait étonner. Il n'est pas difficile d'exciter la fureur d'un homme en désignant une chose par un certain nom, et la sympathie du même individu, en désignant la même chose par un autre nom.

L'Église catholique a beaucoup d'ennemis, et son nom déplaît à bien des gens. Peut-être que si on leur parlait de l'Assemblée universelle, ils éprouveraient une curiosité sympathique, un sentiment d'Unité et de grandeur. On n'aurait fait, pour obtenir ces deux résultats, que dire la même chose, en grec d'abord, en français ensuite.

L'Assemblée universelle, pour parler français, ou l'Église catholique, pour parler grec, est une des institutions les plus ignorées qu'il y ait au monde.

L'ignorance est très répandue là où elle se déguise sous des noms étrangers ; elle porte surtout sur les choses présentes, et spécialement sur les choses présentes et éternelles, — sur les choses présentes parce qu'elles sont éternelles.

Les hommes adorent le passé. Ils ont, pour cette divinité morte et fausse, le culte le plus fidèle ; ils immolent volontiers à cette idole de belles victimes, comme l'avenir et l'Éternité, par exemple. Eux si avares, ils deviennent généreux s'il s'agit de se sacrifier au passé ; eux si jaloux, ils deviennent désintéressés ; eux si orgueilleux, ils se mettent à plat ventre devant les vieilles figures au pied desquelles l'habitude les prosterne ; et ils voudraient quelquefois s'anéantir devant elles. Il suffit d'appartenir à l'Antiquité pour mériter l'attention, l'étude, l'admiration de l'homme. Beaucoup de savants seraient fiers de découvrir sur Julien l'Apostat quelque détail ignoré, — le nom de son cuisinier, par exemple. L'homme compte pour rien le travail du jour et de la nuit, s'il espère doter le monde d'un renseignement nouveau sur un vieux Grec ou un vieux Romain. Mais il faut, pour obtenir ce sacrifice, que ce Grec et ce Romain soit vieux, très-vieux. S'il s'agissait d'un moderne, d'un vivant qui eût besoin du savant pour une œuvre actuelle, le savant répondrait qu'il n'a pas le temps. Il se doit à ceux dont il n'a pas besoin et qui n'ont pas besoin de lui.

Ainsi conçue, comme une créature morte et destinée aux morts, faite non pas même pour les ensevelir mais plutôt pour les déterrer, la Science laisse quelque chose à désirer, comme, par exemple, la vie, l'amour, la respiration.

Le présent est beaucoup moins connu que le passé. L'histoire contemporaine est la moins célèbre des histoires. Cependant, quand il s'agit des choses présentes transitoires, on trouve beaucoup d'érudits qui sont au courant de la situation. Mais s'il s'agit des choses présentes et éternelles, le nombre des érudits diminue singulièrement.

Les hommes bien élevés auraient honte d'ignorer la bataille de Marathon, et surtout ce combat des Thermopyles qui a rencontré tant d'admirateurs, depuis qu'on le raconte aux générations humaines.

Mais ces mêmes hommes bien élevés peuvent ignorer sans rougir ce que c'est que l'Église catholique. L'exactitude relative aux choses qui la concernent ne fait pas partie intégrante et essentielle des connaissances d'un homme bien élevé. Il n'est pas permis d'avoir oublié les conjugaisons; mais il est très-permis d'avoir ouublié le catéchisme.

Cet oubli a mille faces, parce que l'Église catholique touche à tout l'ordre des choses.

Je n'envisage ici que l'esprit doctrinal et philosophique : un préjugé très répandu affirme que le *Credo* catholique appartient au passé et que la philosophie moderne lui succède.

Ce qu'il y a de plaisant, c'est que ce préjugé est cru et prêché par les hommes du passé, par ceux-là mêmes qui méritent de recevoir, en connaissance de cause, le reproche qu'ils adressent, sans connaissance de cause, à l'Église éternelle. Tel homme, esclave non révolté de Cicéron, de Platon, de Virgile et d'Horace, reproche à l'Église catholique de ne l'avoir pas lancé sur la route de l'avenir.

Regarder la doctrine catholique comme une difficulté pour l'inspiration artistique, voilà une erreur assez bizarre ! La regarder comme un simple développement de l'intelligence humaine est un exploit du même genre ; mais mille exemples, tous plus récents les uns que les autres, démontrent que cet exploit n'est pas impossible. Il y a des courages qui ne s'effraient de rien.

Quand on jette les yeux sur la Mappemonde, elle se divise d'elle-même en deux parts : le monde civilisé, et celui qui ne l'est pas ; le monde civilisé et la barbarie. Or le monde civilisé, c'est le monde chrétien ; la barbarie, c'est ce qui n'est pas chrétien. Cette remarque est si naïve qu'elle est presque frappante.

Mais, dès qu'il s'agit des choses divines, les choses les plus simples ne sont pas prises avec simplicité. L'homme a plusieurs poids et plusieurs mesures, et les principes qui sont acceptés comme incontestables, quand il s'agit des choses humaines, ne régissent plus ses paroles, quand il s'agit des choses divines.

Par exemple :
L'ignorance est une des misères que l'homme redoute le plus d'avoir ou de paraître avoir. La honte qui suit l'ignorance prouvée est même un phénomène étrange. Cette honte semble au-dessus de ce qu'elle devrait être : car elle est plus grande, aux yeux des hommes, pour certaines ignorances que pour certaines fautes. L'homme qui se sent pécheur n'est pas troublé au milieu des

hommes. Il les regarde en face comme des frères qui lui ressemblent, ou, si vous voulez, comme des ennemis qui lui ressemblent. Il les aborde, il traite avec eux d'égal à égal. Il se trouve chez lui au milieu d'eux. Mais l'homme qui se sent ignorant éprouve, au milieu des hommes qu'il croit instruits, une confusion singulière. Il a l'air de se croire d'une race inférieure. Il est beaucoup plus timide que les coupables. Il ne lève pas la tête ; il ouvre la bouche avec défiance. Il craint ce qu'il va dire. Il suspecte autour de lui jusqu'aux sourires de ceux qui l'entourent, jusqu'à leur bienveillance et leur cordialité.

L'homme qui ne sait pas la chimie se garde bien de parler chimie ; l'homme qui ne sait pas l'histoire évite avec soin les sujets périlleux de conversations. La réputation de savant, surtout quand il s'agit de connaissances spéciales, assure souvent à qui la possède une déférence qui lui vient des autres hommes, une déférence bien plus grande que son mérite.

La crainte de parler des choses qu'il ignore remue dans l'homme les mauvais et les bons instincts : l'amour-propre et la modestie craignent tous deux ce danger bizarre.

Cela se passe ainsi, tant qu'il ne s'agit pas de la Vérité chrétienne.

Mais si c'est d'elle qu'il s'agit, la loi que je constatais n'existe plus. N'importe qui dit n'importe quoi, à tout hasard. Non seulement la loi n'existe plus, mais elle est retournée. Plus l'ignorance est profonde, plus la parole est assurée. Si l'ignorance est moins profonde, la critique devient plus respectueuse. Si l'homme qui parle est un savant, c'est en tremblant qu'il parle.

« A mesure que l'homme s'élève vers les cieux, dit

saint Denys, le coup d'œil qu'il jette sur le monde spirituel se simplifie et ses discours s'abrègent : comme aussi en pénétrant dans l'obscurité mystique, non seulement nos paroles seront plus concises, mais le langage, mais la pensée même nous feront défaut[1]. »

Il est certain que l'homme a honte d'ignorer, et cette honte porte sur tout, excepté sur le Christianisme.

Cette ignorance a mille formes ; mais en particulier elle en a une. Il y a une méthode qu'elle préfère. Elle a un goût, une prédilection, une tendresse, une passion. C'est la passion d'associer le Christianisme et le passé.

Dire que le Christianisme a été bon, mais qu'il ne l'est plus ; l'unir, dans la pensée de l'homme, aux vieilleries, aux abus, aux préjugés, à tout ce que l'humanité déteste légitimement, — voilà le Paradis de l'ignorance.

Car, remarquons-le bien, cette humanité, idolâtre du passé, reconnaît en même temps, dans un lieu plus élevé de son esprit, que ce passé contient des choses détestables, qu'en outre il est le passé, et que par conséquent quiconque s'attache à lui est mort et bien mort.

L'humanité sent profondément que quiconque, ayant mis la main à la charrue, regarde en arrière, n'est pas apte au royaume de Dieu.

L'humanité, quoique idolâtre de ces morts, par une de ces contradictions qui lui sont familières, réclame ardemment la vie, et laisse les morts ensevelir leurs morts.

L'humanité sent que toute doctrine qui aurait la

1. *De la Théologie mystique*, traduction de M$^{gr}$ Darboy.

marque du passé seul, aurait la marque contraire à la marque divine : car Dieu s'appelle Jéhovah, Celui qui a été, qui est, et qui sera.

Aussi l'ignorance, qui déteste le Christianisme, sent que la meilleure manière de le ruiner dans l'homme, c'est de le présenter à l'homme comme l'attribut du passé.

Quand l'ignorance a fait ce tour de force, voici ce qui arrive :

L'homme, qui adore le passé en même temps qu'il le déteste, déteste le Christianisme de toute la haine qu'il a pour le passé, mais ne l'adore pas de toute l'adoration qu'il a pour ce même passé.

Le Christianisme partage avec le passé la haine de l'homme ; mais il ne partage avec le passé l'idolâtrie de ce même homme.

Le Christianisme est confondu par l'esprit humain avec le passé, non pas en tant que le passé contient le germe de l'avenir, mais en tant qu'il est passé.

Un des procédés de l'esprit humain vis-à-vis du Christianisme, c'est de le reléguer dans les domaines dont il n'est pas question au moment où l'on parle.

L'homme, parce qu'il est le centre du monde, est exposé aux coups de la création tout entière. Il est exposé par son cœur, par son esprit, par son âme, par son corps. Une mauvaise parole peut le corrompre. Une tuile qui tombe d'une maison peut l'écraser. L'universalité des relations qu'il soutient avec toutes les créatures constitue pour lui une multitude immense de dangers. Les animaux peuvent lui faire mal : car ils ont prise sur lui. L'air qu'il respire peut l'empoisonner. Son ami peut le tromper. Un livre qu'il lit ou un aliment qu'il mange peuvent introduire en lui la mort. Sa position centrale l'expose à tous les coups.

Il se passe, à propos du Christianisme, un fait différent, mais analogue.

Les Livres Saints parlent de beaucoup de choses. Le Christianisme, rétablissant les rapports de Dieu et de l'homme, remue toute la création. Les étoiles et les animaux sont à chaque page mentionnés dans l'Écriture. De là résulte que, pour attaquer l'Écriture, le coup peut partir de tous les points du monde. L'ignorance peut se livrer à mille exercices variés et attaquer de mille côtés l'ennemi commun. L'ignorance scientifique et l'ignorance philosophique peuvent lancer mille traits, qui directement ou indirectement se tournent contre le Christianisme.

On a longtemps cru, faute de connaître la création et spécialement la géologie, que le récit de Moïse était incompatible avec les découvertes de la Science. Il se trouve, quand ces découvertes prennent certains développements et sont placées dans la lumière, qu'elles rendent témoignage au récit de Moïse. Le point précis où la Science aime à contredire l'Écriture Sainte, c'est le moment où la Science n'existe pas encore et se révolte déjà, pour faire croire à sa force. Ainsi ferait un enfant, trop faible pour se conduire et trop révolté pour se laisser conduire. Dès que la Science se forme, se constitue, s'organise, dès qu'elle existe, elle revient à l'Écriture Sainte. Quel serait donc, tant qu'elle n'est pas formée, quel serait son intérêt et quel serait son devoir ?

Ce serait la Foi.

La Foi serait son salut, même dans l'ordre naturel.

Ainsi s'accomplirait la parole de Jésus-Christ :

« Cherchez d'abord le royaume de Dieu et sa justice, et le reste vous sera donné par surcroît. »

Il y a dans la vie de l'homme et dans la vie de l'humanité des moments où la raison se trouble.

L'ignorance philosophique intervient et grandit au point d'étonner l'ignorance vulgaire. L'ignorance philosophique prend des proportions invraisemblables, et, pour un moment, l'humanité ressemble à un homme qui, dans un grand trouble d'esprit, aurait oublié son nom. Notre époque connaît ce mal. C'est ce mal qui a sucé les forces vives de l'Allemagne, et, quand il a passé le Rhin, en perdant sa grandeur apparente, il n'a pas perdu son danger réel. La raison humaine, troublée dans ses profondeurs, furieuse contre elle-même et contre la Foi, a essayé alternativement d'une apothéose et d'un suicide. Quand elle se rétablira, elle se verra à sa place, et retrouvera sa lumière en reconnaissant ses crimes. Mais, en attendant, quel eût été, pendant la tempête, son salut et sa sauvegarde ?

La Foi.

Quand la Raison menace ruine, quelle ressource lui reste-t-il ?

La Foi.

Ainsi s'accomplirait la parole de Jésus-Christ :

« Cherchez d'abord le royaume de Dieu et sa justice, et le reste vous sera donné par surcroît. »

Il y a une foi naturelle. Celle-là est le fondement de la Science. L'absurdité de Descartes est le triomphe de l'ignorance.

La Foi étant avec la Science dans une si étroite relation et une si profonde intimité, n'est-il pas frappant et étrange d'entendre à chaque instant l'ignorance attaquer le Christianisme au nom de la Science ? n'est-il pas étrange d'entendre les hommes qui ne connaissent ni l'ordre naturel ni l'ordre surnaturel, les opposer l'un à l'autre et invoquer le premier contre le second, comme s'ils avaient scruté, des deux côtés, toutes les profondeurs possibles ?

Un homme qui ignore tout à fait le Christianisme et qui ne rougit pas de l'ignorer rougirait s'il ignorait au même point l'histoire de Scipion, et rougirait encore bien davantage s'il ignorait les bruits qui courent dans le monde où il vit, les faits sur lesquels roule la causerie de ses voisins ; et ces faits sont la plupart du temps inférieurs en importance à l'histoire de Scipion. On dirait qu'il y a une correspondance entre la vanité des personnes et la vanité des choses, correspondance en vertu de laquelle l'homme vain est d'autant plus fier de savoir, que ce dont il s'agit est plus vain. L'amour-propre aime les petites choses, il vit de petites proies. Plus l'aliment qu'on lui sert est nul, plus cet aliment est à son goût. L'amour-propre se nourrit du vent.

Quand il s'agit de choses substantielles, l'amour-propre ne souffre plus de son ignorance, et s'il s'agit de choses sublimes, l'amour-propre devient fier de son ignorance. L'homme vain aime à savoir le premier une nouvelle, une nouvelle indifférente. Il aime à savoir le premier un commérage. En revanche, il ne tient pas du tout à connaître la Vérité, et plus il s'agit d'une haute vérité, moins il tient à la connaître.

# LES ALLIANCES SPIRITUELLES

### I

La froideur donne de singuliers spectacles. La froideur, qui éteint l'esprit, tout en permettant au moins un peu la lettre, se trahit par des procédés dignes de remarque.

Quiconque aime la vérité déteste l'erreur. Ceci est aussi près de la naïveté que du paradoxe. Mais cette détestation de l'erreur est la pierre de touche à laquelle se reconnaît l'amour de la vérité. Si vous n'aimez pas la vérité, vous pouvez jusqu'à un certain point dire que vous l'aimez et même le faire croire : mais soyez sûr qu'en ce cas vous manquerez d'horreur pour ce qui est faux, et à ce signe on reconnaîtra que vous n'aimez pas la vérité.

Quand un homme qui aimait la vérité cesse de l'aimer, il ne commence pas par déclarer sa défection ; il commence par moins détester l'erreur. C'est par là qu'il se trahit.

Les complaisances secrètes forment une des parties les plus ignorées de l'histoire du monde.

Quand un homme perd l'amour de la doctrine, bonne ou mauvaise, qu'il professait, il garde ordinairement le symbole de cette doctrine : seulement il sent mourir en lui toute aversion pour les doctrines contraires à celle-là.

Les idolâtries sont très différentes les unes des autres dans leurs formules ; cependant elles ont les unes pour les autres des tendresses incroyables : c'est qu'elles ont une unité : elles sont toutes l'idolâtrie. Les apparences sont très différentes, mais le fond commun est très semblable.

Quand le christianisme se leva, la terre présenta un spectacle qui contient tant de leçons qu'on ne peut pas les compter. Combien de dieux étaient adorés sur cette planète, combien de dieux ! quelle effroyable variété ! quelle bigarrure ! Et cependant toute cette multitude d'idoles ennemies vivaient ensemble au Panthéon. Elles se pressaient sans se combattre, se serraient sans se nuire, et se coudoyaient sans se gêner. C'est qu'elles étaient d'accord entre elles. Mais quand le soleil parut, venant de Bethléem, la clameur fut générale. Les idoles, qui dormaient dans leur paix, se réveillèrent pour livrer combat : toutes reconnurent l'ennemi commun, et l'on put voir pourquoi elles n'avaient pas lutté entre elles. Le secret de leur calme était leur complicité.

Si nous remontons le cours des siècles, le même spectacle se présente. Je ne sais pas bien pourquoi l'histoire, qui cependant ignorait et ignore encore très souvent le mot de l'énigme, raconte sans s'étonner la prodigieuse complaisance des idoles et des adorateurs, qui admettent dans leur compagnie n'importe qui et n'importe quoi. Celui-ci adore un bœuf et celui-là un chou. Ces deux hommes ne se disputeront pas. Volontiers l'adorateur du bœuf adorera même un peu le chou par complaisance, et l'adorateur du chou ne refusera pas au bœuf quelques génuflexions. Une entente mystérieuse semble planer sur l'immense mensonge et dire aux hommes que, si ce mensonge est multiforme, il ne faut pas s'inquiéter pour si peu : car c'est toujours le même mensonge. L'idolâtrie peut changer d'aspect et de caractère ; mais elle rassure l'idolâtre : car elle lui montre, à travers la multitude des objets adorés, elle lui montre le même visage ; elle lui dit : C'est toujours moi !

Dans ce choc universel des peuples, depuis Adam jusqu'à Jésus-Christ, combien d'idoles se sont choquées ! Mais elles se choquaient sans s'écraser : elles se fondaient en se choquant. Jamais, dans cette énorme liste de peuples vainqueurs et vaincus, l'histoire ancienne ne nous montre les uns ou les autres étonnés ou furieux à la vue des idoles inconnues que la guerre amenait sous leurs yeux. Les peuples trouvaient tout simple de rencontrer ailleurs un culte différent, et l'idée n'est venue à aucun conquérant d'établir sur le globe l'Unité de son idolâtrie. Un seul point de la terre voit la colère de Dieu contre les idoles ; un seul point de la terre voit la vérité religieuse et l'erreur idolâtrique se déclarer en face l'une de l'autre : ce point s'appelle la Judée. Il s'appela l'Égypte quand Moïse gardait ses troupeaux avant d'avoir ouvert devant lui la mer Rouge. Il s'appela le désert, quand, au pied du Sinaï, le front de ceux qui avaient vu les éclairs s'inclina cependant devant le veau d'or. Partout où va Moïse, Dieu éclate sous ses pas, et les idoles rencontrent la fureur qui leur est due. Mais voyez partout ailleurs : voyez Troie et la Grèce, Agamemnon, Hector, Ménélas, Pâris, Xerxès, Léonidas, Epaminondas ; voyez Périclès ; voyez Alexandre. L'Europe et l'Asie, qui lancent la mort l'une sur l'autre, sans demander aux siècles un instant de repos, font la paix sur un seul point : elles emportent leurs idoles l'une chez l'autre, et ces idoles sont bien reçues, et l'hostilité même des races ne réussit pas à inspirer l'hostilité des cultes.

La chose paraît si simple que les historiens, ou plutôt les chroniqueurs (car l'antiquité n'a pas d'historiens), les chroniqueurs oublient de s'étonner, et leur défaut d'étonnement s'ajoute aux faits qu'ils racontent pour montrer combien paraissait simple l'admission des idoles étrangères.

Et cependant l'histoire de l'antiquité est une histoire de bataille. Partout et toujours la guerre ! la guerre à propos de tout ! à propos d'une ville, à propos d'une dispute, à propos d'une femme, la guerre est toujours prête. Les idoles seules sont en paix avec les idoles. La conflagration qui commence à Hélène dure à peu près jusqu'à Tibère ; le temple de Janus est un témoin fidèle des habitudes romaines : le sang coule partout. L'orgueil national aime à imposer la loi aux autres peuples ; mais il expire devant cette profonde indifférence qui n'ose préférer une idolâtrie à une autre. La mort, qui fait le tour du monde portée par les légions romaines, tire parti de tout, excepté de la différence des cultes.

## II

Mais quand la Croix se lève sur le Golgotha, voici que la fureur religieuse va remplacer la fureur nationale, et les champs de bataille peuvent sécher : car la terre du Colisée va boire le sang des hommes nouveaux ; et les soldats pourront se reposer, tant les bourreaux auront de travail !

Le signe de la haine a toujours été là ; toujours l'esprit du mensonge a poursuivi la Croix de son hommage renversé ; il lui a toujours dit: C'est toi seule que je hais, toi seule au monde !

Et tandis que le monde ancien haïssait à propos de tout, excepté à propos de l'idolâtrie, le monde moderne ne peut compter aucun siècle où la haine n'ait pas éclaté à propos de la Religion. Mais si le monde, dans le sens où l'Évangile prend ce mot, a toujours haï, dans l'histoire moderne, le christianisme, ce même monde n'a jamais haï, même dans l'histoire moderne, l'ancienne idolâtrie. Plus l'homme est incroyant, plus il a d'attrait pour les cultes faux. Il semblerait logique, à qui ne connaîtrait pas le secret des alliances, de supposer que l'homme qui ne croit pas en Dieu déteste toutes les religions. Cela serait vrai, s'il y avait plusieurs religions.

Mais le fait est là: il parle. Plus l'homme se vante d'être esprit fort, plus il courbe la tête sous le culte, pourvu que ce culte soit faux.

### III

Les alliances secrètes fournissent ici de profondes révélations. Voltaire et Gœthe étaient deux hommes différents. Gœthe pouvait devenir un homme supérieur. Quant à Voltaire, j'en ai parlé ailleurs, et je renvoie à ce que j'en ai dit [1]. Eh bien! Gœthe aimait Voltaire, si ces deux mots peuvent aller ensemble ; Gœthe avait de l'attrait pour Voltaire. Cet attrait ne venait pas de Voltaire, il venait de Gœthe ; ce n'était pas Voltaire qui plaisait à Gœthe: c'était le reflet de sa propre haine. Ce n'était pas parce que Voltaire avait écrit tel ou tel

---

1. M. Renan, *L'Allemagne et l'Athéisme au dix-neuvième siècle*, p. 133. — Douniol, libraire-éditeur, rue de Tournon, 29.

ouvrage, que Gœthe avait vu en lui un camarade ; c'était parce que Gœthe lui-même avait écrit cette phrase :

« Il y a quatre choses que je déteste également : le tabac, les cloches, les punaises et le christianisme. »

En effet, il détestait également les cloches et le christianisme : il ne détestait les cloches qu'à cause du christianisme. Le son des cloches, pris en lui-même, eût été agréable à Gœthe. Gœthe était même très capable d'admirer cette voix grave, si elle eût parlé d'autre chose. Mais la haine du christianisme, qu'il a gardé pour le dernier des quatre mots de sa phrase, parce qu'il était le principal, altéra en lui l'amour qu'il avait naturellement pour l'harmonie ; et ce chercheur infatigable, qui scrutait avec tant de conscience ses moindres sentiments, et leurs causes et leurs effets, oublia de se demander d'où lui venait cette aversion.

Gœthe faisait aussi devant une statue de Jupiter sa prière du matin. D'où vient cette sympathie monstrueuse, qui ressemblait à une adoration idolâtrique, sinon de cette haine profonde et unique, de cette haine qui, ne sachant comment faire pour s'exprimer directement, s'exprime indirectement par la voix des alliances secrètes ? Gœthe priait Jupiter, sans reculer même devant l'énormité du ridicule, tant il avait horreur de prier Jésus-Christ.

## IV

Cet attrait invraisemblable, inexplicable en lui-même, n'est pas particulier à Gœthe. Toute la fausse philosophie incline vers le goût du Paganisme. Cette pente est plus ou moins sensible, plus ou moins rapide ; mais presque partout elle se laisse voir ou au moins deviner.

Le Paganisme attire le Rationalisme, comme le fer attire l'aimant. Ce n'est pas que logiquement le Rationalisme conduise toujours à l'adoration des idoles grecques ou romaines. Mais c'est que mystérieusement le Rationalisme prépare l'âme à ne pas détester ces idoles. L'âme incline vers elles, entraînée par son propre poids, et ne s'étonne pas de cet entraînement, si bien fait pour l'étonner : car elle n'en a pas l'explication. Et si l'explication n'était là, ne semblerait-il pas bizarre de voir un homme, parce qu'il devient esprit fort, se réconcilier avec l'esclavage des anciens cultes rejetés jadis par Lucrèce? Ne serait-il pas bizarre de voir Gœthe, cet homme si fier de la science, de la culture, si fier de l'amour-propre, si fier de l'indépendance, si fier de n'adorer rien, ressembler, vis-à-vis de Jupiter, aux sauvages les plus ignorants des îles perdues de l'Océanie?

## V

Montrés à la lumière de cet attrait révélateur, tous les mensonges avoueraient peut-être une effroyable et inconnue parenté.

Quoi de plus contraire en apparence à l'Athéisme que le Jansénisme? L'Athéisme est l'absence franche de Dieu. Le Jansénisme ressemble à une exagération religieuse. L'Athéisme proclame la divinité de l'homme : car il faut bien ici-bas mettre quelque chose à la place du Dieu qu'on rejette. Le Jansénisme est une négation de l'homme, un amoindrissement, une corruption, un effacement du type humain. Le Jansénisme et l'Athéisme occupent logiquement deux places qui, dans le monde de l'erreur, sont aux antipodes l'une de l'autre. Eh bien ! chose admirable ! l'Athée porte en lui un certain fond de tendresse pour le Janséniste. Vous ne trouverez pas un Athée qui n'ait un faible pour Port-Royal. L'Athée, qui a horreur des saints, surtout des saints très contemplatifs, admire volontiers cette sévérité apparente du Janséniste. Il trouve que c'est bien la vraie Religion. Cette tristesse noire et inféconde lui plaît, car elle ressemble à sa tristesse ; cette mauvaise humeur lui plaît, parce qu'elle ressemble à sa mauvaise humeur ; cette froideur lui plaît, parce qu'elle ressemble à sa froideur. Le Jansénisme est si faux, qu'il est l'ami de tous les mensonges ; les erreurs les plus étrangères à lui le saluent comme un allié. On dirait qu'entre les Athées a circulé un billet sur lequel il était écrit : Le Jansénisme est étranger à nous en principe ; mais, en fait, il a tant menti qu'il est devenu nôtre. Respectons-le.

L'Athée, qui admire le Janséniste, se donne deux plaisirs à la fois : d'abord il admire l'erreur ; ensuite il a l'air de rendre hommage à la Religion. Par cette tactique habile, il trompe en lui le besoin de rendre justice. Il trompe ce besoin, sans danger pour l'injustice. Il est fidèle à l'erreur, et il se donne le délicat plaisir de lui sembler infidèle, par largeur d'esprit.

Beaucoup de gens repoussent l'erreur revêtue d'une forme doctrinale, et acceptent la même erreur présentée sous une forme légère. Ceux-là admirent dans un volume de vers (car ils croient cela très léger) la doctrine qu'ils repoussent dans un traité de philosophie. La complicité de ces gens avec l'erreur réside dans l'âme plutôt que dans la formule de la croyance, et ils se vengent de ne pas adopter cette formule en adhérant par le cœur à la même chose dite autrement. Dès que l'ennemi a changé de vêtement, ils font semblant de ne plus le reconnaître et se jettent à son cou.

## VI

Dans les relations de la vie privée, le même fait se présente. Pour mesurer l'amitié de Paul pour Pierre, ne vous demandez pas seulement comment Paul se comporte vis-à-vis de Pierre ; demandez-vous comment Paul se comporte vis-à-vis des ennemis de Pierre, de quelle façon il ressent l'injustice commise envers Pierre. C'est là qu'est le secret.

Essayez de vous figurer un saint qui n'aurait pas la haine du péché ! L'idée seule de ce saint est ridicule. Et cependant c'est ainsi que le monde se figure le chrétien qu'il faudrait canoniser. Le saint véritable a la charité ; mais c'est une charité terrible qui brûle et qui dévore, une charité qui déteste le mal, parce qu'elle *veut* la guérison. Le saint que le monde se figure aurait une charité doucereuse, qui bénirait n'importe qui et n'importe quoi, en n'importe quelle circonstance. Le saint que le monde se figure sourirait à l'erreur, sourirait au péché, sourirait à tous, sourirait à tout. Il serait sans indignation, sans profondeur, sans hauteur, sans regard sur les abîmes. Il serait bénin, bénévole, doucereux pour le malade, indulgent pour la maladie. Si vous voulez être ce saint-là, le monde vous aimera, et il dira que vous faites aimer le christianisme.

Le monde, qui a l'instinct de l'ennemi, ne demande jamais qu'on abandonne la chose à laquelle on tient : il demande seulement qu'on pactise avec la chose contraire. Et alors il déclare que vous lui faites aimer la Religion, c'est-à-dire que vous lui devenez agréable, en cessant d'être un reproche pour lui.

Il affirme alors que vous ressemblez à Jésus-Christ, qui pardonnait aux pécheurs. Parmi les confusions que le monde chérit, en voici une qu'il chérit beaucoup : il confond le pardon et l'approbation. Parce que Jésus-Christ a pardonné à beaucoup de pécheurs, le monde veut en conclure que Jésus-Christ ne détestait pas beaucoup le péché.

L'homme se familiarise étonnamment avec tous les maux. Il ne s'étonne pas d'être méchant, il ne s'étonne pas d'être dupé, il ne s'étonne pas d'être malheureux. Ce goût du malheur, dont je parlais dernièrement, est une des causes de son indulgence pour tout ce qui lui a fait mal. L'homme trouve tout simple qu'on lui nuise, parce que l'homme ne s'aime pas. *L'homme ne s'aime pas :* voilà le grand mot. Sainte Catherine de Gênes dit que l'amour-propre devrait s'appeler la haine propre. Qu'est-ce en effet que l'amour-propre, sinon le sacrifice que l'homme fait de lui-même à la vanité? L'homme ne s'aime pas, et l'homme doit s'aimer beaucoup : car il doit aimer beaucoup son prochain, et il doit aimer son prochain comme lui-même.

Si l'homme s'aimait, il haïrait le mal, il haïrait tout ce qui est contraire à sa destinée, à ses besoins, à sa joie, à sa lumière, il haïrait l'erreur. Le drame du Paradis terrestre serait toujours devant ses yeux, et l'horreur du serpent serait plus intime à lui que sa respiration même. Si l'homme s'aimait, il exécrerait d'une exécration inconnue tout ce qui s'interpose entre lui et Dieu comme obstacle. Si l'homme s'aimait, il se prouverait à lui-même son amour, en détestant ce qui l'écarte de sa fin dernière. Mais l'homme ne s'aime pas, et il fait alliance avec l'ennemi. Il joue avec le serpent; il commet envers lui-même cette infidélité que je signalais tout à l'heure vis-à-vis des autres et vis-à-vis de Dieu.

Parce que l'homme ne s'aime pas, il plaisante avec son malheur.

Parce que l'homme n'aime pas la vérité, il plaisante avec son erreur.

L'horreur du faux, l'horreur du mauvais, l'horreur brûlante du mensonge est peut-être parmi les hommes le plus rare des sentiments.

# L'EAU BÉNITE

### I

Comment se fait-il que l'exécration du mal ne soit pas la passion de l'humanité? Je le demandais l'autre jour, je le demande encore, et toujours je le demanderai. Puisque nous possédons la mémoire, faculté étrange dont on oublie de s'étonner, faculté qui paraîtrait invraisemblable si elle n'était pas évidente, faculté par laquelle le passé revit dans le présent, revit sans revenir, — puisque nous possédons la mémoire, comment faisons-nous pour ne pas voir cette traînée de sang qui, depuis le meurtre d'Abel, marque derrière nous, sur la terre où nous marchons, la trace de nos pas?

Le nom du Seigneur employé dans le récit de la mort d'Abel est le *tetragrammaton*, à cause de la solennité. C'est le principe de vie, Jéhovah, qui demande compte du sang de son frère au premier homicide.

Or, depuis Abel, on connaît l'histoire du monde : elle est épouvantable. Avant Abel, avant Adam, on entrevoit l'histoire du monde : elle est épouvantable. Quelles catastrophes inconnues, fondant sur l'univers encore inachevé, ont accompagné la chute de Lucifer! Quels cataclysmes ont épouvanté de leurs horreurs précoces une création à peine ébauchée encore!

Quand on songe à l'immensité des douleurs qui ont suivi la chute de l'ange et la chute de l'homme, il me semble que la créature devrait monter au-dessus d'elle-même, et grandir et atteindre une taille nouvelle, et relever en elle le sentiment de la vie, à force de désirer la justice.

Comment l'homme fait-il pour oublier sa vengeance ? Si une lanterne sourde, éclairant nos profondes ténèbres, nous montrait dans son horreur l'injure qui nous a été faite, peut-être tomberions-nous la face contre terre, à jamais étonnés de n'avoir pas détesté d'une détestation plus profonde et plus intime notre infâme ennemi, notre ignoble ennemi ?

Au lieu de cette horreur, vous savez quels sont les sentiments de l'homme vis-à-vis de Celui qui est damné. Jusqu'où donc sommes-nous tombés, si nous ne savons plus haïr ?

La haine ! c'est bien d'elle qu'il s'agit ! Vis-à-vis de Celui qui est damné, l'homme moderne est porté à trois choses : à l'oublier, à l'admirer, à nier son existence.

## II

L'Église nous fournit contre l'ennemi plusieurs armes. Par une disposition d'esprit que je ne qualifie pas, parce qu'elle est inqualifiable, l'homme néglige de s'en servir et affecte de les mépriser. La complicité secrète qui existe entre son adversaire et lui, le porte à dédaigner son salut.

Une des raisons de ce dédain, c'est que les armes qu'on lui propose lui semblent petites et indignes de lui. Chose merveilleuse ! l'homme, qui a un corps ; l'homme, qui a besoin de tout, lui, l'universel indigent ! il trouve le moyen de mépriser les secours qu'on lui offre.

L'eau bénite se présente sous une forme vulgaire; et lui, qui mourrait de soif s'il n'avait plus l'eau ; lui, qui n'a jamais eu la pensée de mépriser l'usage naturel de l'eau non bénite, s'avise de mépriser cette eau quand elle est élevée à une dignité nouvelle, quand elle a reçu la bénédiction !

L'absudité de l'homme est au-dessus de sa portée : elle appartient au mystère de l'abîme où ses regards ne pénètrent pas. L'affectation de mépriser l'eau semblerait invraisemblable à qui ne connaîtrait pas l'homme. Il est vrai qu'il ne la méprise que quand elle est bénite.

Cela constitue, à ses yeux, la circonstance atténuante de son mépris. Le mépris est-il au moins le fond de son extravagance ? Non pas. Il y a quelque chose de plus bizarre : après avoir méprisé, au lieu d'être honteux, lui qui tout à l'heure aura soif, il est fier ; il est fier de son mépris, il veut que ses amis le connaissent. Après leur avoir donné cette incomparable preuve de sa chute, il prendra peut-être de l'eau bénite, à un moment donné. Mais alors il se cachera.

## III

Si le bandeau se levait, l'homme admirerait cet esprit de justice en vertu duquel l'Église oppose la matière à ce Lucifer, à ce damné, à ce méchant, à cet infâme, qui a méprisé la matière sous prétexte qu'il était un ange. La matière, que Dieu ne méprisait pas; la matière, sur laquelle Dieu jetait un regard profond, un regard qui était un projet ; la matière, sur qui cet immense honneur se préparait à fondre ; la matière, sur qui Dieu se penchait, ayant l'intention de prendre un jour une femme pour mère, la matière ! Croyant faire preuve de grandeur, ce Chérubin l'a méprisée ; et, pour se moquer de lui éternellement, c'est la matière qui fournira contre lui des armes aux petits enfants. Les moyens qu'on lui oppose sont d'une extrême simplicité. Il n'en est que plus furieux. Il déteste tant la simplicité ! il fait toujours parade de quelque chose, il aime les oripeaux, il a le goût du théâtre. Par bonheur, *son enflure ne le console pas*, et nous n'avons pas à craindre qu'elle adoucisse son désespoir éternel. C'est fini à jamais !

Et si la matière est bien choisie, l'eau dans la matière est particulièrement bien choisie. L'eau est peut-être la substance qui représente la nécessité. L'homme a besoin de tout. Mais ce dont il a besoin est très souvent, dans l'Écriture, représenté par l'eau. « Oh ! qui me donnera à boire, s'écrie David, qui me donnera l'eau de la citerne de Bethléem ? »

Et Béthulie ! c'est le besoin de l'eau qui arma le bras de Judith. Le Dieu qu'elle invoque est le *Créateur des eaux. Expandi manus meas ad te: anima mea sicut terra sine aqua tibi.* Toujours l'eau et le besoin collés ensemble.

Que veulent dire les douces splendeurs de la rosée, quand le soleil de mai jette sur les brins d'herbe ses premiers rayons, mêlés aux chants de l'alouette et aux fleurs des fraisiers ?

Peut-être disent-elles, dans leur langage très simple et très beau, que ce qui est utile est magnifique; que l'eau doit resplendir, puisqu'elle est nécessaire, et que le soleil fait bien de la saluer, puisqu'elle a satisfait la soif des brins d'herbe.

L'eau est austère, profonde, immense, magnifique, par-dessus tout nécessaire. Sa mission est de purifier et de préserver...

## IV

La malice du démon est profondément inconnue des hommes ; c'est un bienfait de la leur apprendre ; c'est un bienfait de les armer.

Le désespoir de Satan a un nom ; ce désespoir se nomme :

**JAMAIS.**

Ce désespoir est à l'abri des injures du temps : il est revêtu d'une robe traînante, la robe de l'éternité, sous laquelle aucune flétrissure ne l'atteindra ; et les siècles des siècles, si l'on pouvait encore, à propos de l'enfer, nommer les siècles des siècles, passeraient plus nombreux que ne l'ont été, depuis la création, les feuilles des arbres, sans user en quoi que ce soit le désespoir éternel du damné, ni la force inexorable et la valeur de ce désespoir. *Amen.*

# LE SIGNE DE LA CROIX

Je voudrais indiquer quelques-unes des profondeurs que le signe de la croix découvre, et citer quelques-uns des faits nombreux qui sanctionnent sensiblement la vérité signifiée par lui.

## I

En voyage, quand on aperçoit des montagnes échelonnées, un instinct très fort pousse l'homme à chercher le dernier plateau et lui promet que son ascension sera récompensée là-haut par l'horizon qui se découvrira. Le voyageur monte, et quand il est au sommet, dans certains pays, il rencontre une croix ! Les hommes avaient placé une croix là-haut, parce que la montagne était haute et parce que la vue était belle. La hauteur et la beauté avaient appelé la croix sur la montagne. Nous sommes avertis que là où l'homme respire largement et voit de haut, il y a place pour une croix.

Quand on regarde le soleil avec un télescope, ou même la terre, on cherche à mettre l'instrument au point de vue.

Quand on regarde le soleil ou même la terre, il faut se mettre au point de vue, c'est-à-dire près de la croix, près du trône, dans l'embrassement du Sauveur, dans la gloire du Dieu Très-Haut.

Le Christ est la sagesse de Dieu, le Christ est la vertu de Dieu ; le monde invisible et le monde visible s'agenouillent tous deux au pied de la croix.

Entr'ouvrons le monde des pensées et le monde des faits : le signe de la croix est gravé dans leurs deux centres qui n'en font qu'un.

Dans des pages admirables et trop peu connues, M. Olier explique et admire les cérémonies de la messe. Le signe de la croix occupe une grande place dans ce traité. J'en citerai quelques lignes pour lutter contre cette morne et hideuse platitude que la coutume introduit dans la vie, coutume qui abaisse l'esprit, qui affaiblit le cœur et qui dégrade chez l'homme la majesté des choses. La nature humaine a un immense besoin qu'on lui rappelle, à chaque instant, la grandeur des lignes que Dieu pose sur sa route pour la conduire à lui, car elle est prête à tout quitter, par oubli, ou à tout avilir, par habitude.

« On met donc la main au front, dit M. Olier [1], pour représenter la dignité du Père habitant dans les lieux hauts : *Gloria in altissimis* (Luc, II, 114.). Nous mettons la main au front pour montrer que c'est du haut du Ciel que le Père Éternel a envoyé en terre son Fils qu'il avait engendré de toute Éternité et qu'il portait dans son sein.

« Nous représentons encore la voie de génération du Verbe, qui est l'intelligence, à cause que le Père, se contemplant, exprime ce qu'il est et produit en lui-même sa vive image, qui se nomme le Verbe, c'est-à-

---

1. *Œuvres complètes de M. Olier*, édition Migne, p. 414.

dire une parole qui exprime et qui fait entendre ce qui est caché en Dieu même dans un profond secret. Le Fils de Dieu est une expression de ce que Dieu est en lui-même : il est reposant dans le Père, la première Personne : c'est une figure et un caractère naïf qui comprend et qui exprime en soi tout ce qu'il y a en Dieu ; le Verbe divin est une personne qui comprend l'original et la copie : il comprend Dieu comme le Père, et il est encore sa figure.

« C'est en cette représentation que consiste la Personne du Fils, qui est ainsi la parfaite expression et la gloire immense de Dieu : c'est lui qui, en un mot, dit et raconte tout ce qui est Dieu ; et c'est ce Verbe qui est venu en terre représenter aux hommes ce que Dieu est, pour le leur faire adorer, et pour leur donner l'amour de sa beauté et de sa splendeur : c'est ce Verbe fait chair qui faisait paraître les raisons de sa majesté divine en sa nature humaine et faisait voir au travers des rideaux de sa chair quelle était la beauté cachée de son Père !

. . . . . . . . . . . . . . .

« C'est donc cet abaissement du Verbe que nous représentons quand nous portons la main de la tête au bas de l'estomac, en prononçant le Nom du Fils abaissé, avili, anéanti en sa propre personne.....

« Notre religion consiste à rendre grâces à Dieu le Père, par son Fils en son Saint-Esprit..... C'est pour cela que quand le prêtre ou les prêtres font le signe de la croix, disant ces paroles : *Et du Saint-Esprit*, ils tirent la main d'une extrémité du corps à l'autre, c'est-à-dire de l'épaule gauche à la droite en passant par la poitrine, pour dire que le Saint-Esprit est répandu dans tous les cœurs de l'Église, où il prie pour nous et nous élève à Dieu en sa vertu. »

La durée du monde, même si l'homme ne perdait pas de temps, la durée du monde ne suffirait pas pour épeler ces paroles et pour expliquer ce geste :

Au Nom du Père, et du Fils, et du Saint-Esprit.

Invocation des trois personnes : TRINITÉ.

Abaissement de la main quand le Nom du Fils est prononcé : INCARNATION.

Forme de la croix tracée par l'homme : RÉDEMPTION.

Amen. — Après l'invocation des trois personnes, l'homme dit : AMEN.

Le croisement des deux lignes est une parole supérieure à l'intelligence humaine. Cette parole est écrite partout, et la nature nous donne des avertissements.

« Il est extrêmement remarquable, dit Gretzer, que, dès l'origine du monde, Dieu a toujours voulu que la figure de la croix fût sous les yeux de l'homme, et a organisé le monde de manière que l'homme ne pût faire à peu près rien sans l'intervention du signe de la croix. »

L'oiseau qui s'envole dessine la croix, l'homme qui nage dessine la croix, le mât du navire dessine la croix par ses vergues, la charrue armée du soc dessine la croix.

Les étendards romains avaient la forme d'une croix, et Constantin, au jour solennel, n'en changea pas la forme : il fit seulement graver un chiffre.

Les quatre horizons font sur l'univers le signe de la croix, et Platon a écrit que *la puissance la plus voisine du premier Dieu s'est étendue sur le monde en forme de croix* [1].

La croix est la forme de l'homme : l'homme véritable, c'est l'homme qui prie ; or, la prière étend les bras de l'homme et fait d'elle-même le signe de la croix !

*Elevatio manuum mearum sacrificium vespertinum.*
L'élévation de mes mains est mon sacrifice du soir.

## II

Les premiers chrétiens faisaient souvent ce signe de croix, et je n'en suis pas étonné. Ce signe de croix a une beauté particulière : il montre à Dieu l'homme tout entier, développé, étendu, agrandi, qui prie tout entier avec la vie de l'âme et avec l'attitude du corps. L'homme qui étend les bras appelle et demande à la fois. Il appelle les hommes et il demande Dieu. Il veut embrasser et il veut s'envoler. Dieu voit, en le regardant, la créature telle qu'elle est, pleine de besoins et de désirs, misérable et transportée, étalant sous les yeux de son Père son impuissance et son ardeur. Dieu voit en elle la ressemblance de Celui qui est le Type, l'image du Fils qui, parlant de la croix, comme il eût parlé d'un trône, comme il eût parlé d'un char de feu, voulait être exalté pour entraîner tout à lui ! *Si exaltatus fuero, omnia ad me traham.* L'homme a faim et soif d'être exalté à son tour, et le signe de la croix, quand il étend nos bras avides de saisir, le signe de la croix, quand il nous précipite tout entiers, vivants et palpitants, dans la ressemblance du Fils de l'homme, le signe de

---

[1]. *Hier*, in-8, c. xi, Marc.

la croix, quand il est complet et ardent, ressemble au cri de la faim et au cri de la soif.

Paul, le patriarche du désert, est mort dans cette attitude, et c'est ainsi qu'il s'offrit aux regards d'Antoine, quand Antoine revint vers lui. Paul était dans l'attitude d'un homme qui s'élance.

Il s'était élancé.

## III

« Quelle vérité, disait Joseph de Maistre, ne se trouve pas dans le paganisme ? »

Tout le monde sait l'étymologie du verbe : *adorare: manum ad os admovere ;* approcher la main de la bouche. Pline le déclare : les païens, dit-il, portaient, pour adorer, leur main droite à leur bouche et la baisaient.

L'idolâtrie, qui singe toujours, avait voulu parodier d'une façon telle quelle le signe de la croix. Ce signe est une parole trop universelle, trop écrite dans la création, trop écrite dans la rédemption, trop écrite dans la gloire, pour avoir échappé aux singeries sacrilèges de l'idolâtrie, qui cherche toujours, comme les impuissants, à imiter ce qu'elle déteste.

Les anciens priaient en étendant les bras. Tite-Live, Denys d'Halicarnasse, Virgile l'attestent.

A Rome, la statue qui s'élevait au milieu du Forum, *Pietas publica*, était debout, les bras en croix.

Les Égyptiens plaçaient la croix dans leurs temples.

Un ancien empereur chinois, quand il voulait prier, joignait ensemble deux morceaux de bois, l'un droit, l'autre de travers [1].

---

1. *Discours préliminaire du Chou-King*, par le P. Prémare. Chap. ix, p. 13.

Quant à l'Ancien Testament, il parle de la croix, sans la nommer clairement ; il en parle par allusion, comme on parle d'un secret.

Il contient certaines scènes si belles que les hommes qui y figurent semblent plus grands que la taille humaine. Au nombre de ces scènes, il faut citer la mort de Jacob Israël.

Celui qui a vaincu l'ange dans sa jeunesse, pendant la nuit du grand combat, celui qui a pleuré Joseph et qui a retrouvé Joseph, celui qui a revu dans sa gloire l'enfant dont il avait tenu dans ses mains la tunique ensanglantée, Jacob Israël assemble autour de lui ceux qui descendent de lui, et leur annonce solennellement, dans la majesté des dernières paroles, et dans la majesté de la prophétie, Celui qui doit venir, l'attente des nations, le désiré des collines éternelles, le Fils de Marie, le Fils du Père, son Fils, à lui Jacob, le Fils de l'homme, Jésus-Christ. Ephraïm et Manassès sont là devant le patriarche. Jacob croise les bras, il croise les bras pour les bénir. Il place la main gauche sur l'enfant qui est à droite, il place la main droite sur l'enfant qui est à gauche. Jacob fait le signe de la croix. Saint Jean de Damas l'a remarqué. Image de Jésus-Christ, Jacob lui rend à la fois tous les témoignages dont il dispose, et manifeste par l'attitude des bras, celui qui échappe à toute intelligence. Il manifeste, devant deux enfants, celui qui repose au-dessus des chérubins, au-dessus des esprits intelligents.

*Qui sedes super cherubim, manifestare coram Ephraïm, Benjamin et Manasses.* (Ps. 79.)

## IV

Les Hébreux sont en face d'Amalech : que fera leur conducteur Moïse ?

La bataille est décisive. Israël a rencontré l'ennemi dans le désert, et les destinées du peuple élu, c'est-à-dire les destinées du monde, sont suspendues à l'événement. Moïse choisit son arme, et son arme sera un jour l'armée de Constantin. Moïse arbore la croix sur la montagne, et cette croix c'est lui-même. Il ouvre les mains, il étend les bras, et Israël triomphe. Moïse n'a pas donné un ordre, il a laissé loin de lui le combat visible, il n'a pas parlé aux hommes, il a parlé à Dieu par son attitude, il lui a *rappelé d'avance* le calvaire à venir, et Israël a triomphé. Saint Jean de Damas et saint Justin ont reconnu, dans les bras tendus de Moïse, l'étendard de l'avenir, le signe de la croix.

Je pense quelquefois à un grand peintre, qui ne ressemblerait à aucun de ceux que jusqu'ici on a appelés grands peintres. Car je souscris à ce sentiment de l'illustre et admirable Père Faber, qui a dit quelque part, en parlant de la théologie :

« Quand elle voit les plus parfaits enfants divins de Raphaël, elle est blessée, presque indignée, et ne peut dissiper sa colère qu'en soulageant son cœur par des larmes, tant elle trouve vulgaires, j'ai presque dit laides, les plus belles figures de l'enfant comparées à cette vision sans couleurs et sans lignes qu'elle porte toujours présente à l'esprit. »

Je recommandes ces paroles au peintre dont je parle et je lui propose, s'il existe, de nous représenter le signe de la croix fait par Moïse, pendant le combat, sur la montagne. Le sujet serait magnifique. Nous verrions les mains fatiguées de Moïse, soutenues par Hur et par Aaron. Ces deux hommes auraient deux expressions différentes. L'un d'eux regarderait Moïse, l'autre regarderait le soleil ; car il faut que le signe de la croix dure jusqu'au coucher du soleil. Aucun d'eux ne regarderait les combattants. Celui qui regarderait le soleil semblerait lui dire de se presser. Celui qui regarderait Moïse semblerait oublier le présent et deviner l'avenir, oublier la figure et pressentir la réalité. Moïse aurait sur le visage l'immense douceur qui appartient à la puissance, et ses bras étendus, qui ne peuvent plus se soutenir d'eux-mêmes, sembleraient s'être fatigués dans quelque vaste embrassement. — On verrait au loin, sur un autre plan, le combat, aussi près de finir que le soleil serait près de se coucher.

Le tableau porterait cette suscription : Un signe de croix.

## V

Samson, pour secouer les colonnes, cherche l'attitude de la Toute-Puissance, et étend les bras en forme de croix.

*Expandi manus meas*, dit David, et Salomon, dans le jour solennel où il appelle les bénédictions de Dieu sur son temple, *étend les mains vers le ciel* et dit :

« Seigneur, Dieu d'Israël, il n'est point de Dieu semblable à vous, dans le ciel au dessus, ni sur la terre au dessous. *Regardez* la prière de votre serviteur..., etc. »

Le jour où la réalité fut substituée aux figures échappe par ses dimensions aux paroles humaines. Au centre du monde, sur le mont Golgotha, en présence de Jean et de Marie, en présence des siècles passés et des siècles futurs, en présence de toutes les créatures, Jésus de Nazareth se fit signe de croix.

Le soleil se cacha, et les hommes désormais, même ceux qui refuseront de croire, compteront les années à dater de Jésus-Christ. Les dates historiques donneront à l'incrédulité des hommes de singuliers démentis, et le dix-huitième siècle s'appellera le *dix-huitième siècle* : la croix qu'il insulte lui impose son rang d'ordre dans les siècles ! car c'est d'elle qu'ils dateront.

Elle apparaitra dans les airs : elle jugera le monde, et déjà elle divise, à travers les siècles, les vivants et les morts. Déjà elle distribue la vie et la mort : le bon larron était à droite, le mauvais larron était à gauche ; déjà, depuis 1800 ans, les individus et les peuples sont séparés, divisés, classés, qu'ils le veuillent ou qu'ils ne le veuillent pas, par l'invisible vertu du signe terrible que l'humanité porte, bon gré, mal gré, dans ses mains fidèles ou infidèles. Les hommes, depuis dix-huit cents ans, prennent vis-à-vis du signe de la croix l'attitude qu'ils veulent, mais ils prennent une attitude quelconque. Ils peuvent se mettre à droite ou se mettre à gauche ; mais il faut être, en tous cas, près de lui. Près de lui pour la vie, ou près de lui, pour la mort. L'Humanité ressemble à une foule traversée par une procession. La procession porte la vraie croix. A droite, la foule s'agenouille. A gauche, la foule insulte et rit : la procession poursuit sa marche solennelle, promenant la justice de Dieu sur les têtes inclinées et sur les autres. *Vexilla regis prodeunt.*

. . . . . . . . . . . . . . . . .

La procession passe, portant la croix, et les créatures se divisent sur son passage, car les hommes ne sont pas touchés seuls par la vertu qui descend. Les créatures se divisent, et elles ne savent pas toujours que c'est la croix qui les divise.

Et les peuples qui ont la croix ont aussi le paratonnerre.

## VI

Pour raconter l'histoire du signe de la croix depuis le premier avènement jusqu'à nos jours, il faudrait raconter non-seulement la vie des saints, mais l'histoire du monde. Car il règne par sa présence ou par son absence. Pour raconter l'usage que saint Vincent Ferrier faisait du signe de la croix, il faudrait transcrire la vie de saint Vincent Ferrier. En voici quelques lignes :

« On lui dit, dans une ville du Piémont, qu'un malheureux possédé se moquait de l'eau bénite qu'on jetait sur lui pour l'exorciser. Le saint répondit que le prêtre qui avait béni cette eau avait mal récité les prières et mal fait les cérémonies. Il bénit lui-même de l'eau, en jeta sur le possédé, et chassa aussitôt le démon.

« Saint Vincent raconte ce trait dans son sermon sur l'eau bénite. Il exhorte les prêtres à bien former les croix proscrites par le Rituel, et, se plaignant de ceux qui tracent des cercles plutôt que des croix, il dit : *Non diabolus pro suo proprio signo habet circulum, et Christus per passionem recepit signum crucis*[1].

Dans un autre sermon, saint Vincent raconte qu'ayant demandé à un démon pourquoi il s'était emparé d'un homme, le démon répondit : Parce qu'il mangeait et buvait, sans réciter auparavant aucune prière, *sans même faire le signe de la croix*. »

M. Bayle raconte le fait.

La prière qui précède et qui suit les repas se rattache aux traditions les plus universelles de l'humanité.

« Jamais les anciens, dit Athénée, ne prenaient leur repas sans avoir imploré les dieux. »

---

[1]. *Vie de saint Vincent Ferrier*, par M. l'abbé Bayle. (Ambroise Bray, éditeur, rue des Saints-Pères, 66, Paris.)

Il paraît même, toujours d'après Athénée, que les Égyptiens, fidèles aux antiques souvenirs de l'homme, souvenirs altérés mais profonds, témoignaient par une cérémonie particulière de l'importance de cette prière. Ils prenaient place d'abord sur leurs lits de table, puis se levaient, se mettaient à genoux, et ne se recouchaient qu'après avoir répété les prières traditionnelles récitées d'abord par le chef du festin ou par le prêtre, comme s'ils eussent voulu insister, en se relevant, sur la gravité de l'acte accompli.

Les Juifs et les Romains ne mangeaient jamais sans prier : un proverbe même atteste à cet égard le sentiment unanime de toute l'antiquité.

« *Ne a chiropode cibum nondum sanctificatum rapias.* »

« Ne tirez pas du chaudron la nourriture non encore sanctifiée. »

## VII

Vainqueurs de tous genres, souverains, martyrs, docteurs, confondent leurs paroles en une parole et montrent tous le signe de la croix comme le trophée de la victoire. Constantin, Théodose, Charlemagne, saint Louis, Sobieski, saint Julien, saint Pontien, saint Constant, saint Crescent, saint Isidore, saint Nazaire, saint Celse, saint Maximin, saint Alexandre, sainte Sophie, saint Paul, sainte Julienne, saint Cyprien, sainte Justine, saint Sébastien, saint Bernard, saint Jérôme, Julien Sabas, saint Marcien, saint Benoît, saint Antoine, saint Ignace d'Antioche, saint Athanase, en un mot tous ceux qui ont triomphé nous montrent l'instrument du triomphe dans leur science, dans leur amour, dans leur vie, dans leur mort, et c'est le même instrument.

La résurrection d'un mort qui suit l'invention de la vraie croix par sainte Hélène et qui lui rend témoignage, en qualité de *signe*, jette sur le *signe* de la croix une lumière générale. La croix est la rencontre de la vie et de la mort. Pourquoi la résurrection ne serait-elle pas le fruit de cet arbre?

Saint Martin a fait usage du signe de la croix pour *arrêter*.

Un jour il arrêta par ce signe une troupe de païens. Un autre jour il arrêta par le même signe un arbre que l'on faisait tomber sur lui, et le précipita sur ceux qui venaient de le couper. Toutefois, il leur laissa la vie, et ces païens se convertirent.

Saint Gérard *arrêta*, par le signe de la croix, des pierres suspendues en l'air.

Les habitudes de la pesanteur furent-elles effrayées par la figure qui avait *exalté* Jésus-Christ et s'enfuirent-elles devant le signe qui *éleva* dans l'air le serpent d'airain!

## VIII

On dirait que ces traditions premières, vagues et altérées, ne font plus chez nous ce qu'elles faisaient chez les anciens. Il faut venir chez les peuples modernes pour trouver l'oubli de la Prière dans les détails de la vie. Il serait intéressant et utile de savoir les causes de ce phénomène.

Il est ici-bas un sentiment tellement bizarre que l'habitude même ne devrait pas nous le rendre intelligible! Ce sentiment fournirait sur l'état intellectuel des hommes d'épouvantables pensées : c'est le respect humain. Le mot est singulier. La chose est bien plus singulière. Le mot viole la parole et la chose viole la pensée. Parmi les dégradations de la terre, le respect humain serait peut-être celle qu'il serait le plus impossible de faire comprendre à quelque génie voyageur, non habitué à nous, qui toucherait pour un moment cette obscure planète. De quelles paroles les hommes se serviraient-ils pour faire entendre à cet ange libre et fier qui adorerait, les ailes tremblantes, dans l'anéantissement de la joie sublime, de quelles paroles les hommes se serviraient-ils pour lui faire entendre qu'au fond de leur pourriture ils ont honte de Dieu ? Incapable de saisir le sens de ces mots, l'ange, qui n'aurait pas l'expérience de nous, remonterait, sans comprendre.

Or, le respect humain arrête surtout l'homme qui va faire le signe de la croix.

La croix qui apparaîtra glorieuse pour juger les vivants et les morts, la croix qui est le trône et le sceptre du Seigneur Dieu, la croix est la chose dont les hommes rougissent !

Il n'est pas nécessaire de comprendre le respect humain, mais il est bon de profiter de la leçon qu'il donne. Puisqu'il a honte de la croix, c'est que la croix est glorieuse beaucoup plus que nous ne le pensions ; c'est qu'il est temps de la glorifier.

Le Nom des trois Personnes divines qui accompagne le mouvement de notre main droite traçant le signe de la croix pourrait nous soulever vers la gloire : mais l'homme fait le signe de la croix avec précipitation. Or, la gloire est chose sainte et la précipitation est chose profane.

L'idée de gloire s'associe d'elle-même à l'idée de victoire. N'est-il pas étrange, au-delà de toute expression, que l'homme *songe à rougir*, quand il grave sur lui l'image typique de la victoire typique et la figure des armes de Dieu ? N'est-il pas invraisemblable que l'homme songe à rougir quand il porte le drapeau du Seigneur, quand l'armée triomphante des martyrs passe devant lui, lui montrant l'étendard par lequel elle a vaincu ? Ceux qui, gémissant des abominations de Jérusalem, furent marqués au front du signe *thau*, figure de la croix, n'avaient pas honte, sans doute, de porter ce signe, quand, à cause de lui, ils furent respectés par les anges qui exterminaient.

Pour expliquer le respect humain, il faut considérer la chute de l'homme à une profondeur où le temps et la force manquent ordinairement pour la considérer.

Les lèvres et la main droite, la parole et le mouvement font ensemble le signe de la croix. Après l'invocation des trois personnes divines, l'homme dit : Amen, et ne s'explique pas davantage. Il dit : Amen, et le silence intervient. Le mot : Amen donne aux profondeurs de l'incompréhensible un solennel assentiment.

Le croisement des deux lignes et les paroles prononcées offrent une concentration de mystères qui fait pâlir le langage humain, et nos balbutiements, sur ces sujets-là, ressemblent aux choses qu'il faudrait dire, beaucoup moins que les premiers pas, les pas tremblants de l'enfant qui ne sait pas marcher et qui essaye cependant parce que sa mère l'appelle, ne ressemblent au vol de l'ange qui traverse le ciel d'un coup d'aile, criant d'une voix terrible : *Quis similis Deo ?*

## SAINT DENIS L'ARÉOPAGITE

Voici la fête de saint Denis. Est-ce que Paris daigne y songer? Pas le moins du monde. Cette ville stupide croirait s'ennuyer, si elle se souvenait de sa gloire. Elle croit s'amuser en regardant ses boutiques.

Et, pourtant, si quelque chose en fait d'obscurité pouvait étonner dans ce siècle des lumières, ce serait l'oubli où la France laisse saint Denis.

« Si quelqu'un, en parcourant sa bibliothèque, se sent attiré vers les œuvres de Ferney, Dieu ne l'aime pas, » dit supérieurement le Comte dans les *Soirées de Saint-Pétersbourg*.

La contre-partie de cette belle parole serait aussi vraie qu'elle-même :

« Si quelqu'un, en parcourant sa bibliothèque, se sent attiré vers les œuvres de saint Denis, Dieu l'aime. »

Vérité, beauté, puissance : tels sont les trois caractères de saint Denis.

C'est la paix des hauteurs ; il s'est envolé dans le ciel pur. C'est la montagne sans escarpement, la profondeur sans précipice. C'est la sagesse du génie qui vole hardi et sûr, sans témérité et sans timidité, dans les régions sereines de la lumière qui ne trompe pas. Saint Denis respire la béatitude ; son regard calme ne se trouble jamais : il domine de si haut la création, qu'il semble déjà la voir dans la lumière. Comme les montagnes dont parle Bossuet, il trouve sa sérénité dans la hauteur. Il demeure au-dessus des tempêtes, il ne s'irrite jamais ; même quand il étreint et déchire l'erreur dans ses serres terribles, cet aigle ne change pas de regard : rien n'altère la douceur invincible de son œil éclairé ; il ne descend pas vers l'erreur pour la tuer : il la tue d'en haut.

Sa justice est si grande qu'elle semble surhumaine : cet océan n'a pas d'écume. Même dans l'attaque, saint Denis fait penser aux chérubins qui voient notre combat des sommets du bonheur. Les contradictions de la terre l'atteignent si peu qu'il semble presque consommé dans la paix supérieure. S'il est inaccessible, il n'est pas impitoyable. La miséricorde éclate au fond de sa gloire : il a pitié des faiblesses qu'il n'a pas. Quand il parle des pécheurs, sa voix ferme et sonore s'attendrit sans jamais trembler. Ses foudres ne s'éteignent pas, mais elles s'attiédissent dans les larmes.

Tout rassure en lui, jusqu'au roulement du tonnerre. Quand il plonge dans les abîmes, son regard les pacifie.

La plupart des hommes, lorsqu'ils parlent des choses élevées, font effort pour les atteindre. On sent la difficulté qu'ils éprouvent à lever momentanément leurs bras et leurs regards ; même quand ils voient haut, ils ne voient pas d'en haut.

Chez saint Denis, le contraire arrive. Pour atteindre les hauteurs, il n'a pas besoin de monter. On dirait même qu'il descend. On dirait qu'habitant le point central de l'Unité, où tout se dit en une parole, il fait un effort et une concession quand il aborde ce monde multiple, quand il s'incline vers la parole humaine qui dit les choses successivement.

Tel est le caractère de saint Denis : il s'incline vers la parole humaine. Sa voix part du fond du sanctuaire et vient à nous par complaisance.

C'est un ami, mais un ami très fort, que ne troubleraient pas les confidences de notre faiblesse. Notre misère le trouvera compatissant et inébranlable. Il connaît si bien Dieu qu'il a pitié de toutes les créatures. Il est si bien affermi dans les régions de la puissance qu'aucune chute ne l'étonne ; car voici la merveille : plus un homme a pénétré dans l'intimité du Seigneur, plus il connaît la défaillance de la nature créée et déchue ; plus il participe à la force, plus il compatit à la souffrance du faible.

Au point de vue scientifique, j'appellerais volontiers saint Denis *le Docteur de l'Être*.

Ce titre pourrait être effrayant. Mais que la nature humaine se rassure ! Le docteur de l'Être est toujours le connaisseur du néant.

La conversion de Denis ressemble à la conversion même de la science. L'antiquité a toujours cru que les sources de la science étaient au Ciel : l'antiquité avait la passion de l'astronomie. Les bergers chaldéens avaient autrefois levé la tête, et jamais la tradition qui veut que l'homme regarde en haut n'avait été complètement oubliée.

Denis, par sa nature, habitait les sommets, et les premiers avertissements du soleil invisible lui furent donnés par le soleil visible, le jour où fut plantée sur le Golgotha, parmi les ténèbres et les pleurs, la croix qui jugera le monde. Les regards de saint Denis, habitués à interroger le ciel, virent au ciel l'étonnement de la nature :

le soleil semblait mort. La parole éternelle avait dit dans la Judée : Voici maintenant votre heure et la puissance des ténèbres. Au même instant, à Héliopolis, Denis, l'observateur des astres, demandait à son ami Apollophane le secret de l'éclipse, et Apollophane répondait : *C'est un signe : il se fait à cette heure un changement dans les choses divines.*

*Ou Dieu souffre*, ajouta Denis, *ou il compatit à la souffrance.*

Saint Paul, le jour où il proclama devant l'Aréopage le Dieu inconnu, acheva l'œuvre qu'avait commencée le soleil ; Denis, qui devenait saint Denis, répondit, au nom de la science et de l'humanité, l'*Amen* qu'attendaient le ciel et la terre. La conversion du génie était faite : Denis suivit Paul et rencontra Hiérothée ; leurs regards cherchaient le même soleil : où était le corps, là s'assemblèrent les aigles.

Le Dieu qui avait attiré les pêcheurs par la pêche miraculeuse attira l'astronome par l'éclipse du soleil. Les natures furent saisies par leurs aptitudes.

La passion de la vérité ne fut pas un des accidents de la vie de saint Denis : elle fut sa vie même. Il l'aima comme il respira. La lumière et le mystère furent les deux pôles de sa vie, comme ils sont les pôles de la vie de l'humanité. Il représenta la race humaine. Les combats de la lumière et de l'ombre, qui se firent sur la terre à l'heure du crucifiement, semblèrent donner leur ressemblance à la pensée de saint Denis. Ils symbolisèrent sa science et sa destinée : il avait été le spectateur de la lumière et des ténèbres ; il resta le docteur de la lumière et du mystère.

Quand je lis dans saint Denis et dans la savante analyse de Mgr Darboy la magnifique théorie des affirmations et des négations, je crois assister à une révélation de la lumière faite par une éclipse de soleil.

Cette passion du vrai était en même temps chez saint Denis la passion du beau. Jamais chez lui, le langage de la métaphysique n'a le caractère de la sécheresse ; il est riche, ample, poétique dans le vrai sens du mot, plein d'abondance et de douceur, d'effusion et d'amour.

L'union de la vérité, de la beauté, de la bonté, cette union qu'il proclame, éclate dans sa parole : car il parle comme il pense, et il pense comme il vit.

Voici, d'après saint Denis, la notion de la prière ; voici l'idée métaphysique la plus haute et la plus pure : le génie du grand homme la rendrait accessible à un enfant :

« Et d'abord invoquons la Trinité, bonté suprême, cause de tout bien, qui nous dévoilera elle-même les secrets de sa douce providence. Car il faut, avant tout, que la prière nous conduise vers le bienfaisant créateur, et que, approchant de lui sans cesse, nous soyons initiés de la sorte à la connaissance des trésors de grâces dont il est comme environné. A la vérité, il est présent à toutes choses, mais toutes choses ne se tiennent pas présentes à lui. Quand nous l'appelons à notre aide, par une prière chaste, l'esprit dégagé d'illusions, et le cœur préparé à l'union divine, alors nous lui devenons présents ; car on ne saurait dire qu'il soit jamais absent, puisqu'il n'habite pas un lieu et qu'il ne passe pas d'une place à l'autre. L'homme s'élève donc par la prière à la contemplation sublime des splendeurs de la divine bonté : tels, si une chaîne lumineuse attachée à la voûte des cieux descendait sur la terre, et si, la saisissant, nous portions sans cesse et l'une après l'autre les mains en avant, nous croirions la tirer à nous, tandis qu'en réalité elle reste immobile à ses deux extrémités et que c'est nous qui avançons vers le splendide éclat de son radieux sommet. Tels encore si, montés dans un navire, nous tenions pour nous aider un câble fixé à quelque rocher, nous ne ferions pas mouvoir le rocher, mais bien plutôt nous irions à lui, et le navire vers nous. Tel enfin, si du bord d'un bateau, quelqu'un venait à pousser les montagnes du rivage, il n'ébranlerait certes pas ces masses immenses, immobiles, mais lui-même s'éloignerait d'elles, et plus son effort serait violent, et plus il se rejetterait loin. C'est pourquoi dans tous nos actes, et surtout quand il s'agit de traiter des choses divines, il faut débuter par la prière, non pas afin d'attirer cette force qui n'est nulle part et qui est partout, mais afin de nous remettre entre ses mains, etc. etc. » (*Des noms divins*, chap. III.)

Le sens vivant du symbolisme donne aux comparaisons de saint Denis, non la forme banale d'une figure de rhétorique, mais la signification précise d'une réalité qui parle.

Le livre des *Noms divins* nous indique, par son titre même, l'idée fixe de saint Denis : cette idée fixe, c'est la notion de l'Être ; il a la passion dévorante et féconde de l'infini vivant, et même quand il est en relation avec le fini et le multiple, son cœur reste avec son trésor, enfermé dans le sanctuaire. L'âme de saint Denis a la forme d'un sanctuaire ; elle est le temple de l'Unité. Quand il parle de Dieu, sa parole a en même temps la beauté de la parole, car il dit ce qui se peut dire, et la sublimité du silence, car elle finit toujours par mourir dans l'aveu de sa faiblesse.

En dehors du Christianisme, les hommes qui ont dans l'intelligence certains principes élevés sont habituellemeut durs et inflexibles dans la pratique de la vie. Leur élévation les incline, en général, à la rigueur ; la force qu'ils ont, ou qu'ils croient avoir, les dispense à leurs propres yeux de compatir à la faiblesse. Dans le Christianisme le phénomène contraire se produit. Plus le saint est fortifié en Dieu, plus il incline miséricordieusement ses mains et son âme vers ceux qui ne savent pas, qui ne voient pas, qui ne veulent pas. La justice et la miséricorde s'embrassent en Dieu d'un embrassement incompréhensible : chez les saints l'Unité inflexible de la doctrine souveraine et immuable s'unit divinement aux tendresses de la clémence qui connaît à fond les misères du coupable.

Dans la magnifique lettre qu'il adresse à Démophile, saint Denis lui raconte la vision de Carpus. Carpus était un homme « éminemment propre aux contemplations divines, à cause de l'extrême pureté de son esprit ».

Carpus avait eu l'honneur de donner l'hospitalité à saint Denis. Un jour, un infidèle ayant ramené au paganisme un nouveau chrétien, Carpus conçut contre ces deux hommes une amère indignation. Pour la première fois, à ce qu'il paraît, la colère de Carpus prit le caractère de la haine : il oublia que Dieu n'est pas dans la tempête : il maudit. Il oublia que le soleil ne doit pas se coucher sur notre colère : il s'endormit dans la haine. A l'heure où il avait l'habitude de se réveiller pour la prière, il se réveilla pour la haine : il maudit.

Il paraît que Dieu aimait Carpus au point de lui parler même quand il maudissait. Car cet homme eut une vision que saint Denis croit divine.

Il vit les deux pécheurs sur le bord d'un précipice, et au fond du gouffre d'affreux serpents rampant vers eux. Quelques hommes se joignaient aux serpents. A demi contraints, à demi séduits, les deux coupables allaient être entraînés : Carpus maudit encore. Dans la profondeur du firmament entr'ouvert apparaissait Jésus-Christ. Il paraît que Carpus avait oublié le ciel : car ses yeux, avides de vengeances, s'étaient détournés de Celui qui pardonne. Mais il vit Jésus se lever de son trône, tendre la main aux coupables et les anges aider le Sauveur. Et le Sauveur disait à Carpus :

« Lève la main et frappe-moi désormais : car je suis prêt à mourir encore une fois pour le salut des hommes, et cela me serait doux si l'on pouvait me crucifier sans crimes. »

Carpus comprit la leçon et saint Denis s'empara du fait, comme d'un glaive de miséricorde.

Parmi les gloires de saint Denis, je ne veux pas passer sous silence l'amitié illustre qu'il garda toujours à son maître, le divin Hiérothée. La figure auguste d'Hiérothée n'a pas traversé l'histoire : nous la voyons seulement dans la vénération ardente de l'Aréopagite qui jamais n'a nommé son maître sans de sublimes battements de cœur. Hiérothée disparaît à nos regards, dans l'auréole de saint Denis, comme dans un char de feu, laissant tomber sur son disciple *son double esprit* et son *manteau*. Saint Denis fut l'Élisée de cet Élie.

L'histoire de saint Denis mort se continue dans la vie des saints, dans les annales de la pensée humaine, elle fait corps en même temps avec l'histoire de France. Mgr Darboy a savamment étudié son influence sur le Moyen Age. En traversant saint Anselme, saint Denis pénétra la science occidentale.

Clovis apprit de sainte Clotilde à respecter le nom de ce Docteur et de ce Martyr. Dagobert s'abrita derrière le même nom contre la colère du roi Clotaire II : il éleva à saint Denis l'église qui porte encore ce nom. Saint Suithert, apôtre des Frisons ; le bienheureux Notger, évêque aux Pays-Bas ; sainte Édithe, sœur de saint Édouard, roi d'Angleterre et martyr, imitèrent son exemple.

Dagobert avait mis sa couronne sur l'autel de Saint-Denis. Pépin le Bref voulut être enterré seulement à la porte de l'église de Saint-Denis, n'osant pas aspirer à un plus intime honneur. Charlemagne fit hommage à saint Denis de ses États. Louis le Débonnaire déclara avoir recouvré son royaume par l'intercession de saint Denis. Et, en effet, dans sa prison, le Docteur, qui allait devenir martyr, n'avait-il pas entendu de la bouche de Jésus-Christ cette parole :

« Lorsque vous prierez pour quelqu'un, vous obtiendrez ce que vous voudrez. »

Comme Dagobert, saint Louis porta sa couronne sur l'autel du Docteur-Martyr, et, avant de partir pour la Palestine, il vint le prier dans sa cathédrale.

# L'UNITÉ

La mort, sous toutes ses formes, c'est la séparation. La mort morale sépare l'homme de la vérité, qui est son centre. La mort physique sépare le corps de l'âme : celui qui a du goût pour la mort — son inventeur, le diable — est celui qui s'est séparé et celui qui sépare. *Le malheureux ! — il n'aime pas ! Le malheureux, il sépare!* aurait pu dire sainte Thérèse ; et ces deux exclamations sont synonymes.

Qu'est-ce que l'amour, sinon la vie? et qu'est-ce que la vie, sinon l'Unité? Dieu est *un*, l'Église est *une*, *unum baptisma, una fides;* l'humanité est *une;* chaque nation est *une*, parce qu'elle représente une des faces de l'humanité.

Celui qui vit est celui qui aime ; il est réuni et réunit.

Celui qui ne vit pas n'aime pas ; il est séparé et il sépare.

La Vie, l'Amour, l'Unité se tiennent donc, ou plutôt ne font qu'un.

La mort, l'indifférence et la séparation sont trois mots synonymes.

Que faut-il donc pour séparer? que doit faire le séparé

par excellence, — le séparateur par excellence, Satan, qui n'aime pas?

Il doit tenter chacun suivant son caractère, ses habitudes, son tempérament ; aussi ne soulève-t-il des haines violentes que chez certaines natures exceptionnelles.

En général, il frappe à la porte qui s'ouvre le plus facilement : c'est la porte de la paresse. Cette porte ouverte, l'homme ordinaire ne se donne pas la peine de haïr, car la haine est une fatigue, mais il ne se donne pas non plus la peine d'aimer, car l'amour est un repos laborieux.

Alors il se persuade que le bien est un état négatif ; qu'il suffit pour faire le bien, de ne rien faire ; que ceux-là seuls sont coupables qui ont l'énergie du mal et son initiative passionnée.

Ils arrivent ainsi à admettre, au moins implicitement, que le mal est l'action ; que le bien, c'est l'abstention, le sommeil, la négation pratique, la limite du mal en un mot.

Ainsi Satan se moque d'eux au point de leur persuader que c'est lui qui est l'Acte pur, et que Dieu est une restriction.

L'homme, chez qui le diable a infusé cette manière de voir, ou plutôt cette manière de ne pas voir, cette habitude d'esprit, cet aveuglement tranquille qui se croit sage et ne se repent pas, cette folie douce qui permet à la mort d'entrer sans fracas, par une porte ouverte, sous une forme aimable, comme une bonne personne, qui ne dérangera pas les habitudes de la maison, qui servira le dîner à l'heure dite, qui n'exigera aucun sacrifice, qui ne prononcera aucun mot effrayant, cet homme-là est supérieurement privé de vie et d'amour, il est supérieurement séparé ; car il est séparé doucement, sans agitation, sans terreur, sans remords : il a le silence du tombeau, qui est la parodie de la paix.

Mais si jamais cette mort calme, profonde, enracinée, tranquille et inexpugnable, est le triomphe du diable, cela est ainsi surtout dans un temps comme le nôtre, dans ce siècle armé, où l'esprit du bien et l'esprit du mal, en face l'un de l'autre, toujours sur le champ de bataille, dans l'attitude solennelle des moments décisifs, interrogent, comptent et appellent leurs soldats. Ils les interrogent, les comptent et les appellent ; mais l'esprit du bien les éveille, et l'esprit du mal les endort.

L'esprit du bien dit : « Laisse les morts ensevelir leurs morts, prends ton grabat, lève-toi et marche ! »

L'esprit du mal dit : « Repose-toi. Que ferais-tu dans la mêlée ? Assez d'autres combattront. Toi qui es sage, ne dérange pas tes habitudes. Le mal, continue le diable, a toujours existé et existera toujours dans les mêmes proportions. Les fous qui veulent le combattre ne gagnent rien et perdent leur repos. Toi qui es sage, fais la part à chaque chose et ne déclare à rien la guerre. Il est impossible d'éclairer les hommes. Pourquoi donc le tenter ? Fais la paix avec les opinions qui ne sont pas les tiennes. Ne sont-elles pas toutes également légitimes ? »

Ainsi parle le diable ; et l'homme séparé de la vérité, parce qu'il a peur d'elle, qui est l'Acte pur, l'homme, insensiblement et à son insu, s'unit à l'erreur, qui ne demande rien, — rien que le Néant, — pour vous recevoir dans ses bras caressants et mortels ! Elle vous dit : « Laisse-toi bercer ; ne fais rien, n'aime rien, et tu seras uni à moi, car je suis le Rien. »

Ainsi l'homme, n'ayant pas voulu s'unir d'une union vivante avec ceux qui habitent dans l'amour, glisse peu à peu, pendant son sommeil, dans cette indifférence glacée, placide et tolérante, qui ne s'indigne de rien, parce qu'elle n'aime rien, et qui se croit douce parce qu'elle est morte.

Et le diable, voyant cet homme immobile, lui dit:
« Tu goûtes le repos du sage ; » le voyant neutre entre la vérité et l'erreur, il lui dit: « Tu les domines toutes les deux ; » le voyant inactif, il lui dit: « Tu ne fais pas de mal ; » le voyant sans ressort, sans vie, sans réaction contre le mensonge et le mal, le voyant destitué de *la colère de l'Amour*, comme parlait de Maistre, il lui dit: « Je t'ai inspiré une philosophie sage, une tolérance douce, tu as trouvé le calme dans la charité, » car le diable prononce souvent les mots de tolérance et de charité.

L'homme vivant, l'homme actif qui aime et qui est uni à l'unité saisit les rapports des choses, et unit entre elles les *vérités*.

L'homme mort a perdu le sens de l'unité. Il n'unit plus de vérités entre elles: il ne concilie plus, par la contemplation de l'harmonie, les choses qui doivent être conciliées, les choses vraies, bonnes et belles.

Mais en revanche, il compose une parodie satanique de l'unité ; il tâche d'aimer à la fois le vrai et le faux, le bien et le mal, le beau et le laid ; il ne se fâche pas toujours, au moins en apparence, si on affirme les dogmes, mais il lui plaît davantage qu'on les nie.

N'ayant pas voulu unir ce qui est uni, croire à toute la vérité, concilier ce qui est conciliable, il tâche d'unir ce qui est nécessairement et éternellement contradictoire, de croire à la fois la vérité et à l'erreur, de concilier le *Oui* et le *Non;* n'ayant pas voulu aimer Dieu tout entier, il tâche d'aimer à la fois Dieu et le diable : mais c'est le dernier qu'il préfère.

Voilà la théorie ; voici la pratique :

Cet homme, ainsi uni à la désunion, s'autorise de cette désunion même, dont il est l'auteur et le complice, pour ne pas travailler à la réunion. Il la rend impossible pour son compte, et la déclare impossible pour le compte de tous. Ne *voulant* pas, il déclare qu'il ne *peut* pas ; il crée en lui-même l'impossibilité qu'il constate. Tantôt il trouve qu'il y a bien assez d'unité dans les esprits et dans les âmes : A quoi bon, dit-il alors, à quoi bon les *dogmes particuliers ?* Tantôt il avoue qu'il n'y a pas, hors du catholicisme, d'unité ; mais il renonce à voir l'unité renaître dans lui-même et dans les autres.

Il renonce, voilà le grand mot ! voilà le mot du diable ; voilà où j'en voulais venir ; voilà le mot que Satan a dit à l'oreille de Judas ! voilà le mot du suicide, le mot de l'ennui, le mot du désespoir, le mot de l'enfer. Dieu ne renonce jamais ! Le diable renonce toujours, même quand il semble agir. Il est celui qui renonce ! — L'homme qui renonce ne peut rien et empêche tout. L'homme qui ne renonce pas soulève les montagnes.

Quel homme a le droit de prononcer le mot impossible, puisque Dieu a promis d'être là et d'aider ? Que ceux-là donc s'unissent qui n'ont pas renoncé ; qu'ils s'unissent dans l'espérance, et dans une espérance vivante, ardente, agissante, féconde. A l'heure de la bataille, le soldat n'exige pas que son camarade soit parfait ; il ne lui cherche pas des torts ; il sait qu'il est son camarade, qu'ils combattent ensemble, qu'ils ont une même patrie, et il ne sait pas autre chose.

Si jamais l'oubli des petites divisions particulières a été digne d'un homme et d'un chrétien, c'est sur le champ de bataille que cela se sent. S'unir et espérer, voilà la devise de la victoire. Elle s'offre à qui accepte cet étendard. L'espérance, que Schlegel a nommée le signe caractéristique de l'homme sur la terre, l'espérance est la force qui rend les choses possibles, comme la volonté les rend réelles. En déclarant impossibles les progrès du vrai et les conquêtes du beau, nous les rendons impossibles. Nous ne les espérons pas, dès lors nous ne les voulons pas. L'homme ne veut que ce qu'il espère. Osons espérer la victoire, la voilà possible. Osons la vouloir, la voilà réalisée.

Mais il y a une condition, c'est que tous ceux qui osent espérer tendent la main à ceux qui osent vouloir. Il y a encore une condition, c'est que chacun sente la nécessité d'aider lui-même personnellement, ceux qui espèrent, ceux qui veulent, et ne charge pas les autres de payer la part de tribut que lui-même doit. Que deviendrait un monde où, chacun comptant sur les autres pour agir, personne n'agirait en réalité ?

Oser espérer que les progrès du vrai et du bien, non réalisés encore, sont possibles cependant ; oser vouloir qu'ils se réalisent, oser s'unir, oser vivre (chose si simple, qu'elle ne semble pas exiger de courage, mais qui en exige beaucoup), voilà le devoir de tout ce qui a une âme. Tout effort qui s'isole se frappe de stérilité. La puissance est une des récompenses de l'unité obtenue. Ce n'était pas seulement aux hommes d'il y a dix-huit cents ans, c'était aux hommes d'aujourd'hui que parlait le Verbe éternel, quand, donnant à boire aux hommes le même sang, il a ordonné à l'unité humaine de se modeler sur le type de l'unité divine. Il a chargé son aigle, — celui qui, ce jour-là même, dormait sur la poitrine du Rédempteur, — de nous transmettre cette prière immense, adressée au ciel et à la terre : Qu'ils soient consommés en un !

Que son cri soit répété dans tous les domaines de l'intelligence ! qu'il soit porté au sommet du monde !

———

# LE SIÈCLE ET LES SIÈCLES

Une des formes les plus basses de l'erreur, c'est la mode, et cependant le costume de l'homme devrait être beau. Qu'est-ce que la mode, sinon le costume que le siècle impose à l'homme ? La mode est ridicule, quand elle est passée : le costume pourrait changer aujourd'hui, sans que le costume d'hier devînt ridicule. Mais la mode d'hier est ridicule aujourd'hui parce qu'elle était fondée sur l'esprit du siècle, et elle apparaît dans sa laideur, dès qu'elle est privée des circonstances accidentelles, extérieures et passagères qui la soutenaient.

Parmi les modes, celles du dix-huitième siècle, que je n'ai pas assez étudiées, doivent être particulièrement ridicules et hideuses. Je vais tout à l'heure vérifier ce que je viens de dire. Mais je sens que je peux le dire avant de l'avoir vérifié. Il y a des choses dont on peut être certain d'avance.

Maintenant, prêtez-vous à cette supposition : Quelqu'un invente aujourd'hui une religion.

Les embarras de l'affaire seront innombrables : je ne veux pas les compter, le temps me manquerait. Mais je veux en signaler un, *le costume des prêtres*. Il leur faudra un costume : et je vous défie d'en imaginer un dont vous puissiez supporter sans rire la vue ou même la pensée.

Cependant, qui que vous soyez, avez-vous jamais eu envie de rire en regardant la soutane catholique, fût-elle déchirée ?

Avez-vous jamais eu la pensée de dire : La mode est passée ? Non. Vous vous êtes senti en dehors du domaine de la mode. Cet homme en soutane a pu vous paraître un reproche, mais non pas un anachronisme ; car il n'est pas l'homme du siècle.

La mode passe, on le sait. Mais pourquoi passe-t-elle? Elle passe dès qu'elle est totalement connue, connue dans sa plénitude ; dès qu'elle a atteint sa perfection.

Ce ne sont pas ceux qui se moquent d'elle qui la tuent, ce sont ses fidèles, ses esclaves, ses dupes. Une mode contre laquelle on se révolterait durerait longtemps, parce qu'elle tarderait à se développer. Mais dès que, grâce à l'obéissance publique, elle a montré, par un développement complet et parfait, tout ce qu'elle portait en elle de laideur et de sottise, il ne lui reste plus qu'à mourir en se cachant.

Le Prince du mal est appelé le Prince de ce siècle, et l'Église dit à Dieu qu'il règne dans les siècles des siècles. La parole de Jésus-Christ se fit entendre au Jardin des Olives, à l'oreille de ceux qui venaient le saisir: *Voici votre heure et le pouvoir des ténèbres !*

*Votre heure !* elle accordait au mal un triomphe d'une heure ; mais elle disait à ses amis : Je suis avec vous jusqu'à la consommation des siècles.

Une heure ! les siècles ! que d'enseignements dans ce

contraste ! Et pendant cette heure, accordée aux
ténèbres, Jésus promet au bon larron ce Paradis où la
gloire doit vivre *in æternum et ultra !*

Il est donc dans les habitudes de la Puissance de laisser au néant, quand il a fait un effort, la récompense dérisoire d'un faux succès momentané, l'illusion d'un triomphe qui porte en lui son ironie ; et pendant qu'elle se joue ainsi du vaincu, au point de lui permettre, de lui concéder, une apparence de victoire, la Puissance se garde pour elle-même, comme sa réserve assurée, comme sa chose inaliénable, la revanche éternelle de l'Être !

Le propre de l'erreur, c'est de n'avoir qu'un moment à elle ; comme le propre de la vérité, c'est d'avoir devant soi l'éternité. Aussi, l'une est patiente, l'autre est pressée.

L'erreur fait deux choses : elle se hâte, elle se dissout.

Elle se hâte, et pendant qu'elle s'agite, croyant presser sa vie, elle presse sa mort, car voici où aboutissent ses soins inquiets. Quand elle parvient à hâter quelque chose, elle hâte la maturité du principe de mort qu'elle porte au fond d'elle ; plus elle réussit, plus elle va se dissoudre.

Si l'erreur entendait mieux ses intérêts, elle resterait dans le demi-jour ; elle aimerait le secret, car, pour elle, la seule manière d'être longtemps, c'est d'être peu à la fois ; la seule chance qu'elle ait pour durer, c'est de ne pas montrer sa face. Elle ne peut se faire supporter, et supporter elle-même les regards qui la recherchent, qu'à la condition de cacher son visage. Si elle le découvre, nul ne peut tenir devant cette laideur, et cette laideur est frappée de honte en face d'elle-même, dès qu'elle s'aperçoit.

Mais, par une vengeance de la vérité, l'erreur qui, par pitié, par intérêt, par pudeur, devrait se cacher, a, au contraire, l'ardeur imprudente de se montrer, et dès qu'elle se montre, la voilà perdue. Perdue sous cette forme, elle en cherche une autre, la garde jusqu'au jour où, produite à la lumière, elle est reconnue sous ce nouveau visage, et recommence ainsi cette comédie, où elle est à la fois dupe et fripon.

L'histoire de l'erreur est une mascarade. Il ne faut prendre ceci ni pour une injure, ni pour une figure de style, mais pour une réalité historique.

Le masque est la condition nécessaire de toute erreur. L'erreur *démasquée* serait détruite à l'instant même.

Il serait curieux d'étudier certaines erreurs en elles-mêmes, puis sous les masques divers qu'elles ont successivement adoptés, de compter les heures de succès qui ont été permises à telle et telle forme de leur développement, de suivre les progrès du poison qui va les tuer et qui se développe en elles et par elles.

Les Iconoclastes, par exemple, eurent leur moment autrefois. Ce moment passé, que reste-t-il à faire à l'erreur vaincue? Il lui restait à renaître sous un autre costume, environnée d'autres erreurs, armée d'autres paroles, méconnaissable aux yeux inattentifs. Luther vint réaliser ce programme. Luther eut son moment; oui, mais Carlostad voulut avoir le sien et l'eut aussi.

Luther eût voulu s'en tenir à la théorie des images brisées; sa théorie plut à quelques-uns. Mais Carlostad désira voir de ses yeux et toucher de ses mains les fragments de ces mêmes images, non plus seulement maudites, mais brisées réellement, et la populace lui donna la joie du spectacle qu'il désirait.

Luther se contentait de condamner; Carlostad voulut

l'exécution des condamnés ; la populace les exécuta.

Que fit Luther alors ?

S'il eût été dans le vrai, il eût béni les disciples qui allaient plus loin que lui dans la route royale qui ne finit pas, dans la route du juste et du beau. Il eût remercié Dieu d'être dépassé. Il eût remercié Dieu de la fécondité donnée à ses paroles, fécondité en vertu de laquelle s'accomplissaient des actes. Il eût entendu comme une harmonie délicieuse, comme la musique de sa vie, comme le concert lointain de ses paroles répétées par l'écho, les coups de marteau donnés à Zurich, par ordre de Swingle, sur les verrières imagées.

Mais loin de là : Luther, averti par l'instinct, s'irrita contre ceux qui pratiquaient sa théorie ; il condamna en même temps les images et la destruction des images.

Que veut dire cette crainte, commune à tous les destructeurs ?

Elle veut dire que celui qui fait le mal a peur de son œuvre. Il a peur de son œuvre, parce qu'il sent qu'il n'est de force ni à envisager ni à arrêter les conséquences du mal qu'il inaugure. Il a peur de son œuvre, parce qu'il sent vaguement que cette œuvre, dès qu'elle grandira, cessera d'être sienne, et que ses continuateurs deviendront ses négateurs. Il voudrait pouvoir fixer définitivement l'erreur dans la mesure et la taille qu'il lui a d'abord assignées, afin qu'elle reste *son erreur*.

Il voudrait pouvoir arrêter ceux qui tombent dans le précipice, non par pitié, mais par orgueil ; non pour les sauver, mais pour les installer à l'endroit précis du précipice que choisirait son regard. Il voudrait pouvoir déterminer leur chute suivant son bon plaisir. Il voudrait dire à la mort : « Tu iras jusqu'ici, tu n'iras pas plus loin, et là tu briseras l'orgueil de tes vagues ; car si tu allais plus loin, tu ne serais plus dans les limites que ma main a tracées. J'ai peur des invasions étrangères. S'il te faut un cimetière plus grand que celui dont moi, Luther, j'ai tracé le plan, comment pourrai-je abriter de mon ombre et protéger contre les audaces du soleil ce terrain trop grand pour moi? J'ai peur des grands tombeaux que je n'ai pas construits moi-même de ma main; ils peuvent avoir des fentes, et je me défie de la lumière qui aspire à se glisser partout, — semblable à la résurrection ! »

Les craintes de Luther étaient fondées. Quel eût été l'intérêt du luthéranisme ? l'échec de Luther. Moins favorisée par le succès du premier moment, sa doctrine fût restée elle-même plus longtemps. Son obscurité l'eût laissée davantage dans sa forme primitive. Le germe de mort qu'elle portait eût dormi au fond d'elle. Mais ce germe a mûri dans l'éclat passager d'un succès apparent, et Luther a été réfuté d'abord, puis oublié par ceux qui se disaient luthériens. Si personne n'eût porté ce nom, personne n'eût produit au grand jour Luther dans ses conséquences.

La déesse de l'Océan, Thétys, la mère d'Achille, pleure, dans Homère, la mort d'Hector, tué par Achille. Elle pleure le triomphe de son fils, vainqueur du grand ennemi, parce qu'elle se voit rapprochée, par la mort d'Hector, d'une autre mort, qui sera la mort d'Achille. Dans la mort de l'ennemi, elle voit un acheminement vers la mort de son fils. A ses yeux, la victoire d'Achille contient la mort en germe.

Ainsi pourrait pleurer le père d'une erreur, à l'instant où il viendrait de tromper quelqu'un. Dans le succès de cette erreur, sa créature, il pourrait voir le pas qu'elle vient de faire vers sa dissolution, vers sa transformation. Il pourrait comprendre qu'en grandissant elle perdra ce qu'elle tient de lui ; qu'en parcourant le monde elle oubliera, chemin faisant, celui qui l'aura lancée ; qu'elle ne voyagera pas toujours sous le même costume, et que l'heure de son succès apparent, à lui, père d'un mensonge, sera l'heure de son humiliation réelle ; car le mensonge qui est son œuvre n'aura réussi qu'à la condition de n'être plus le même, et de n'être plus réellement son œuvre.

Voilà pourquoi les docteurs de la vérité aiment tant leurs disciples : voilà pourquoi les docteurs de l'erreur haïssent ceux qu'ils parviennent à tromper. Dans leurs disciples, ils prévoient de rudes ennemis, les ennemis de ce *moi* auquel ils ont tout donné, les dompteurs de cet amour-propre auquel ils ont sacrifié leur vie. Ils tremblent devant leur triomphe, comme un homme qui se suicide tremble devant le pistolet chargé.

Leur siècle les a applaudis, mais ils sont morts pendant l'applaudissement, et voici venir les siècles qui vont prononcer leur arrêt sur leur tombeau.

Certes une erreur qui n'eût pas été contagieuse, une erreur dont l'inventeur isolé n'eût réussi à tromper personne, une erreur qui n'eût pas fourni sa carrière et présenté aux regards des siècles ses développements, cette erreur serait, au bout de quelques temps, moins démasquée, moins jugée, moins honteuse que celle à qui il eût été donné de *tromper les peuples et de se prévaloir contre les rois*.

L'erreur est une fausse route, une route qui ne conduit à rien, un détour. Plus vous parcourez vite ce terrain inutile dans lequel vous êtes engagé, plus vous revenez vite à la route de la patrie, si toutefois vous devez y revenir.

Une erreur engendre beaucoup d'erreurs, par un procédé qui n'est pas toujours celui de la logique. Ces erreurs engendrées viennent de la première, non pas à la faveur d'un syllogisme, mais à la faveur des passions soulevées.

Tout homme qui dit la vérité mérite bien de la vérité, non seulement à cause des idées vraies qu'il exprime par sa parole, non seulement à cause des mots qu'il prononce, mais en vertu des dispositions que sa disposition intérieure crée dans l'âme de ceux qui entendent. Qui donc, en face d'un saint, oserait mesurer l'action de ses regards? Il peut, sans dire un mot, vous rappeler par sa présence l'Être de Dieu et la faiblesse de l'homme. Qui donc pourrait, en face d'un grand menteur, compter les erreurs qui, par la voie indirecte de l'occasion, se sont produites à propos de lui?

Qu'éprouverait un homme à qui il serait subitement donné d'apercevoir, dans un miroir magique, le reflet suivi de ses regards, l'écho de ses paroles, le rayonnement de sa vie? Nous voyons l'usage que le siècle fait de nos actes et de nos paroles, ce siècle dont Tacite a dit: *Corrumpere et corrumpi seculum vocatur*. Mais quelle serait notre joie ou notre terreur si nous apercevions ce que l'humanité fait de notre vie, si nous la suivions préparée, continuée, prolongée, développée dans le grand laboratoire où les siècles travaillent?

Les descendants de ceux qui se trompaient il y a mille ans peuvent très bien se tromper encore, mais ils se trompent autrement. La durée toute seule ne détrompe pas, mais elle change la forme de l'erreur.

Supposez une erreur, qui, aidée par le siècle, persiste pendant des siècles : le fait s'est produit, il peut se produire ; cette erreur se propage : l'espace, en apparence, se soumet à elle, comme le temps ; elle recrute ses adhérents dans les cinq parties du monde. Faites une expérience, essayez de dire qu'elle est une, immuable, universelle. La langue humaine refusera, et elle réservera le nom de l'Universalité à l'Église, à cette Église qui est l'Église, et qui possède un nom inaliénable comme elle-même : — à l'Église catholique.

Pourquoi donc ? Pourquoi l'Universalité appartient-elle à l'Église catholique au point d'être une spécialité ? — Dans cette occasion exceptionnelle, ces deux mots ne s'excluent pas. — Pourquoi la Parole, en proclamant l'Église immuable, universelle, infaillible, rend-elle un son particulier, que la voix du mensonge ne peut pas même essayer de contrefaire ?

C'est que la langue humaine sent d'où viennent ces attributs de l'Église. Ils ne viennent pas de l'Humanité, mais de la Divinité. L'Humanité n'est pas l'auteur de la Vérité : elle peut la posséder, non la faire.

Chose admirable ! quand l'Humanité veut inventer une religion, la langue de l'homme se moque de l'homme. Pour être prise au sérieux par nous, il faut que la religion ne sorte pas de nous.

Supposez une religion fausse qui n'ait pas encore changé. Oserez-vous l'appeler immuable ? Non, car vous sentez, même malgré vous, que si elle n'a pas encore changé, elle peut changer ; et vous sentez que l'Église catholique, non seulement n'a pas changé, mais ne peut pas changer et ne changera pas. En proclamant l'Église catholique immuable, la parole humaine lui répète la promesse que lui a faite la parole de Dieu. Ce mot *immuable* engage l'avenir.

L'Église catholique domine tous les siècles. Elle parle de l'éternité avec une familiarité singulière. Si l'Église n'était pas plus infaillible qu'une autre société ;

si elle ne représentait que la grandeur humaine, dans sa plus haute expression ; si parlant comme elle parle, avec cette autorité foudroyante, elle ne parlait qu'au nom de l'homme, l'éclat de rire qui, d'un bout du monde à l'autre, accueillerait ses paroles ferait trembler le sol, et les cathédrales s'écrouleraient !

Races et siècles, vous qui passez ; temps, espace, tenez-vous donc pour avertis !

Si la religion catholique n'était pas d'origine divine, son nom ne serait pas incommunicable. Les Églises grecques, les Églises photiennes peuvent jouer à l'immutabilité, comme une fille rebelle qui, sans lui ressembler, singerait sa mère ; les Églises photiennes n'arrivent qu'à l'Immobilité. Elles sont pétrifiées, disait Joseph de Maistre. Il y a bien, en Russie, une Église qui s'appelle elle-même orthodoxe, mais ce nom-là fait rire ceux qui l'entendent. Le nom de l'Église catholique n'a jamais fait rire aucun protestant, et ses ennemis le prononcent comme un hommage forcé, comme une condamnation portée par eux contre eux-mêmes, — condamnation inaperçue des condamnés qui la subissent et la proclament, sans jamais la comprendre.

Voyez comme cette vérité, sûre d'elle-même, en se propageant à travers les peuples et les siècles, ne rencontre jamais en elle une pierre d'achoppement ! Voyez comme elle est sûre de ne se contredire jamais ! Voyez comme elle est exempte du germe de mort ! Voyez comme elle peut aller dans toutes les directions, sans se heurter jamais contre elle-même.

Dieu ne court jamais de danger ; l'erreur est chargée de sa propre destruction !

Mais la vérité ne peut pas avoir de conséquences imprévues, inconnues d'elle-même. Elle ne peut pas s'étonner. Ses voies ne sont sujettes à aucun égarement,

Sa plénitude est sans fatigue et sa fécondité sans trouble.

Elle nourrira éternellement les regards bienheureux qui la contempleront, sans qu'aucune ombre vienne gêner aucune joie. La virginité de Marie était à l'épreuve, dit Bossuet, des promesses de Dieu. C'est qu'en effet, puisque Dieu la voulait Vierge, Marie, en restant vierge, ne manquait à aucune des splendeurs de sa destinée. Et puisque Dieu la voulait aussi mère, lui qui. lève les difficultés, il se réservait d'agir suivant son plan. Jamais l'homme, en suivant Dieu, ne rencontre d'inconvénients. Au contraire, celui qui fait un faux pas en fait à la fois mille, car il entre dans le domaine inextricable de l'erreur. Mais la vérité est à l'épreuve d'elle-même.

Il y a un siècle que l'humanité a conçu le projet d'en finir avec le Christianisme. La déesse Raison a coupé court à cette tentative. Ce que la parole de la sagesse n'avait pu faire, la parole de la folie l'a fait. L'homme ayant essayé de se passer de Dieu, et ayant vu qu'il fallait, quand on le destitue, le remplacer, épouvanté de la divinité qu'il mettait à la place de Dieu, s'est arrêté devant son œuvre. Il n'a pu la contempler de sang-froid, la contempler longtemps. Devant les proportions qu'il venait de donner à l'infamie et au ridicule, il a reculé. En face du Dieu vivant, présent sur son autel, l'homme avait blasphémé. En face de l'autel souillé, en face de ce qui avait voulu remplacer Dieu, le blasphème mourait sur toutes les lèvres ; il devenait impossible de ne pas regretter le Dieu chassé en face de ce qui le chassait, et l'énormité du crime faisait naître dans les âmes stupéfiées comme une velléité de retour vers l'antique adoration.

Que verrait donc au fond des événements un regard

plus perçant que le regard humain ? Que voient ceux qui habitent dans la lumière ? Quel effet font aux chérubins les jeux qui se jouent sur la face de la terre, puisque nous, qui voyons peu, nous voyons pourtant le parti que Dieu tire de ses ennemis et les leçons de sagesse que la folie humaine inflige aux hommes attentifs malgré eux ?

La déesse Raison a tué la philosophie du dix-huitième siècle, qui se nommait le Rationalisme. Elle l'a tuée sans retour ; car elle l'a tuée en lui donnant gain de cause. Elle l'a montrée triomphante, et ses amis même en ont eu horreur. Par une permission de Dieu qui a dit : *Ego quoque ridebo et subsannabo*, la philosophie du dix-huitième siècle a réalisé son idéal et l'a installé sur l'autel, et ce jour-là a été son dernier jour. Elle a eu son succès, elle a reçu sa récompense, honteuse comme elle, ridicule comme elle, courte comme elle, comme elle condamnée à une mort infâme.

Depuis que la déesse Raison a enseigné le monde à sa manière, le blasphème d'il y a cent ans, le blasphème adressé à Dieu au nom de la sainte Nature, par ceux qui lisaient *Émile*, ce blasphème-là est devenu impossible. Quand on se sent prêt à adorer la sainte nature humaine, il suffit, pour se corriger, de la voir à l'œuvre.

Il suffit d'ouvrir, à n'importe quelle page, n'importe quelle histoire, et à la fin du dernier siècle précisément, — comme la sainte nature était à la mode, comme les hommes s'attendrissaient sur leur bonté, se savaient gré de leur attendrissement, comme les romances sentimentales allaient leur train, — l'histoire a cru devoir ouvrir son livre à une page pleine de sang et de boue : le sang et la boue se sont chargés de dire aux hommes qui ils étaient.

Vaincu par son triomphe, le diable a changé de batterie.

Il ne dit plus aux hommes de se passer absolument du christianisme, mais il les engage à modifier le christianisme. Il ne leur présente plus le christianisme comme une absurdité honteuse; mais il le leur présente comme une excellente doctrine humaine : il veut bien que ce soit la meilleure des choses, pourvu que ce soit une chose humaine ; il consent à nous faire de Jésus-Christ le plus brillant éloge, pourvu que Jésus-Christ ne soit pas Dieu. Dépouillez-le de sa divinité, le diable consentira à le féliciter de la plus brillante humanité : il veut bien faire la part au feu.

Or, pour atteindre ce résultat, pour obtenir un christianisme humain, savez-vous le procédé le meilleur ? C'est de séparer la morale du dogme et de dire aux hommes : La morale évangélique est sublime. La morale, tenez-vous-en là. Au fond, tous les peuples ont la même morale ; ils ne diffèrent que sur les *dogmes particuliers*. C'est la morale qui rapproche les hommes ; c'est le dogme qui les divise. Nous accordons au christianisme toute sa morale ; qu'il nous fasse, du côté du dogme, quelques concessions, et nous allons tous être d'accord.

Et si le diable obtenait cela, il aurait tout obtenu. Mais il a été dit : *Non prœvalebunt*.

Comme la vérité ne nous appartient pas, nous ne pouvons rien concéder d'elle.

Aussi, tous les efforts du diable tentent maintenant à obtenir cette concession impossible. Il engage le catholicisme à sacrifier ce qu'il appelle les dogmes particuliers (il faudrait dire les dogmes universels, puisqu'ils sont catholiques), et à les sacrifier en vue de la paix.

Le diable aime à dire que l'obstacle à la paix c'est le

dogme, et que la paix se trouverait faite si l'on voulait faire du christianisme un cours de morale ordinaire.

Chose admirable ! ici encore l'histoire parle, et Satan se prend dans son piège. Le protestantisme, par la bouche d'un de ses ministres, Jurieu, si je ne me trompe, demandait déjà, il y a deux cents ans, qu'on sacrifiât certains dogmes à l'amour de la paix.

Je n'insiste pas aujourd'hui sur l'absurdité fondamentale d'un dogme sacrifié, d'une vérité niée par calcul. On dirait que la vérité est notre chose, et que nous avons le droit d'en faire cadeau. On dirait... Que sais-je ! Si j'énumérais les absurdités que la complaisance suppose, je ne finirais pas, et je quitterais mon sujet, qui est historique. Ne regardons aujourd'hui que les faits. Nous venons de voir Satan mener ses adorateurs, au nom de la Raison, devant l'autel de la déesse Raison. Regardons-le maintenant les mener, au nom de la paix, à la guerre la plus acharnée.

Le catholicisme et le protestantisme ont suivi deux routes contraires.

Le premier est resté inflexible dans son dogme immuable.

Le second s'est déchiré le sein, s'est labouré ; il a accordé à l'un ce cadeau, à l'autre cet autre ; il a démembré la doctrine, par amour de la paix, disait Jurieu. Eh bien ! les deux expériences sont faites, regardons les résultats. Le catholicisme, qui est resté, comme Dieu, dans sa vérité immuable, est resté, comme lui, dans son unité immuable. Il a rencontré la paix, parce qu'il ne l'a voulue que comme Dieu la veut. Le protestantisme, parce qu'il est déchu de la vérité, est déchu de l'unité : parce qu'il a voulu la paix, au prix de la vérité trahie, sans comprendre ni le non-sens métaphysique, ni le non-sens moral, il a rencontré la guerre. Le catholicisme, parce qu'il n'a sacrifié aucun dogme, a gardé, maintenu, reproduit, propagé cette race choisie qui pousse la moralité jusqu'à la sainteté, et le protestantisme, qui parle tant de morale, a été privé de saints, parce qu'il a été infidèle au dogme. Le sait-il? Le comprend-il? Regrette-t-il ce qu'il a perdu? Je ne le pense pas. Car il a perdu jusqu'à la notion de la sainteté, jusqu'à sa mémoire.

Des saints! Ce mot est tellement extraordinaire que je ne sais comment on peut le prononcer sans réflexion. En face d'un saint et en face d'un honnête homme, d'un honnête homme bon et même pieux, comment faites-vous pour ne pas voir la distance, pour ne pas voir l'abîme? Et si vous voyez l'abîme, comment faites-vous pour ne pas le regarder? Et si vous le regardez, comment faites-vous pour ne pas le comprendre?

Vous avez été tenté de dire : « Le protestantisme, en débarrassant l'homme de plusieurs dogmes, *inutiles pour la morale*, vous semble-t-il, en le délivrant de certaines observances extérieures, lui permet de concentrer ses forces sur la pratique de la vie, sur le bien à faire, sur la charité à accomplir. La religion ainsi simplifiée, l'homme se livrera tout entier à la morale, comprenant qu'elle seule est nécessaire, et ne se partageant plus entre le dogme et elle. »

Si vous avez été tenté, après beaucoup d'autres, de parler ainsi, fermez l'histoire du siècle et ouvrez celle des siècles : où sont les saints? Cette armée triomphante, l'armée de Dieu, où se recrute-t-elle? Parmi les déserteurs du dogme, ou parmi ses défenseurs?

Races descendues du Verbe fait chair, flambeaux du monde qui contenez Dieu, ô fleurs inexprimables, quels sont les terrains qui ont le secret de vous produire?

Quelles sont les rosées qui vous rafraîchissent? Où venez-vous? où grandissez-vous? Étoiles de la nuit, en quelle contrée, dites-moi, vous rencontre le voyageur? Quelle patrie est votre patrie?

Votre patrie est l'Église, et le voyageur vous trouve dans les pays où la Vierge Marie a des autels.

Imaginez un homme qui nie un dogme, celui de tous les dogmes qui vous semble le plus inutile à la morale, et essayez d'appeler cet homme un saint?

Je vous le dis en vérité : vous ne le pourrez pas.

Et réfléchissez, je vous en prie, sur les résistances de la langue.

Ah! Luther a trouvé que l'Église catholique avait un culte trop matériel ; il a voulu des temples morts, des murs nus, l'image du vide ; il a dit que l'image du Verbe incarné représenté par l'art sur la terre irritait le Ciel ; il a trouvé que l'Église donnait trop de place à la Vierge Marie ; il a trouvé que les saints n'adoraient pas *en vérité et en esprit ;* il a voulu exclure la matière, et *augmenter la pureté de la religion.*

Voulez-vous savoir quelles ironies terribles lancent contre eux-mêmes ceux qui veulent être plus sages que Dieu et plus *purs* que l'Eglise (comme si l'art était une concession faite à l'impureté)?

Eh bien! lisez l'histoire de ce moine austère, qui a voulu épurer ; lisez l'histoire de Luther, l'histoire de Luther et de Catherine.

Je fais encore appel aux faits. Les saints germent et grandissent là où le dogme est pur, inattaqué. La moralité n'atteint son développement divin que sous la garde sévère d'une vérité sans tache.

Là où le dogme a été entamé, même sous prétexte de favoriser la morale, le sol ne porte plus de saints.

Les calculs humains n'ont pas pour habitude de réussir ; mais, quand ils s'appliquent à déjouer les desseins éternels, ils mettent une ingénieuse affectation à se tourner contre eux-mêmes, à faire éclater, par leur mort, la sagesse qui les écrase en passant, et qui passe sans se déranger.

L'orthodoxie qui, inviolable en elle-même, n'a besoin que d'elle-même pour rester inviolable, produit cet effet de sauvegarder la paix qu'on invoque contre elle, et de sauvegarder la sainteté, pendant que ses ennemis réclament la morale.

Voltaire aussi n'a-t-il pas parlé de charité?

En vérité, oui. Mais la charité lui paraissait en contradiction absolue avec la foi. Il invoquait la charité au nom de l'indifférence. Vous savez quelle *charité* a répondu à son appel, et quels flots de sang ont coulé sur la terre fraîchement remuée où il venait d'être enseveli.

Saint Paul prêchait la charité. Luther la réclamait quelquefois. Mais l'histoire n'a pas confondu saint Paul et Luther. Les moralistes, négateurs du dogme, dont Bossuet a raconté l'histoire, se sont chargés eux-mêmes de nous apprendre où les saints puisent la sainteté ; car ce sont eux qui nous ont permis de comparer les actes des anciens apôtres aux actes des nouveaux apôtres.

L'histoire nous montre du doigt l'aréopage d'Athènes, le jour où saint Paul a comparu devant lui, et les cabarets allemands où Luther rencontrait Carlostadt; elle répète à sa manière les leçons du catéchisme.

L'histoire ! mais, pour trouver l'erreur en contradiction avec elle-même, ai-je besoin du témoignage des siècles? ai-je même besoin du témoignage des disciples de l'hérésie? L'hérésiarque lui-même, comme s'il résumait le siècle dans sa personne, comme s'il portait le siècle dans son cœur, ne va-t-il pas nous montrer son contradicteur au fond de lui-même ?

De quoi Luther a-t-il parlé toute sa vie ? De dignité, n'est-ce pas, de liberté, d'indépendance ? Il a *ordonné* à l'esprit humain de ne recevoir aucun ordre. Il a déjà infirmé, contredit, en *ordonnant*, l'ordre qu'il donnait de ne pas obéir. Mais, est-ce tout ? est-ce sa pratique seulement qui réfute sa théorie ? Il nous est permis d'assister à un plus beau spectacle. Nous ne lisons plus les œuvres complètes de Luther, mais, si nous les lisions, nous lirions un ouvrage signé de cette main qui ordonne la révolte et intitulé : *De servo arbitrio*. Luther consacre un traité à la négation du libre arbitre ! L'erreur se hâte et se dissout, disais-je. Mais voyez donc comme elle le fait vite ! Admirez sa complaisance et la leçon qu'elle nous fait par la bouche de Luther ! Comme si ce rebelle n'avait pas eu confiance dans la révolte pour se révolter contre elle-même, comme s'il avait craint la lenteur de ses disciples, trop lents à le démentir et à le contrecarrer, le voilà qui prend leur place, la place de la Postérité, la place de l'Avenir ; le voilà qui, courbé encore sur la racine de son mensonge, veut déjà nous en montrer lui-même les fruits et les fleurs ; le voilà qui découvre à nos yeux le mécanisme intérieur du mensonge en travail ; le voilà qui nous montre, dans sa personne, son erreur en raccourci ; le voilà qui, faisant appel au libre arbitre dans l'intérêt du crime, poussé par une rage intérieure, nie cette liberté humaine dont il mésuse à la même heure ! Et tout cela, à la fois, dans le même moment, sur le même point du Temps et de l'Espace !

Il y a des heures solennelles où l'absurdité fait évolution sur elle-même, pour s'étaler sous toutes ses faces, où le charivari de l'erreur accompagne, malgré lui, le concert de la grande justice. On ne parlait que d'indépendance et on niait le libre arbitre ; on ne parlait que de charité et on se disputait, et on se battait en buvant; on ne parlait que d'unité, et la tour de Babel s'élevait à la face de l'Europe. Tantôt au nom de la charité, tantôt au nom de la révolte, au nom de la vérité profanée, au nom de l'erreur glorifiée, on acclamait, en les accumulant, des mensonges à la fois contraires à la vérité profanée et à l'erreur glorifiée.

Voyez le paganisme : quand il a étendu ses filets à partir de l'ancienne Rome jusqu'aux extrémités de l'ancien empire romain, il se renie lui-même au milieu des orgies, avant que le soleil ne se lève à Bethléem, et la Rome de la louve expire, étouffée sous la Rome de la croix.

Voyez-vous le panthéisme : quand il a dit son dernier mot, quand il s'est proféré tout entier, sa langue, frappée de paralysie, ne sait plus continuer et ose à peine répéter son discours. En achevant de s'exprimer, il s'est donné le coup de la mort.

Voyez le rationalisme. Vaincu par le souvenir de la déesse Raison, il meurt de honte au pied de l'autel qu'il a élevé.

Voyez le protestantisme : ceux qui ont voulu sacrifier la vérité à la paix expirent dans la guerre, et les luthériens ne savent plus ce que Luther enseignait.

Dans les discussions humaines, très souvent, l'insistance de celui qui se trompe entraîne celui qui dit vrai à exagérer la vérité qu'il affirme et par là à la fausser. Dans la crainte de faire une concession injuste, l'homme qui a raison refuse souvent à son adversaire même ce qu'il peut lui accorder justement. C'est une faiblesse à rebours, une concession retournée qu'il fait à l'Esprit d'erreur.

Mais voici un fait sur lequel je prie les sectes dissidentes de porter leur attention.

L'Église reste toujours, quoi qu'on fasse, dans la ligne qui mène au but. Elle ne s'égare ni à droite ni à gauche. Elle ignore les concessions injustes, en même temps que les contradictions excessives. Elle ignore la faiblesse du trop et la faiblesse du trop peu. L'Esprit-Saint parle par elle et ne se trouble pas.

Pendant que les adorateurs de la Raison tâchent, à force de crime et de honte, de déshonorer la raison humaine, sans pouvoir y parvenir; pendant que les adorateurs de la révolte tâchent de nier le libre arbitre, sans empêcher les peuples d'y croire et sans pouvoir échapper à eux-mêmes, ni à la responsabilité de leurs actes, ni aux conséquences de leurs paroles, l'Église catholique, qui n'adore que Dieu, aime l'homme, le respecte et lui garde sa place, même quand il veut se déposséder, — lui garde sa couronne, même quand il veut se découronner. Elle affirme à l'homme son libre arbitre, qu'il veuille de lui ou qu'il n'en veuille pas. Il oublie sa raison, en punition de l'avoir adorée, et cette Église qu'il outrage lui rappelle de sa voix qui ne change pas que Dieu l'a fait raisonnable. En même temps, elle lui montre du doigt sa blessure saignante, la blessure originelle de l'homme.

Le découragement et l'orgueil se succèdent et se produisent avec une épouvantable rapidité; tantôt l'homme croit qu'il peut tout, même sans l'aide de Dieu; tantôt qu'il ne peut rien, même avec Dieu. L'Église, cependant, enseigne d'une voix immuable la miséricorde qu'on repousse et la justice qu'on nie. L'erreur fatigue l'Église sans la troubler; elle la fatigue de ses cris vagues et contradictoires; mais jamais elle n'a eu, jamais elle n'a, jamais elle n'aura l'impossible consolation de voir la Parole de Dieu faiblir, ou la Parole de Dieu exagérer.

# LIVRE TROISIÈME
## L'ART

---

## L'ART

### I

En face de cette pensée, qui a occupé ma vie, et qui est une en moi, je voudrais pouvoir tout dire en une parole. Cependant l'Art subit, quand il entre parmi nous, la loi de la succession : il se décompose ; il admet l'*avant*, l'*après :* il prend plusieurs formes. Il faut, en parlant de lui, obéir à la même nécessité, entrer dans les mêmes harmonies.

L'Art est l'expression sensible du beau.

Il est, dans l'ordre naturel, la manifestation de l'idéal.

Comment fera-t-il pour pénétrer dans notre terre d'exil ?

Le temps et l'espace gardent les barrières de ce monde et saisissent tout ce qui veut entrer. Rien ne leur échappe. Aussi, sans violer son unité, l'Art adoucira-t-il ses splendeurs immenses et complaisantes pour les accommoder à notre *spécialité* humaine.

Son premier acte sera une concession, un sacrifice. Nous avons vu ailleurs que le sacrifice est l'essence de la parole. Le son ne naît que pour mourir, et ne se possède que pour se donner. L'Art se divise pour apparaître.

Forcé de subir le temps et l'espace, il leur demande leur secours pour rester beau chez eux. Le temps lui prête la parole, l'espace lui prête la lumière.

La parole et la lumière sont les deux ministres de l'Art.

L'arithmétique exprime les lois du temps, la géométrie les lois de l'espace.

L'arithmétique enfante dans le monde de l'Art la poésie et la musique, ministres de l'idée au département du temps. C'est le temps qui en détermine la mesure, et cette mesure c'est le rythme.

La géométrie lance dans le monde idéal l'architecture, la sculpture et la peinture, ministres de l'idée au département de l'espace ; c'est l'espace qui fait leurs proportions.

## II

Nous l'avons dit, les formes de l'Art qui objectivent la pensée, quant aux phénomènes du temps, ont pour ministre la parole.

Les formes de l'Art qui objectivent la pensée, quant aux phénomènes de l'espace, ont pour ministre la lumière.

La parole et la lumière me frappent par leurs similitudes cachées. La parole est la splendeur du monde invisible ; la lumière est la splendeur du monde visible. Par la parole, la création se fait lumière pour nos esprits : elle explique ses splendeurs à nos intelligences. Par la lumière, la création se fait parole pour nos yeux : elle leur raconte la gloire du Créateur. Les cieux seraient muets, destitués de la lumière, comme l'homme serait muet, destitué de la parole. La parole humaine explique la magnificence de cette création, qui est révélée par la lumière ; par la parole, et par la lumière, le visible et l'invisible se rapprochent et se glorifient. Ils parlent, ils louent, ils chantent : ils chantent leur amour dans la joie de leur beauté. La parole et la lumière ont les mêmes amis et les mêmes ennemis.

La lumière présente le monde visible à l'admiration de l'intelligence ; la parole met le monde invisible au service de l'intelligence. Toutes deux sont impondérables, mystérieuses. Toutes deux appartiennent à chacun et à tous, sans division, sans diminution. Toutes deux traversent, touchent et pénètrent les corps les plus abjects sans salir leurs rayons. Toutes deux se réfléchissent : l'écho renvoie la parole ; le miroir renvoie la lumière. Que la lumière pénètre une goutte d'eau, elle en fera une perle. Que la parole pénètre une intelligence morte, Dieu sait de quelles couleurs il la verra resplendir. La chaleur suit la lumière, et l'amour suit la parole.

La parole et la lumière chassent toutes deux les fantômes. Toutes deux dévoilent. Voulez-vous connaître la valeur de cet objet ? Éclairez-le d'un nom. Voulez-vous démasquer ce criminel ? Nommez-le.

Le crime fuit la parole comme il fuit la lumière, et le mensonge est une obscurité.

Le nom exprime l'être moral, comme la lumière fait voir l'objet matériel.

La parole *éclaire* ce qu'elle nomme. La lumière *définit* ce qu'elle montre. Toutes deux distinguent, déterminent. Toutes deux volent et disparaissent, éclatantes de leur nature ; toutes deux se cachent pour agir, l'une au fond des âmes, l'autre au fond des corps, et ne manifestent leur présence qu'autant qu'elles trouvent matière à leur activité ; toutes deux s'assimilent ce qu'elles ont saisi, assujettissent tout à elles-mêmes, et ne s'assujettissent elles-mêmes à rien. Elles discernent leur proie, comme l'aigle, du haut des montagnes, fondent sur elle, la dévorent, la renouvellent, puis reprennent leur vol, et échappent, par leur rapidité, à tout asservissement ; mais elles subsistent, par leur splendeur communiquée, dans les corps dont elles s'emparent. Quand elles sont déposées, comme un germe, quelque part, leur présence active et inaperçue demande un choc pour se réveiller. C'est au choc qu'elles éclatent ; elles rayonnent alors et se communiquent sans se diminuer. Le jour où l'homme, surprenant la lumière en travail, a inventé *un miroir qui se souvient*, il a découvert par la photographie la loi de la parole. Permanente et fidèle là où elle s'est attachée, mais mystérieuse dans ses opérations, la parole reçue demeure souvent dans l'âme, mais ne se montre qu'à certaines conditions.

### III.

L'homme qui a reçu le don de la parole est particulièrement ému par la beauté de la lumière. La lumière est un symbole si évident, que son nom s'applique aussi souvent à la lumière invisible qu'à la lumière visible.

Dans la création artistique, à l'instant précis, à cet admirable instant où il exprime la beauté qu'il pense, l'artiste se sent pénétré d'une lumière invisible, lumière chaude et vivifiante, qui va lui donner la parole. Plein de sa pensée, possédé de son type, il sent quelque chose se mouvoir en lui. Ce sont les paroles qui naissent, lumineuses et ardentes, dans son esprit. Elles se modèlent sur la pensée, s'embellissent de sa beauté, resplendissent de sa splendeur.

La pensée est si belle, quand il la contemple, non encore réalisée, dans son unité et son intégrité, sans s'être sali les mains à la matière multiple, pour la constater une fois de plus incapable, insuffisante, et cependant indispensable à ses projets ! Écrivain, peintre ou sculpteur, voilà que, quand il prend dans sa main tremblante l'instrument qui réalise, il écoute la pensée, prête son ministère, *travaille*, contemple son œuvre et la trouve imparfaite. C'est qu'il n'a pas réalisé son idéal. L'idéal réclame encore, et n'ayant plus rien à donner, l'artiste, les mains vides, pleure et demande pardon. Il a abaissé sa pensée, pour lui donner une figure. Il lui a posé une limite, il l'a déterminée. Il a renoncé à l'immense dans lequel il la contemplait. Il a attenté à son idéal.

## IV

Le lever du soleil est le triomphe de la lumière en ce monde. La création apparaît. Laissez faire la lumière, et regardez ! Cette magnificence est le reflet symbolique et mystérieux de quelque harmonie invisible et spirituelle qui veut bien se laisser symboliser par la couleur.

Le lever du soleil ressemble à la création du monde : il en est la figure ! Ne ressemble-t-il pas merveilleusement au lever de la parole dans l'âme de l'artiste ? Quelquefois *il est minuit dans l'âme*, et à cette heure-là l'homme ne peut rien faire. Mais tout à coup, il voit resplendir sa pensée : c'est la parole qui se lève. La pensée était latente : elle devient lumineuse. Elle était, pour l'homme, comme si elle n'était pas : elle reçoit la conscience et la splendeur de sa vérité ; elle se sent vivre, parce qu'elle parle.

La parole, comme la lumière, monte lentement à l'horizon. C'est d'abord une lueur, puis un éclat de jour. Comme, au lever du soleil, les bêtes féroces rentrent dans leur tanière, les passions se cachent honteuses, quand la parole se lève, illumine et inonde. Puis un nuage trouble la parole dans l'âme, comme la lumière dans le ciel; mais elles se jouent toutes deux dans cet embarras inférieur; elles oscillent et éclatent en jeux divers qui embellissent le ciel et la terre de splendeurs plus variées, plus riches, plus abondantes. Enfin le grand jour se fait et la chaleur arrive. Le laboureur creuse son sillon : les champs déchirés s'exposent aux influences du ciel, et la terre porte son fruit.

## V

Contemplons enfin la splendeur de l'Harmonie. Nous disons : Cette mélodie est belle, et, dans un tableau, cette figure est belle.

L'Harmonie, qui est la beauté de la parole, a sa racine dans le rythme, c'est-à-dire dans le nombre.

Et disons en même temps que la Beauté, qui est l'harmonie de la Forme et la splendeur de l'Art exposé à la Lumière, a, comme l'harmonie des sons, sa racine dans le nombre : car la Beauté réside essentiellement dans l'Angle, et l'Angle peut s'évaluer en nombre.

L'artiste, — l'artiste digne de ce nom — donne de l'air à l'âme humaine. L'Art, dans une certaine mesure, et dans un certain moment, est la force qui fait éclater la voûte du souterrain où nous étouffons. De quel levier dispose-t-il donc? quelles masses a-t-il à son service? La parole, la musique. O faibles choses ! Un peu d'air battu par des lèvres de chair.

Pauvres notes fugitives, pauvres syllabes qu'emporte le vent, majestés invisibles, que vous êtes impuissantes !

Vous remuez la terre, et le ciel vous écoute. Dans les instants solennels où nous vous appartenons, l'âme a de l'air : elle respire, elle prend conscience d'elle-même. Elle dit : Oui, mon Dieu, je suis grande et je l'avais oublié. Par vous l'âme humaine goûte les prémices de sa délivrance. Elle s'étonne alors de ses oublis habituels; elle s'étonne de ne pas se rappeler toujours ce qu'elle se rappelle instantanément. La lumière accidentelle lui découvre la profondeur des ténèbres ordinaires ! En face du réveil, elle ne comprend plus que lui et ne se souvient du sommeil que pour s'en étonner. Elle s'étonne d'avoir pu oublier les types, au point de s'ensevelir dans les accidents, dans la laideur. Une porte épaisse et lourde, la porte de notre prison, nous masque notre grand amour; elle nous en dérobe quelquefois jusqu'au souvenir. Mais tout à coup l'horizon apparaît, large et profond, lointain, chargé d'éclairs, ruisselant de feu. Emporté par la parole et la lumière, enlevé sur les ailes croisées de ces deux aigles, l'Art a passé, il a traversé, il a détruit : le mur s'est écarté un instant, déchiré par la puissance impondérable, par la vapeur d'encens, comme une nuée ouverte par la foudre . . . .

# LA CRITIQUE

La critique ! Vous avez quelquefois entendu prononcer ce mot-là, sans doute. Mais celui qui le prononçait en comprenait-il le sens? Je ne le crois pas. Il est peu de paroles plus méconnues. Si la critique littéraire existait aujourd'hui à Paris, la face du monde serait changée dans huit jours.

La critique, telle qu'on la pratique habituellement, est une bavarde lâche et complaisante, qui ne sait parler, ni ne le peut, ni ne l'ose. M. Paul, critique, connaît M. Pierre, écrivain ; il faut qu'il le ménage, quoi que fasse M. Pierre. D'ailleurs M. Pierre est admiré par M. Jacques : donc M. Paul est tenu de l'admirer. D'ailleurs M. Paul n'a rien à dire : il n'a ni idée, ni style, ni désir, ni regret, ni horizon. Il trouve tout simple que M. Pierre lui ressemble : il l'applaudit, et voilà. Ou bien encore, M. Paul a lu dans son enfance un livre quelconque signé d'un nom vieux et connu; depuis ce temps-là, M. Paul admire ce livre et le propose pour modèle aux écrivains de l'avenir. M. Paul est fermement convaincu que tous les livres qu'il a lus dans son enfance sont sacrés, mais qu'aucun homme supérieur n'a plus le droit de naître et que le créateur est fatigué. Après Buffon et Montesquieu, M. Paul pense que rien ne reste à dire.

En regardant Paris, combien de fois je me suis dit : Mon Dieu ! pauvre ville ! Que de forces perdues s'agitent dans son sein ! Pendant que de froides médiocrités parviennent gaiement à un succès facile, que d'intelligences égarées ou captives n'ont pas trouvé, faute d'un guide et d'un appui, leur route ou leur délivrance !

Que de jeunes gens qui peut-être avaient la vie en eux, — repoussés froidement par l'hostilité, ou par l'indifférence, persécution plus terrible encore, repoussés par l'indifférence qui déteste les tentatives faites contre elle, — et condamnés sans retour pour être restés eux-mêmes, malgré l'injonction des pédants qui veulent que chacun ressemble à tous, et que nul ne dépasse le niveau connu ! Quelle œuvre que celle du critique qui parcourrait le monde pour faire justice comme Hercule !

Demandez-vous un instant ce qui arriverait, dans l'Europe et dans le monde, si la justice de l'Art se levait à Paris sur les vivants et sur les morts ! Supposez un instant (n'ayez pas peur, c'est un rêve), supposez un instant que cette justice des intelligences se lève aujourd'hui, avec le soleil de Dieu, sur la ville endormie ! Supposez qu'il soit donné aux hommes de sentir une seconde leur cœur battre d'accord avec la vérité ; de secouer le manteau de plomb qui glace, qui écrase leurs épaules et leurs yeux ; de se réveiller dans la lumière vive, en face des beautés vraies ; vides des vieilles erreurs qu'ils répètent depuis l'enfance ; remplis d'un amour jeune qui les rajeunirait, remplis de l'amour de ce qui ne vieillit pas ; supposez que le soleil d'aujourd'hui éclaire à Paris ce spectacle, et devinez ce qu'éclairerait, sur la face du globe, le soleil de demain.

Mais le découragement, cette ruse terrible de l'enfer, est là qui glace l'âme et retient le bras. « Tu ne feras pas tout, dit-il ; ainsi, ne fais rien. » Mais en vérité, est-ce une raison ?

Faut-il, pour parler, attendre que tout le monde soit persuadé d'avance, et parce qu'il y a des sourds, la parole perd-elle ses droits ?

Je ne le pense pas. Parlons donc, malgré les sourds.

Parlons de la critique telle qu'elle est, et de la critique telle qu'elle devrait être.

Si je dis à la petite critique qu'elle est médiocre et niaise, je ne l'étonnerai pas beaucoup. Les hommes prennent assez bien leur parti d'être médiocres, dans la conviction où ils vivent qu'on ne peut pas être autre chose, à moins de tomber dans l'exagération.

Mais si je lui dis qu'elle est cruelle, je l'étonnerai, car, ne se prenant pas au sérieux, elle ne prend pas au sérieux les blessures que fait sa main froide et gantée ; si je lui dis qu'incapable d'édifier quoi que ce soit, elle est capable de détruire beaucoup ; que, sans force pour donner la vie, elle a la vertu de donner la mort, à force d'être faible, et que, pour cesser d'être cruelle, il faudrait devenir intelligente, alors, ne sachant plus ce que je veux dire, elle me répondra que je vais un peu loin. Elle me dira qu'elle n'a pas l'intention de donner la mort. — Eh ! je ne vous parle pas de vos intentions ! Je sais très bien que vous n'avez pas d'intentions ; mais voilà précisément ce que je vous reproche : vous devriez en avoir.

A celui qui va juger, il faut dire que l'élévation, la largeur et la profondeur ne sont pas pour lui des objets de luxe, mais des lois.

Offrez au critique vulgaire un chef-d'œuvre inconnu :

Pour oser donner son avis, il attendra le vôtre. Avant d'avoir une opinion, il consultera tous ses intérêts, et le visage de tous ses amis. Ayant épuisé sa faveur sur les anciens, il n'a plus que raideur et indifférence pour ceux qui luttent, qui souffrent, qui ont besoin de courage.

Changez la signature d'une œuvre, les pages qu'il trouvait folles lui paraîtront sublimes, et réciproquement.

Il flatte, il gêne, il persécute.

En général, la petite critique croit tout impossible; elle n'admet comme *pouvant être*, que ce qui est dans ses habitudes. Or, le génie n'est pas dans ses habitudes; aussi le traite-t-elle comme elle traitait, il y a quelques années, les locomotives et les télégraphes électriques. Quant au génie des gens morts autrefois, elle le proclame à tort et à travers, sans savoir ce qu'elle dit, parce qu'elle a l'habitude de le proclamer, et que d'ailleurs elle croit à peine à l'existence de ces gens-là. Elle lance à pleines mains, à des personnes qu'elle croit abstraites, des couronnes qui ne lui coûtent rien à distribuer, car elles n'existent pas. Que le passé ait ses gloires, elle y consent, car elle ne croit ni au passé, ni à la gloire ; mais le présent ? mais l'avenir ? allons donc !

Aussi n'a-t-elle, cette critique polie, correcte, mielleuse et médiocre, que des opinions convenues, des admirations prudentes, des enthousiasmes officiels. Elle ne vous absoudra d'être moderne que si vous êtes en même temps médiocre ; elle a pour la médiocrité je ne sais quelle condescendance tendre : elle se reconnaît et se complaît en elle. Lors même qu'elle consent à ne pas la trouver irréprochable, elle lui pardonne toujours, elle lui passe tout.

L'homme médiocre, c'est l'enfant chéri, c'est le Benjamin de la critique étroite. Elle a pour lui des faiblesses. Il suffit que la médiocrité soit la médiocrité pour avoir droit à l'indulgence de cette critique-là. Car les défauts de la médiocrité sont médiocres eux-mêmes, et par là sympathiques à la critique dont je parle : ils sont effacés, et tout ce qui est effacé lui plaît. Les défauts de l'homme supérieur attestent une personne vivante qui se déploie, et la petite critique les déteste, non parce qu'ils sont défauts, mais parce qu'ils sont énergiques.

Molle et morte, elle aime ce qui est mou et mort. Craignant que l'homme armé d'une idée ne pousse un cri qu'on n'ait pas l'habitude d'entendre, elle préfère, et de beaucoup, ceux qui écrivent pour ne rien dire ; ceux-là lui sont plus soumis : elle se complaît et se reconnaît en eux. Elle défend à un homme d'être lui-même et lui ordonne de ressembler à un autre ; elle appelle cela être sévère. Avant d'admirer, elle cherche dans ses habitudes pour voir si l'on admire ordinairement ce qu'elle a sous les yeux ou les choses analogues, et, au nom du bon goût, elle refuse le passage à toute beauté dont elle ne connaît pas d'avance le signalement. Elle ne juge pas pour juger, elle juge pour plaire à ses propres juges ; aussi aime-t-elle ceux qui répètent des phrases faites, parce qu'ils ne compromettent pas ; elle sait que cette monnaie a cours ; les phrases faites sont de vieilles connaissances qui ne lui font pas peur. L'homme qui parle une langue à lui est un jeune homme pour ses contemporains, avant d'être un grand homme pour la postérité. La petite critique, persuadée que les grands hommes n'ont jamais été jeunes, ni même vivants ; que de tout temps ils étaient des anciens, morts depuis quatre mille ans, ricane et se détourne en face d'une grandeur présente et vivante. L'horreur qu'elle a du génie est mélangée de honte. Devant cet étranger, elle rougit d'être elle-même. Devant le génie, la grandeur consisterait à s'effacer : mais la petite critique ne s'efface jamais, elle se tient droite et raide. Pour se venger, elle montre, dans les conceptions du génie, la virgule qui manque, — et la médiocrité applaudit.

Quelque raison qu'on veuille assigner à ce fait étrange, la médiocrité ne se déconcerte jamais. Elle veut que ce monde soit sa proie ; elle le réclame et s'en empare avec l'assurance du bon droit, comme s'il lui appartenait en propre. Les gens médiocres n'ont qu'à se présenter pour que les portes s'ouvrent : devant l'homme supérieur, elles se ferment instinctivement.

Songez à la quantité des hommes médiocres. L'enthousiasme est la récompense de la simplicité, et les âmes compliquées ne sentent ni ne comprennent rien. N'espérez pas que la médiocrité soit touchée de votre courage, de vos efforts ; voici son caractère : *Elle est naturellement impitoyable !* Si elle se laissait une fois surprendre, émouvoir, elle ne serait plus elle-même.

Elle n'a rien d'imprévu dans les mouvements.

Elle n'a qu'une physionomie ; elle vise à la gravité. En même temps elle est hargneuse, mesquine, tracassière, étroite et envieuse. Elle aime les petites choses, les petites proportions, les projets mesquins, les niaiseries accoutumées, les timides inepties qu'on lui sert ordinairement. Elle juge un homme sur son âge, son succès, sa position, sa fortune.

Elle le juge sur son passé et sur son apparence, ne croyant ni à la réalité des hommes, ni à leur avenir. Elle a le plus profond respect pour ceux qui ont déjà *beaucoup* imprimé. Elle pèse tout et ne mesure rien. Elle n'osera pas dire devant l'œuvre d'un homme encore ignoré : Voilà la gloire et le génie. Voit-elle un homme débordant de vie et d'amour, elle l'entoure d'un cimetière.

Si j'insiste sur la cruauté inconsciente de la sottise, c'est que cette cruauté est inaperçue de celui qui l'exerce et de celui qui la voit de loin. Le génie est la seule souffrance qui ne trouve nulle part de pitié, pas même chez les femmes. Les femmes, qui s'attendrissent si volontiers sur les grandeurs fausses, sont souvent sans miséricorde pour les grandeurs vraies. Elles aiment ce qui brille, elles n'aiment pas ce qui resplendit.

Regardez les noms de tous ceux qui sont parvenus non pas à la réputation, mais à la gloire : lisez leur histoire. Interrogez-les ; ils vous répondront qu'ils ont usé, pour écarter la foule et se faire place, plus de force qu'il n'en fallait pour créer mille chefs-d'œuvre. Ils ont passé des heures, qui auraient pu être belles et fécondes, à subir le supplice de l'injustice sentie ; ils ont dépensé le plus pur de leur sang dans dans une lutte extérieure et stérile qui arrêtait le travail fécond de l'art ; le découragement leur a volé mille fois, à eux et au monde, leurs plus beaux transports, leurs plus jeunes ardeurs ; que d'heures, qui auraient été des heures de génie, des heures de lumière, qui auraient rayonné dans le temps et dans l'espace, qui auraient produit des choses immortelles, ont été des heures stériles de tristesse et d'accablement ! Or, cela a peut-être été l'ouvrage de la petite critique qui restait indifférente. Elle a pris pour tâche d'éteindre le feu sacré qu'elle était chargée d'entretenir. Puisse-t-elle être enterrée vive !

Voulez-vous savoir jusqu'où peut s'élever la critique ? regardez jusqu'où elle peut descendre. Mesurez ses bienfaits possibles par les ravages qu'elle peut aussi faire.

L'Art a ses périodes, ses phrases, ses âges ; un jour arrive dans sa vie où il reçoit pleine connaissance, pleine conscience de lui-même. Chacun de nous ne connaît-il pas ces heures admirables de lumière intérieure où il semble que l'homme, en présence et en possession de lui-même, s'aperçoive pour la première fois et se reconnaisse ? On dirait que, debarrassé des obstacles, et délivré des ténèbres derrière lesquelles il était voilé à lui-même, il entre enfin dans la liberté et dans la joie de son être. C'est un coup d'œil jeté sur des domaines qu'on croyait perdus ! c'est le réveil du regard humain : ces instants sont rares et rapides !

Le plus souvent, nous sommes invisibles à nous-mêmes, destitués de nous-mêmes. L'homme ne se reconnaît qu'à la lueur d'un éclair. L'éclair interrompt la nuit, brille et s'éteint, et l'homme vit d'un souvenir, en attendant le prochain éclair.

Quand l'éclair passe sur l'Art, c'est la critique qui s'éveille. Il faut venger ce mot, *critique*, du sens négatif et restrictif qu'on a attaché à lui. Il signifie discernement. Or, le discernement est une œuvre de lumière.

*La Critique est la Conscience de l'Art.*

Quand l'Art se voit et se sent ; quand il dit : J'existe, me voici, son cri de joie, c'est l'essor de la Critique qui se lève. Aussi vit-elle d'enthousiame et non de négation. On se la figure toujours tournée vers le néant, je la vois tournée vers l'être. Il est temps qu'elle admire.

Une des prérogatives du génie c'est que l'enthousiame, qui seul a le don de le sentir, a seul aussi le droit de le juger. La médiocrité, qui est privée de ce sens, n'aperçoit en lui que le côté négatif, le défaut : elle le juge comme un magistrat juge un coupable. Aux yeux de la médiocrité, le génie est le coupable par excellence ; et même, si la médiocrité ne trouve pas dans les leçons qu'elle sait par cœur le texte qui le condamne, peu importe : il est condamné d'avance par une loi sans formule, faite tout exprès pour lui. La grande critique vit d'admiration, la petite de chicane. L'enthousiasme manque en ce monde : que la critique s'emploie tout entière à le rallumer, et elle deviendra vivante. Qu'elle apporte sa pierre à l'édification d'une jeunesse nouvelle, de la jeunesse que le monde attend, car la jeunesse manque sur cette terre. Des cadavres refroidis peuplent les ateliers et les mansardes.

La débauche a passé par là. C'est elle qui fait errer dans Paris, sous un soleil tout jeune, des vieillards de vingt ans. Or, la critique a cette mission sublime de rafraîchir le sang des travailleurs, et de leur refaire une jeunesse. Pour accomplir sa tâche, il faut qu'elle ait de l'âme, et beaucoup d'âme.

Ignorez-vous que l'artiste qui veut créer souffre toujours horriblement ? Songez-vous qu'il ne réalise *jamais* ce qu'il voulait réaliser ? Songez-vous que tout chef-d'œuvre est nécessairement un sacrifice ? Songez-vous que le grand artiste livre une bataille avec la certitude de la perdre, qu'il est condamné à manquer toujours son but, — son but étant la beauté absolue qu'il lui est ordonné de poursuivre et défendu d'atteindre dans son œuvre ?... User sa vie, et se demander si on ne l'use pas inutilement ; commencer son œuvre et douter d'elle ; tout craindre, et marcher comme si l'on ne craignait rien ! L'inspiration exige le bonheur, et il y a pourtant des hommes qui ont travaillé dans la tristesse, dans la nuit, dans la douleur, qui ont imposé silence à leurs cris, qui ont négligé leurs souffrances, pour ne pas devenir stériles, qui ont produit, parce qu'ils *voulaient* produire, alors même qu'ils ne le *désiraient* plus.

En vain le grand artiste essayerait d'ailleurs de se répandre autour de lui. Ses pairs ne sont pas de ce monde. Il faut qu'il traverse les terrains glacés de la solitude.

Quand elle le voit de loin, la petite critique (je veux bien reconnaître qu'elle ne sait ce qu'elle fait) le pique avec mille épingles, pour voir, en jouant, combien de gouttes de sang il lui reste encore à verser.

Comprenez-vous alors la tâche sublime qui se présente à la critique vraie. Il faut qu'elle se fasse assez grande pour devenir consolatrice. Il faut qu'elle entre dans le champ de la vie, il faut qu'elle prenne d'une main la main froide de celui qui marche seul, et que, de l'autre main, elle le désigne aux regards des hommes. Il faut qu'elle soit capable d'oser assez pour admirer et pour flétrir librement. Il faut qu'elle fasse honte au troupeau de sa docilité stupide envers les aveugles qui le mènent, de sa résistance stupide vis-à-vis de ceux qui voient le jour. Là où l'amour n'a aucune place, il n'y a rien ni de vrai, ni de beau, ni de fécond : le caractère de la critique négative, c'est l'absence d'amour. Que la critique s'éveille à l'amour de l'infini, et la face de l'art sera changée : si elle aime l'infini, la critique aura des vues d'ensemble.

Le premier mot de l'homme médiocre qui juge porte toujours sur un détail, et ce premier mot est toujours faux, — fût-il vrai. Il est faux par la place qu'il occupe, faux par l'importance qui lui est donnée, faux par l'isolement où il reste. Il a l'air d'exclure tout ce qu'il ne dit pas ; il a l'air de compter pour tout ce qui n'est rien, et pour rien ce qui est tout.

Le grand critique se place assez haut pour saisir du même coup d'œil le tout et les parties. Nul ne peut juger ce qu'il ne domine pas. L'engouement vulgaire entraîne la partialité. L'enthousiasme supérieur entraîne l'impartialité, qui est la gloire du juge. L'enthousiasme donne le courage, et le courage a deux accents. Il admire ce qui est beau, il flétrit ce qui ne l'est pas.

Que faut-il donc ? Oser. Voilà la condition de tout.

Si vous êtes grand, il faut que la critique le dise, dussiez-vous l'ignorer vous-même et vous en étonner. Il faut qu'elle vous traite, quels que soient votre nom et votre âge, comme si quatre mille ans avaient passé sur votre tombeau. Ceci est son devoir, sous peine de déshonneur. Si vous avez volé votre nom, il faut qu'elle le dise, qui que vous soyez.

Qui donc nous empêche d'oser, et que craignons-nous ? Pourquoi ce respect imbécile, ce respect du néant ? Est-ce que la souveraineté de la mort est un droit inviolable ? Pourquoi laisser la parole, comme un monopole, à ceux qui veulent empêcher le sang de circuler et le cœur de battre ? Est-ce qu'il y a, en faveur de l'ineptie et de l'infamie, quand elles se prolongent, une prescription ? Élevez donc la voix, vous qui jugez : en face de l'Art qu'on nous a fait, élevez la voix qui condamne ! A quoi vous sert l'arme que vous tenez, si vous voyez de sang-froid l'universel abaissement ? si vous supportez des hommes qui s'appellent artistes et qui ont peur que cette terre ne soit pas assez pleine de boue ? Ils veulent renchérir sur les hontes de la vie réelle, par les hontes de la vie imaginaire où ils nous promènent.

Réveillez donc dans le public l'étincelle menacée, l'inquiétude du beau ! Critiques, élevez la voix et dites à ces hommes : Vous, artistes, vous, hommes investis d'une telle dignité et d'une telle puissance que votre pensée devient le pain qui nourrit les autres hommes, le sang qui circule dans leurs veines, vous gardiens de la pureté de la langue, vous avez souillé la langue, vous avez enseigné vos vices à vos contemporains pour spéculer ensuite sur leur dégradation qui est votre ouvrage. Vous qui portez le nom d'artistes et qui vendez si cher la honte aux hommes, comprenez votre dignité perdue, pour mesurer, s'il est possible, la profondeur de votre dégradation.

Le grand critique cherche le grand poète, comme le fer cherche l'aimant. Ne me demandez pas lequel des deux domine l'autre; je ne leur assigne pas de rang. Je les enveloppe dans le même respect, dans la même admiration. La Critique est une des plus hautes formes de l'Art. Le critique féconde le sol et proclame les lois. Il a découvert le poète; il le couronne. Tous deux ont subi l'épreuve; tous deux ont osé, combattu, souffert. Tous deux ils ont eu l'honneur d'exciter les mêmes colères. Ceux qui s'inclinent par convenance devant les réputations les ont également détestés. Qu'ils soient donc confondus dans la même gloire ! Laissons-les se rencontrer et s'embrasser sur les hauteurs du courage et sur les hauteurs de la joie. Celui qui peut dire à un travailleur inconnu : *Mon enfant, tu es un homme de génie !* celui-là mérite l'immortalité qu'il promet. Comprendre, c'est égaler, a dit Raphaël.

Le champ de la critique est plus large qu'on ne le croit généralement. Elle n'est pas bornée à la culture de tel ou tel arbre. La nature est son domaine. Elle doit être partout où il y a une grandeur en péril. Elle a passé le cap de Bonne-Espérance avec Vasco de Gama. Tous les accents, toutes les harmonies sont permises à sa parole; il lui est permis d'aimer, il lui est permis de soutenir. Elle avait sa place près de Christophe Colomb cinq minutes avant que le cri : « Terre ! terre ! » n'ait retenti sur le pont du navire béni. Voilà même sa vraie place ; voilà son labeur, sa destinée, sa gloire. Fidélité ! fidélité ! voilà sa devise triomphante. La fidélité, c'est la durée conquise enfin par l'enthousiasme. La Critique doit être fidèle comme la postérité, et parler dans le présent la parole de l'avenir.

La Critique doit commencer, près de l'homme qui attend, le rôle de l'humanité, et préluder au concert que feront sur sa tombe ses descendants. Elle doit faire les noms, faire les gloires. C'est elle qui lance les rayons. Cette palme ne vaut-elle pas la peine d'être cueillie ? Quant à moi, je crois qu'il est bon que quelqu'un soit là, debout et vaillant, qui puisse, après l'Amérique découverte, n'ayant ni calomnié, ni trahi, regarder en face Christophe Colomb !

# LA CONVENTION, LA FANTAISIE ET L'ORDRE

### I

L'œuvre d'art créée par un artiste de second ordre dit ce qu'était la pensée de l'artiste. Si elle sort des mains de l'homme de génie, elle dit encore ce que sa pensée était ; mais à un point de vue beaucoup plus haut, elle dit ce que sa pensée n'était pas. Car cette pensée, supérieure à toute exécution, reste, par sa nature même, sans réalisation.

L'artiste a travaillé le marbre, il a opéré la réalisation d'une certaine beauté. Il a dégagé la beauté latente par le retranchement de la matière informe, par la destruction du bloc, par le dégagement des formes intérieures et invisibles qui recélaient la beauté, et qui se cachaient derrière la matière, comme l'étincelle au fond du caillou.

Quand il trouve que son exécution est parfaite, c'est-à-dire sans défaut, l'artiste médiocre s'arrête, et s'arrête satisfait.

Quand il trouve que son exécution est vivante, c'est-à-dire pleine de sa pensée, imprégnée, humide, ruisselante de feu, l'homme de génie s'arrête aussi, mais il s'arrête malgré lui, triste et vaincu dans son triomphe.

Par le retranchement de la matière, à la fois obstacle et moyen, il a rapproché son œuvre de son idéal ; mais au moment où il va atteindre ce qu'il a pensé, il faut qu'il s'arrête ; car, au prochain coup de ciseau, il entamerait son œuvre, il la détruirait.

La matière refuse de se laisser tailler plus avant, et s'il persiste, au lieu de la vie, c'est la mort qu'il va donner à sa création.

Si donc il veut qu'elle soit quelque chose, il faut qu'il la laisse inachevée, et qu'il se contente de laisser deviner, au moyen de ce qu'il a fait, la dimension de ce qu'il eût voulu faire, la portée de ce qu'il n'a pas fait.

Tout chef-d'œuvre est une ébauche. L'inachevé est la marque du génie qui peint à grands traits, ne comptant rien terminer ; c'est sa marque, son privilège, sa condamnation et sa grandeur.

Et plus l'exécution approche de l'idéal, plus l'abîme qui les sépare apparaît large et profond à l'artiste ; plus le nombre des côtés du polygone inscrit augmente, plus l'impossibilité de toucher le cercle devient sensible.

Pour l'artiste ordinaire, qu'il le sache ou non, la loi est formule. Voilà pourquoi il peut se satisfaire : son programme peut être rempli.

Pour l'homme de génie, la loi est vie, vie et lumière. Aussi son océan n'a pas de rivage ; il sait que la formule, quelquefois féconde ou du moins utile dans la science, est absolument stérile dans l'Art. Il faut que la sueur coule du front pour que les champs de la vie soient labourés. Nulle formule ne crée, ne fait produire ; nulle formule ne suspend à la vigne pendante la grappe de raisin. L'habitude du génie est de substituer en toute chose la vie à la formule.

Et c'est là le secret de l'étonnement qu'il cause.

Ceux qui le voient passer étaient persuadés, sans en avoir conscience, que la loi était une formule, et s'aperçoivent, en le regardant, qu'elle est vie et lumière.

Ici nous apparaît, marquée en traits de feu, entre les uns et les autres, une ligne de démarcation. Parmi ceux qui se disputent, se partagent ou ne se partagent pas l'admiration du monde, les uns ont été les hommes de la formule ; les autres, les hommes de la vie.

Les artistes, pour qui la loi est formule, se satisfont eux-mêmes, ai-je dit : j'ajoute qu'ils satisfont un instant le public.

La formule est une recette qu'il suffit d'appliquer. Il y a un certain nombre de règles pour faire une bonne tragédie : quand ces règles sont observées, la tragédie est faite, et bien faite. Quand la règle est substituée à la loi, le métier est substitué à l'art, le mécanisme est substitué à l'organisme, et le procédé remplace la vie. Or, le procédé est plus commode que la vie. Avec un peu de patience on saisit le procédé. On ne saisit la vie que quand elle se laisse saisir.

La loi résulte de la nature des choses.

La loi de l'art est l'expression de l'ordre dans le domaine de l'art.

La règle résulte d'une convention arbitraire.

Elle est l'expression des habitudes substituées à la vie, des modes substituées aux lois.

Il y a dans l'esprit humain une tendance étroite qui le porte à secouer le joug de la loi, laquelle le met en rapport avec l'universalité des choses, pour se circonscrire dans la règle, laquelle est son œuvre et l'isole de l'universalité des choses. Circonscrit dans la règle, l'homme s'abrite derrière la formule. Remplaçant la vie par une mécanique, il a remplacé l'amour par un programme. La vie ne se trouve jamais assez de surabondance ; la mécanique est satisfaite dès qu'aucune pièce ne lui manque. L'amour se trouve incomplet, parce qu'il se compare à l'infini dont la pensée veille au fond de lui, même quand il dort. Le programme n'exige plus rien, quand les conditions qu'il indiquait sont prescrites.

De là, le succès facile des hommes mécaniques ; leur talent est à la portée de tout le monde. Pour l'apprécier, il suffit de connaître les conditions du programme qu'ils ont rempli. Se dispensant de penser à l'infini, ils en dispensent leurs écoliers, et l'admiration de ceux-ci est une récompense qu'ils ont bien méritée.

Pour apprécier les unités mécaniques de Boileau, il suffit de savoir compter jusqu'à trois. Pour sentir l'unité vivante et organique dont elles sont la parodie, il n'y a pas de procédé : il faut la sentir ; il ne faut savoir compter que jusqu'à Un. En général, les règles mécaniques séduisent le vulgaire par l'appât grossier de la difficulté vaincue. L'homme médiocre aime les règles nombreuses, comme il aime une haie posée à dessein devant un cheval au galop. Il ne jouit pas du cheval, mais il jouit de l'embarras ridicule et laid où la sottise humaine va placer le noble animal : il aime les tours de force.

Or, plus les règles sont nombreuses, plus l'homme médiocre croit qu'il y a de mérite à les observer. Il ne s'aperçoit pas que ces règles sont des faux-fuyants, des tangentes par lesquelles l'artiste, incapable de créer, échappe honteusement à la seule difficulté qui vaille la peine d'être vaincue, à la lutte réelle, sérieuse et glorieuse dans laquelle, saisissant la matière corps à corps et lui imposant l'action de la forme, il dégage et produit la beauté.

L'homme de génie ne se donne pas la peine de violer les règles factices : il les oublie, voilà tout, — et l'homme médiocre le trouve désordonné, parce que sa vue ne porte pas jusqu'à la loi, sous l'empire de laquelle l'homme de génie s'est placé.

Quand l'homme de génie est infidèle à la vérité, sa façon de l'offenser n'est pas de la parodier par une règle puérile, mais de retourner la loi contre elle-même, de se précipiter, la tête en bas, au fond de l'abîme, et de donner, par la profondeur de sa chute, la mesure de l'essor qu'il aurait pris.

## II

L'esprit humain s'ouvre facilement à la convention : ayant faim et soif de loi, quand il oublie *la loi*, il essaye de la remplacer par *une* loi. Tout désordre aspire à se créer, au sein de lui-même, un certain ordre ; car, sans un certain ordre, le désordre lui-même cesserait pour faire place au néant. Le désordre qui refuse de rentrer dans l'ordre vrai se construit, pour se faire illusion, un ordre faux : la fièvre se règle.

Vous avez rendez-vous à six heures sous cette horloge ; vous arrivez à six heures et demie, mais l'horloge retarde d'une demi-heure, on ne vous trouve pas en retard. Vous arrivez à six heures et demie, mais l'horloge avance d'une demi-heure, on vous trouve en retard d'une heure. La convention est une horloge qui marque une autre heure que le soleil, et qui, devant les hommes, a raison contre lui.

## III

Le vers, cette splendeur singulière, née de la parole et de la musique combinées, nous fournit, de la loi et de la règle, une application magnifique et, par conséquent, mystérieuse.

La parole a besoin d'harmonie : elle veut faire invasion dans les domaines de la musique, sans se confondre avec elle. L'Art a eu la complaisance de faire cadeau du vers à notre humanité. Étudions un instant le vers dans sa loi, et le vers dans la règle qu'on lui a imposée.

Il est peu d'hommes, parmi ceux qu'on appelle, peut-être ironiquement, les esprits cultivés, à qui la poésie ne rappelle les joies les plus splendides, les illuminations les plus radieuses, et en même temps les plus risibles efforts, les plus ingrates corvées qu'ait supportés leur pauvre adolescence.

Il y a donc deux poésies : aux heures de délivrance, l'une nous a initiés à elle ; aux heures de fatigue et de stupidité, l'autre nous a pris pour ses esclaves. Ou plutôt il n'y a donc qu'une poésie, et quelqu'un l'a parodiée.

Le grand poète n'est pas seulement grand écrivain. Il est quelque chose de plus : il est ministre d'un mystère que je vais constater.

Si l'on vous disait qu'il est une forme de langage particulièrement adaptée à la poésie qui vit d'enthousiasme, vous répondriez peut-être : Cette forme de langage doit être la plus libre de toutes. Toutes les entraves doivent tomber devant elle, et le poète ne relève que de son inspiration.

Or, le contraire arrive précisément. Il semble que l'homme ait pris à tâche de compliquer les difficultés, d'inventer, pour l'esprit qui s'envole, des chaînes inconnues. Le vers est une création mystérieuse dont l'habitude seule nous empêche de nous étonner.

Qu'est-ce que la rime ? Un hasard en apparence. Si jamais personne n'eût fait un vers, et si quelqu'un vous disait : « Commencez ; » sans doute, à ne consulter que le raisonnement, vous déclareriez la chose, non pas difficile, mais impossible. Comment espérer que la phrase, sans violer la pensée, ramènera naturellement au bout de chaque ligne la consonance exigée ; que la ligne aura douze syllabes ; que les rimes masculines et féminines alterneront, et que ces exigences inouïes de la forme, qui devraient contrecarrer le sens commun, amener un jeu grotesque, une série de propos interrompus, revêtiront l'idée d'un manteau royal qu'elle regretterait toujours, s'il n'était venu s'offrir à elle ?

Cette magie du vers ne ressemble-t-elle pas aux plaintes de la matière qui traîne en frémissant le char de l'Harmonie, déchirée sans doute, mais domptée, glorifiée, transfigurée par sa puissance ? Pourquoi, dans ces heures de lumière, où l'artiste voit au lieu de chercher, la rime arrive-t-elle d'elle-même, glorieuse et resplendissante, pour revêtir la pensée de gloire et de splendeur ?

La rime ne ressemble-t-elle pas à ces rencontres fortuites, à ces rencontres de deux créatures créées l'une pour l'autre ! Cet accord des personnes et des choses les moins faites pour agir ensemble n'offre-t-il pas une ressemblance, d'autant plus évidente qu'elle est plus cachée, avec cette docilité des mots, des consonances, qui n'osent pas se faire attendre quand l'idée appelle ses serviteurs par leur nom ? N'est-il pas en vérité des êtres dont les noms riment ensemble, et qui se rencontrent, malgré mille chances contraires, pour devenir un jour un épisode du grand poëme de ce monde, parce que leurs deux types recélaient le germe d'une parenté qui pourrait bien s'appeler quelque part : Harmonie ?

Ainsi contrainte et comprimée par sa loi, la poésie se dilate avec ampleur et surabondance : elle est l'expansion de nos désirs les plus intimes, les plus ardents. La parole puiserait-elle aussi dans le sacrifice une force d'élévation ?... Ainsi éteinte en apparence, la poésie est la splendeur de la parole humaine ; ainsi rétrécie, elle enveloppe tout ; ainsi captive, elle est le chant de la délivrance.

Le vers est condamné au rythme qui représente pour lui l'esclavage du temps et de l'espace. Et, grâce à cet esclavage, la poésie éclate dans sa liberté, elle domine le temps et l'espace, elle nous oblige à sentir en frissonnant le voisinage réel de l'éternité qu'on oublie. Voilà pourquoi le poëte a été nommé du même nom que le prophète. Voilà pourquoi les grands hommes ont été immortalisés par la poésie, qui dispose de l'avenir, et le confond, avec le passé, dans la société des choses impérissables. D'une main, elle atteint le visible, de l'autre l'invisible, et quand elle appuie ici-bas sur une touche du grand instrument, elle en fait vibrer une autre, — la touche correspondante dans le monde invisible.

Voilà une des formes de la loi.

## IV

Quant aux règles, lisez la correspondance de Boileau et de Racine. Elle vous les livrera en flagrant délit. Par exemple !

Il s'agit de savoir si Homère a employé, oui ou non, un mot bas. Boileau avait affirmé que jamais le poète grec n'a commis ce crime, et que le mot : *âne*, employé par lui, est *très noble* en grec.

J'ai fait réflexion, lui dit Racine, qu'au lieu de dire que le mot : *âne*, est en grec un mot très noble, vous pourriez vous contenter de dire que c'est un mot qui n'a rien de bas, et qui est comme celui de cerf, de cheval, de brebis. Le très noble me paraît un peu fort.

Voilà sur quel terrain la discussion était placée : Jusqu'à quel point précis le mot *âne* est-il noble ? Un peu ? Beaucoup ? Pas du tout ? Tout à fait ?

Un jour, chez M<sup>me</sup> de Broglie, un interlocuteur soutenait que les règles étaient mieux observées dans la *Phèdre* de Pradon que dans celle de Racine. Boileau répondit :

La péripétie et l'agnition se doivent rencontrer ensemble dans la même tragédie, et c'est ce qui arrive dans la *Phèdre* de Racine et qui n'est point dans celle de Pradon.

L'interlocuteur interrompit Boileau pour lui demander ce que c'était que la péripétie et l'agnition.

Ah ! ah ! reprit Boileau, vous voulez parler des règles, et vous n'en entendez pas même les termes. Apprenez à ne vouloir pas disputer d'une chose que vous n'avez jamais apprise.

Voulez-vous savoir quelles étaient, pour Boileau, les douleurs de l'enfantement ?

Lisez sa lettre datée d'Auteuil, où il envoie à Racine la satire des *Femmes :*

C'est un ouvrage qui me tue, dit-il, par la multitude des transitions, qui sont, à mon avis, le plus difficile chef-d'œuvre de la poésie.

Perrault a attaqué Pindare, *qu'il ne comprenait pas à cause de la faiblesse de ses lumières.* Boileau veut venger le poète grec :

> Perrault, dit-il, a traité de ridicules ces endroits merveilleux où le poète, pour marquer un esprit entièrement hors de soi, rompt quelquefois de *dessein formé* la suite de son discours.

Vous l'entendez ? Qu'est-ce qu'un grand poète ? sinon un charlatan qui rompt de *dessein formé* la suite de son discours *pour marquer* un esprit entièrement hors de soi.

> J'ai cru, poursuit Boileau, que je ne pouvais mieux justifier ce grand poète qu'en tâchant de faire une ode en français à sa manière, c'est-à-dire pleine de mouvements et de transports, où l'esprit *paraît* plutôt entraîné par le démon de la poésie que guidé par la raison.

Ayant ainsi pris le parti de délirer et projeté la folie, Boileau ajoute :

> A l'exemple des anciens poètes dithyrambiques, j'y ai *hasardé* les figures *les plus audacieuses,* jusqu'à parler de la plume blanche que le roi porte ordinairement à son chapeau, et qui est *comme une espèce de comète fatale à ses ennemis,* qui se jugent perdus dès qu'ils l'aperçoivent.

Il faudrait tout citer, mais je suis retenu par une sorte de honte : il nous reste encore assez de grandeur pour détester justement ce qui dégrade notre intelligence. J'en ai dit assez sur les *règles* pour les faire connaître à ceux qui les auraient ignorées.

## V

On a joué, il y a trente ans, une comédie assez étrange.

Quelques insurgés ont pris à partie les règles et les conventions littéraires ; ayant l'énergie de les haïr, sans avoir la force de les dominer, ils ont conçu contre elles une fureur qui leur a paru sainte, fureur véritable qui se traduisait par des injures. Ces jeunes gens, dont le plus connu était M. Victor Hugo, ont joué très gravement, très doctoralement, un jeu qui consistait à prendre une à une les habitudes de leurs prédécesseurs et à les contrecarrer. Avait-on dit blanc, ils disaient noir. Pas un d'entre eux ne s'est aperçu qu'ils subissaient à rebours les contraintes dont ils prétendaient se délivrer ; car l'obligation de violer toujours une règle équivaut à celle de s'y soumettre toujours, et constitue une autre règle, qui n'est que le contre-pied de la précédente, et qui a beaucoup de chance d'être plus gênante qu'elle. C'étaient des hommes de parti qui n'avaient pas accès aux vérités. Aucun d'eux ne s'est élevé à la conception de l'Art.

Aucun d'eux n'a été assez grand pour s'oublier en face de l'Art. Aussi toutes ces personnalités ont été oubliées, par cela même qu'elles tenaient avant tout au bruit et à l'éclat. Tous cherchaient la réputation : aussi aucune gloire ne s'est produite. S'il y a eu *succès momentané*, le bruit qui s'est fait a été dû à la même cause que le bruit précédent, celui-là même qu'on voulait couvrir. Ces écrivains, qu'on appelait, je n'ai jamais su pourquoi, romantiques, se sont satisfaits eux-mêmes et ont satisfait le public, comme leurs prédécesseurs, par un procédé : procédé inverse et identique.

C'était la même mécanique qui fonctionnait en sens contraire, et comme il y avait encore un programme dont les conditions bien déterminées pouvaient être remplies depuis la première jusqu'à la dernière, l'artiste et le public pouvaient être absolument contents l'un de l'autre à la chute du rideau, et s'applaudir sans réserve de s'être révoltés régulièrement contre toutes les règles, sans en excepter une. Il n'y a que la grandeur des vues qui interdise à l'artiste la satisfaction complète de lui-même. Il faut ajouter, pour être juste, qu'elle seule aussi donne la joie. Si les ennemis irrités d'Horace et de Boileau avaient vu plus haut, au lieu de se fâcher, ils auraient ri, et de plus haut encore, ils auraient pleuré.

Le combat ridicule des classiques et des romantiques a été une mêlée de nains myopes qui luttaient dans les ténèbres pour se saisir d'une proie inconnue placée sur une montagne, hors de la portée de leurs bras et de leurs yeux, — la proie des aigles. Boileau et Victor Hugo ayant été vaincus non pas l'un par l'autre, mais l'un malgré l'autre et chacun d'eux par lui-même, le combat a fini faute de combattants : ils sont tous morts noyés dans le déluge malsain de leurs vaines paroles, comme deux mouches dans un verre d'eau, sans qu'aucun d'eux ait songé ni à résoudre, ni à poser même la question. Au lieu d'oublier simplement *les arts poétiques*, l'école de 1830 a eu la faiblesse de les exécrer ; au lieu de donner au monde la délivrance, elle a offert au parterre le spectacle comique de représailles [1].

Ce qui caractérise les systèmes, c'est la borne. Or, la borne est aussi inexorable dans le nouveau système que dans l'ancien. Tout système, par cela seul qu'il est système, croit qu'il ne suffit pas de parler comme on pense. Il ajoute à la parole d'autres obligations que ses

[1] Je n'entends pas formuler ici sur les auteurs, dont je viens de citer les noms dans ce chapitre, l'expression d'un jugement complet. C'est leur erreur, ce n'est pas leur œuvre tout entière, qui se présentait à mon examen. C'est le côté par où ils rentrent dans le caprice et l'illusion. Ce n'est pas l'appréciation complète de leur personnalité.

obligations naturelles. Il lui souhaite une beauté qui vient d'ailleurs que de la nature des choses. Le plus grand malheur qui puisse arriver au style, c'est de se faire admirer, indépendamment de l'idée qu'il exprime : et le système le condamne toujours à ce malheur déshonorant. Le système lui ordonne tantôt d'être noble, tantôt d'être familier, etc. etc., et lui dérobe sa gloire, sa splendeur vraie, intime, qui est la fidélité.

Les nouveaux législateurs (ils ont mérité ce nom) ont remplacé la convention par la fantaisie, c'est-à-dire par elle-même ; car la convention est la fantaisie de plusieurs hommes. La fantaisie est la convention qu'un homme fait avec lui-même.

La convention et la fantaisie, n'ayant rien à démêler avec l'infini, sont toujours contentes d'elles-mêmes, et plaisent au public par un air de nouveauté, que la fantaisie porte fièrement et que la convention dissimule sous un faux air de vétusté. Mais la satisfaction illusoire qu'elles produisent toutes deux laisse derrière elle un vide que le vrai seul peut combler.

L'homme est si petit qu'il se complaît en lui : mais il est si grand qu'il ne se satisfait qu'en Dieu. Le chef d'école veut être le maître : il impose *son* système. Le disciple de la vérité veut être serviteur : il accepte la loi qu'il n'a pas faite. Or, celui qui veut être le maître méconnaît sa grandeur et manque d'ambition, car il méconnaît sa fin dernière, qui est sa gloire, en se prenant lui-même pour but.

Le rôle de serviteur est seul assez grand pour l'homme. Que Dieu donc nous donne des hommes de génie assez ambitieux pour s'oublier, assez grands pour être humbles, assez humbles pour être grands, des hommes qui restituent aux choses leur majesté perdue !

## VI

Parmi les hommes vulgaires, les uns croient que la poésie est un exercice dont on vient à bout, au moyen d'une formule : les autres la prennent pour une folle qui a le désordre même pour condition, qui est déréglée dans son essence.

Or, voici la vérité.

La poésie et la musique, qui vivent d'amour, ont leurs racines dans les mathématiques, inflexibles et absolument exactes : comme si l'amour et l'ordre, qui quelquefois nous semblent ennemis, mettaient je ne sais quelle affectation à se proclamer unis dans ces hautes manifestations d'eux-mêmes.

# L'ASIE, LA GRÈCE ET ROME

### I

L'Asie, la Grèce, Rome (la Rome de Romulus). La spéculation, la science et la formule: ces trois mots traduisent les trois conceptions des connaissances humaines que notre humanité s'est autrefois formées, les trois aspects suivant lesquels elle a considéré les œuvres de son intelligence. Quand ces trois points de vue se donnent pour contradictoires, la contradiction règne dans les domaines de l'intelligence humaine; quand ces trois pensées vivent en guerre, l'art est l'expression de la guerre.

Si la paix se faisait dans ces domaines, au moins dans la mesure où ce monde la comporte, l'art serait l'expression de la paix.

Jetons un coup d'œil sur l'histoire ancienne.

Qu'y voyons-nous?

L'Asie, d'abord.

### II

L'Asie, c'est-à-dire un œil ouvert. Partout où les traditions n'ont pas été gardées intactes, la vérité se mêle d'erreur. Mais toute pensée, vraie ou fausse, qui vient de l'ancienne Asie, a le caractère d'un spectacle contemplé et non celui d'une formule trouvée. L'erreur et la vérité, qui viennent de l'Asie, si elles diffèrent absolument, en tant que l'une est vérité et que l'autre est erreur, ont toutes deux un caractère commun. Pour définir ce caractère, je cède la parole à Joseph de Maistre. J'ai besoin de l'entendre me parler de l'Orient.

« L'Asie, dit-il, ayant été le théâtre des plus grandes merveilles, il n'est pas étonnant que ses peuples aient conservé un penchant pour le merveilleux plus fort que celui qui est naturel à l'homme en général, et que chacun peut reconnaître dans lui-même. De là vient qu'ils ont toujours montré si peu de goût et de talent pour nos sciences de conclusion. *On dirait qu'ils se rappellent encore la science primitive et l'ère de l'intuition.*

« L'aigle enchaîné demande-t-il une montgolfière pour s'élever dans les airs ? Non ; il demande seulement que ses liens soient rompus. Et qui sait si ces peuples ne sont pas destinés à contempler des spectacles qui seront refusés au génie ergoteur de l'Europe ? Quoi qu'il en soit, observez, je vous prie, qu'il est impossible de songer à la science moderne, sans la voir constamment environnée de toutes les machines de l'esprit et de toutes les méthodes de l'art.

« Sous l'habit étriqué du Nord, la tête perdue dans les volutes d'une chevelure menteuse, les bras chargés de livres et d'instruments de toute espèce, pâle de veilles et de travaux, elle se traîne souillée d'encre et toute pantelante sur la route de la vérité, baissant toujours vers la terre son front sillonné d'algèbre. *Rien de semblable dans la haute antiquité. Autant qu'il nous est possible d'apercevoir la science des temps primitifs à une si énorme distance, on la voit toujours libre et isolée, volant plutôt qu'elle ne marche et présentant dans toute sa personne quelque chose d'aérien et de surnaturel.* Elle livre au vent des cheveux qui s'échappent d'une mitre orientale, l'éphod couvre son sein soulevé par l'inspiration ; elle ne regarde que le ciel, son pied dédaigneux semble ne toucher la terre que pour la quitter, etc. »

L'esprit de l'Orient, c'est l'Art, c'est-à-dire la contemplation, c'est-à-dire le repos. La science orientale, c'est l'esthétique.

### III

L'esprit de la Grèce, c'est la science, c'est-à-dire le travail. La Grèce ne contemple pas : elle juge, elle compare, elle mesure.

Son instrument, c'est le compas. La mesure ! La Grèce est toute dans ce mot. Toute sa beauté est dans la proportion.

Le sublime lui est inconnu, car le sublime, c'est ce qui échappe, non pas à la mesure (il faudrait pour cela échapper aux lois de la création, et en dehors de la loi on n'atteindrait que le désordre), mais à la mesure commune, à la mesure ordinaire, à la mesure telle que les hommes ont coutume de la déterminer. Le sublime est une quantité incommensurable avec nos habitudes, parce qu'il touche une habitude plus haute. C'est un chiffre que nous ne nommons pas dans les comptes de nos affaires ; c'est un angle inconnu.

L'angle grec est l'angle habituel. L'architecture grecque est l'œuvre de cet angle. Ce n'est pas l'architecture de la spéculation, c'est celle de la science.

La sculpture grecque, c'est la ligne droite, la ligne facile à mesurer. Sa beauté n'est pas violée, ont dit les Allemands, même par la douleur. Voyez Niobé. J'ajouterais que cette même beauté n'est pas, non plus, *violée* par le sublime.

Quant à la tragédie grecque, c'est la sculpture grecque en mouvement : les acteurs portent le masque et parlent à travers le porte-voix.

La sculpture égyptienne est hiératique; son caractère, essentiellement typique et symbolique, lui permet de ne pas représenter la forme humaine, mais lui ordonne de représenter toujours une idée. Ce n'est jamais un homme qu'il s'agit de montrer, c'est toujours quelque chose de sacré et de mystérieux qu'il s'agit de faire comprendre. Le caractère hiéroglyphique est toujours là : le langage de l'Orient, c'est le symbole.

En Grèce, la statuaire n'est plus directement au service de la religion : elle est au service de la race ; elle n'exprime plus le mystère, elle n'exprime pas encore l'individu : elle exprime le type. Si elle représente un dieu, c'est ce dieu de l'Olympe, qui n'est ni caché, ni terrible, ni grandiose, ce dieu qui est un Grec, et qu'on coudoie en se promenant dans les domaines humains.

Plus l'art est antique, plus il exprime l'idée générale : plus il s'éloigne de son origine, plus il tend à ne traduire qu'une idée particulière.

La Grèce arrache l'art du sanctuaire où l'avait posé l'Orient, et le place sur le petit autel de la beauté humaine, exclusivement représentée par la beauté grecque.

Nous allons le voir maintenant sur l'autel plus petit encore de la patrie.

Car la Grèce avait succédé à l'Asie, mais Rome, la Rome de Romulus, la Rome de la louve, est là qui guette sa proie, et sa proie c'est le monde ; nous voulons dire le monde d'alors, et c'était vraiment la Grèce qui le représentait.

## IV

Le jour où Rome dévora la Grèce, la formule dévora la science.

Aussi certainement que l'Orient est spéculatif et que la Grèce est scientifique, Rome est formulaire : voyez ses lois. Elle envoie quelqu'un copier à Athènes, et elle écrit les douze Tables sous une dictée étrangère. Ses généraux enlèvent à la Grèce ses œuvres d'art, mais obligent ceux qui les transportent à en fournir de pareilles, s'ils endommagent les premières. Cette Rome croyait à la puissance des recettes. Elle agissait toujours de la même manière, étouffait froidement dans ses bras de marbre les aspirations des vaincus, et réglementait ce qu'elle avait conquis.

Voyez son art : elle imite, elle copie, elle réduit en formule. Sa littérature est une période de la littérature grecque, et cette période est celle des formules.

Il fallait bien, au bout du compte, que l'univers conquis servît à quelque chose. Eh bien ! il fournira la formule. On fouillera les vaincus ; ils ont la beauté, on la leur prendra, ou du moins on croira la leur prendre. Le vainqueur croira leur faire trop d'honneur en leur empruntant quelque chose, à eux, races inférieures, qui n'ont pas su se défendre ; il leur demandera leurs secrets. Mais les secrets ne se prennent pas, ils se donnent : ils se donnent aux amis, car le secret, c'est la moelle de la vie, et quand l'ennemi veut les prendre, il n'arrache que leur formule. Le secret de la Grèce c'était la beauté ; Rome, en dépouillant la vaincue, crut lui prendre cette beauté, mais quand elle ouvrit ses mains victorieuses pour montrer sa proie au monde, ce fut un squelette qu'elle montra.

Elle n'avait que la formule des belles proportions.

En général, celui qui veut copier l'élégance atteint la grossièreté. Ce culte des proportions, qui avait fait la splendeur d'Athènes, devint à Rome le culte de la masse et l'adoration de la solidité. La Grèce avait adoré la beauté. Rome n'adora que la force.

## V

C'est un spectacle magnifique que de voir aux prises la spéculation, la science et la formule, parées sous ces trois noms : l'Asie, la Grèce et Rome. Chose bizarre ! la victoire a toujours marché en descendant.

La Grèce a vaincu l'Asie à Troie. Elle a raconté sa victoire, et voilà l'*Iliade*.

Rome a vaincu la Grèce, le jour où elle a posé sa première pierre. Sa fondation, c'est sa victoire. Elle a raconté cette victoire, et voilà l'*Énéide*.

Mais ne me suis-je pas trompé quand j'ai dit qu'Homère avait raconté la victoire de la Grèce sur l'Asie?

Je me suis trompé ! Homère a raconté la lutte, mais Homère était du parti des vaincus. Homère aimait Hector, Homère a chanté en grec ses préférences orientales ; Homère a raconté la lutte, le courage lui a manqué pour raconter la victoire ; il a laissé ce soin à Virgile, au Romain Virgile, à Virgile dont la main ne tremblait pas. Vous croyez peut-être que Virgile pleure sur Ilion, parce que, dans l'Énéide, c'est Énée qui a la parole? Détrompez-vous : c'était le Grec Homère qui pleurait sur Ilion ; c'était lui qui pleurait avec son Hector, prévoyant et prédisant avec lui que les murs de Troie vont tomber ; c'était lui qui pleurait quand il pensait ces choses κατὰ φρένα καὶ κατὰ θυμὸν ; mais Énée, l'Énée de Virgile, ne se souvient plus de son origine orientale ; il voit d'un œil sec et gai tomber et brûler la ville de Priam, parce que cela prépare la bataille de Pharsale, et Mécène, et Virgile. Il est complice de Junon, et sa main ne tremble pas.

Quand elle a conquis la Grèce, Rome sait qu'elle a conquis le monde. Il restait bien encore en Occident quelques amis du vieux mystère. Les forêts druidiques étaient encore debout ; le gui des chênes était encore là, comme une protestation dernière. Mais Rome se sentait la plus forte. Dès qu'elle eut vaincu la science et la ruse, la Grèce et Carthage, elle comprit que les forêts de la Gaule éclairciraient devant ses armées leurs profondeurs, que les chênes sacrés tomberaient sous la hache de ses soldats, et que la formule militaire aurait raison de l'humanité.

La statue, à Rome, n'est plus ni hiératique comme en Égypte, ni belle comme en Grèce : elle est patriotique. C'est un portrait, et ce portrait est le portrait de Rome ou le portrait d'un Romain. Ce n'est ni un dieu, ni un type, c'est un individu, un soldat ; c'est, si vous voulez, Jupiter Stator. Comme cette épithète est bien romaine ! Comme ce dieu est bien le dieu de Rome ! Cette Rome dévorante, ayant conquis le monde, veut conquérir les intelligences ; elle veut être, à la fois, centre du monde visible et centre du monde invisible, dominer à la fois l'Europe, l'Asie, l'Afrique, à la fois la religion, la science et l'art. La religion du Romain, c'était Rome ; sa science, c'était Rome ; son art, c'était Rome. C'était Rome qu'il fallait servir, Rome qu'il fallait aimer, Rome qu'il fallait adorer. A quoi bon peindre ou chanter autre chose qu'elle ? Rome absorbait le Romain dans son unité morte, et la vie chassée n'avait pas de refuge ; les temples étaient envahis comme les maisons par cette patrie terrible ; ni religion ni littérature, ni famille, rien n'échappait à l'étreinte de Rome. Rome s'étalait sur l'univers, sur la pensée, sur l'âme, comme une formule immense, dure comme la formule, calme comme elle, comme elle inflexible et inexorable.

Un jour vint où la grande machine craqua. Le monde endormi fut réveillé par le bruit du craquement. Les rouages usés ne fonctionnaient plus. La Rome de la louve n'avait, depuis longtemps déjà, plus de sang dans les veines, et ce mouvement de rotation sur elle-même, un peu semblable à la vie, qu'elle gardait par habitude, allait s'éteindre par lassitude.

La formule avait fourni sa carrière. Elle ne suffisait plus.

## VI

Depuis bien longtemps déjà, l'Orient ne dominait plus l'Occident. Le peuple juif avait gardé le dépôt en dépit de tout, pour attester Dieu, par la singularité même de sa foi. Mais l'Orient était vaincu. Chose extraordinaire ! l'Homère de l'Odyssée n'est plus l'Homère de l'Italie. L'Iliade atteste, disais-je tout à l'heure, les préférences orientales de ce Grec qui pleure Troie, et qu'on dirait né dans le palais de Priam. Mais dans l'Odyssée, le Grec apparaît. L'Odyssée est moins haute et plus savante que l'Iliade. On croirait quelquefois reconnaître au style de l'Iliade un descendant des bergers chaldéens ; le style de l'Odyssée trahit un ancêtre de Périclès. En ramenant Ulysse à Ithaque, on dirait qu'Homère se reconcilie avec les choses de l'Occident.

Plus tard, le roi de Macédoine dompte l'Asie ; l'Inde

s'épouvante, la terre fait silence devant lui ; la civilisation grecque s'impose aux extrémités du monde; les mers d'Asie, si elles avaient gardé quelque chose du parfum des anciens jours, à l'heure où les vaisseaux d'Alexandre les traversèrent pour la première fois, les mers d'Asie durent s'étonner de voir passer la science.

Peu de jours après ce jour-là, cette science si fidèle fut attelée au char d'un soldat romain, et peu de jours après ce nouveau jour, Rome tomba en putréfaction.

Mais, vers ce temps-là, dans une nuit de décembre, les rois d'Orient voyageaient, guidés par une étoile, et dans cette nuit-là des bergers entendirent les anges qui chantaient : « Gloire à Dieu au plus haut des cieux, et paix sur la terre aux hommes de bonne volonté ! »

Et Rome, en jouant, prépare dans ses arènes la moisson de l'avenir. La semence qui ne périt jamais fut confiée à la terre. Le sang des martyrs allait germer.

## VII

Or, quelle est notre œuvre à nous ? Quelle est l'œuvre du dix-neuvième siècle ? Son œuvre est de sentir et de proclamer le grand accord, l'accord de la spéculation, que je vais maintenant nommer l'art ; l'accord de l'art, de la science et de la formule, l'accord de l'Orient et de l'Occident. Cette harmonie, qui existe, il s'agit de la faire résonner, autant que le comportent les vibrations de l'atmosphère terrestre, sur la surface du globe habité.

Par la plus bizarre peut-être des ignorances, les hommes sont arrivés à croire que les connaissances humaines, que les œuvres humaines sont contradictoires avec elles-mêmes, les unes ayant pour fond la vérité, les autres la beauté ; les autres, enfin, n'ayant pas de fond, et ayant le droit de n'en pas avoir.

Au fond de ce délire, cette vérité et cette beauté, ennemies l'une de l'autre, se débattent dans le vide.

Les hommes admettent quelquefois que l'ordre est bon dans la science, mais ils sont persuadés que le désordre est la condition de l'art. Quelques-uns pensent que le mal est le domaine de l'art ; que l'artiste, pour être artiste, doit vivre en dehors de la loi ; et que le beau, c'est le péché.

Les hommes, ayant regardé comme contradictoires les choses qui devraient être unies, sont devenus contraires les uns aux autres, eux qui devraient être unis. L'Occident est devenue l'ennemi de l'Orient, comme le travail est devenu l'ennemi du repos ! Aussi le travail et le repos tendent-ils à s'abîmer tous deux dans une fatigue inféconde, cauchemar monotone qui remplace à la fois le sommeil et la veille.

Place à la vie enfin ! Place à la lumière ! Place à la paix !

A la formule répond la Loi, à la science répond la Vérité, à l'Art répond la beauté. L'Ordre répond à tout et rien ne contredit rien. Jamais l'être ne se dément ni ne se tourne contre lui-même. C'est le néant qui se trahit.

Mettons les vérités de l'ordre naturel sous la protection des vérités de l'ordre surnaturel. Écoutons, comme les bergers, le chant des anges, le chant de gloire et le chant de paix ! Mettons nos drapeaux humains, qui branlent entre nos doigts dès que le vent s'élève, sous la protection et sous l'ombre de l'étendard qui ne s'ébranle pas.

La Rome de la mort avait donné asile à tous les dieux.

La Rome de la vie donne asile à tous les saints. Que l'art, que la science ne tentent jamais rien contre le Dieu qui Est ! Que l'Orient et l'Occident, tournés enfin l'un vers l'autre, s'embrassent déjà aussi étroitement que cela peut se faire avant l'embrassement complet, aussi étroitement que cela se peut avant que l'ange n'ait proclamé la fin du temps ! Que l'Orient et l'Occident, contemplant de leurs yeux ouverts la porte orientale, celle que Rome proclame immaculée, — Marie, la sainte Vierge, — s'embrassent dans les bras immenses de l'Église, ouverts comme ceux du Crucifié !

# L'ART ANTIQUE
## ET LA LITTÉRATURE ANCIENNE

I

Le mot « Art » et le mot « Littérature » éveillent dans l'esprit deux idées non pas seulement différentes, non pas seulement opposées : ils réveillent chez les esprits profonds et simples deux idées contraires. Le mot « *antique* » et le mot « *ancien* » ne sont pas non plus synonymes. Le mot « *vieux* » ne ressemble ni à l'un ni à l'autre.

L'art exige, chez l'homme qui le représente, une manière d'être intérieure : la littérature suppose un certain genre de travail.

L'antiquité est vénérable : l'ancienneté éveille dans l'homme une pensée complexe qui tient peut-être le milieu entre l'Antiquité et la vieillesse. Ce qui est vieux est près de finir. L'Antiquité, au contraire, a une odeur forte et respectable. La haute antiquité rappelle l'extrême avenir, et celui-ci rappelle l'éternité. La vieillesse, au contraire, est la victime du temps.

Ces choses, qui excitent et soulagent à la fois la nostalgie de l'homme, doivent dominer les considérations qui vont suivre.

## II

L'Antiquité est une mer où se croisent deux courants distincts et contraires. L'Antiquité est l'écho altéré, et cependant reconnaissable, de la première parole qu'elle répète en l'altérant. Elle craint et elle attend. De là, un vague sentiment de hautes vérités, semblable à un souvenir à la fois confus et profond. Mais à côté de cette eau courante se trouve, dans le sein de la même antiquité, l'altération de cette parole première.

Je crois que ce coup d'œil général est nécessaire à toute étude sérieuse des choses d'autrefois. Cette notion fondamentale est capable de mettre l'ordre dans le labyrinthe.

Les modernes ont beaucoup étudié l'Antiquité. Leur constance, leur labeur, leur acharnement a eu, dans cette direction, quelque chose d'extraordinaire. Ils se sont jetés sur le monde ancien avec une passion que le goût des érudits ne suffit pas pour expliquer. Peut-être ont-ils senti vaguement que l'Antiquité était un sphinx qui dévorerait ceux qui ne la devineraient pas ; peut-être ont-ils voulu la disséquer pour n'être pas engloutis par elle : ce qu'il y a de certain, c'est que leur travail ressemble à une lutte, et à une lutte corps à corps.

Mais, dans cette lutte, ils ont été vaincus. Ils n'ont pas deviné où était, dans ce vaste champ, le trésor cherché. Ils ont oublié la parole première, dont il s'agissait de trouver l'écho, et ils ont admiré la négation de cette parole. Ceux qui ont ainsi fait n'ont pas tué le sphinx, et le sphinx les a dévorés.

Ce dernier mot est d'une exactitude effrayante. Beaucoup de modernes ont été littéralement engloutis dans la gueule du monstre et les siècles présents ne les ont pas revus, parce que les siècles anciens les avaient absorbés. Car la passion du passé, meurtrière comme toutes les passions, par les raisons communes aux autres passions, est plus meurtrière peut-être par certaines raisons qui lui sont propres. Elle déteste le soleil de demain : elle prend, avec la mort, d'effrayantes familiarités.

L'homme est appelé par l'avenir, non par le passé, — et c'est une des plus singulières marques de sa déchéance que l'idolâtrie d'une chose, parce que cette chose est vieille. Ceux qui passent leur vie, courbés sur les faits anciens, et les adorant, pourvu qu'ils datent de quatre mille ans, ceux-là sont les rêveurs. Je ne sais pourquoi on oublie de leur donner ce nom. Mais le regard éclairé par la vérité éternelle perce l'antiquité et retrouve avec joie, sous l'écorce du faux, la sève circulante du vrai, — qui est partout.

Un souvenir encore jeune de l'unité primordiale plane sur la haute antiquité. Aussi la religion et l'art sont intimement unis dans la vie des premiers hommes. La religion et l'art vivent dans le même air, tous deux colorés par les mêmes reflets lointains, tous deux déshonorés par les mêmes turpitudes.

Cependant l'art est plus fidèle que la religion.

La religion garde les faits dans ce qu'ils ont de faux et devient idolâtrie. L'art se tient plus près de l'origine, plus près de l'esprit, plus près de la tradition. La religion parle de Jupiter, l'art parle de Prométhée. La religion se plie aux instincts, aux ignorances, aux passions de chaque cité et de chaque individu. L'art reste plus universel. La religion amuse le païen avec des faunes et des satyres. L'art reste à l'écart, moins infidèle à l'antique douleur et à l'antique espérance de l'humanité.

La religion est plus dégradée par les caprices de l'homme. L'art est resté moins loin du cœur.

Eschyle a plus de rapport avec l'art, Euripide avec la religion.

La religion antique excite les passions. L'art est atteint et blessé plutôt que dominé par elles. La paganisme rit d'un rire ignoble. L'art a gardé une certaine tristesse imparfaite, mais noble. Il est le refuge des larmes de l'homme.

Voyez dans l'*Iliade*, la religion proprement dite, les querelles des dieux, leurs disputes, leurs amours, leurs batailles. Quelle lourdeur ! quelle froideur ! quelle platitude ! quel ennui ! Voyez, dans la même *Iliade*, l'art antique. Voici Achille sous sa tente ; l'inaction du héros est l'action du poème. Voici Andromaque et son sourire plein de larmes ; voici Hector et la peur du petit Astyanax, quand le casque de son père fait un mouvement. Voici surtout Priam aux pieds d'Achille, et le sublime intervient.

N'est-il pas vrai que l'art, moins altéré que la religion, ralentissait, par de graves souvenirs, les progrès de la pourriture ?

Dans Platon, deux hommes sont en présence. L'un d'eux est le Grec, le païen, rhéteur, sophiste, esprit faux, subtil, lourd, alambiqué. L'autre est Oriental, le grand, le simple, celui qui a fait *la Caverne*. Le premier étudie et dispute, le second se souvient et attend.

### III

L'art antique vient d'Orient, comme la religion. En Orient, il se corrompt dans l'immobilité, par la pétrification. En Occident, il se corrompt dans le mouvement, par la putréfaction. En Orient, les monuments gardent la grandeur, et perdent jusqu'à l'apparence de la vie. Les pyramides sont typiques et symboliques. L'art oriental est un tombeau.

Ce tombeau est grand, vaste, élevé, superbe et froid ; mais enfin, c'est un tombeau. Il est si haut, qu'il voit les premiers rayons du soleil ; il les reçoit avant l'homme, — et pourtant c'est un tombeau.

Quelle est la souveraineté qui dort dans ce large sépulcre ? Cette souveraineté, c'est la tradition ; la tradition domine l'antiquité, se perd dans les cieux et repose sur la terre. Comme les pyramides cachaient le corps des rois, et faisaient deviner leur puissance par la forme de leurs tombeaux, la tradition repose au fond de l'art qui la voile et montre à l'âme sa grandeur. Antiquité, majesté, froideur et mort, voilà l'art antique, tel que l'a vu l'Orient. Et quand les Occidentaux passent devant ces pierres avec leur rapidité et leur agitation, pressés, armés, belliqueux, impatients, la vieille poussière s'étonne d'être remuée, troublée, inquiétée dans son sommeil, et du haut de ces mausolées *quarante siècles nous contemplent.*

Le Louvre voit un peu ce spectacle, le dimanche, quand la France passe en foule devant les débris de l'Égypte.

## IV

Pétrifié en Orient, l'art antique s'est putréfié en Occident.

Eschyle et Platon sont au milieu de la route, à égale distance entre l'Inde et la Grèce. Quand on va d'Orient en Occident, Eschyle conduit à Sophocle et Platon à Socrate. Quand on continue la route vers le couchant,

Sophocle conduit à Euripide et Socrate à Xénophon. La peinture, quand elle a poussé la corruption *jusqu'au je ne sais quoi qui n'a plus de nom dans aucune langue*, la peinture produit Apelles, comme la pourriture produit l'insecte.

Quand la peinture a produit Apelles, la philosophie produit l'innombrable et affreuse multitude des rhéteurs grecs. Le trompe-l'œil a remplacé l'art. La subtilité a remplacé la science. L'Orient est oublié. La Grèce est une proie mûre, et Rome fond sur cette proie.

On dirait que l'élément oriental était la vie de la Grèce : quand cet élément fut dissous, la Grèce mourut. L'Art était son être : quand l'Art fut mort, elle cessa d'être, et la gueule de la Louve, toujours prête à dévorer tous les corps qui tombaient en dissolution, s'ouvrit pour la dévorer. La Rome antique vivait de cadavre. Quand un peuple devenait cadavre, Rome l'absorbait.

Après Apelles et Xénophon, la Grèce était cadavre. La Louve fondit sur elle.

Quand tout le monde ancien fut cadavre, Rome dévora le monde ancien. Alors les éléments qu'elle avait absorbés agirent en elle suivant leur nature, et elle tomba elle-même en décomposition.

V

Cicéron et Horace fleurirent à ce moment-là [1].

---

[1] Je répète, à propos d'Horace et de Cicéron, l'observation que j'ai faite au chapitre précédent. Tous deux possèdent certaines qualités, inférieures, mais réelles, qu'il ne faut ni exagérer ni contester. Je les regarde ici sous l'angle que mon sujet comporte, mais non pas sous tous les angles. J'examine aujourd'hui les systèmes plus que les écrivains, mais je ne veux pas laisser croire que les défauts, qui tiennent en partie aux systèmes, me rendent injuste envers ce qu'il y a de réel et de positif dans les hommes et leurs talents. Cicéron, Horace, etc. etc., et presque

Cicéron et Horace méritent non pas un examen détaillé, mais une mention particulière. Je ne voudrais pas les relire, mais je consens à les nommer : car ils représentent assez bien le cadavre de l'Antiquité, tel que la mort nous l'a fait, après l'oubli presque total et après la putréfaction de l'art antique.

Dans Cicéron, la prose ne se souvient plus de la Parole et devient la rhétorique.

Dans Horace, le vers ne se souvient plus de la Poésie et devient la chanson.

Or, la poésie étant au-dessus de la prose, elle tombe alors plus bas ; elle devient la chanson de table.

Quand il veut, à propos d'un orateur romain, exprimer son admiration et provoquer la nôtre, Cicéron nous raconte comment cet orateur avait l'habileté de frapper souvent du pied, en se soulevant, afin de produire plus d'effet : *crebra pedum supplosio*.

Horace, quand il veut exprimer sa joie et provoquer la nôtre, s'écrie en vers :

> Nunc est bibendum.

Maintenant il faut boire !

Horace et Cicéron ne sont pas les anciens : ils sont nés de la décomposition de ceux qui furent les anciens.

La rhétorique latine est simplement une des phases de la rhétorique grecque putréfiée. Après la conquête,

---

tous ceux que je discute, échappent de temps en temps aux limites que leur erreur impose à leur esprit.

Il ne faut mépriser en masse aucune page de l'histoire humaine, car l'erreur seule a droit au mépris.

Par le mot : Art, j'entends tout tout ce qui, sculpture, peinture, parole, prose ou vers, exprime ou représente les traditions du monde et l'idéal des nations. Par le mot : Littérature, j'entends les exercices des écrivains, et quelquefois leurs tours de force.

c'est-à-dire après la mort, la Grèce éteinte continua, par habitude, à parler. Seulement, au lieu de parler grec, elle parla latin. Mais elle dit en latin ce qu'elle allait dire en grec, si la hache romaine ne lui eût pas coupé la parole. Aussi la rhétorique latine ressemble un peu aux secousses que la mécanique imprime à un corps privé de vie.

Or, la mort finit par indigner l'homme.

C'est pourquoi il se forma une nouvelle langue latine qui a pour caractère la fureur. Elle est représentée par Tacite et Juvénal. Celle-ci n'est plus une copie, elle est au contraire une révolte. Cicéron parle grec en latin. Tacite parle latin. Quand Juvénal écrit :

> Si natura negat, facit indignatio versum,

il dit encore plus vrai qu'il ne croit.

La langue latine est représentée par Tacite et par lui. Quant à saint Jérôme, il a créé le magnifique idiome dans lequel il a parlé. Tacite et Juvénal sont les balbutiements humains de la langue que saint Jérôme a parlée divinement.

Il ne faut pas prendre pour une querelle de mots l'opposition qui s'établit entre l'art antique et la littérature ancienne. L'art antique a des aspects vénérables ; il a le souvenir et l'espérance. La littérature ancienne participe tantôt de sa noblesse et tantôt de sa dégradation. La Grèce est partagée entre l'art antique et la littérature ancienne. Pour quiconque a ouvert Homère et Platon, la lutte est évidente entre les deux tendances. Rome copia la Grèce : donc l'élément mauvais de la Grèce domina à Rome. La littérature latine proprement dite est la punition des Grecs. Elle montre à la postérité ce que contenait et ce que pouvait devenir la langue d'Homère et de Platon. Cicéron est le châtiment de Périclès.

Plutarque raconte qu'Apollonius Molon, rencontrant un jour Cicéron à Rhodes, dit en le regardant : « Je plains la Grèce. » Certaines paroles, ridicules dans le sens où on les dit, sont vraies dans le sens où on devrait les dire. Apollonius plaignait la Grèce, parce qu'il voyait naître un rhéteur qui allait, selon lui, la remplacer. A la hauteur où se plaçait cet homme, la loi de la critique, c'est la jalousie. Voltaire dit quelque part : « Mandeville croit que sans l'envie les arts seraient médiocrement cultivés; et que Raphaël n'aurait pas été un grand peintre, s'il n'avait été jaloux de Michel-Ange. Mandeville a peut-être pris l'émulation pour l'envie. Peut-être ausssi l'émulation n'est-elle qu'une envie qui se tient dans les bornes de la décence. »

Il y a dans cette abjection quelque chose qui dépasse l'indignation, qui dépasse le dégoût, et qui oblige au silence. Apollonius et Voltaire se seraient assez bien entendus. Mais la parole que ce vieillard adressait à Cicéron avait un sens profond auquel il ne pensait pas. Il avait raison de plaindre la Grèce en regardant le rhéteur qui allait devenir célèbre. Car Cicéron allait publier la honte de la vieille rhétorique grecque. Il allait montrer ce que valait cette école de sophistes. Il allait la montrer toute seule, dépouillée des vêtements de l'antiquité et habillée seulement des vêtements de la vieillesse. Il allait trahir les secrets du métier. Il allait, dans le *De Oratore*, étaler le déshonneur de la rhétorique en décrépitude.

Cicéron, l'élève des Grecs, était destiné à écrire un jour (*de Oratore*, lib. II) :

« Duo enim sunt genera facetiarum, quorum alterum re tractatur, alterum dicto. »

« Il y a deux genres de facéties, dont l'un a trait au fond des choses, l'autre à la manière de dire. »

Ce n'est pas tout : nous apprenons un peu plus loin que le genre de facéties qui a trait au fond des choses se subdivise lui-même en deux classes distinctes. Dans la première classe, on raconte une histoire.

« Perspicis hoc genus quam sit facetum, quam elegans, quam oratorium ; sive habeas vere quod narrare possis, quod tamen est mendaciunculis aspergendum, sive fingas. »

« Vous voyez combien ce genre est plaisant, combien élégant, combien oratoire, soit que vous ayez à raconter une histoire vraie, qu'il faut pourtant arroser de petits mensonges, soit que vous inventiez. »

La seconde classe de facéties qui se trouve comprise dans le premier genre de facéties, c'est l'*imitation de la physionomie et de la voix*. Dites-moi si Apollonius n'avait pas raison de plaindre la Grèce en regardant Cicéron.

« In re est item ridiculum, quod ex quadam depravata imitatione sumi solet, ut idem Crassus, *per tuam nobilitatem, per vestram familiam*. Quid aliud fuit, in quo concio rideret, nisi illa vultus et vocis imitatio ? »

Cicéron nous avoue que, dans cette admirable facétie, qu'il propose à notre imitation, il n'y avait rien de gai que la contrefaçon de la voix et de la physionomie.

« Per tuas statuas vero quum dixit, et extento brachio paululum etiam de gestu addidit, vehementius risimus. »

Le rhéteur Cicéron raconte avec complaisance que son rire a redoublé, quand le rhéteur Crassus, non content d'avoir contrefait la voix et la physionomie d'un autre homme, a de plus contrefait son geste.

Le professeur de facéties, après avoir disserté sur le

premier genre, aborde le second. Non content de ce luxe insatiable de richesses, il indique un procédé transcendant, qui serait de cumuler les deux genres de facéties, la facétie relative aux choses et la facétie relative aux mots. C'est alors que le rire éclate.

Je vais citer encore, parce que cela est utile. Il est temps de marquer d'un fer rouge le front de la vieille rhétorique :

« Alterum genus est quod habet parvam verbi immutationem... ut nobiliorem, *mobiliorem*, Cato ; aut, ut idem, quum cuidam dixisset, *eamus deambulatum*, et ille : quid opus fuit *de ?* Imo vero, inquit, quid opus fuit *te ?* »

Quant à Horace, il a un avantage : c'est de ne pouvoir être montré. Il échappe, par la nature de son obscénité, à la honte d'une citation. Ce qu'il y a en lui de caractéristique ne peut être indiqué ici par aucune périphrase, ni en français, ni en latin.

Ce qui distingue et ce qui augmente l'ignominie de cet homme, c'est la jovialité. Les oiseaux de nuit ont du moins la pudeur d'être tristes. Mais Horace est jovial. Le mot de gaieté ne veut pas être appliqué à lui : mais c'est la jovialité qui lui convient.

Parmi les auteurs connus, quelques-uns sont tellement au-dessous de la critique, qu'elle ne peut, en les regardant, que s'étonner de les connaître. Horace est de ce nombre. Le seul fait de savoir son nom est un phénomène et mérite une attention que ses œuvres ne méritent pas. Comment savons-nous le nom de Cornélius Nepos ? Combien de milliers d'hommes, supérieurs à ceux-ci, sont morts sans avoir été connus, même d'un ami ?

Par quelle faveur ou par quelle sévérité tel homme, petit dans une direction passable, prend-il aux yeux des hommes des proportions invraisemblables ? Quel ordre règle ces caprices apparents ?

La réputation est la parodie de la gloire. Elle obéit probablement à des lois factices, à des lois déchues qui sont les contrefaçons des lois de la gloire. Or, la gloire est à Dieu seul, et toute créature glorifiée ne possède qu'un reflet. Peut-être la réputation de certains hommes s'explique-t-elle parce qu'ils ont reflété et condensé en eux les traits épars de dégradation ou de médiocrité qui se trouvaient disséminés chez leurs contemporains. L'homme médiocre, qui pousse la médiocrité jusqu'à l'état typique, peut obtenir la réputation, parce que les hommes médiocres se contemplent en lui comme dans un miroir. La réputation vient d'en bas ; la gloire vient d'en haut.

Voltaire, au dix-neuvième siècle, n'aurait peut-être pas de réputation, parce qu'il ne serait ni l'image des bons, ni même l'image des mauvais. Son genre de sottise serait étranger au milieu des hommes. Il conquit, il y a cent ans, une réputation explicable, parce qu'il était l'image raccourcie d'un siècle dont il condensait la grimace sur sa figure. Horace est en réputation parce qu'il résume une classe d'hommes. La chanson à boire est l'occupation de plusieurs, et ceux-là se regardent en Horace avec la complaisance d'un homme qui regarde son portrait. Car Horace est à peine un coquin ; c'est surtout un polisson.

Virgile est une image assez fidèle, quoique à demi effacée, de la double tendance homérique. L'art antique, tel qu'il existe dans Homère, est atténué dans Virgile ; la littérature ancienne, telle qu'elle existe dans Homère, est exagérée chez Virgile.

Si Virgile écrivit l'Énéide, il est vrai de dire qu'il a écrit la quatrième Églogue.

Il est monté un moment sur une éminence d'où il domine Homère ! La quatrième Églogue, quoique tachée par la littérature ancienne, quoique pleine de misères, d'élégances et d'impuretés, est transportée sur le terrain de l'art par le souffle qui l'anime. Les niaiseries et les erreurs dont elle est parsemée ressemblent à des concessions. L'espérance qui l'inspire ne ressemble pas à un mensonge.

# LA CATASTROPHE DRAMATIQUE

I

Catastrophe veut dire dénouement, dénouement, non pas malheur. Par quelle bizarrerie ce dernier sens lui est-il venu en français? Quelle est l'histoire du mot catastrophe? Étudions-la un instant, non au point de vue des mots, mais au point de vue des choses.

Catastrophe! Qu'est-ce que cela veut dire? Κατὰ στροφήν, *selon la strophe*. Or, qu'est-ce que la strophe? La strophe, dans la tragédie antique dont nous nous occupons ici, puisque nous parlons grec, la strophe est la parole du chœur. Or, qu'est-ce que le chœur, toujours dans la tragédie antique? Le chœur est, ou du moins veut être, l'expression de la justice. Pendant que les personnages du drame se laissent emporter par les tiraillements qui les entraînent, et égarer suivant la nature des passions qui les agitent, le chœur représente la sagesse. Il prononce sur ce que font les autres, c'est pourquoi il chante. Les autres parlent; le chœur chante. Comme il représente l'ordre, il se soumet aux lois de la mélodie, c'est-à-dire à la mesure. Le chœur chante, parce qu'il est calme. Il chante, parce qu'il aime. Il chante, parce qu'il voit. Il chante, parce qu'il juge.

Tel est, sinon dans son application, du moins dans son intention et dans son essence, le rôle du chœur.

La strophe, parole du chœur, est la parole de la sagesse.

Qu'est-ce donc que la catastrophe? La catastrophe est l'événement qui est selon la parole de la sagesse.

Or, quel est l'événement qui est selon la parole de la sagesse? Cette question est du plus haut intérêt, puisqu'elle demande à quelle conception de la sagesse se sont arrêtés les peuples, aux différentes époques de l'histoire.

Jetons les yeux sur quelques points du tableau. Les déterminations que nous ferons aideront peut-être à faire celles que nous ne ferons pas en ce moment.

## II

Cherchons d'abord la traduction du mot catastrophe, dans le pays qui lui a donné naissance. Cherchons la première application qui ait été faite de sa signification étymologie.

La catastrophe grecque est la volonté du destin. La tragédie grecque a pour divinité suprême la fatalité. Or la fatalité est toujours en colère. Elle est en colère, et rien ne l'apaise. Sa colère est implacable, parce qu'elle résulte non de sa clairvoyance, mais de sa cécité. Que faire contre la colère d'une aveugle qui n'écoute pas? Rien. Aussi la tragédie grecque est-elle en général le récit d'efforts sans résultats réels, et même sans résultats possibles; efforts stériles d'avance, et condamnés à l'impuissance par la nature du théâtre sur lequel ils se produisent. Par là s'explique le calme singulier de ces infortunés qui n'ont pas l'espérance. Ils se sentent si bien sous le coup d'une condamnation irrévocable, que leur désespoir dérobe à la tranquillité quelques-unes de ses apparences. Leur désespoir, parce qu'il se connaît incurable, ressemble presque à une parodie de la paix. L'abîme dans lequel ils se précipitent paraît les attirer malgré eux, et ils y vont avec le sang-froid des bœufs qui tirent la charrue, le sang-froid de ceux qui font leurs fonctions et qui ne peuvent pas en faire d'autres. En se précipitant dans l'abîme, ils ont l'air de payer un tribut à celui qui les attire. La gravité de leurs mouvements vient de la nature de leur erreur et du lieu où elle est située.

La sculpture antique révèle ce caractère fatal.

En général, l'absurde est mouvant, capricieux, fantasque, inconstant, léger. Dans la tragédie grecque, l'absurde est grave, lent, compassé. La fatalité qui le conduit par la main lui donne une apparence austère.

Le désespoir est, avec la fatalité, dans le même rapport à peu près que la pratique avec la théorie. Le désespoir est la pratique de la fatalité. La fatalité tend vers le désespoir, parce que toute doctrine tend vers son application. Et comme la tragédie grecque donne à la fatalité une apparence austère, elle donne au désespoir les traits de la sérénité.

La fatalité conçue par Sophocle ressemble au devoir conçu par les stoïciens, et le désespoir du héros, accepté par Sophocle, ressemble à la fidélité du stoïcien consciencieux.

### III

Homère et Sophocle sont peut-être les plus fidèles représentants de la doctrine implacable. Euripide admet quelques adoucissements : ce n'est plus la fatalité pure. La statue n'a plus ses anciennes-lignes. Phèdre elle-même semble plutôt condamnée par une ennemie vivante, perfide et personnelle, que par la destinée qui voulut à la fois le crime et le châtiment d'Oreste. Vouloir absolument le crime et vouloir absolument le châtiment du crime, telle est la contradiction que la fatalité commet. Elle veut cela sans intérêt personnel ; elle veut le mal, parce qu'elle est la fatalité. Dans Euripide, au contraire, elle a des passions. Phèdre est là pour l'attester.

Eschyle est trop large pour que son torrent coule dans le lit de Sophocle. Il déborde. Eschyle ne représente pas la tragédie grecque ; il prête l'oreille à des bruits plus lointains ; on dirait qu'il entend la mer monter ; c'est pourquoi Prométhée attend un libérateur. La fatalité est vaincue.

Sophocle est le vrai représentant de la tragédie.

Quant à Shakespeare, il est le représentant du drame, tel qu'il a été conçu dans le passé. Cet Anglais est au moins aussi vieux que ce Grec.

## IV

Le drame, j'accepte le mot pour me faire entendre, bien qu'il soit ici très mal placé, — le drame divinise le hasard.

Oreste était malheureux, parce qu'il fallait qu'il fût malheureux. Mais pourquoi fallait-il qu'il fût malheureux ? Personne n'en sait rien. A peine s'il oserait le demander lui-même ; les sujets de la fatalité ne connaissent pas la révolte.

Hamlet, qui est exactement l'Oreste scandinave, est malheureux par hasard. Il est malheureux parce que les choses se présentent ainsi. Il est malheureux à la façon d'un joueur qui perdrait toujours, ce sont des coups de dés qui déterminent son malheur. Les principaux critiques, qui se sont exercés à propos d'Hamlet, sont arrivés sur ce prince aux conclusions les plus contradictoires. Schlegel, Gœthe, ont tourné et retourné de mille façons le caractère d'Hamlet pour y découvrir ce qu'ils y cherchaient. Hamlet se prêtait à leurs laborieux caprices, parce que, n'ayant pas de forme, il prend sur lui celle qu'on lui donne.

On voit Oreste assez clairement, parce que son sort est arrêté ; on ne voit pas Hamlet, parce que sa destinée n'a rien de fixé, et on peut dire de lui presque tout ce qu'on veut parce que personne ne connaît la loi qui le régit. Il est probable même que cette loi n'existe pas. Qu'est-ce que le hasard, sinon l'absence des lois ?

Cette situation d'Hamlet est en rapport avec son caractère. Par sa situation, il ne sait ce qu'il fait. Par son caractère, il ne sait ce qu'il veut. Sa flexibilité est offerte comme un jouet aux fantaisies du vent qui le pousse, et les forces qui le tiraillent ont pour résultante la folie. Feinte d'abord en Hamlet, réelle ensuite dans Ophélia, la folie est la conclusion de l'œuvre shakespearienne. N'en soyons pas étonnés.

La doctrine de la fatalité, disais-je tout à l'heure, a pour pratique le désespoir. Voilà Oreste et Œdipe.

La doctrine du hasard a pour pratique la folie. Voilà Hamlet et Ophélia.

Shakespeare a pour la folie une certaine prédilection. Même quand la folie n'est pas présente dans son drame, elle n'est pas loin de lui. Lorsque ses personnages ne l'atteignent pas, du moins ils marchent vers elle, et s'ils s'arrêtent en route, ce n'est pas leur faute. Ils tendent vers la folie. Même quand le ciel bleu est sur leur tête, ce ciel bleu est un mensonge, une trahison, une perfidie ; ce ciel bleu n'est qu'un voile derrière lequel les nuages noirs abritent, pour la rendre plus affreuse, les préparatifs d'une aveugle et formidable colère.

Qui frappera cette colère ? Personne n'en sait rien, et peu importe à Shakespeare. Elle ira où elle pourra, comme le caprice du poëte.

L'abîme est devant vous, ici comme à Athènes : seulement Sophocle vous y faisait conduire à pas lents, par une statue de marbre. Shakespeare vous y précipite, parce qu'il lui plaît d'entr'ouvrir la terre sous vos pas. Il vous écrase sans intention, comme un homme qui marche écrase les fourmis. Ceux qui sont sous ses pieds meurent ; ceux qui sont entre ses pieds ne meurent pas. Il y a là la parodie d'une chose gigantesque, — Si la chose gigantesque y était, la justice serait cachée, sous les apparences du hasard, dans les mystères de la marche terrible du *dramaturge*. Mais comme la chose gigantesque n'y est pas, l'impuissance est cachée, sous les apparences du hasard, dans les fantaisies de cette marche cruelle. Le hasard est, chez Shakespeare, la révélation de l'impuissance. Cet homme n'est pas maître de lui, il n'est pas maître de son œuvre ; il veut faire un monde, mais il ne sait pas le gouverner. Le monde qu'il fait tombe sur lui et l'écrase. Il serait sublime que cela parût être ainsi, si cela n'était qu'une apparence. Mais chez le poëte anglais c'est une réalité. Le hasard ne cache rien derrière lui : il est le hasard, et rien autre chose.

## V

Le hasard est ami du malheur, et par là il plaît à ceux qui se croient poëtes.

Il n'est pas rare, en effet, d'entendre parler des gens qui croient que dramatique et malheureux sont deux mots synonymes. Un événement leur paraît d'autant plus poétique qu'il est plus déchirant, et la combinaison de circonstances atroces est, à leurs yeux, le triomphe de l'art.

Cette erreur, tenant à des choses très profondes, demanderait, pour être expliquée, des fouilles qu'on fait rarement.

L'homme a des attraits qu'il ne connaît pas. A peine si j'ose les nommer. Quand Lucrèce indique le sentiment de la sécurité personnelle comme la cause du plaisir qu'on trouve dans le malheur des autres, il ne va pas au fond.

Ce malheur des autres, on l'aime pour lui-même, sans retour du spectateur sur sa propre sécurité ; on l'aime, parce que l'âme est inoccupée et qu'il lui faut un passe-temps; on l'aime, parce qu'on aime les épices ; on l'aime, parce qu'on veut tromper l'amour.

Ce sentiment qui, par ses effets, ressemble à la haine, car il se réjouit du malheur, par ses causes ressemble à l'amour, car il vient du besoin de sortir de soi.

L'homme veut sortir de lui ! Deux voies lui sont ouvertes : l'action et la passion.

S'il sort de lui par l'action, il se fortifie, s'agrandit et se retrouve dans ceux pour qui il s'est quitté. S'il sort de lui par la passion, il s'affaiblit, il se diminue et ne se retrouve nulle part; il a fondu sans profit ; il s'est écoulé. Quand il est sorti de lui par l'action, s'il rencontre le malheur des autres, il l'attaque vaillamment, car il aime la victime. Quand il est sorti de lui par la passion, s'il rencontre le malheur des autres, il se complaît en lui, car il aime d'un amour fade l'émotion stérile que lui donne la vue de ce malheur. Une immense quantité de romans est jetée sur la surface du monde, pour nourrir ce sentiment-là et être nourrie par lui. Le plaisir énervant de s'attendrir sans activité prostitue les larmes de l'homme.

Or le hasard rend à ce jeu sentimental le service que le lansquenet rend aux joueurs d'une autre espèce. Quand l'artiste abandonne au hasard la destinée de ses héros, il est probable que le hasard fera des malheureux. Le lecteur qui s'y attendait est rarement trompé dans son attente. Les situations déchirantes sont la pâture des gens sans amour, qui cherchent dans ces violences intérieures un remède à leur insensibilité. Le 5ᵉ acte de *Roméo et Juliette* fait leurs délices, et leur permet un moment de se croire l'âme ardente et tendre.

En général, le hasard qui, par sa nature, devrait rester indifférent et neutre entre les traîtres et les victimes, est partial en faveur des traîtres, parce que le public recherche le *désespoir* des victimes pour s'amuser un petit instant. Desdémona meurt pour plaire aux désœuvrés ; l'auteur la donne à manger aux bêtes féroces. Mais quand elle est morte, l'ennui du lecteur et l'ennui de l'auteur vivent encore ; ils vivent toujours et demandent une autre proie.

## VI

Le drame allemand n'a pas encore parlé sa parole, puisque l'Allemagne a été touchée par la main froide du doute. Mais, dans ses balbutiements, il a peut-être substitué à la fatalité qui dévore Oreste, et au hasard qui assassine Hamlet, le néant qui engloutit Faust. Bien que Gœthe ait introduit dans son œuvre une tentative de rédemption, cette tentative insuffisante ne l'emporte pas sur la chute dans l'esprit du lecteur.

Le caractère général de Faust, c'est d'aller à l'abîme, — non pas comme Oreste, parce que la fatalité l'ordonne, non pas comme Hamlet, parce que cela plaît au hasard, — mais parce qu'il n'y a pas moyen d'aller ailleurs.

Le personnage du drame allemand, c'est l'Allemagne elle-même ; elle raconte la catastrophe et va vers le néant, parce que, dans la pensée cruelle d'Hégel, le néant est identique à l'être.

Cette aspiration vers le néant se retrouve déjà depuis des siècles, sous un ciel aussi pur que celui de l'Allemagne est nébuleux. L'Inde a son drame. Le solitaire Bouddha en est l'unique personnage. Le Nirvana en est l'unique dénouement. Aux yeux de l'Inde, le conflit des forces de l'univers est une démarche vers le néant. Toute la littérature et toute la philosophie indienne gravitent vers le néant. Le lyrisme indien est un cri de regret qui aspire vers le néant. L'épopée indienne serait l'effort de la planète, lancée par le malheur, pour rejoindre le néant ; le drame indien serait la mise en jeu des puissances endormies dans les forêts, sur les montagnes et au fond des mers, pour conduire vers le néant le vieillard asiatique, fatigué de l'existence.

L'Allemagne, qui tient dans l'Occident la place que l'Inde tient en Orient, manifeste la même tendance. Mais l'effort, qui est vague et latent dans l'Inde, revêt en Allemagne les apparences de la science et le langage de la réflexion. Faust et Bouddha se donnent la main. Bouddha se couche sous un arbre et attend le néant, Faust fouille la matière et cherche le néant. Bouddha parodie le repos, parce qu'il représente l'Orient déchu ; Faust parodie le travail, parce que l'Allemagne est située en Occident.

## VII

Le drame français n'a pas encore d'existence publique, parce que jusqu'ici la France a toujours imité.

L'Oreste d'Andromaque semble voué à la fatalité ; mais l'élégance de son langage, son rôle d'ambassadeur, sa conduite officielle vis-à-vis de Pyrrhus, sa galanterie vis-à-vis d'Hermione, toutes ces choses urbaines qu'il a dérobées à la cour de Louis XIV diminuent autour de lui la terreur, et quand les Furies interviennent, pour se saisir au cinquième acte de ce chargé d'affaires, poli et amoureux, on ne sait par quel procédé elles ont trouvé leur chemin pour venir jusqu'à lui.

La fatalité, ou plutôt la copie de la fatalité, apparaît aussi dans Phèdre, compliquée de morale et embrouillée de remords. Toutefois le drame français n'a pas de dénoûment à lui. Il prend habituellement celui du personnage qu'il imite.

Hippolyte meurt en France, parce qu'Hippolyte meurt en Grèce. Orosmane tue Zaïre, parce qu'Othello a tué Desdémona.

Quant à Molière, il a un dénoûment habituel. Ce dénoûment, c'est la honte. Molière se moque de lui, se moque de vous, se moque de l'acteur, se moque du spectateur. Chacun s'en va chargé d'un butin de dégoût. Georges Dandin est une des hontes de l'humanité ; Amphitryon est une autre des hontes de l'humanité. La dégradation de la créature intelligente et libre est un spectacle qui réjouit, et les siècles se transmettent les uns aux autres cet héritage d'ignominie.

## VIII

Or quel est le dénoûment vrai du drame, le dénoûment légitime?

La justice.

La fatalité, le hasard, le néant et la honte ont fait leur temps.

La justice est la catastrophe véritable. La justice est *suivant la strophe*, elle est suivant la parole que chante le chœur invisible. La justice est la force simple vers laquelle aspirent les complications du drame. La justice est sa loi. C'est elle qui doit dire les noms vrais des acteurs, non pas les noms qu'ils ont avant le drame, mais les noms qu'ils ont après le drame, — leurs noms conquis.

Il est temps de restituer à la lumière le dénoûment du drame, usurpé par les ténèbres. Il est temps de déclarer que le malheur n'est pas le dernier mot des choses, et de réprimer cette révolte vieille et profonde, qui a pris le nom de la sagesse : la révolte de l'homme contre l'espérance! Il est temps de dire que le beau est vrai, et d'enlever au mensonge ce masque de réalité que lui ont donné les menteurs. Il est temps d'oser conduire à travers la vie, vers la vérité, ceux que le drame a conduits jusqu'ici à travers la mort, vers le mensonge. Il est temps de lutter contre l'immonde niaiserie qui inspire aux hommes le goût des larmes vaines, et les sépare de la justice, au nom de la beauté. Car ces drames vieux et laids ont la prétention d'être beaux!

# LE MÉPRIS DE L'ART

## I

Il y a des sentiments pour lesquels les hommes vivent et meurent, des sentiments qu'ils prennent au sérieux. De ce nombre est par exemple le sentiment de la famille, sentiment respectable, mais très souvent corrompu, et dont la corruption produit des monstres qui pullulent sous nos yeux.

Il y a d'autres sentiments qu'on a l'air de mépriser.

Or, voici ce que j'appelle mépriser un sentiment : c'est s'y abandonner, et ne pas le prendre au sérieux.

Parmi les sentiments méprisés, je veux citer l'Admiration.

Il y a des gens qui ne connaissent pas l'admiration ; ils l'ignorent. Ils ne la repoussent même pas précisément, il serait injuste de dire que les morts repoussent la vie. Ils sont absents d'elle, et elle est absente d'eux. Ce n'est pas de ceux-là que je veux parler.

Je veux parler de ceux qui admirent, et qui manquent de respect à leur admiration.

Ceux-là ne sont pas tout à fait insensibles au beau, mais leur sensibilité est un outrage, parce qu'elle n'est pas sérieuse. Qu'on leur dise, qu'on leur lise, qu'on leur montre quelque chose de sublime, ils seront émus : peut-être, et très souvent même, leur émotion sera extérieure, bruyante, parlante, agitée. Elle fera étalage d'elle-même, suivant l'habitude des personnes et des choses qui ne sont pas certaines de durer.

Mais le lendemain il n'y paraît plus. Les affaires ont passé par là, l'admiration n'a pas même laissé de ruine derrière elle, pour nous avertir de son passage. Elle n'a pas même laissé le néant pur, elle n'a pas laissé un oubli simple, elle a laissé un genre d'oubli qui n'exclut pas le souvenir, et qui se traduit souvent par ces mots : « J'ai entendu cet artiste ; il m'a fait plaisir. »

## II

L'homme qui la veille admirait dit le lendemain qu'on lui a fait plaisir. Est-ce donc que son admiration était mensongère ? Non, mais voici ce qui s'est passé.

Cet homme est convaincu que la vérité, la beauté, l'harmonie, sont des caprices auxquels un homme sérieux peut se prêter, quand il a fini ses affaires. Mais le réel pour lui, c'est le métier qu'il fait.

Hier soir il a admiré, c'est qu'il n'avait rien à faire pour le moment ; sa journée était finie. Il a bien voulu donner aux choses éternelles quelques instants perdus.

Mais ne lui proposez pas, le lendemain, d'introduire dans sa vie les vérités qui, la veille, ont ébranlé et rajeuni son âme : il vous croirait fou. Il a pleuré peut-être en vous écoutant. N'allez pas croire cependant qu'il va déranger son train de vie. Il a pleuré, parce que cela était sans conséquence : cet homme méprise les larmes. Mais il ne dérangera pas son train de vie, parce qu'il estime ses occupations. Cet homme-là va au spectacle ;

il veut bien que l'héroïne soit très malheureuse, et même il jouit de ce malheur, pour plusieurs raisons très profondes. Mais si, le lendemain, il rencontrait dans la réalité l'infortune au spectacle de laquelle il a consacré sa soirée de la veille, il ne la regarderait pas, parce qu'il n'est plus temps ni de rire, ni de pleurer : il est l'heure des affaires.

## III

Eh bien, ce contraste épouvantable, entre cet homme au spectacle et cet homme dans la vie, s'étend plus loin que vous ne pensez.

Toutes les fois que vous lui parlez de vérité et de beauté, toutes les fois que vous lui parlez de choses éternelles, il se croit au spectacle. Toutes les fois que vons lui parlez de choses invisibles, il se croit au spectacle. Car les choses invisibles lui apparaissent sans réalité, et sont les décorations de la scène où votre parole le conduit. Mais ne vous y trompez pas; cet homme va quitter le théâtre, et si vous alliez demain lui parler des faits que la vérité réclame; si, avec les rayons du soleil, vous alliez lui proposer de faire du pain, suivant les lois de la création, il rirait comme si vous lui proposiez de consacrer sa vie au soulagement des malheurs qu'on montre à la Porte-Saint-Martin. Ces malheurs-là, il voulait bien les applaudir, car vous savez que les malheurs sont choses qu'on applaudit, il voulait bien les applaudir : il ne se chargeait pas de les soulager.

## IV

Chaque homme porte en lui un certain nombre d'hommes, et tous ces hommes-là sont d'une opinion différente. Dans un homme il peut se rencontrer un savant, un artiste, un philosophe, un père de famille, un travailleur, et chacun de ces personnages a une façon de considérer les choses contraire à son voisin. Comme ils sont tous pleins de modération, ces personnages-là vivent ensemble sous le même toit, dans une paix relative.

Ils partagent entre eux les heures de la journée. Quelquefois, c'est l'artiste qui apparaît ; et pendant ce temps-là le père de famille est caché. Quelquefois, c'est le père de famille : alors l'artiste prend la fuite. S'il y a un chrétien parmi les hommes qui habitent dans l'homme multiple dont je parle, et si ce chrétien ne s'impose pas comme une vérité vivante et supérieure à tous ses voisins, il se passe un phénomène hideux, ridicule, absurde, qui remplit nos rues et nos maisons : ce malheureux chrétien est livré aux bêtes, sans sortir de chez lui. S'il ne convertit pas l'artiste qui réside avec lui dans le même homme, l'artiste et le chrétien vont se faire dans le même cœur une guerre sans bruit, d'autant plus profonde qu'elle ressemblera à une paix honteuse. Quand le chrétien prendra la parole, il dira que certaines choses sont vraies. Quand l'artiste élèvera la voix, il dira que certaines choses sont belles, et ces deux sortes de choses seront en contradiction. Dans ce cœur dévasté, le chrétien brisera certaines idoles que l'artiste admire, et alors l'artiste, quand le chrétien aura disparu, l'artiste au moment où il régnera à son tour, recomposera l'idole brisée et l'adorera pendant quelque temps. Le chrétien condamnera l'artiste, comme ennemi de la vérité que l'homme professe. L'artiste méprisera le chrétien, comme ennemi de la beauté que l'homme admire, et la lutte de ces deux personnages sera d'autant plus longue, d'autant plus stérile, d'autant plus inutile, d'autant plus lourde, qu'il y aura entre eux deux, dans le même cœur, un homme du monde. Cet homme du monde essayera de faire entre l'artiste et le *monsieur* chrétien une réconciliation. Il leur conseillera à tous deux des concessions réciproques. Il leur fera à chacun une part. Il s'établira juge entre eux, et sa juridiction empêchera l'affaire de s'éclaircir, tant qu'une puissance supérieure n'interviendra pas.

## V

Au sujet d'un certain tableau qui représente saint Sébastien percé de flèches, un journal a publié ces lignes.

« Sans doute, le tableau de M. Ribot est tout à fait dépourvu de style, mais, le sujet donné, cette trivialité paraît moins choquante. Saint Sébastien, *en art*, n'a aucune prétention mystique. La peinture a toujours envisagé son *supplice* sous un aspect purement *pittoresque*. Elle a fait de lui tour à tour son Martyr et son Apollon religieux. Tantôt, c'est un beau jeune homme élégamment attaché à un arbre et tendant aux flèches sa poitrine de Niobide, comme il s'offrirait aux traits de l'Amour, et tantôt un *sujet* d'amphithéâtre que le pinceau dissèque à la façon du scalpel. »

Ces paroles ont été écrites. Je ne les invente pas ; je les transcris. Elles n'ont pas été écrites exprès pour me servir ici de citation. Elles ont été écrites sérieusement, par un homme qui envisage de cette façon le martyre de saint Sébastien, qui ne s'étonne pas de l'envisager ainsi, et qui ne pense pas à l'envisager autrement. Imaginez-vous donc ce peintre religieux qui va traiter ce sujet-là, inspiré par l'esprit qui a dicté au journaliste la page que j'ai citée.

Le peintre est condamné à prendre son pinceau en se

disant qu'après tout la peinture est habituée à considérer le supplice de saint Sébastien sous un aspect purement pittoresque. Elle a *toujours* fait ainsi. Elle n'a donc qu'à continuer. Jamais elle ne s'est demandé ce que c'était, en réalité, que saint Sébastien et son martyre ; elle ne s'est jamais posé cette question avant de le représenter sur la toile. Ce n'est pas pour l'insulter qu'elle a ainsi traité saint Sébastien. Non ; elle a fait cela comme un enfant qui prendrait des joujoux. Et on ne s'en étonne pas, et on constate le fait d'un air grave. On est habitué.

La peinture, en face de saint Sébastien, n'a pas eu un instant la pensée de voir quelle était la réalité qu'elle allait aborder. Pas le moins du monde ; elle avait des couleurs à sa disposition. Que lui importe saint Sébastien ? Elle cherche des effets pittoresques.

Qu'Apollon soit un démon, et que saint Sébastien soit un Saint, ce détail ne la préoccupe pas. Elle a du bleu, du rouge, du jaune, au service de tous les deux. Et puis, d'ailleurs, *en art*, saint Sébastien n'est pas mystique.

*En art !* Il faut bien comprendre la profondeur de cette parole. Saint Sébastien, partout ailleurs, saint Sébastien dans la réalité, saint Sébastien dans l'histoire, saint Sébastien sur la terre, saint Sébastien au ciel, sera tout ce qu'on voudra. Cela ne regarde pas la peinture, vous comprenez ! Ce qu'il lui faut à elle, c'est un certain saint Sébastien, tel qu'il est *en art*. En art, comment est-il ? On a a eu la complaisance de vous le dire : il est pittoresque. Ne vous étonnez donc pas trop si le tableau *est dépourvu de style. Le sujet donné rend cette trivialité moins choquante.* Quoi de plus trivial, en effet, que le martyre de saint Sébastien ? La peinture, en face d'un fait si vulgaire, et d'un personnage si pittoresque, oscille entre Apollon et un sujet d'amphithéâtre. Quand elle est en face d'une trivialité comme celle-là, quand elle est en face d'un Saint, il lui faut, pour se consoler, un démon ou un cadavre.

Quant au peintre qui a peint d'une manière si pittoresque ce démon ou ce cadavre, il a fait un tableau religieux, parce que le catalogue du Musée porte le nom de saint Sébastien.

Qu'est le tableau en lui-même? Je l'ignore. Mais voilà comment on le juge. Qu'il mérite ou non un pareil traitement, en tous cas il l'a reçu. Et ces choses s'impriment plus de 1800 ans après Jésus-Christ.

## VI

Un des sentiments les plus fréquents chez les artistes, c'est le mépris de l'Art. Un des sentiments les plus fréquents chez les critiques, c'est le mépris de l'Art.

Ce que j'appelle mépriser l'Art, c'est lui permettre de mentir.

L'artiste méprise l'Art quand il tend à autre chose qu'à réaliser le vrai. Le critique méprise l'Art quand il lui pardonne d'avoir un idéal qui n'est pas vrai.

Nous entendons tous les jours cette absurde parole, appliquée à telle ou telle erreur, quand cette erreur est exprimée en langage brillant :

« *C'est de la poésie.* »

Lorsque l'homme médiocre, parlant d'un mensonge, a prononcé ce mot : *C'est de la poésie*, il croit avoir disculpé le menteur. Il a prononcé, au contraire, une accusation nouvelle, car si le menteur ment *poétiquement*, il fait mentir la parole dans sa forme la plus élevée.

Poésie veut dire création.

Le mensonge qui atteint la poésie envahit un sanctuaire.

L'homme médiocre qui veut caresser le désordre d'un autre homme prononce ce mot : « C'est un artiste. »

S'il s'agit en effet d'un artiste, ce désordre chez lui est monstrueux. La musique a pour essence les mathématiques ; le vers trouve son harmonie dans les rigueurs de sa loi.

L'artiste doit vivre dans l'austérité de l'ordre ; l'admiration ne doit approcher de lui qu'avec respect, et l'admiration qui n'est pas austère est la plus cruelle des insultes.

# LE COMIQUE

Parmi les phénomènes les plus bizarres et les moins étudiés de la nature humaine, il faut compter le rire. Le rire est inconnu dans sa cause, bizarre dans ses effets.

Ce n'est pas au point de vue physiologique, mais au point de vue littéraire, que je vais le regarder aujourd'hui.

Dans le temps où l'on divisait en *genres* les manifestations de la parole et de l'art, on avait inventé le *genre comique*. L'association de ces deux mots est assez bonne pour faire comprendre la nature des pédants. Mais, sans parler du *genre comique*, parlons du comique. Qu'est-ce que ce mot veut dire ?

Il y a une manière d'avoir de l'esprit (je prends ce dernier mot dans son sens le plus bas), il y a une manière d'avoir de l'esprit qui consiste à rapprocher inopinément deux idées qui ne semblent pas s'appeler l'une l'autre. C'est une aptitude à découvrir les rapports apparents, extérieurs, superficiels des choses entre elles. C'est assez bien là ce qu'on appelle quelquefois l'esprit français. M. Scribe possédait cet esprit-là : ses vaudevilles en fournissent de nombreux exemples ; les gamins de Paris ont quelquefois ce talent.

Mais est-ce là le comique? Pas le moins du monde. C'est le *plaisant* quelquefois, ce n'est jamais le comique.

La plaisanterie court en jouant sur le bord des choses : elle les regarde extérieurement, et son coup d'œil oblique les groupe d'une façon capricieuse et originale. On rit, et le but est atteint. Quand Gavroche, dans les *Misérables*, voit un chien très maigre dont les os percent la peau, il lui dit : *Mon pauvre toutou, tu as donc avalé un tonneau?* il fait une plaisanterie et ne demande pour réponse que le rire. Sa phrase peut bien être plaisante : le comique est à mille lieues de là.

Quand un homme veut se donner une importance qu'il n'a pas, quand il a des prétentions, quand il vise plus haut que sa portée ne le lui permet, on se moque de lui. Est-il donc comique? Pas encore, ou du moins pas toujours. Est-il plaisant? Pas le moins du monde.

Il est seulement ridicule.

Le ridicule est l'effet immédiat de l'amour-propre.

De quelque côté que souffle le vent, les fleurs ne sont pas ridicules. Les animaux ne le sont jamais, à moins que l'homme ne fausse à dessein leur nature. C'est que les fleurs et les animaux ne font aucune réflexion sur l'effet qu'ils produisent. Voilà le secret de leur grâce. La fleur qui se balance et le chevreuil qui court ne posent pas devant le spectateur. Ils cèdent au mouvement qui les emporte, sans se soucier de l'œil qui les regarde. Ils sont admirables parce qu'ils remplissent, sans s'occuper de nous, leurs fonctions. Ils font ce qu'ils sont chargés de faire, et ne s'interrompent pas pour se faire regarder. Le lion qui bondit dans les déserts ne se demande pas si sa beauté a des témoins ; s'il se complaisait dans la pensée de sa force et de sa souplesse, il deviendrait roide et guindé.

L'homme vise à l'effet ; de là le ridicule. La passion, même la plus coupable, quand elle se jette sur sa proie sans souci d'être admirée, n'est pas ridicule, parce qu'elle agit d'une façon animale. Mais à l'instant où elle se complait dans la pensée de la violence, — phénomène bizarre, mais très fréquent chez l'homme, — elle ajoute à son crime *le ridicule*.

L'homme qui fait une bonne action, si par malheur il mêle à l'intention la plus louable une pensée d'amour-propre, n'échappe pas au ridicule. Quand vous sauveriez, dans un naufrage, tout l'équipage d'un navire au péril de votre vie, si, au lieu de vous livrer à la joie pure de l'acte accompli, vous visez à l'admiration d'un spectateur quelconque, le ridicule intervient. L'héroïsme ne suffit pas pour le chasser. La simplicité seule lui ferme la porte. Nul homme ne sera jamais simple et ridicule. Tout homme qui cessera d'être simple deviendra immédiatement ridicule, quoi qu'il fasse d'ailleurs et quoi qu'il dise ; les larmes même deviennent ridicules, si elles ont l'air, en coulant, de penser qu'on les voit.

La beauté des créatures a pour condition l'abandon de l'amour-propre. Cet abandon conviendrait essentiellement à l'Art, qui ne vit pas sans beauté. L'art qui songe aux applaudissements, abdique. Il regarde en bas, au lieu de regarder en haut. Il pose sa couronne sur le front de la foule. Dans beaucoup de tableaux, les personnages semblent étrangers les uns aux autres et occupés du spectateur qui se promène dans la galerie. Ils ne pensent pas à ce qu'ils font, ils pensent à nous, ils nous regardent : c'est pour nous qu'ils sont là, non pour l'acte qu'ils accomplissent. Ceci arrive surtout aux tableaux qui représentent des enfants, et en ce cas, il se produit un accident étrange et fâcheux : l'art rend les enfants ridicules.

L'amour-propre est le sentiment qu'éprouverait le

néant, s'il se repliait sur lui-même, pour se complaire en lui, au lieu d'aspirer à l'être. Le ridicule découle de ce sentiment, qui est son essence elle-même.

Jusqu'ici nous nous promenons dans les domaines du rire sans rencontrer le comique. Qu'est-donc que le comique?

## II

La vie a bien des aspects. Le même fait peut être envisagé de mille manières. Plus le regard pénètre au fond, plus le sérieux éclate. Mais le regard de l'homme, pour se reposer, aime souvent à se promener au lieu de pénétrer, ou du moins à montrer l'extérieur et non l'intérieur de l'objet aperçu.

Or la situation qui, vue au fond par son aspect intérieur, est *pathétique*, devient *comique* quand on la regarde du dehors, au point de vue de l'erreur humaine qui a produit un accident.

Le *pathétique* est l'endroit de la chose qui, montrée à l'envers, devient *comique*.

Voilà pourquoi Molière est si triste. Tous les tableaux qu'il présente sont lugubres. Mais il ne montre que l'envers de la situation. Quelquefois l'aspect comique d'un événement est plus déchirant que l'aspect pathétique du même événement: c'est que, dans le comique, le pathétique est sous-entendu, — et quelquefois les choses sous-entendues parlent plus haut que les choses dites. Molière est beaucoup plus triste que Racine assurément.

Racine semble chercher le pathétique. Molière semble le fuir, le trouver en le fuyant, et jeter sur lui un voile transparent qui s'appelle le *comique*.

Les passions humaines sont tristes, quand on les regarde dans leur cause, qui est l'erreur, et dans leur effet, qui est le malheur.

Elles sont comiques quand on les regarde sous un certain angle, quand on considère, par un côté accidentel, l'erreur qui les produit, et par son côté accidentel, la méprise qu'elles produisent.

Alceste s'étonne quelque part d'être plaisant, parce qu'il voit rire autour de lui. La Harpe croit qu'Alceste est, en effet, très plaisant, par cela même qu'il se croit bien sérieux. Alceste et La Harpe se trompent tous deux.

Alceste n'est pas plaisant le moins du monde. Personne n'est aussi loin que lui de la plaisanterie.

Mais il est par moment très comique. Il est comique, parce qu'il essaye de concilier en lui des passions contradictoires, et parce que ses souffrances, qui raisonnent, au lieu de pleurer, ne connaissent ni leur vraie nature ni leur vrai remède. S'il se bornait à gémir, Alceste ne serait pas comique. Il est comique, parce qu'il disserte.

Molière était doué, à un degré éminent, du sens comique. Mais il le déshonora. Il possédait le don de saisir les choses vaines dans leur vanité et de les montrer aux hommes bouffis de leur néant. Mais n'ayant dans l'intelligence aucune notion du vrai et dans l'âme aucune pureté, il n'indiqua jamais le remède du mal qu'il montrait. Ce mal ne lui apparaissait jamais dans sa profondeur et dans son horreur, mais seulement dans son vide. Ce vide lui-même était insuffisant : ce n'était pas un abîme, c'était un trou. Et pour combler ce trou, Molière ne propose rien! rien! rien! absolument rien! Ainsi son ironie, au lieu de porter sur l'abus, sur le mal, sur la corruption, semble porter sur la nature intrinsèque des choses, et si l'on voulait conclure de lui quelque chose, la conclusion serait qu'il est *ridicule de vivre*. Il semble se moquer non seulement de la vie, telle que la vivent les hommes qui se trompent, mais de la vie en elle-même. On dirait que l'écueil est partout, et que la route n'est nulle part.

Comme l'élévation d'esprit manque à Molière aussi complètement que la connaissance du vrai, il ne cherche pas la lumière plus qu'il ne la possède. Il promène dans les bas-fonds sa lanterne, qui jette une lueur fausse, et s'égare, avec ses personnages, dans les impasses sombres où il se promène avec eux. Aussi Molière, en se moquant des autres, se moque de lui-même continuellement. C'est lui qui est Alceste, c'est lui qui est Georges Dandin. Mais son *ironie*, juste sans miséricorde, frappe et ne redresse pas. On sent qu'elle sera stérile pour lui comme pour les autres. Elle ne contient pas la paix. Elle est vide de l'espérance. Il semble considérer la vie comme un jeu où tout le monde perd la partie. Si Molière avait raison, le comique serait l'*essence des choses*, de sorte que si l'on voulait considérer sérieusement son œuvre, et lui donner un sens philosophique, il faudrait dire que chez lui *le comique est l'envers du blasphème*.

Mais jamais il n'eut cette intention.

Pour traiter un sujet, il faut le dominer. Si jamais il arrive un écrivain vraiment comique, cet homme possédera le rire, au lieu d'être possédé par lui. Il ne rira pas à propos de tout. Il saura la place du rire, et mettra toujours dans le voisinage quelques larmes rafraîchissantes. Cet homme saura que le comique devient horrible, s'il est isolé; que nul ne doit toucher une plaie humaine, s'il n'a rien pour la bander. Cet homme saura manier l'élément comique, au lieu d'être sa dupe : il faudra une grande tendresse et une grande pureté de cœur. Il faudra aussi une main très légère, pour ne pas blesser les malades. Il faudra un esprit élevé, pour circonscrire le comique dans les régions qui sont à lui. Il faudra une grande puissance pour féconder cette terre stérile.

Considérée dans sa cause et d'une façon abstraite, la passion est comique, parce qu'elle est au fond un quiproquo, un malentendu. La conversation de deux hommes qui causeraient dans la nuit sans se reconnaître, ne sachant pas à qui ils ont affaire, se prenant pour d'autres, et se donnant des noms qui ne leur appartiennent pas, cette conversation pourrait être très comique. Or cette supposition se vérifie dans le langage des passions humaines. L'homme passionné se trompe sur le nom, sur la nature, sur la qualité, sur la valeur de la personne ou de la chose qui est l'objet de sa passion.

Il parle dans la nuit et apostrophe, par des noms qui ne leur conviennent pas, les objets inanimés contre lesquels il se heurte : de là, un malentendu qui peut donner lieu aux combinaisons les plus étranges. L'amour, dans le sens où il est une passion, est fécond en effets de ce genre. Comme il tend par sa nature à *adorer* une créature humaine, il sent la nécessité de soustraire cette personne à la nature humaine, et fait, pour la diviniser, des efforts qui sont comiques, parce qu'ils ont à la fois le caractère de l'enthousiasme et le caractère de l'impuissance.

Mais poursuivons notre hypothèse. Supposons que nos deux interlocuteurs qui s'adorent ou se querellent dans la nuit, prennent au sérieux leur erreur, la prolongent, et l'adoptent pour point de départ de leur vie. Il en résultera des catastrophes, parce qu'ils auront pensé, senti, agi, vécu, en vertu de choses qui n'existent pas. Les rapports vrais détruisant à chaque instant les rapports imaginaires sur lesquels ils ont bâti leur édifice, il en résultera un écroulement, et très souvent les hommes seront ensevelis sous les décombres de leur monument renversé.

Alors leur malheur devient une réalité sérieuse. L'effet du malentendu en fait oublier la cause et la nature. Le pathétique succède au comique.

Ainsi, dans les passions, quand la réalité se venge, quand l'argent avoue à l'avare son insuffisance pour donner le bonheur, quand les choses reprennent leur vrai nom, quand la vérité présente ou absente abat de près ou de loin ce qui a été construit sans elle, tout tombe, tout se heurte, tout se précipite comme au dernier moment d'un cauchemar. L'effet de la passion en fait oublier la cause et la nature. Le pathétique succède au comique. Car le comique n'est jamais le dernier mot des choses.

En pénétrant plus avant, on aperçoit qu'elle est cette méprise qui produit le comique. La passion est une *erreur de nom* qui amène une *altération de substance*. La passion est une idolâtre qui voudrait communiquer à une créature le nom trois fois saint, le nom incommunicable.

A cette hauteur, le tragique et le comique disparaissent devant une œuvre qui n'a pas encore été faite. Cette œuvre pourrait s'appeler *le drame*, si l'on écarte absolument de ce nom toutes les idées et toutes les œuvres qu'on a rattachées à lui jusqu'à ce jour. Les passions sont pathétiques accidentellement : elles sont comiques naturellement.

La tragédie ne les étudie pas : elle les admire. La tragédie, dupe des passions, s'arrête au pathétique. Elle constate leurs effets en ignorant leur cause. Elle déclame avec enthousiame sur les malheurs que les passions produisent, et célèbre en même temps la beauté des passions qui produisent ces malheurs. La tragédie ressemble à un hymne de gloire que l'homme malheureux chanterait au malheur. On dirait l'adoration de la catastrophe. La tragédie ressemble au culte de la mort considérée comme déesse.

La comédie s'aperçoit que la nature des passions est comique, mais elle s'arrête au moment où il faudrait prendre son essor.

Le drame comprendrait que les passions et les erreurs, au lieu d'être les moyens et les sujets du drame, comme on l'a toujours pensé, en sont les obstacles, les négations, les contradictions. Le drame comprendrait que l'action seule est dramatique, et que le mal ne peut entrer dans l'art que comme il entre dans la vie, à titre de contradiction. Il comprendrait que cet obstacle, au lieu d'être glorifié comme l'âme du drame, doit être vaincu comme son ennemi, et que l'art a, comme la vie, pour principe et pour fin, pour Alpha et pour Oméga, l'acte pur.

# LES TENDANCES ACTUELLES DE L'ART

L'Art est une ascension. Sa loi est de monter. Poussé par sa nature vers le type éternel des choses, il tend du côté de l'idéal. Son œil pénètre dans les choses pour scruter ce qu'il y a d'essentiel en elles. Il cherche par où elles tiennent à la vérité, et c'est par là qu'il les regarde.

L'art est le souvenir de la présence universelle de Dieu.

C'est pour cela qu'il cherche les déserts. Il aime la solitude ; il se détourne instinctivement, quand il aperçoit la multitude. Toutes les erreurs antiques viennent rendre hommage à cette vérité. Qu'est-ce que cet effort ridicule pour découvrir des nymphes dans les bois et des naïades dans les ruisseaux, sinon le souvenir égaré et la notion corrompue du Dieu présent partout ? Et pourquoi l'art païen s'adressait-il à ces fantômes, sinon parce qu'ils tenaient pour lui la place vide du Dieu cherché ? Le souvenir de la Divinité, qui est la loi de l'art, explique la dégradation intellectuelle qui a poussé, chez les modernes, beaucoup d'artistes à tout emprunter aux païens, jusqu'aux formes des corps et des habits, jusqu'au nom des personnages. Ne voulant pas du vrai Dieu, et ne pouvant pas l'oublier, l'art, entre leurs mains, a imité ceux qui avaient autrefois corrompu la notion de la divinité. Ne voulant pas parler de Jésus-Christ, ils s'obstinaient à parler de Jupiter.

La même vérité explique une autre erreur : je veux parler ici de la tendance vers l'idéal faux. L'Art, parce qu'il était attiré vers l'idéal, quand il a perdu de vue l'étoile polaire, est allé vers l'idéal faux. L'idéal faux, c'est l'abstraction. L'Art qui s'égarait a pris l'abstraction pour l'élévation. Il s'est mille fois promené dans le vide, aussi loin du ciel que de la terre, et suspendu entre ces deux réalités sur un fil d'archal, sans consistance. Un grand nombre de poèmes épiques, un grand nombre de tragédies, un grand nombre d'élégies, un grand nombre de mélodies se lèvent de toutes parts, au milieu de nos souvenirs d'enfance, pour attester l'erreur de l'art, égaré dans le faux idéal. Et quelles catastrophes *réelles* ce faux *idéal* a entraînées ! comme il a dégoûté l'homme du pain quotidien ! comme il l'a amolli ! comme il l'a abaissé, sous prétexte de l'élever ! comme il l'a rendu incapable du travail, et surtout du repos ! comme il lui a enlevé le sommeil et comme il lui a enlevé l'activité ! et comme les passions, sous son règne, ont tué les actions !

L'école qui s'appelle classique a proposé, comme type de l'art, un idéal faux et régulier, une abstraction soumise à des règles, abstraites comme elle ; l'école qui s'appelle romantique a proposé, comme type de l'art, un idéal faux et dévergondé, qui semblait aspirer vers la ressemblance du monstre. Si l'école romantique eût eu à sa disposition la puissance créatrice, elle eût créé un monstre ; le vertige la précipitait dans l'abîme de la laideur.

La laideur était une des tentations les plus affreuses que l'art pût subir. L'amour de la laideur est, de la part de l'art, ce qu'on pourrait nommer un crime contre nature. Ce crime répugne à l'essence des choses. Cependant la critique, qui a le pouvoir de tout comprendre, peut y reconnaître la recherche égarée de l'idéal. Les figures de cire, correctes et mortes, qu'avait fabriquées l'école classique, ont précipité l'école romantique dans la passion de la laideur. Elle a cru que l'école classique était ennuyeuse parce qu'elle avait la beauté. Elle n'a pas compris que l'école classique était ennuyeuse parce qu'elle n'avait pas la beauté, et qu'elle revient de la convention.

A travers toutes ces erreurs nous voyons percer l'idéal, qui, corrompu d'une manière ou de l'autre, explique les déviations de l'art. La sécheresse extrême des peintures du moyen âge, les vierges du Pérugin, raides et anguleuses, tous les prédécesseurs du maître de Raphaël, nous offrent des tentatives vers l'idéal, qui semblent avoir pour effet l'oubli de la matière. Raphaël, au contraire, se lève pour venger les corps, et s'adonner à la beauté plastique La Vierge à la Chaise proteste contre les antiques vierges d'Italie. Toutefois Raphaël, réagissant contre l'Idéal de ses prédécesseurs, était poussé lui-même par un certain idéal qui se rapprochait de l'idéal grec ; c'était la beauté plastique qu'il voulait, mais il la voulait parfaite. Il pécha contre l'esprit ; mais il soumit la forme à la recherche de la beauté.

Les énormes statues que Rome élevait, j'allais dire que Rome bâtissait, en l'honneur des Empereurs cachent un certain idéal, l'idéal de la force. L'ancienne Rome aimait la force, comme l'Italie moderne aime la mélodie. Le mot *virtus*, qui semble exprimer l'amour de la race italienne, s'appliquait jadis à la valeur militaire et maintenant aux roulades de la voix. (*Vir*, homme ; *vis*, force *virtus*, courage, virtuose, chanteur.) Virtuose vient de *vir*.

Nous pourrions interroger la poussière de tous les peuples et découvrir la trace de l'idéal qui a passé sur elle. Le gui des chênes et les pierres druidiques nous diraient, dans leur langage, vers quel point de l'horizon il faut se tourner pour trouver l'idéal des Gaulois. La Chine nous montrerait l'immobilité qui s'entoure d'une limite ; l'Inde, l'immobilité qui refuse toute limite. La Grèce nous montrerait les temples bas, et le ciel bleu à travers des colonnes rondes ; Rome, une citadelle ; l'Égypte, des sphinx et des tombeaux.

A travers toutes les erreurs, nous pourrions peut-être entrevoir la forme brisée de la vérité corrompue.

Louis David, qui vivait il y a cinquante ans, est bien un des peintres les plus faux qui se puissent voir et imaginer. Si ridicule que soit son idéal, cet homme a pourtant un idéal. Son Léonidas aux Thermopyles est aussi grotesque qu'il veut être sublime ; mais enfin il veut être sublime. David voulait peindre l'héroïsme et la beauté des formes humaines. Ces héros sont plaisants et ressemblent plus à des personnages de comédie qu'à des personnages de tragédie ; ces grands corps nus, qui veulent être beaux, sont d'une laideur exceptionnelle. Mais l'intention de l'idéal est toujours là ; l'école de David cherche l'idéal au théâtre ; mais enfin elle le cherche quelque part, et n'a pas l'intention formelle de s'en passer. La laideur qu'elle réalise vient d'une erreur sur le beau, non d'un choix fait en faveur du laid.

Il appartenait au temps actuel de voir naître dans la littérature et dans la peinture une école, ou plutôt une habitude, qui reproduisît la laideur de certaines réalités avec l'intention précise de la reproduire. On a dit d'abord : « Le laid, c'est le beau, » puis, abandonnant cette formule qui ressemblait encore trop à une doctrine, on s'est adonné à l'imitation des objets, tels que la réalité les présente, dans l'oubli pur et simple de l'idéal. L'habitude dont je parle n'a donc pas, comme les anciennes et nombreuses erreurs, un idéal faux. Elle n'a aucun idéal. Par là, elle cesse d'être une erreur artistique ; elle est la négation de l'art.

Ainsi conçue et expliquée, l'école qui s'est appelée *réaliste* jette une grande lumière sur la nature du faux au dix-neuvième siècle. Dans les autres siècles, le faux est timide et partiel ; il corrompt la vérité plutôt qu'il ne la nie. Il l'amoindrit, il la défigure ; il n'est pas ordinaire qu'il la supprime radicalement. Au dix-neuvième siècle, au contraire, la bataille ne s'engage jamais que dans les centres. On ne doute pas sur un point. On doute de tout quand on doute de quelque chose. Le sol est remué dans ses profondeurs. On n'ergote pas sur *les détails*. On nie *des ensembles*. On jette à bas des masses entières.

Or le phénomène que nous voyons se produire quelquefois autour de nous, dans les domaines de la raison et de la philosophie, quand il s'accomplit dans le domaine de l'art s'appelle le réalisme, qui n'est pas l'affaiblissement, mais la suppression radicale de l'art, parce qu'il est la négation franche de l'idéal. Par là, le réalisme se rattache aux phénomènes du dix-neuvième siècle. Il est complet, entier, sans réserve et sans restriction.

Certains tableaux ont tenté cette œuvre négative dans le domaine de la peinture, certains vaudevilles dans le domaine du théâtre. L'élément héroïque, qui dominait presque exclusivement dans le drame (je prends ce mot dans un sens général), l'élément héroïque qui semblait un souvenir et un vestige de l'élément religieux, l'élément héroïque ayant disparu de la scène l'esprit moderne se jeta dans l'extrême opposé, et, pour se venger de la tragédie, imagina une représentation de la vie quotidienne, et la poursuivit dans ses détails les plus mesquins, comme pour insulter au brodequin des temps passés. Ceci ne constitua pas un *genre;* car une négation pure et simple n'est jamais, même dans le domaine du faux, un ordre de choses qui ait un nom. Tous les vaudevilles ne peuvent être rangés dans cette catégorie. Le réalisme pur, ni au théâtre ni ailleurs, n'a pris un nom, ni adopté une forme. Là où il passe, il détruit l'art, mais ne se propose pas pour le remplacer. Il fait le vide.

Le réalisme a donc, dans l'histoire de l'art, la place du scepticisme absolu dans l'histoire de la philosophie. Il est l'expression du désespoir. Il vient après les écoles qui tombent mortes les unes sur les autres. Il n'offre pas de les remplacer, mais il jette sur la place vide un regard ironique qui voudrait paraître gai.

Dernièrement une meute de chiens jouait, sur l'un des théâtres de Paris, un rôle important.

« Cette meute, disait un journal, a décidé le succès de la soirée... On a jeté un morceau de viande sur la scène : la meute tout entière s'est précipitée comme un seul chien. C'était un fouillis de dos et de queues grimpées les unes sur les autres. La salle a éclaté en transports frénétiques. En voilà pour cent cinquante représentations. » (*F. Sarcey.*)

Le public a éclaté en transports frénétiques devant des chiens qui mangent de la viande. Je ne m'en étonne nullement ; mais l'histoire aurait bien le droit de constater le fait.

Peut-être ces choses nous imposent-elles un devoir

nouveau, une obligation rajeunie de proclamer la nature de l'art, qui était, qui est et qui sera une ascension.

Si telle est la nature de l'art, que dirons-nous de l'art religieux ? Si l'art doit élever l'homme, l'art religieux doit l'élever plus directement. Il doit garder de son origine un souvenir plus actuel, plus ardent, plus sublime. Il doit être l'empreinte magnifique des traits de lumière que les traditions ont déposés dans l'homme. Il doit peindre à grands traits, largement, glorieusement, l'invincible souvenir et l'invincible espérance de l'humanité. Il doit veiller près du berceau de Jésus-Christ, veiller près de son tombeau. Il doit, comme saint Jean, veiller sur la femme, sur la Vierge immaculée qui semble confiée à la garde de ses mains. L'Art religieux doit entrer en ce monde par la porte orientale. Il doit vivre de lumière, et porter, de l'Éden à la vallée de Josaphat, à travers la vie humaine, la gloire de Dieu, comme un manteau de pourpre.

# LE ROMAN

## I

Le Roman est notre contemporain : il est né aux dix-neuvième siècle. C'est pourquoi il est intéressant, je crois, de saisir la nature de ce personnage, qui appartient très intimement à nos études contemporaines.

Peut-être me direz-vous intérieurement : Mais le Roman est vieux comme le monde ! Depuis les bergeries grecques jusqu'à la chevalerie du moyen âge, depuis *Daphnis et Chloé* jusqu'à *Adèle et Théodore*, les Romans ont rempli toutes les bibliothèques, toutes les mémoires, toutes les littératures.

Cette observation ne contredit pas ce que je viens d'avancer. Le Roman existait depuis longtemps, mais non pas tel qu'il existe aujourd'hui. Le nom était le même, la chose était absolument différente, et c'est cette différence qui donne au Roman actuel un caractère particulièrement mauvais sur lequel il peut être utile d'insister.

Le Roman, dans l'antiquité, n'était qu'un jeu d'imagination. Loin de se donner comme la représentation de la vie réelle, il en fuyait l'image. Il visait aux aventures bizarres, merveilleuses, invraisemblables. Il côtoyait et même envahissait complètement les domaines du conte. Il avait quelquefois le ton lyrique, quelquefois le ton épique, quelquefois le ton tragique. Il regardait la réalité de la vie comme un écueil contre lequel il se serait brisé, et qu'il fallait éviter, sous peine de mort.

Ficker, dans l'Histoire de la littérature ancienne, comprend sous ce nom de roman : *la description oratoire d'une suite d'aventures merveilleuses*. Un genre qui s'en rapprochait beaucoup était, dit-il, celui des récits de voyage qui durent leur naissance à cet amour du merveilleux et du lointain qu'avaient éveillé les expéditions d'Alexandre.

Antonius Diogène écrivit une de ces relations, et voici le sujet de cette œuvre, dont Photius nous a conservé un abrégé. Elle roule sur *les choses merveilleuses qui se voient au-delà de l'île de Thulé*. Traduit en français par Chardon de la Rochette. (Mélanges de crit. et de philos., t. I. Paris, 1812, 3 vol. in-8°.)

Ce titre instructif nous avertit très bien de la nature de ces travaux. Pour trouver des sujets de Roman, la littérature antique allait au-delà de l'île de Thulé. C'était le voyage, le voyage lointain et merveilleux, qui faisait les frais du Roman. Le lecteur eût été dépaysé si la scène s'était passée près de lui, s'il avait pu coudoyer, dans son voisinage, devant sa porte, ou rencontrer, en entrant chez lui, le héros de son livre.

Dans l'antiquité, pour intéresser, le héros devait être fabuleux.

Achille Tatius fut un des représentants grecs de cette littérature : c'est lui qui écrivit l'*Histoire de Clitophon et de Leucippe*. « L'ouvrage, dit Ficker, est plein d'aventures bizarres, d'invraisemblances, et surchargé d'incidents superflus qui ralentissent l'action sans nécessité et sans s'y rattacher étroitement. Achille Tatius (c'est toujours Ficker qui parle) ne laisse passer aucune occasion de se répandre en descriptions pompeuses, en récits fleuris, en discours ou en sentences sophistiques et affectées qui sentent le lieu commun. »

Xénophon d'Éphèse, Chariton, Eumathe, Théodore, Prodrome se sont, non pas illustrés, mais signalés, dans cette branche de la littérature grecque.

Ce qui résulte des détails que possède sur eux l'érudition moderne, c'est que le Roman est né en Grèce, à la fin de la littérature ou plutôt après la littérature. On pourrait, je crois, le définir ainsi, sans l'insulter :

*Le Roman grec est la forme déchue du poème épique, dont il a gardé l'emphase et perdu la couleur.*

Le Roman oriental est représenté par les *Mille et une nuits*. C'est un rêve, voilà tout. C'est une promenade de l'imagination, qui fuit la réalité. Les intentions morales, bonnes ou mauvaises, sont rares dans ce livre. L'imagination va devant elle, comme un cheval échappé ; il s'agit simplement de raconter des choses étonnantes, et de mettre sous les yeux beaucoup d'or et de pierreries.

La chevalerie a fait pendant longtemps, en Europe, les frais du Roman. Mais ne reconnaissez-vous pas, avec moins de richesse, la direction des *Mille et une nuits?* C'est la fantaisie occidentale, au lieu de la fantaisie orientale, mais c'est toujours la fantaisie. Peu de leçons ; peu de prétentions à moraliser ou même à démoraliser ; peu de vues philosophiques : c'est l'*aventure* proprement dite, aimée pour elle-même, recherchée pour elle-même, cultivée pour elle-même : c'est l'aventure devenue le but de l'art et le but de la vie, — s'il est permis d'employer, à propos de ces choses, le nom de la vie et le nom de l'art.

Si nous nous rapprochons de l'époque actuelle, sans toutefois l'atteindre, nous trouverons dans le Roman moderne, mais non pas encore contemporain, le caractère du roman grec. Ce caractère est modifié dans la forme, parce que la civilisation n'est plus la même : mais il est le même au fond, parce que c'est le même homme qui l'écrit. Le dix-huitième siècle, qui est le plus servile de tous les siècles, et qui en toutes choses copie le mauvais avec un instinct étonnant, le dix-huitième siècle continue l'œuvre de la décadence grecque. Florian imite Longus. Ce qu'il y a de très bizarre et de très caractéristique, c'est que ce pauvre Longus, l'auteur de *Daphnis et Chloé*, était un *sophiste* grec. A la fois sophiste et romancier sentimental, ce triste personnage semble avoir voulu être le père du dix-huitième siècle français. La niaiserie bucolique et la subtilité sophistique s'aiment beaucoup l'une et l'autre ; la cruauté les accompagne ordinairement. Les bergers de roman et les sophistes sont deux espèces épouvantables qui de leur voix doucereuse appellent dans l'histoire les bourreaux, — et généralement les bourreaux répondent.

Cette société raffinée et corrompue, née dans les salons et les boudoirs, recherchait, dans ses romans, la campagne, ou du moins la chose qui en elle-même n'a pas de nom, mais qui, au dix-huitième siècle, avait usurpé le nom de la campagne. Voilà toujours le symptôme que je constatais dans le roman d'autrefois : la fuite de la réalité. Quand on songe au théâtre sur lequel se jouait la comédie du dix-huitième siècle ; quand on voit par la pensée ce boudoir plein de boue, de sang et de larmes, on conçoit que la campagne est le pays le plus lointain que puisse imiter dans un rêve cette imagination à la fois immobile et égarée. Quand le dix-huitième siècle voulait aller bien loin, dans une région inconnue, il allait à la campagne. La campagne représentait pour lui *les choses merveilleuses qui se voient au-delà de l'île de Thulé.*

Le dix-huitième siècle essaya donc de faire une partie de campagne, comme un homme blasé essayerait, pour oublier la terre, d'aller dans la lune. Mais la campagne ressemble au sanctuaire naturel de Dieu, et ce sanctuaire ne s'ouvre pas au premier venu. Le dix-huitième siècle crut que la campagne ressemblait à ses paravents, à ses devants de cheminée, parce qu'il n'avait ni l'œil assez pur pour la voir, ni l'esprit assez ouvert pour la comprendre. Il parla de la nature comme un aveugle des couleurs.

Si nous résumons les choses aperçues dans ce coup d'œil rétrospectif, nous constaterons dans le roman, depuis l'antiquité jusqu'à M<sup>me</sup> de Genlis, un caractère universel. Il représente la tentative de l'homme pour échapper à la vie quotidienne. Il est la décadence du poème épique. Le poème épique racontait les voyages des peuples, voyages traversés par des guerres. Le Roman raconta sur le même ton les voyages des individus, voyages traversés par des aventures. Les nations avaient demandé au poème épique de perpétuer les grands mouvements qu'elles avaient faits : les individus demandèrent au Roman de remplacer les grands mouvements qu'ils n'avaient pas faits. Ils lui demandèrent de satisfaire, tant bien que mal, le désir vague d'héroïsme que leur imagination portait et que leur cœur ne réalisait pas.

## II

Dans le dix-neuvième siècle, le Roman ouvre une route directement contraire : il veut peindre la vie commune. Il oublie l'île de Thulé, il oublie les *Mille et une nuits*, il perd le souvenir des pays lointains; il jette loin de lui la trompette épique; il parle sur le ton de sa conversation; il a du plaisir à raconter les choses vulgaires; il entre dans les villes où nous sommes, dans nos maisons, dans nos chambres. En devenant voisin, il devient moderne. Il demande la familiarité au temps et à l'espace, comme le Roman antique leur demandait l'éloignement. Il aime à connaître, à montrer, à décrire minutieusement le lieu de la scène et le costume des personnages : il veut que ce lieu soit le lieu de nos promenades, de nos courses, de nos affaires, et que ce costume soit celui que nous portons. Il fait autant d'efforts pour se mêler à nous que le Roman antique en faisait pour se séparer de nous.

Balzac inaugura cette direction nouvelle. Conçu de la sorte, le Roman prit sur les mœurs et sur la civilisation une influence beaucoup plus puissante, plus active qu'autrefois.

Il avait été déclamatoire et flasque. Il devint criard et incisif.

Le Roman antique avait faussé le sens de la vie idéale. Le Roman moderne faussa le sens de la vie réelle. Le Roman antique avait égaré l'imagination. Le Roman moderne, du moins dans les conceptions que j'examine aujourd'hui, égara le cœur.

Ainsi l'objection que je me faisais au commencement de ce travail, non seulement tombe d'elle-même, mais vient au secours de cette assertion : le Roman est né au dix-neuvième siècle et réclame une place dans l'Histoire contemporaine. Non seulement la connaissance des anciens romans n'infirme pas cette vérité, mais elle la confirme.

Le Roman antique excitait la curiosité par la bizarrerie des aventures et le merveilleux des pays lointains.

Comment a fait le Roman moderne pour remplacer cet attrait de l'inconnu ?

Voici ce qu'il a fait. Il a eu recours à la passion : il s'est adressé à elle ; il lui a dit de remplacer l'île de Thulé. Il a imaginé des sentiments violents, afin de suppléer par le débordement intérieur aux courses extérieures qui étaient épuisées. Puis il a mêlé la passion à la vie quotidienne, de façon à persuader aux hommes et aux femmes que la passion est le sel de la vie. Et, comme une excursion sur les terrains de la passion est plus facile qu'une excursion dans l'île de Thulé, le lecteur a senti le but à la portée de son bras, et le désir d'imiter est né dans son cœur.

S'il fallait, en effet, chercher un sens au Roman moderne et lui prêter un langage, voici à peu près la leçon qu'il nous donne :

« Jeunes gens, la vie n'a pas de sens. Elle est pénible, pesante, stupide, ennuyeuse, abrutissante. On part on ne sait d'où, on va on ne sait où, par une route maussade et difficile, où chaque pas qu'on fait est une absurdité. Si vous êtes petit, ennuyez-vous dans le chemin battu : suivez-le, obéissez. Si vous êtes grand, révoltez-vous contre la nature des choses. Il est vrai que vous vous briserez contre elle ; mais qu'importe ? Vous aurez été grand, et moi, qui suis le Roman, je raconterais vos exploits, — ce qui sera très consolant pour vous.

« Lancez-vous dans la voie des passions. Il est vrai que vous arriverez à des catastrophes épouvantables, et que les passions n'ont rien à offrir à ceux qui se sacrifient pour elles ! Mais du moins je vous trouverai grands. Je ne vous sauverai pas, car je n'en ai ni le désir ni le pouvoir ; mais je regarderai votre mort avec plaisir. J'étudierai les convulsions de votre agonie ; je mettrai mon amour-propre à en faire la peinture, et vous aurez la gloire d'être suivis par quelques-uns dans la route où vous vous serez perdus vous-mêmes. D'ailleurs, les catastrophes me plaisent. Chacun prend son plaisir où il le trouve, n'est-ce pas? Vos malheurs m'amuseront ; c'est trop d'honneur, en vérité, pour les imbéciles qui m'écoutent, que de m'amuser un moment par leur agonie et leur mort. Allez donc, braves jeunes gens! suivez-moi, car je marche dans les ténèbres. Précipitez-vous pêle-mêle sur cette route qui n'aboutit pas : vous aurez peut-être en mourant quelques convulsions agréables à voir, qui amuseront les désœuvrés. Cela me fera toujours passer une heure ou deux, et si vous saviez comme je m'ennuie ! »

Ainsi parlerait le Roman, s'il cessait un moment de tromper et de mentir. Il essaye de faire croire aux hommes que la passion donne du goût à la vie, et comme le mensonge produit, non pas une catastrophe quelconque, mais la catastrophe la plus directement opposée au bénéfice qu'il a promis, le dégoût de la vie a fondu sur l'homme.

L'erreur est toujours moquée ; il ne s'agit que de comprendre l'ironie. Le dix-neuvième siècle s'ennuyait, je le conçois très bien, puisqu'il vivait sans Dieu. Alors le Roman se lève et lui dit : Je vais t'amuser. Un remède qui ne fait pas de bien fait généralement beaucoup de mal. Autant eût valu promener dans une plaie béante un crochet de fer que de donner au dix-neuvième siècle le Roman pour l'amuser.

L'ennui du dix-neuvième siècle n'était pas un ennui superficiel : c'était un ennui profond, un abîme.

Quelques-uns lui ont dit : Laissez là les grands désirs ! faites des affaires. Que les jeunes gens soient des hommes pratiques, des hommes positifs. Le remède de l'ennui, c'est le bon sens.

Ceux qui parlaient ainsi voulaient jeter un voile sur l'Abîme. Le dix-neuvième siècle ne les a pas écoutés, parce qu'il ne pouvait vivre seulement de pain : il lui fallait une autre nourriture. Les hommes qui se croient positifs et qui n'ont pas Dieu dans leur âme sont les plus négatifs des hommes ! Comment apporteraient-ils la satisfaction, eux qui ont perdu même le désir ? Comment soulageraient-ils les besoins dont ils ont perdu même l'intelligence ? Comment trouveraient-ils la parole de vie, eux qui ne savent plus la langue dont cette parole est l'expression ? Comment trouveraient-ils, eux qui n'ont plus même l'instinct de chercher ?

Le bon sens est essentiellement respectable. Il se prête à toutes les grandeurs ; il n'exclut aucune magnificence ; il peut se trouver à tous les étages et n'interdit aucune élévation ; mais la froideur usurpe quelquefois son nom et abuse de son autorité. Quand la froideur veut étouffer le désir de l'homme, elle se déguise et se fait appeler le bon sens. Alors elle dit à l'homme : Contente-toi de rien.

L'abîme ayant été masqué et non comblé par la froideur humaine, le Roman est venu et a jeté dans le gouffre, pour le remplir et le nourrir, la passion. Cette fois, l'abîme ne fut pas tout à fait masqué, mais il ne fut pas le moins du monde comblé, il fut *creusé*.

La passion vide le cœur de l'homme.

Elle lui enlève ce qu'il avait, et ne remplace pas ce qu'elle enlève.

Le gouffre béant ne peut être comblé que par Dieu. Dieu seul suffit pour que l'homme ne s'ennuie pas.

Or, le Roman, tel que je le considère en ce moment, est la tentative de l'homme pour donner le sel au monde, en l'absence de Dieu, pour rendre la vie *sapide* attrayante, ardente, en dehors de Celui qui est.

Cette tentative devait avoir le sort qu'elle a eu : l'ironie qui la menaçait d'avance est tombée sur elle avec un fracas épouvantable. Le Roman a augmenté l'ennui de l'homme. La platitude de son extravagance devint plus ennuyeuse même que la froideur.

Il crut amuser l'homme par des *combinaisons*. L'homme, qui a faim et soif d'unité, qu'il le sache ou qu'il ne le sache pas, charge son pistolet, quand on veut le consoler ainsi, et s'apprête à se faire sauter la cervelle. La passion a remué son âme et l'a remuée sans ordre : elle a excité ses besoins, elle ne les a pas satisfaits. Elle a rendu criant son ennui qui était sourd. Elle a constaté le vide, et, au lieu de le diminuer, elle l'a augmenté en le constatant. L'ennui qui dort permet encore au malade un genre d'appétit et un genre de sommeil. Mais l'ennui qui s'éveille, sans cesser d'être l'ennui, regarde du côté de la mort. Si Werther n'a pas eu plus d'imitateurs, il faut remercier Dieu qui protège l'homme contre la logique du mal. Car Werther est le type des livres qui mènent l'homme au tombeau.

Qu'est-ce donc que le Roman ? (Il est inutile de répéter que je prends toujours ce mot dans le sens indiqué par Werther.) Qu'est-ce donc que le Roman ?

*Le Roman est par excellence le livre ennuyeux.*

Je crois qu'il serait bon, qu'il serait utile de faire connaître cette vérité très simple.

Beaucoup de personnes, bien intentionnées et profondément inintelligentes, pensent que les Romans sont souvent de mauvais livres, mais le regrettent au fond du cœur et restent attachées à ces mauvais livres qui doivent être très amusants.

C'est cette erreur fatale, capable de corrompre l'esprit, qu'il serait bon d'abandonner.

Le cœur de l'homme est fait pour être heureux et rempli, et il n'a pas le droit de regretter le malheur et le vide. Le cœur de l'homme est fait pour aimer, et voici le caractère universel des mauvais Romans : l'absence d'amour.

Les personnes dont je parlais tout à l'heure croient que le Roman représente la vie, le bonheur, le feu, mais qu'il faut renoncer au bonheur par raison, parce que le bonheur est dangereux.

Le contraire est vrai exactement. Le Roman est le plus froid des livres. De plus, il a une passion très étrange qu'il faut constater, la passion du malheur, et il faut renoncer au malheur, parce que le malheur est dangereux.

Le Roman a la passion du malheur.

Il aime à boire le sang, comme un vampire, le sang qui coule inutilement. Il est friand de la substance humaine. Il a du plaisir à voir couler les larmes, pourvu qu'elles coulent en vain. Savez-vous quand il est fier ? Il est fier quand il a accumulé un certain nombre d'horreurs, et qu'il vous les a fait déguster. Il est fier quand il a étalé sous vos yeux, dans les convulsions de leur agonie, les victimes de la fatalité ; car la fatalité est la puissance qui préside à ses inventions. L'essence du mauvais Roman, c'est la fatalité. Le mauvais Roman boit avec plaisir les larmes d'un homme perdu, au moment où il se croyait sauvé, — les larmes d'un homme perdu sans retour.

Le mauvais Roman déteste la miséricorde, qui émousserait la pointe de son poignard. Il aime les déchirements. Il veut boire et faire boire le sang du cœur. Comme ce sang ainsi versé ne désaltère pas, le lecteur, de plus en plus ennuyé, et prenant toujours son supplice pour son remède, crie : Encore! encore! Et le Roman verse toujours, et toujours l'abîme se creuse, et l'ennui grandit, comme une plaie qu'on élargirait pour s'amuser.

Au dernier degré, le vertige arrive, le vertige de l'ennui, et le lecteur, ne sachant plus que faire, conçoit un certain désir, inexplicable, mais réel, de partager le malheur du héros. L'esprit d'imitation, qui est naturel à l'homme, peut naître en face de la douleur. Cela est étrange, mais cela est ainsi. En face de la douleur, certains hommes ennuyés peuvent dire : Si j'essayais!

Les anciens ont représenté le vertige sous la forme d'un monstre qui est au fond d'un abîme et qui appelle ceux qui regardent. Or, il faut faire attention. Tout dépend de l'esprit dans lequel parle l'homme et de l'intention pure ou impure qui dicte. Il y a une certaine façon de représenter aux yeux les passions et leurs catastrophes qui produit le même effet sur certains lecteurs, vides d'expérience et pleins d'ennui, que le regard d'un serpent sur un oiseau.

Cette tentation incompréhensible explique le succès de certains Romans. Ils sont ennuyeux au point qu'ils semblent impossibles à lire. Mais l'amour-propre du lecteur vient à leur secours. Vous me demandez comment l'amour-propre peut intervenir ici? Ignorez-vous que l'amour-propre est à sa place toutes les fois qu'il y a une bêtise à faire? Eh bien, oui; la chose est étrange; mais elle est réelle, et il faut y croire, puisqu'on la voit. L'homme, qui a lu avec complaisance un certain nombre de malheurs arrivés à des *héros*, peut concevoir le projet d'être malheureux, afin de paraître héroïque. Il croit que le malheur lui donnera l'héroïsme ou les apparences de l'héroïsme. L'héroïsme n'arrive pas, même en apparence : mais le malheur est venu souvent, même en réalité.

Il faudrait se moquer de René et de Werther, se moquer, se moquer jusqu'à ce que mort s'ensuive.

Il faudrait, en face des héros romantiques, pousser des éclats de rire capables d'ébranler le monde. Ce bruit est peut-être le seul bruit qui les réveillerait de leur sommeil.

Le substantif Roman a formé deux adjectifs : *Romanesque* et *Romantique*. Ces deux adjectifs répondent, le premier, au Roman antique ; le second, au Roman moderne. Les héros des anciens Romans étaient romanesques : ce mot semble indiquer leur goût pour les hasards intérieurs de l'âme. L'absurdité de cette phrase répond à l'absurdité de la chose.

Ce qui caractérise en général le mauvais Roman, c'est le mépris de la paix.

Il aime à considérer la paix comme une chose négative, faite pour les petites gens, et l'agitation comme le sublime monopole des grandes natures. Son esprit tendrait à insinuer que Dieu est sans vie, et que Satan est l'acte pur.

Cependant la paix, qui est un feu dévorant, brûle éternellement, dans la joie et dans la gloire, l'encens magnifique de l'Adoration sur les hauteurs où repose l'œil de Dieu. Elle porte dans son sein immense le transport de l'amour et l'activité du sacrifice de louanges.

L'agitation promène lentement et vainement ses victimes inutiles et ennuyées dans les ruisseaux d'eau froide et dans les mares de boue.

Le jour où l'homme serait parfaitement convaincu que l'ennui est dans la passion et que la joie est dans l'action ; que l'erreur est froide parce qu'elle est agitée ; que la vérité est brûlante parce qu'elle est calme, ce jour-là l'homme regardera avec étonnement son histoire.

Le récit, comme l'Histoire, doit, pour éviter l'ennui et pour donner la lumière, faire sentir dans les faits la présence de Dieu. La présence de Dieu est l'arome qui empêche la vie humaine de tomber en putréfaction. Le mauvais Roman a été, au plus haut degré, la négation de la présence de Dieu. Peu à peu la matière de ces œuvres, c'est-à-dire le fait raconté, est tombée en pourriture, et de temps en temps il s'est produit des livres qui ne sont plus même des cadavres, car la forme du cadavre a disparu : *C'est le je ne sais quoi qui n'a de nom dans aucune langue.*

Il faut rendre à la vie sa forme. Il faut que toutes les branches du récit, toutes les créations de l'art soient reconstituées par la présence de Dieu. A la fatalité, qui est la souveraineté de la mort, s'oppose la Providence, qui est la souveraineté de la vie.

La fatalité est inexorable, et les amis de la mort se sont adressés à elle pour lui demander ses horreurs compliquées, nombreuses et stériles. La miséricorde est le contraire de la fatalité. Les amis de la vie ne pourraient-ils pas demander à la miséricorde la loi de l'Art ; ne pourraient-ils puiser à cette source vive et ardente l'eau pure, l'eau saine, et remplacer la stérile, affreuse et monotone complication des ténèbres par les jeux variés, libres, féconds, magnifiques, resplendissants de la lumière ? Ne vous semble-t-il pas que le drame véritable, celui qui se souviendrait de son nom, celui qui voudrait être un acte et faire un acte, aurait pour clef de voûte la miséricorde ? La miséricorde est large, généreuse, imprévue, féconde, active et hardie! Elle n'a peur de rien, et le mal s'évapore devant elle. La fatalité est étroite, timide, prévue, sèche et passive.

Le mauvais Roman vous montre du doigt la chute, comme le terme inévitable de toutes les tentatives. Il décourage, il abaisse, il ennuie l'homme, il lui donne le choix entre une vie plate, qui ne mène à rien, et un héroïsme faux, qui mène au précipice. Il oublie et fait oublier la grandeur vraie, qui mène aux cieux. Il produit le dégoût, la terreur, l'inquiétude, la pitié vaine! Il oublie l'admiration, acte sublime et rare qui ouvre la source des larmes !

Ce qui corrige une élévation fausse, ce n'est jamais l'abaissement : il est aussi impuissant qu'il est vilain ; ce qui corrige une élévation fausse, c'est une élévation plus haute et plus vraie. Pour trouver la vie, c'est toujours en haut qu'il faut regarder. L'homme vraiment positif est celui à qui Dieu donne la force de lever les yeux continuellement. Ce n'est pas l'égoïsme qui corrigera l'élan faux du cœur : ce sera un autre élan, ardent et vrai. Ne serait-il pas beau, grand, magnifique et possible d'étonner par les foudres de la miséricorde ceux qui s'étranglent volontairement dans les lacets de la fatalité ? N'est-il pas temps que la loi de Dieu se montre comme la loi du vrai, apparaisse comme la loi du beau, et que toutes les choses défigurées par la contradiction monotone de l'erreur apparaissent transfigurées par l'unité du vrai qui embrasse tout, excepté le faux ?

# LE STYLE

## I

Le style est une puissance qui, comme toutes les puissances, a besoin d'être vengée. La funeste parole qui représente une si grande chose, est une des paroles les plus déshonorées qu'il y ait au monde. Cette association d'idées dont j'ai parlé souvent, et dont je parle encore aujourd'hui, nous a donné l'habitude de considérer le style comme l'art de coudre les mots à la suite les uns des autres, l'art d'arranger les phrases avec une symétrie vide, élégante, insignifiante. Pour les rhéteurs, le style, comme presque toutes les beautés, le style est une chose négative ; dans leur pensée, il s'agit, pour bien écrire, d'éviter une multitude d'inconvénients, les locutions qui ne sont pas *nobles*, les expressions trop familières, les mots durs à l'oreille ; et quand on a rempli ces conditions mécaniques, qui ressemblent, par leur multiplicité et leur niaiserie, aux conditions d'un jeu, *on sait écrire*, et on mérite le premier prix.

Pour juger les écrivains à ce point de vue, et leur assigner des rangs, il y aurait un moyen : ce serait de compter les fautes, comme au collège. Celui qui en aurait le moins à son compte serait proclamé le premier.

Ce procédé aurait le mérite d'être un aveu. Il avouerait notre pensée secrète ; il avouerait que nous regardons l'abstention absolue comme la perfection, et que, pour nous, celui qui n'a rien fait est celui qui a le mieux fait.

Le style que les rhéteurs aiment et recommandent est fait à l'image du néant. Si quelqu'un pense, cela les choque sans doute beaucoup ; mais si quelqu'un parle, cela les choque encore davantage. Ce qu'ils ne pardonnent pas au style, c'est la précision de l'affirmation. Ce qu'ils admirent en lui, c'est le vague et l'impersonnel. Leurs conseils, ou, comme ils disent, leurs règles, pourraient se résumer ainsi :

« — En général, pour être bien sage, il ne faut rien penser, rien croire, rien espérer, rien aimer, rien haïr ; car la pensée, la foi, l'espérance et l'amour choquent certaines personnes qu'il ne faut pas choquer. Maintenez votre esprit dans l'atmosphère tiède du doute et de l'ennui. Ennuyez beaucoup vos lecteurs, autant, s'il se peut, que vous vous ennuyez vous-même. Ennuyez-les, ennuyez-les ! c'est le moyen de leur paraître raisonnable. Tout ce qui ne les ennuie pas leur semble *exagéré*. Donc : ne croyez rien, de cette manière-là, vous êtes sûr de ne jamais rien aimer, et si vous aimiez quelque chose, on dirait que vous avez de l'exaltation. Toutefois, comme il ne faut pas aller trop loin, même dans le néant, quoique ce soit la meilleure route, j'admets, jeunes élèves, j'admets l'hypothèse où, entraînés par l'ardeur inexpérimentée de votre âge, vous vous sentiriez portés vers une opinion plutôt que vers l'opinion contraire. J'espère que ce malheur vous arrivera rarement. Mais il faut prévoir tous les cas, même celui où la tentation vous prendrait de croire quelque chose. C'est un cas étrange : mais l'homme est faible, nous ne sommes pas parfaits. En admettant donc cette tentation de croire quelque chose, le devoir d'un bon écrivain est de la dissimuler, autant que possible. Pour éviter l'affirmation, il faut avoir recours à ces heureux artifices que la rhétorique enseigne ; il faut dire : *peut-être, ce semble, s'il est permis de s'exprimer ainsi.*

« La pensée est déjà bien assez odieuse par elle-même. Si, par malheur, vous en avez une, il faut au moins la détruire, autant que possible, à l'aide de la parole, qui ne vous est donnée que dans ce but. Si vous avez une pensée, vous êtes par là même suspect d'originalité. Si vous alliez en outre l'exprimer avec énergie et vaillance, vous entreriez tout à fait dans la catégorie des fous. Ah ! si vous avez une pensée, du moins jetez un voile sur cette honte : et ce voile, c'est la parole. Si votre style effacé et mort ressemble à celui de tout le monde, on vous pardonnera peut-être l'inconvenance d'avoir une idée. Effacez donc tout ce qui serait élevé, profond ou large : effacez tout ce qui, dans votre parole, révélerait clairement votre pensée et votre âme, et votre caractère et votre personne ; faites ces phrases longues, balancées, anodines et impersonnelles, qu'on a lues partout, avant de les lire une fois de plus dans vos pages.

« Ressemblez à tout le monde, et même, si vous avez le malheur de dire quelque chose, ayez encore l'air de ne rien dire : car la parole a été donnée à l'homme pour dissimuler sa pensée, non pas même par une négation hardie, mais au moyen d'un voile long, traînant et élégant. »

C'est ainsi que parle la fausse Rhétorique. C'est ainsi, du moins, qu'elle parlerait si elle osait parler. Mais elle n'a pas même le courage de dire qu'elle n'a pas de courage ; elle n'a pas même la force de sentir sa faiblesse.

Elle ne voit pas assez loin en elle-même pour apercevoir sa nullité.

Elle a bien la pratique du Néant. Mais elle n'est pas assez intelligente pour en avoir la théorie. Elle ne se connaît pas plus qu'elle ne connaît autre chose. Elle ignore sa propre forme. Je viens de la lui présenter. En la regardant, elle ne la reconnaîtra pas. Elle la trouvera exagérée; pour la corriger, elle la dissimulera sous des *peut-être* et des *à peu près*. Par là, elle me donnera raison, plus que je ne puis donner raison à moi-même. Car je n'ai pu donner que la formule du Néant. Elle en saurait donner l'exemple et la pratique. En adoucissant par mille restrictions la crudité des paroles beaucoup trop précises que je lui prête, elle en démontrerait absolument la vérité et l'exactitude. Car si elle les prononçait mot à mot, elle les comprendrait; et par là même les démentirait, puisqu'elle dirait quelque chose.

Oublions maintenant la fausse rhétorique. Elle peut être utile un moment, parce qu'à force de prêcher le faux elle en inspire quelquefois l'horreur, et met, de cette façon, sur la route du vrai. Mais, maintenant, oublions-la.

Qu'est-ce que le style ?

Le style, c'est la parole humaine. La parole humaine doit être franche et discrète. Pour réunir en un mot ces deux mots, elle doit être vraie.

La vérité, qui est la loi de la pensée et la loi de la vie, est aussi la loi de la parole et est toujours la même vérité.

L'erreur, qui scinde tout, a trouvé le moyen de donner une certaine direction à la pensée, une autre à la vie, une troisième à la parole, d'inventer pour toutes ces choses des règles diverses et contradictoires.

Réveillons-nous. Ouvrons les yeux. Apercevons la plus simple et la plus inaperçue des choses : l'Unité de la loi.

La vérité, c'est la vie. Il est clair que l'homme doit vivre dans la vérité.

Il est clair que la pensée de l'homme doit être conforme à la même vérité que son acte, puisqu'il n'y a pas deux vérités contradictoires.

Il est clair encore que la parole de l'homme doit être conforme à la même vérité que sa pensée et son acte, puisqu'il n'y a pas trois vérités contradictoires.

Ainsi l'homme doit :

Vivre dans la vérité ;

Penser comme il vit ;

Et parler comme il pense.

Voilà la loi du style. Nous sommes ici en pleine simplicité, parce que nous sommes en pleine vérité.

Est-ce à dire que le style de tous les hommes devra se ressembler?

Non pas ; car si la vérité est une, nous sommes divers entre nous, et les impressions que nous recevons d'elle sont toujours diverses, sans jamais être contradictoires.

Le même soleil fait fleurir les lis et fait fleurir les roses. Les lis et les roses s'assimilent diversement la même lumière et la même chaleur, parce que leurs capacités, leurs besoins, leurs aptitudes intérieures diffèrent, sans se contredire.

L'erreur est monotone et contradictoire. La vérité est une et toujours nouvelle. Elle laisse à chacun son style.

Les idées qu'un homme exprime sont la propriété de tous. Mais le style de cet homme est sa propriété particulière.

Placez les mêmes mots dans la bouche de deux hommes : ces deux mots ne rendront pas le même son.

Un homme parle : la sphère sonore qui l'entoure est large ; les vibrations de sa voix retentissent dans le monde intelligible, il vous ouvre une fenêtre sur l'infini.

Un autre homme parle : il articule les mêmes syllabes ; la sphère sonore qui l'entoure est étroite, et sa voix ne porte pas. Vous n'avez rien entrevu au-delà du sens immédiat des paroles qu'il aura prononcées.

Le style, c'est l'explosion de notre personne : c'est notre création.

L'idée que nous exprimons, nous ne la créons pas. Mais nous créons notre style. Un homme peut, sans être un homme de génie, voir une grande vérité. Mais pour la dire, cette vérité, en termes définitifs, pour la parler dans un langage immortel, pour la signer de son nom, pour l'associer, aux yeux du genre humain, à cette signature, il faut être un homme de génie. Le lieu du génie, c'est le style : le style est sa résidence, sa preuve, sa marque et sa gloire. Quelque chose que vous disiez, si le style vous manque, la gloire vous manquera.

Le style ne peut pas être remplacé par la pensée, quelque splendide qu'on la suppose. Rien ne dispense de lui. Il est la condition de la gloire ; comme elle, à mériter, et comme elle, à conquérir.

Nous disons d'un homme qu'il parle une langue, quand il la parle enfin comme il la veut parler. C'est qu'en effet la langue, et surtout la langue française, ne se livre pas à tout venant : elle exige une lutte et ne se rend qu'à qui la dompte. L'humanité, qui est si dure pour le penseur, ne consent enfin à l'admirer que s'il sait forcer, par la splendeur de la parole, son admiration récalcitrante. Elle s'incline de force sous le coup de la parole, et semble dire malgré elle, en parlant du grand écrivain qui a lutté contre son idée pour la saisir, contre la langue pour la dompter :

> Qu'il règne avec éclat sur sa propre conquête
> Et que de sa victoire il couronne sa tête!

Quand un homme a conquis son style, il perd, comme les souverains, le plaisir de l'incognito. On le reconnaît dès qu'il parle. Il se trahit dès qu'il apparaît.

La rhétorique vous conseille d'imiter les grands écrivains. Elle croit qu'ils ont une recette et qu'il suffit de la prendre. Leur recette, c'est d'être eux-mêmes. Leur personne est inviolable et nul ne peut se l'approprier. Tout ce qu'on peut faire, c'est de voler leur habit. Et voici la punition du voleur: l'habit volé ne lui va pas, il est trop grand pour sa taille.

Donnez à un homme les idées d'un autre homme ; donnez-lui tout : le plan d'une œuvre, l'ensemble et les détails, les matériaux, tout, jusqu'aux mots, jamais les deux œuvres ne se ressembleront.

Le grand écrivain *et l'autre* seront éternellement séparés par un abîme. Chacun d'eux aura son style.

Le style! voilà la grande parole; voilà le nom du secret. Mais quel est le sens de cette parole? qu'est-ce que le style, en vérité?

La même idée, pénétrant dans mille intelligences, en sortira sous mille expressions différentes. Ces expressions varieront comme variera le travail secret que l'idée aura fait en chacun de nous. Notre expression résultera de l'élaboration que l'idée aura subie dans notre âme. L'idée donnera à notre parole l'aspect qu'elle-même aura pris en nous. Absorbée en nous, elle entrera dans notre moule, s'y façonnera et dira, en se manifestant au dehors, l'expression que notre intelligence particulière lui aura donnée. La relation qui se sera établie entre elle et nous sera manifestée par la parole.

Notre style, c'est la signature de notre personne apposée sur une idée ; notre style, ce sont nos armoiries ; c'est notre empreinte, notre effigie, notre couronne qui se frappe d'elle-même sur le métal chaud, sur le métal encore en fusion.

La même loi vit partout : c'est la loi de l'univers. C'est l'unité qui fait la beauté des corps. La beauté, battant monnaie sur la matière, imprime l'effigie royale sur cette masse inerte et indifférente.

Le style de l'écrivain et celui du rhéteur différeront donc, comme une fleur d'églantier qui brille dans un buisson diffère de l'imitation qu'on en peut faire avec du papier.

Le premier sera organique, le second sera mécanique.

## II

Le style organique, c'est la parole vivante au service de l'idée vivante. Le style mécanique, c'est un arrangement de mots fait au profit de certaines conventions. Le style organique va au cœur des choses et tranche dans le vif ; le style mécanique glisse à côté d'elles : on croirait qu'il a peur de dire, parce que sa conscience est mauvaise. Le premier est libre, franc, déterminé, hardi ; il est sans peur parce qu'il est sans reproche. Le second est timide, faux, indécis, lâche et menteur. Le premier est essentiellement personnel ; il exige que l'homme pense et parle comme il pense ; qu'il croie actuellement, intimement, vivement tout ce qu'il dit. Le second glane de tous côtés quelques fleurs flétries qui ont déjà servi mille fois ; il est composé de vieux lambeaux. Le premier serre de si près la pensée, qu'il fait corps avec elle. Vous ne pouvez le détacher d'elle, admirer l'un sans l'autre, et penser la même idée sans vous servir des mots qu'elle-même semble avoir choisis pour s'exprimer. Le second est une draperie flottante qui se joue autour de la pensée sans la toucher jamais. Le premier est un combat ; le second, une passe d'armes.

J'appelle le premier organique, parce qu'il sort vivant de l'idée, comme la fleur sort du germe ; sa beauté est le rayonnement extérieur de la beauté intérieure qu'il nous révèle ; il sait mettre en saillie, en relief, en évidence tous les aspects de la pensée ; il fait éclater les splendeurs latentes ; il promène partout la lumière de la parole ; il illumine les sentiers, il met le feu aux poudres, afin que la détonation et la flamme réveillent les endormis.

J'appelle le second mécanique, parce qu'il est le produit artificiel d'éléments extérieurs et de pièces juxtaposées ; son élégance est misérable, car elle est empruntée : elle ne lui appartient pas, elle vient du dehors. Il existe entre ces deux styles la même différence qu'entre l'homme vivant et l'automate. Le style organique a des allures à lui : il a des tendresses et des ardeurs, il a des mouvements imprévus, variés, spontanés comme la vie ; il change d'expression, comme une physionomie humaine qu'il est ; il est vivant et pénétrant, comme le feu et comme le regard. Le style mécanique a les mouvements compassés d'une machine.

Il n'a pas la grâce, parce qu'il n'a pas la force ; il est immobile, et s'il fait semblant de se mouvoir, ce mouvement est plus froid que son immobilité. On y sent l'intention du mécanicien qui voudrait, par moments, l'échauffer, et qui, n'ayant pas de chaleur à sa disposition, fait jouer un ressort.

Le style mécanique est quelquefois élégant, dans le sens faux de ce mot.

Le style organique est toujours simple : mais sa simplicité a la permission de ressembler à celle de la foudre, quand deux nuages électriques se rencontrent dans l'espace, un jour d'orage.

Le style mécanique est sentimental, pénétré de cette onction niaise et fausse qui semble faite pour psalmodier les lieux communs. Le ton sentimental découvre le fond de l'âme du parleur, à savoir : la plus profonde insensibilité.

Le style organique est plein, ferme et chaste, à la fois expansif et contenu. Il porte avec lui cette pudeur des grandes pensées et des émotions profondes qui, d'autant plus calmes qu'elles sont plus ardentes, ont de la discrétion jusque dans leur splendeur : il a l'intégrité des corps durs qui ont le feu caché dans leurs veines ; le feu est le grand purificateur (πῦρ, en grec, feu). Ce style-là a passé par le feu ; c'est un rocher, c'est un diamant.

Le style mécanique est mollasse et visqueux.

Si le conseil de la rhétorique, le conseil d'imiter les grands écrivains, ou ceux qu'elle appelle ainsi, est un conseil ridicule, le conseil de se les assimiler serait un conseil sérieux. Il peut se faire, en effet, qu'en vous plongeant dans le génie d'un grand homme, vous en soyez pénétré, imprégné ; que quelque chose de lui passe en vous, à la condition, toutefois, que vous le méritiez et que vous présentiez aux rayons une surface pénétrable. Cela ne peut se faire par la copie, par la découverte d'un procédé, mais par une communication intime de chaleur et de vie. L'homme ne se nourrit pas, comme les animaux de race inférieure, par juxtaposition : il se nourrit par assimilation. Or l'écrivain donne son style, c'est-à-dire sa parole, c'est-à-dire lui-même. Il est permis de s'en nourrir.

J'ai essayé de dire, d'une manière générale, ce qu'est le style de l'homme.

Je vais essayer de raconter ce qu'a été le style des hommes.

## III.

Jetons un coup d'œil sur les écrivains ; ils se classeront eux-mêmes en trois catégories.

Il y a, parmi eux, la classe des enfants. L'homme-enfant se regarde et regarde autour de lui ; il s'étonne, il admire ; il s'étonne de tout, il admire tout. Il se contemple parlant et agissant, avec une stupéfaction naïve et une joie enfantine. Il ne songe pas encore à mieux parler et à mieux agir. Il se complaît dans ce qu'il a, comme l'enfant dans son premier joujou. Il regarde autour de lui. Il trouve que la lumière est belle, et il le dit. Il regarde la matière, et il la peint par ses paroles ; il la peint, voilà tout. Il ne songe pas nettement au genre de rapport qu'il peut avoir avec elle : il aime, dans les choses, les choses elles-mêmes.

Le poëte-enfant a pour type Homère. Il s'en faut qu'Homère soit l'idéal du génie humain. Si l'antiquité ne l'a pas surpassé, c'est qu'elle l'a imité toujours, et l'imitation interdit la supériorité. Nulle copie ne dépasse son modèle. L'homme peut surpasser Homère et le surpasser immensément ; mais Homère reste un enfant immortel. Les épithètes caractéristiques qui ont adopté son nom, les épithètes homériques, si choquantes dans toute traduction, s'expliquent par l'âge du poëte, par le caractère de l'enfance. Homère regarde beaucoup plus qu'il ne réfléchit. Il regarde son Achille, et comme la légèreté des pieds est une qualité visible, frappante pour l'œil d'un enfant, il associera désormais cette qualité à l'idée d'Achille indissolublement, et Achille sera toujours pour lui Achille aux pieds légers. S'il nous le montrait blessé, s'il nous le montrait paralysé, il l'appellerait encore Achille aux pieds légers, comme il nomme Jupiter *sage*, même quand il le montre dupé, moqué, trompé, insensé. L'épithète homérique ne provient pas d'une réflexion faite au moment où elle est exprimée. Elle résulte d'une ancienne constatation faite une fois pour toutes, un jour où Achille courait. Homère est le poète de la constatation. Il s'émerveille et ne discute pas, Il s'efface devant les objets, pour nous dire ce qu'ils sont. Homère entrant dans la vie, c'est l'enfant qui arrive à Paris. Il regarde les maisons les unes après les autres, non pour les juger, non pour les classer ni pour en choisir une, mais pour les regarder. L'une est blanche, l'autre grise ; celle-ci basse, celle-là très haute. Plus tard, il montera sur les tours de Notre-Dame et verra la ville. Alors il s'orientera. Pour aller d'un point à un autre, il apprendra le chemin. En attendant, il se promène. L'enfant ne va jamais quelque part. Pour lui, la route est déjà un but. Il se promène toujours. Voilà pourquoi Homère raconte si longuement. Il a tant de plaisir à regarder un bouclier, qu'il s'arrête, sans songer à l'heure, devant cet objet curieux. Nous pouvons maintenant interpréter Homère, et montrer comment toute la poésie grecque n'est que sa fille. J'ai déjà dit, ailleurs, quelques mots sur ce sujet ; mais lui, il ne s'interprétait pas : il regardait et peignait.

Mais on vieillit vite, et Homère ne dure pas toujours. L'enfant admirait l'éclat de l'or ; l'homme désire maintenant posséder l'or. Le plaisir des yeux ne lui suffit plus. L'humanité va changer de style : l'enfant était coloriste, l'homme sera observateur. L'enfant regardait les objets pour les voir, l'homme va les regarder pour s'en servir. L'enfant ne les rapportait à rien, l'homme les rapporte à lui. Ce retour sur lui-même va modifier profondément sa manière de dire. Tout à l'heure, il parlait pour peindre ; maintenant il va parler, afin de parler bien. Le voilà qui s'écoute. Sa parole n'est plus l'expression spontanée de sa joie ou de sa détresse ; elle n'est plus ni un cri, ni un chant : elle est une composition littéraire. Tout à l'heure il voyait dans la nature un spectacle à contempler : maintenant il y verra un champ à exploiter ; et, comme il pense à lui quand il examine, il pense à lui quand il parle. Homère va faire place à Virgile.

Par malheur, l'homme, épris des beautés de l'enfant, va tâcher de l'imiter. Voilà pourquoi l'épithète homérique, acceptable dans Homère, est ridicule dans Virgile : c'est qu'Homère la laisse glisser sans paraître l'apercevoir, tandis que Virgile, écoutant et mesurant avec le plus grand soin toutes les syllabes qu'il prononce, quand il dit un mot, fait exprès de le dire. Si l'on passe tant de choses à Homère, c'est qu'on ne compte pas avec un enfant. Si Virgile provoque la susceptibilité, c'est qu'il est homme du monde. Ce n'est pas un enfant, ce n'est pas non plus un ami : c'est un homme du monde et un homme d'affaires qui a fait toilette pour vous parler, et qui se complaît dans la mélodie de ses paroles. Il n'a ni assez d'inexpérience ni assez d'expérience pour s'oublier en vous parlant. Il n'a plus l'enfance et n'a pas la maturité. Il a désappris l'abandon et ne l'a pas encore réappris.

Nous aimons Achille aux pieds légers, et nous n'aimons pas le pieux Enée : c'est qu'Achille est *de bonne foi* dans sa rapidité, Énée ne l'est pas dans sa piété. Ulysse cherche Ithaque, pour voir encore la fumée qui s'élève le soir au-dessus des toits de chaume. Énée est conduit en Italie par des considérations religieuses et politiques qu'il ne semble pas comprendre. Il n'est pas sérieux et ému ; il a l'air grave comme un niais. Sa piété, de même que la bravoure de Gias et de Cloanthe (*fortemque Giam, fortemque Cloanthum*), apparaît dans les moments critiques, réclamée par la mesure du vers. Mais l'auteur lui-même semble la traiter légèrement. Remarquons que l'épithète homérique porte presque toujours dans Homère sur une qualité extérieure qui est vraiment là où on la constate ; dans Virgile, elle porte sur une qualité morale à laquelle l'auteur n'a pas l'air de croire : Homère a vu courir Achille. Mais si Enée était pieux, si Cloanthe était brave, à coup sûr Virgile n'en savait rien, et plus il le répète, moins il a l'air de le savoir.

Les critiques, en admirant Virgile, ont l'air d'attribuer la décadence qui l'a suivi à l'excès même de sa perfection. Ils ont l'air de croire qu'après lui l'humanité est descendue, parce qu'elle ne pouvait se tenir longtemps à une pareille hauteur. Cette vue est peu profonde. Si la décadence a suivi Virgile, c'est, je crois, non malgré lui, mais par lui. Si elle s'est développée après lui, c'est qu'il en portait le germe.

Dans le style, le genre de la décadence, c'est le culte du mot cherché pour lui-même. L'habileté de Virgile fut de cacher ce germe de mort sous les fleurs qu'il avait à sa disposition ; mais il le voila, sans l'étouffer. Le sentiment de la nature, la tendresse et la mélancolie de son âme firent une parure vraie à Virgile : Nisus et Euryale, Mézence et son cheval sont là pour l'attester. Mais la parure fausse, le culte de la phrase, était toujours là. Or, la fausse critique admire toujours les défauts de l'écrivain et oublie ses qualités. Ce sont les défauts qu'elle propose à l'imitation des autres hommes ; et comme, en effet, les défauts sont beaucoup plus imitables que les qualités, c'est sur ceux-là, non sur celles-ci, qu'appuient les imitateurs. Ils ne prirent pas à Virgile ce sentiment doux et tendre de la campagne ; ils ne surent pas entendre à sa façon mugir les bœufs ; ils ne surent pas goûter, comme lui, le doux sommeil sous les arbres ; mais ils surent imiter la facture mécanique du vers virgilien. De là la décadence, c'est-à-dire l'idolâtrie de la phrase.

Ovide se plaignait d'être étranger chez les barbares, parce que seul au milieu d'eux il parlait une langue à lui. Je crois qu'Ovide se vantait. Il faisait l'incompris, mais je suis certain qu'au fond ces barbares le comprenaient et l'aimaient. Ce qu'il y a de plus contraire à la barbarie, c'est la simplicité ; ce qu'il y a de plus conforme à la barbarie, c'est l'affectation. L'affectation devait réjouir les sauvages, qui ne sont sauvages qu'à force de n'être pas simples. Ovide avait fait descendre la poésie jusqu'aux jeux de mots. Dans une société intelligente et savante, c'est-à-dire simple, il eût été réellement incompris et réellement moqué. On l'eût mis à la porte, et on eût fort bien fait. Chez les barbares, il avait un public digne de lui : les applaudissements n'ont pas dû manquer.

Nous avons vu, dans Homère, l'homme-enfant aimer naïvement et célébrer joyeusement les choses et les mots ; nous avons vu, dans Virgile, l'homme, destitué de l'enfance, et encore loin de la maturité, aimer avec recherche et célébrer avec ostention, comme un moyen de fortune et de gloire, les choses et les mots.

Que fera donc l'homme mûr ?

L'enfant, en face des choses et des mots, les rapportait à elles-mêmes et à eux-mêmes. Le jeune homme, en face des choses et des mots, les exploitait, les rapportait à lui.

L'homme mûr, en face des choses et des mots, les rapportera à la pensée qu'elles doivent servir, à la pensée qu'ils doivent exprimer.

En face d'un vaisseau, Homère admirait l'arrangement extérieur du bâtiment; Virgile pensait à Énée et aux conséquences politiques du voyage ; *le troisième* penserait au grand voyage et à la grande arrivée.

Le premier style a pour caractère l'enthousiasme de lui-même ; le second a pour caractère la recherche de lui-même; le troisième a pour caractère l'oubli de lui-même. C'est donc à celui-ci qu'il appartient de resplendir et d'éclairer.

Le grand style, le seul qui soit permis désormais, s'oublie : par conséquent il se trouve et se possède. La beauté souveraine se refuse à qui s'en fait un jeu : elle se donne à qui s'en fait une arme. Elle se refuse à qui veut se parer d'elle : elle se livre à qui veut se servir d'elle.

On prétend qu'elle a des caprices. Je crois que voilà la loi de ses caprices.

J'entends votre objection.

— Vous ne voulez donc, m'allez-vous dire, compter, parmi les écrivains, que les grands écrivains ? Vous n'admettez que le premier rang ? Vous ne comptez que ce qui est sublime ?

Pardonnez-moi. Cette loi si simple de la simplicité, cette obligation de parler pour dire, et non par pour parler, est vraie à tous les degrés de l'échelle intellectuelle.

Platon l'a connue dans certains moments. Quand il est

sophiste, c'est-à-dire, hélas ! bien souvent, il l'a totalement oubliée. Les sophistes sont les rhéteurs de la philosophie.

## IV

Tacite parle pour exprimer sa pensée. Sa parole est simple, forte et brève. Tout ce qui est fort est bref. Tacite a donné à la langue latine une énergie que, sans lui, elle n'aurait jamais connue.

Il suffit de penser à Cicéron, qui est l'Ovide de la prose et le type du rhéteur, pour apprécier Tacite, en mesurant de l'œil la distance qui les sépare. Pour Cicéron, tout est abstrait. Rome, c'est la république, la ville, l'État. Pour Tacite, tout est vivant : il nomme les individus par leur nom. Il a presque toujours la vigueur contenue des grandes colères, et quelquefois la vigueur sereine des grandes justices. Le style de cet homme me révèle en lui cette capacité de se taire, caractère particulier des hommes qui sentent la postérité derrière eux, et qui la chargent de leur vengeance. Dans le grand style, le silence entre toujours pour une large part. Il y a du silence dans le style de Tacite. La colère vulgaire éclate, la colère mesquine bavarde ; mais il y a une indignation qui éprouve le besoin de se taire, comme pour laisser la parole aux choses, en attendant la justice de l'avenir. Tacite n'est pas seulement le plus grand écrivain de la langue latine : il est le plus grand écrivain de l'antiquité classique.

Quand on parle du style, il est impossible de ne pas citer Bossuet. Le caractère propre de sa parole, c'est de rendre présents les faits qu'elle raconte. On a beaucoup admiré dans l'oraison funèbre d'Henriette d'Angleterre la célèbre exclamation : « O nuit terrible, etc., » où retentit comme un coup de tonnerre cette étonnante nouvelle : « Madame se meurt ! Madame est morte ! »

Mais je ne crois pas qu'on ait découvert où est la beauté de cette parole ; elle n'est pas dans l'exclamation, elle est tout entière dans le mot : *étonnante*. Voilà le coup de foudre. Changez ce mot, il n'y a plus rien ! Et pourquoi ? C'est que l'étonnement de Bossuet nous rend la catastrophe présente. Il nous transporte en pleine nuit, dans la nuit du coup de tonnerre. Bossuet, l'orateur des grands morts, s'étonne avec une naïveté volontaire du cercueil qui est devant lui. On dirait qu'il ne peut, lui, Bossuet, s'habituer à la pensée qu'il exprime. Bossuet monte en chaire pour parler de la mort, et, tout à coup, terrifié comme s'il la voyait en face pour la première fois, dans la chaire de Notre-Dame, Bossuet s'étonne de la mort.

Je ne peux pas non plus ne pas nommer de Maistre ; il y a des noms qui s'imposent. Ne pouvant tout dire aujourd'hui, je vais seulement signaler entre ces deux gloires de la France, Bossuet et de Maistre, un contraste très frappant qui n'a frappé personne.

Bossuet étale sa pensée lentement, gravement, royalement, comme un manteau de pourpre ; de Maistre serre la sienne.

Bossuet n'en exprime qu'une à la fois et la promène sur les hauteurs, isolée, exposée aux regards de la terre. Il prend en main la misère des choses humaines, pour la donner longuement en spectacle aux hommes. Il fait boire le calice jusqu'à la lie. Il répète continuellement, et jamais il ne se répète. Toujours il dit la même chose, et jamais il ne la dit trop. Il consacre les lieux communs, et quand il dit pour la cent millième fois que l'homme est mortel, sa grande voix a l'air de nous l'apprendre.

De Maistre fait précisément le contraire, — non par un procédé, mais par sa nature.

Il groupe un certain nombre de pensées, qui n'ont pas toujours l'air de se tenir, et les serre dans la même phrase, les unes contre les autres. Étonnées de se rencontrer, elles se regardent d'un air étrange, qui leur donne à nos yeux un aspect nouveau.

Dans une idée qu'il exprimerait pour la première fois, Bossuet montrerait le coté antique de la pensée. Dans une idée qu'il exprimerait pour la millième fois, de Maistre mettrait en évidence un aspect nouveau ou qui semblerait tel. De Maistre a toujours l'air de dire un paradoxe; Bossuet a toujours l'air de dire un lieu commun.

De Maistre *cherche sans affectation* les grands effets de style, ou, si vous voulez, les trouve et ne les cherche pas.

Bossuet dédaigne absolument tout ce qui ressemblerait à une intention.

Quand l'éclat vient à lui, il a l'air, en l'acceptant, d'avoir une complaisance.

De Maistre a des traits habituellement légitimes, Bossuet n'a pas de traits. La période est la forme naturelle de ce style, trop fier pour être haché, trop ample pour s'aiguiser jamais.

Remarquez que je ne rapproche ici ces deux hommes qu'au point de vue du style. Je n'ai pas parlé de leur regard.

De Maistre a la vue plus perçante. De Maistre rajeunit la pensée qu'il exprime.

Bossuet dédaigne de la rajeunir : il la donne comme elle est, armée de sa vieillesse, parée des âges qu'elle a traversés avant d'arriver jusqu'à lui, pour se faire dire une fois de plus.

## V

La loi de la simplicité, disais-je tout à l'heure, oblige à tous les degrés de l'échelle intellectuelle. Je vais en donner un exemple.

Cherchons un homme qui n'ait jamais vécu dans le monde des idées, qui n'ait reçu la pensée ni de première main, ni de seconde main, qui ne l'ait absolument pas reçue ; qui ait ignoré la Beauté ; qui n'ait jamais levé la tête ; qui ne soit pas poète, dans la grande acception du mot ; qui n'ait fait que raconter de très petites choses, déjà racontées par d'autres avant lui, en sorte que le petit mérite de l'invention ne lui appartient même pas, — un homme pourtant qui se fasse lire et qui ne permette pas de l'oublier.

Cet homme existe : il se nomme La Fontaine.

Cet homme, qui n'a jamais soupçonné rien de grand, et qui n'a pas même inventé les petites choses qu'il nous a dites, a ceci de particulier et de curieux qu'il n'a qu'un mérite, un seul, rien qu'un, et qu'il atteste étrangement la puissance de cette qualité unique par laquelle il vit, lui qui avait tant de raisons pour ne pas vivre.

Cette puissance qui immortalise La Fontaine, c'est le style.

Son éloge complet est contenu dans ce mot, et, à qui veut le louer, il est absolument impossible d'en ajouter un second.

Il a su raconter, il a su écrire. O langue française ! de quelle puissance dispose-t-elle donc pour que La Fontaine soit célèbre ?

Je ne crois pas que La Fontaine ait eu, dans son passage sur la terre, un regard donné au ciel ; je ne crois pas qu'il ait eu un instant le tourment ou la joie des choses éternelles. Je ne crois pas qu'il soit possible d'apercevoir, de saisir, de soupçonner, de deviner, en inspectant ce cœur, où était en lui la place de Dieu. Je ne crois pas qu'il soit possible, en l'écoutant, de surprendre un cri ; ni qu'il ait senti vers quoi que ce soit, avant de se convertir, une aspiration.

« Mon poids, c'est mon amour, » a dit un homme dont j'ose à peine prononcer le nom dans une occasion si petite : c'est faire trop d'honneur à La Fontaine que de faire intervenir à propos de lui saint Augustin. Cependant la vérité est vraie à propos de tout, *maxima in minimis*. De quel côté donc pèse La Fontaine ? Aime-t-il une beauté vraie ou fausse, l'apparence seulement de la beauté ? Non pas. Quelques-uns ont l'attrait de la grandeur, mais ne savent pas où elle est ; ils témoignent par là d'une élévation native qui s'égare. La Fontaine n'est pas de ceux-là.

Il ne désire ni la grandeur vraie ni la grandeur fausse ; il ne soupçonne pas l'existence du sublime. Il garde (non pas son admiration, cette classe d'hommes n'admire pas) son éloge, pour l'habileté qui se tire d'affaire. Il a le goût de la rouerie ! chose épouvantable.

*Son idéal, c'est le renard !*

Je n'insiste pas sur le *penseur* et le *poète*. Il est tout entier dans ce mot : son idéal, c'est le renard. Parlons de l'écrivain.

Est-il écrivain ? oui.

Le devoir de la critique, c'est de tenir compte de tout. Elle doit concilier l'enthousiasme donné aux grandes choses et l'attention donnée aux petites. Sa gloire est d'aimer et d'aider ce qui vole ; mais ce glorieux amour ne l'empêche pas de compter les pas de ceux qui marchent. Jamais l'amour n'empêche de se baisser.

L'homme qui n'admire pas n'est jamais admirable. Nous n'*admirerons* donc pas La Fontaine. La critique doit réserver les paroles solennelles pour les hommes et les choses qui le sont. Il y en a qui ont osé parler du *génie* de La Fontaine.

Cette profanation des grandes paroles est plus fatale qu'on ne le suppose. Elle enlève aux choses vraiment grandes le respect des hommes. Elle compromet les vraies majestés, en saluant de leur nom ceux qui ne portent pas la couronne. Non, il ne faut pas admirer La Fontaine, mais il faut le louer, l'apprécier, le goûter dans toute la mesure où il le mérite.

Sans le style, à qui serait-il semblable ? Il serait semblable à Florian. Recherchons donc les caractères de ce style, qui a eu la force de tracer une telle ligne de démarcation.

Ce caractère, c'est la franchise. Florian ne croit pas aux personnages qu'il met en scène. La Fontaine croit aux siens. Florian essaye de les faire parler. La Fontaine prend leur place et parle par leur bouche.

Il se fait lapin, et lapin de bonne foi ! Voilà tout son secret. Ce n'est pas assez pour un homme, mais c'est quelque chose. Et comme il est de bonne foi, il n'exagère jamais. Si Perrette n'était pas de bonne foi, elle exagérerait le porc dont elle prévoit la naissance. « L'exagération est le mensonge des honnêtes gens, » disait Joseph de Maistre. Mais La Fontaine et Perrette sont de bonne foi.

Il était, quand je l'eus, de grosseur *raisonnable*.

Raisonnable est merveilleux ! Perrette a évidemment la vue nette et actuelle de ce porc ; mais elle se réveillerait elle-même de son sommeil si elle le poussait trop loin. Elle introduit la sagesse dans son rêve, pour y introduire la vraisemblance.

La Fontaine s'est élevé un jour au-dessus de lui-même. Un jour il a touché le beau ; ce jour-là, il écrivait *le Chêne et le Roseau*. Ici, et ici seulement peut-être, il s'est élevé à la conception d'une des grandes lois de l'ordre universel ; il a paru voir la faiblesse des forts : il ne l'a pas vue de haut, mais il l'a entrevue.

Il a eu la gloire de se douter que toute créature, à l'instant où elle se dit : Je suis forte, va être frappée à mort. Et quel langage que celui du chêne ! Comme voilà bien la bêtise de l'orgueil ! Comme il offre sa protection avec l'emphase imbécile et diffuse de l'impuissance qui aime à se vanter ! Comme on sent bien qu'il ne protégera personne, qu'il aurait besoin de protection, et qu'il ne désire ni protéger, car il n'est pas bon, ni être protégé, car il se croit fort ! Comme sa ruine est prévue ! Comme elle est contenue dans le premier mot qu'il prononce :

> Vous avez bien sujet d'accuser la nature !

La Fontaine ne nous parle que de la force du chêne, et ne nous fait penser qu'à sa faiblesse ; il le fait parler en souverain, et nous sentons si bien en lui le condamné que la catastrophe est arrivée déjà, pour le lecteur, avant que l'auteur n'ait l'air de la prévoir. Le roseau est aussi précis et aussi bref dans sa réponse que le chêne a été long et oratoire :

> Je plie et ne romps pas.
> Mais attendons la fin.

Voilà bien le langage de celui qui va avoir raison.

En général, La Fontaine est sec ; aussi, chez lui, les traits de sentiment prennent une valeur particulière. Ils sont d'ailleurs d'une délicatesse exquise.

Quand les deux pigeons se réunissent, La Fontaine nous laisse à juger :

De combien de plaisirs ils payèrent leurs peines.

Leurs peines ! un seul d'entre eux a voyagé pourtant ! La Fontaine croit de bonne foi qu'ils ont partagé les mêmes périls. Il ne sait plus distinguer celui qui aime de celui qui est aimé.

Ces mots charmants ont ceci de particulier et de délicieux qu'il est facile, en les lisant, de les sentir vaguement, d'en sentir l'effet sans se donner la peine de les remarquer. La Fontaine n'a pas l'air de les apercevoir, et invite le lecteur à faire comme lui. Son insouciance littéraire est son charme à nos yeux. Il ne prétend pas ; il ne cherche pas ; il ne trouve même pas : il rencontre. Et nous le remercions d'autant plus de sa simplicité, que nous nous rappelons, en le regardant, la date de sa naissance. Nous le voyons entouré du dix-septième siècle. La moindre naïveté devient alors un mérite étonnant. Changez La Fontaine de siècle, vous ne vous trouverez plus le même vis-à-vis de lui, quoiqu'il soit toujours le même vis-à-vis de vous.

Son titre à nos yeux, que nous y pensions ou que nous n'y pensions pas, est d'avoir résisté à l'air qu'il respirait, et d'avoir été La Fontaine, quoique Boileau fût là.

J'ajoute encore à l'honneur de La Fontaine qu'il a le

sentiment de la justice. Je ne parle pas de la justice supérieure : celle-là touche au mystère, et il faudrait, pour la soupçonner, porter ses regards là où n'atteint pas la vue du fabuliste. Je parle de la justice un peu grossière, un peu bourgeoise, mais réelle et respectable, que le bon sens vulgaire aperçoit, — de la justice *visible*, en un mot. C'est celle-là qui a dicté *le Loup et l'Agneau*.

Il ne serait malheureusement pas impossible de surprendre La Fontaine en flagrant délit de contradiction et de le rencontrer quelquefois parmi les partisans du loup et les assassins de l'agneau. Son Dieu, après tout, c'est, je ne dirai pas la force (cette idée est trop haute pour lui), mais *le savoir-faire*.

Ceci est tellement vrai, que je reprends *le Chêne et le Roseau*, et que j'ajoute malgré moi la réflexion qui va suivre. Si La Fontaine condamne le chêne, ce n'est pas parce qu'il est orgueilleux et méchant, c'est parce qu'il va périr. Au lieu de dire : Il a tort, il se vante ; donc il va périr, La Fontaine dit : Il va périr, donc il a tort.

Ainsi nous ne pouvons jamais louer pleinement en lui que le style. Vous qui aimez la vérité, et qui pensez à elle, armez-vous donc du style, alliez-vous cette puissance, et quand vous aurez, comme La Fontaine, conquis la parole, sachez faire d'elle l'usage que La Fontaine n'en a pas fait.

\*
\* \*

La fable, si je ne me trompe, pourrait avoir de grandes destinées. Il y a une gloire qui serait la sienne, il y a une langue qui lui conviendrait. Quelle serait la condition ? Il faudrait qu'elle interrogeât la nature des choses et comprît ce mot : le symbolisme.

Elle se revêtirait à l'instant de la dignité qui lui manque. Elle quitterait le domaine du jeu pour entrer dans le domaine de l'Art.

Le sens du symbolisme manque absolument à La Fontaine.

Il met en scène des animaux et des végétaux, mais je ne saisis pas en lui le sentiment de la nature.

La campagne est absente de son œuvre, comme la pensée, comme la beauté.

Le caractère le plus élevé du fabuliste serait le respect des types. Ce caractère manque à La Fontaine, complètement et absolument. Quels lions que ses lions, et quels aigles que ces aigles! Comme sa mesquinerie éclate quand les acteurs de ses drames portent de grands noms! Je vous le dis, il n'est à l'aise que dans la compagnie des renards. Je ne crois pas que jamais il ait éveillé chez aucun homme ce sentiment de la grandeur humaine, qui est une des joies et des gloires de l'Art !

Je ne puis m'empêcher de faire ici une remarque frappante, et évidente jusqu'à la niaiserie. La Fontaine met en scène des personnages qui tous jouent *au plus fin*, — et on ose, à propos de lui, parler de l'art ! Les hommes n'ont donc pas encore remarqué que le contraire de l'art c'est la ruse ? Pour n'avoir pas encore fait cette remarque, il faut vraiment qu'ils soient bien vieux.

*.*

M. Taine a publié, dans le *Journal des Débats*, quelques articles sur La Fontaine. M. Taine veut nous inspirer pour le fabuliste la plus vive admiration ; c'est le plus profond mépris pour son héros qu'il réussit à provoquer ; mais La Fontaine lui pardonnera, car si M. Taine l'a flétri, il ne s'en est pas aperçu.

« Notre Champenois, dit-il, souffre très bien que les moutons soient mangés par les loups, et que les sots soient dupés par les fripons... Aussi ses maximes n'ont-elles rien d'héroïque ;..., ses plus généreuses sont d'obéir, d'accepter le mal pour soi comme pour autrui, parce qu'il est dans la condition humaine. Il n'eût jamais été un Alceste ; je ne sais même s'il eût été un Philinte. Il conseille assez crûment la flatterie et la flatterie basse. Le cerf met au rang des dieux la reine qui avait jadis étranglé sa femme et son fils, et la célèbre en poète officiel. La Fontaine approuve la perfidie, et quand le tour est profitable ou bien joué, il oublie que c'est un guet-apens.

« Il représente un sage qui, poursuivi par un fou, le flatte de belles paroles menteuses, et tout doucereusement le fait échiner et assommer. Il trouve l'invention bonne et nous conseille de la pratiquer. »

Le même M. Taine, dans le même travail, dit en parlant du même homme :

« Il était *poète*. Je crois que, de tous les Français, c'est lui le plus véritablement qui l'a été. »

Ainsi se fait, chez M. Taine, l'association des idées. C'est lui qui a la modestie de nous apprendre dans quelle acception il prend le mot poète.

M. Taine poursuit :

« Plus que personne, il en a eu les deux grands traits, la faculté d'oublier le monde réel et celle de vivre dans le monde *idéal* ; le don de ne pas voir les choses positives, et celui de suivre intérieurement ses beaux songes. »

Etait-ce dans ce monde idéal que La Fontaine se promenait, quand il conseillait la *flatterie basse ?* Cet homme avait, à ce qu'il paraît, du monde idéal une conception assez neuve. Et dans ses *beaux* songes, savez-vous ce qu'il rêvait? Il rêvait *des tours bien joués*. Quel poète !

Aussi M. Taine déclare qu'il était *enthousiaste:*

« Même dans ses polissonneries, il se préservait de tout mot grossier; il gardait le style de la bonne compagnie. »

Voyez un peu quel enthousiasme !

C'est sans doute à ce même enthousiasme que La Fontaine doit *de ne pas voir les choses positives.*

Il est vrai que le même critique, parlant du même écrivain, l'admire un instant après, comme *observateur*, et insiste longuement sur ce nouvel éloge. Il oublie que La Fontaine ne voyait pas les choses positives, et nous le montre « comme un étranger attentif et curieux, devant le monde vivant qui s'est établi chez lui. »

Que voulez-vous? L'enthousiasme de M. Taine l'empêche d'apercevoir les contradictions qui se rencontrent sous sa plume. Il ne les voit pas, parce qu'il est enthousiaste, et qu'elles sont positives.

M. Taine croit que La Fontaine est connaisseur de l'homme. Il le regarde comme le représentant de la France. Il enverrait les œuvres de La Fontaine à qui voudrait nous connaître.

Au nom de l'humanité et au nom de la France, je crois qu'il est permis à tout homme et à tout Français de répondre: Non, l'homme qu'a peint La Fontaine, c'est l'homme tel que M. Taine le comprend, mais ce n'est pas l'homme; ce n'est pas l'homme créé à l'image de Dieu, l'homme racheté par le Fils de Dieu ; ce n'est pas même l'homme déchu. La Fontaine n'a pas vu la profondeur du précipice; c'est l'enveloppe extérieure de l'homme déchu, c'est sa silhouette imparfaitement dessinée.

Cette France que représente La Fontaine, c'est la France telle, à ce qu'il paraît, que M. Taine la conçoit ; ce n'est pas la France telle qu'elle est, telle qu'elle apparaîtra, quand, rendant ses comptes à l'histoire, elle ouvrira le livre de sa vie à la première page et montrera ces mots : *Gesta Dei per Francos*.

Tout ceci n'est rien encore : il y a mieux. M. Taine se trahit quelque part. Il a écrit un mot qui est son dernier mot, un mot qui le résume ; il a livré son secret. Il dit (ah! je n'oserais pas le lui faire dire, c'est tout au plus si j'ose citer), il dit que La Fontaine enlève *à la vérité sa tristesse*.

La vérité, telle que la conçoit M. Taine, est triste ; et, quant à La Fontaine, il paraît qu'il est gai.

Je dois à M. Taine des remerciments : sa formule m'aide à trouver la formule vraie. Pour tout dire de La Fontaine en un seul mot, pour résumer contre lui mon acte d'accusation, je n'ai qu'une seule parole à changer à la phrase de M. Taine ; je n'ai qu'à dire :

La Fontaine enlève à la vérité sa joie.

Et j'aurais tout dit sur La Fontaine.

\*
\* \*

Pour montrer la puissance du style, j'ai choisi La Fontaine, afin de montrer cette puissance agissant toute seule (autant que possible), isolée, et sur les degrés les plus bas de l'échelle intellectuelle.

J'ai voulu montrer comment la postérité aime ceux qui ont su écrire. Pourquoi donc ? L'amour du style tient chez nous, je crois, à l'amour de la vie. Pourvu que l'âme éclate, se montre, nous révèle quelque chose de sa vie intérieure, nous acceptons ce cri sans le discuter, et ce cri c'est le style.

Quand l'homme, au contraire, nous *communique* seulement une pensée, sans se livrer lui-même à nous, nous n'écoutons pas, quoi qu'il nous dise. Le penseur, qui ne sait pas écrire, nous dissimule ce qui se passe en lui, et ne nous présente que le résultat mort de ses opérations. Le grand écrivain nous fait assister à la conception même des œuvres qu'il nous donne. Dans cet arbre transparent, on voit circuler la sève. Le génie et l'enfance ont une admirable ressemblance : c'est la naïveté ! Tous deux possèdent cette transparence qui nous permet d'apercevoir au fond d'eux leur pensée en travail, d'assister à la formation intérieure de leurs idées. Ce qui, dans le langage humain, ressemble le plus à l'homme de génie, c'est l'enfant, quand il est simple.

## VI

La fausse rhétorique a tellement dégradé les mots dont elle se sert, que le ridicule produit par elle menace d'atteindre même les choses. Quand elle complimente quelqu'un sur son style, elle a l'air de le complimenter sur sa toilette.

Il faut venger les paroles pour venger les idées.

Le style de l'homme est l'expression de son activité.

Toutes les créatures sont placées, en face de la vie et en face d'elles-mêmes, en face des autres, dans un certain rapport.

Le style est l'expression de l'action intime qu'elles exercent et qui est exercée en elles et sur elles.

Toutes les plantes reçoivent la lumière, mais chacune la reçoit d'une façon qui lui est propre : toutes demandent et attendent la chaleur du soleil, mais elles reçoivent diversement les rayons. Chacune se les assimile d'une façon particulière, en vertu de ses besoins, de ses capacités, de ses aptitudes intérieures.

Le style de la rose, c'est son parfum.

Le style, étant la manifestation de la vie, ouvre devant nous un large horizon. Nous ne devons plus l'étudier seulement dans les pages écrites ; nous devons le suivre et le rechercher partout où il éclate, et quelquefois le deviner là où il n'éclate pas. Le style est d'abord dans les mots ; il est aussi dans les gestes ; il est aussi dans les regards ; il est dans toutes les manifestations, y compris le silence. Le silence peut avoir un grand style. Le silence peut être une parole ; le silence peut être même le sommet de la parole, et son point culminant. En général, la parole, quand elle est élevée et solennelle, s'arrête, parce qu'à une certaine hauteur les mots lui manquent. C'est le silence qui se charge alors de la continuer et d'exprimer l'inexprimable. Le silence ému est l'épanouissement suprême de la parole ; c'est le style par excellence.

Qu'est-ce que le langage humain entend par ce mot : un grand homme ?

Est-ce celui qui a accompli tel ou tel acte ? Non ; car je vous défie de déterminer précisément l'acte qu'il faut avoir accompli pour être un grand homme.

La grandeur n'est pas dans tel acte : elle est dans la façon dont cet acte s'accomplit. Le même acte, accompli par mille hommes, manifestera mille différents caractères. La grandeur n'est pas dans le fait, elle est dans l'auteur du fait.

En voulez-vous une preuve très palpable ? Un homme se noie. Vous vous précipitez là où il a disparu ; vous risquez votre vie, et vous le sauvez. Mais un fou et un singe qui vous ont vu vous imitent et sauvent chacun un homme : ils auront imité votre fait, mais ils n'auront pas imité votre acte, ils n'auront pas pris votre style. On peut tout voler à un homme, excepté son style. Le style est inviolable, comme la personne dont il est l'expression.

La grandeur n'est déterminée par aucun fait extérieur. Elle jaillit de la source sacrée.

Son caractère serait-il seulement la persévérance ? Allons donc ! Buffon a semblé le dire. Il n'a su ce qu'il disait. La grandeur aurait pour symbole la mouche qui bourdonne longtemps près de la même oreille.

Serait-ce un grand amour ?

Non pas encore.

Serait-ce une grande intelligence ?

Non pas encore ; non pas, du moins, uniquement. Vous pouvez comprendre les plus hautes idées et ne pas les exprimer grandement. Votre parole trahira l'infériorité de votre race.

Je viens de prononcer malgré moi le nom de la parole : c'est le secret de la grandeur qui était sur mes lèvres, et qui m'échappe.

La parole est l'explosion de la nature intime d'un être.

Le lion n'a pas besoin, pour montrer sa force, de faire un grand effort ; elle se trahit dans ses moindres mouvements. Hercule est presque toujours représenté au repos. On dirait que ses bras terribles n'ont rien à faire actuellement.

Plusieurs hommes ont dompté des chevaux ; mais personne, en regardant le dompteur, qui peut être un homme des plus vulgaires, personne, en regardant le dompteur, ne s'est écrié : Voilà le maître du monde !

Personne ? Je me trompe : cela n'arrive pas ordinairement ; mais cela est arrivé une fois. Et pourtant c'était un père qui parlait de son fils. Quel père a jamais dit : Mon fils sera le maître du monde ? La sphère où j'ai vécu est trop petite pour lui. Qu'il éclate et qu'il la brise, puisqu'il est de taille à la briser !

Si Philippe parla ainsi, est-ce parce qu'Alexandre avait dompté Bucéphale, et masqué à ce cheval l'ombre qui l'effrayait ?

Non certes ; c'est parce qu'Alexandre, en domptant Bucéphale, avait accompli cet acte insignifiant d'une façon extraordinaire. Par sa manière de dompter Bucéphale, il venait de se révéler, et de se révéler maître du monde.

Entre Alexandre domptant Bucéphale et un dompteur de chevaux faisant son métier, où est la différence ?

La différence est dans le style.

Le dompteur de chevaux a droit à un salaire.

Mais quand Philippe dit à son fils : Va, prends le monde, la Macédoine ne te suffit plus : ce jour-là Alexandre, voilant au cheval fougueux cette ombre qui l'effrayait, lui tournant la tête vers la lumière, se servant du soleil pour le dompter, ce jour-là Alexandre fit entendre sa parole et se manifesta.

Il fut clair pour les spectateurs, et pour Philippe lui-même, qu'Alexandre venait d'entrer en possession de la souveraineté, qu'Alexandre venait de conquérir non un cheval, mais lui-même, lui-même et l'Orient, l'Orient avide de soleil, l'Orient qui a peur de son ombre.

Voilà pourquoi Bucéphale a sa place dans l'histoire. Si j'étais peintre, je ne pourrais représenter ce souverain loin de Bucéphale.

Bucéphale symbolise celui en présence de qui la terre fit silence.

Cette conquête fut la parole d'Alexandre.

Au jardin des Plantes, quand il fait résonner, en les secouant à coups de griffes et d'ailes, les barreaux de sa cage, comme s'il les brisait par la pensée, ou bien quand il tourne la tête, ou bien quand il lance sur l'espace interdit un regard de souverain détrôné, vous pouvez voir la parole de l'aigle.

Vous pouvez entendre, dans les jours de tempête, la parole de l'Océan.

Quand Christophe Colomb fendit de son glaive le nuage qui cherchait à lui masquer encore sa patrie (la patrie, c'est le lieu du désir,) quand il obligea la lumière, au nom du Verbe éternel, à lui découvrir l'Amérique, il donna sa parole au monde. Il lui affirma qu'il était souverain, et, quand la reine d'Espagne le nomma amiral des grandes mers, il l'était depuis longtemps. Sa souveraineté essentielle avait précédé son titre.

Le regard des condors en cage semble planer sur les déserts qu'ils rêvent, sur les déserts absents, sur leurs propriétés perdues, et suivre encore les armées qu'ils aiment à suivre quand ils sont libres.

Quelquefois la sainteté resplendit sur le génie, comme le soleil sur l'Océan. Ainsi saint Paul. Se faisant tout à tous, à la joie comme aux larmes ; parlant aux parfaits la parole de la sagesse ; désirant être anathème pour les autres, lui qui portait la sollicitude de toutes les Églises ; en proie aux combats du dehors et aux terreurs du dedans ; accomplissant ce qui manquait à la Passion du Christ, il se montra souverain en portant les fardeaux de l'empire.

\*
\* \*

Jusqu'ici l'esprit humain a cru très souvent que pour

réaliser le beau il fallait se déguiser, et le deguisement qu'il a pris s'est nommé l'Art. L'Art a été le jeu qu'il a joué, quand il a voulu parader devant lui-même, suivant certaines conventions.

Il faut qu'un homme de génie se lève, parle, soit écouté et dise :

Je veux que désormais l'Art soit sincère.

Je veux que l'Art cesse d'être le déguisement de l'homme, pour devenir son expression.

Je veux que l'Art soit l'explosion simple, naïve et sublime des splendeurs de l'intelligence. Pour que l'Art soit beau, et que sa beauté soit vraie, je veux que l'Art désormais dise les choses comme elles sont.

Dieu voudra, si je ne me trompe, que cette voix soit entendue.

L'ancienne rhétorique a dit :

— Vous êtes laid, déguisez-vous, car si vous vous montriez tel que vous êtes, vous feriez horreur. L'Art est un déguisement ; choisissez donc un type de convention, regardez autour de vous et cherchez : vous n'aurez que l'embarras du choix. Imitez, feignez, jouez un jeu qui plaise au public : le beau est une fiction. Les lois de la vie sont laides : pour plaire, il faut que l'Art se fasse des règles à lui, indépendantes des lois réelles.

Maintenant il faut que celui qui doit fonder l'Art de l'avenir purifie l'air souillé par ces paroles, et dise :

— La laideur a, en effet, sa place dans l'homme ; car l'homme est déchu. Mais la régénération est possible.

La beauté est permise encore, la voilà qui vient à nous. Saisissons-la, revêtons-la, et ensuite nous pourrons nous montrer.

Revêtons-la, non comme un déguisement, mais comme une splendeur plus vraie que nous-mêmes, que nous devons posséder et ne jamais perdre. Nous sommes souillés ! eh bien ! purifions-nous. L'homme ancien n'ose pas se montrer. Que l'homme nouveau naisse et paraisse, qu'il resplendisse aux yeux des hommes, non comme un héros de théâtre, mais comme une vérité vivante, plus vivante que l'ancien homme remplacé. Qu'il paraisse et qu'il agisse, qu'il agisse dans la splendeur de sa nature régénérée, qu'il fasse éclater le type qu'il recèle, qu'il dégage l'idéal qu'il porte ! Qu'il fasse la vérité ! La beauté jaillira ; la beauté, au lieu d'être une fiction, est la splendeur du vrai. Que l'Art, qui était le déguisement de l'homme menteur, raconte dans la sincérité de sa parole la splendeur de l'homme sincère !

L'homme, ne pouvant pas se passer absolument de la beauté, peut faire des efforts vers elle, et peut en faire de deux façons. Il peut tenter de se mentir à lui-même au nom de la beauté, ou de se parler vrai au nom de la beauté. S'il veut se mentir, il tentera d'embellir sa déchéance et de se faire gracieux dans le péché. S'il veut se parler vrai, il tentera de se revêtir intimement et extérieurement de la splendeur réelle pour laquelle il est fait. L'Art ne peut pas éviter absolument la beauté : il faut qu'il la contrefasse par un jeu ou qu'il la possède par un effort. Il faut qu'il en fasse ou la parodie ou la conquête. L'Art ne peut pas ne pas sentir la laideur native du vieil homme.

Il faut qu'il la dissimule, ou qu'il la foudroie.

En un mot, il faut qu'il déguise l'homme qui regarde en bas, ou qu'il accepte, qu'il affirme, qu'il proclame l'homme qui regarde en haut.

L'Art qui s'attache à l'homme dégénéré est obligé de farder celui qu'il s'obstine à peindre, car le vieil homme est laid, et l'Art, quel qu'il soit, ne peut pas renoncer au beau. L'Art, ainsi conçu, est un mensonge.

L'Art qui s'attache à l'homme régénéré peut représenter librement et franchement, dans la candeur de son génie, celui qu'il consent à peindre, car l'homme régénéré est un être magnifique, et l'Art, en l'exprimant, rencontre la magnificence, sans sortir de la sincérité.

Très souvent les grands artistes ont eu pour caractère particulier, pour art, pour *style*, l'effort qui consiste à embellir l'homme menteur d'une beauté qui ne lui appartient pas, d'une beauté dérobée et trompeuse, d'une beauté qui existe d'ailleurs, et qui placée là, comme une auréole sur le front du mal, était un mensonge et un vol.

Pendant ce temps-là, les autres artistes, les artistes inférieurs, ceux qui copient, n'osant pas prendre bravement la beauté du bien pour en décorer le mal, inventèrent à leur usage une beauté de convention, qui n'appartient ni au bien ni au mal, car elle n'existe pas, mais qui est simplement une forme de l'habitude. C'est un déguisement, un arrangement, une habitude, une mode en vertu de laquelle il faut prendre certaines attitudes, en éviter certaines autres ; prononcer certaines paroles, en éviter certaines autres ; les faire entendre sur un certain ton, et non pas sur un certain autre. C'est dans cet esprit que sont conçues une grande quantité de tragédies. Dans cet état d'abaissement, il semble que l'Art aspire, non à la beauté, mais au décorum, qui est la parodie de la beauté ; il prend pour loi, non la vie, mais l'habitude ; il prend pour fin, non la vérité, mais la convention. L'idéal de la tragédie classique finit par devenir la gravure de modes.

Il est temps que l'Art proclame la beauté, la puise où elle est, et dise où il la puise ; qu'ainsi il soit hardi et simple, vrai et puissant. Que Dieu nous donne un grand artiste, dont le style ait pour caractère la splendeur vivante de la sincérité !

Ce serait une importante et magnifique étude que de lire l'Histoire au point de vue du style, c'est-à-dire de demander à chaque grand homme la raison, la nature de sa grandeur, c'est-à-dire le caractère propre et la vertu de son style.

Alexandre nous dirait que son style, c'est le génie même de la conquête, que sa façon d'aborder les choses, c'était de les dompter ; tel était le style de cet homme que le nom de son cheval, prononcé par lui, devait recevoir de ses lèvres une consécration qui l'élève à la dignité d'un symbole.

César nous dirait que son style est indiqué par le mot qu'il a dit, pendant la tempête, au pilote tremblant : « *Que crains-tu ? tu portes César.* » Sa parole, c'est l'affirmation de l'empire du monde qu'il attendait. Sa parole, ce sont les larmes qu'il versait, à trente ans, au souvenir d'Alexandre, déjà vainqueur à cet âge.

Le style d'Homère, c'est le premier mot de la prière de Priam :

« Souviens-toi de ton père, Achille, de ton père, faible et vieux, comme je le suis... »

Cette parole renferme tout Homère, les dieux, la paternité, la vieillesse, la force, la faiblesse.

Le style de Bossuet, le voici : « *Madame se meurt. Madame est morte !* » Les grandeurs sociales, et la mort à coté...

Le style de Christophe Colomb, c'est le signe de la croix, tracé dans le brouillard par la pointe de son épée.

Il me semble qu'à l'époque solennelle où nous voici il faut un grand homme, ou plutôt de grands hommes qui parlent au nom de l'humanité, qui parlent le style humain, et qui gravent sur lui leurs différents caractères, leurs différentes signatures.

Il me semble que la prière est le style humain par excellence, — je veux dire l'expression de l'homme.

Qu'est-ce qu'exprimer l'homme ? c'est dire sa misère, et dire sa grandeur.

Or, la prière affirme la misère : elle met l'homme à genoux, comme le mendiant de l'Évangile. Elle l'affirme aveugle et pauvre, ayant besoin et suppliant.

Mais, elle affirme la grandeur d'une façon suréminente ; elle nous la montre agissant sur les décrets de Dieu.

Par elle, Dieu nous introduit dans le mystère du gouvernement, et l'instant où il nous introduit ainsi dans ses conseils est l'instant où il nous précipite la face contre terre ; la prière est à la fois le cri de la détresse et l'hymne de la gloire. Or le cri de la détresse et l'hymne de la gloire, n'est-ce pas l'expression de l'homme, n'est-ce pas le style humain ? Le style humain, c'est la réponse de l'homme à la parole qu'a entendue Moïse :

« Je suis Celui qui suis »

O vous qui Êtes, écoutez donc, — écoutez et exaucez !

Fin

# TABLE DES MATIÈRES

|  | Pages. |
|---|---|
| Introduction | I |
| Préface de l'auteur | XXIX |

## LIVRE PREMIER

### LA VIE

| | |
|---|---|
| Le veau d'or | 1 |
| Les associations d'idées | 16 |
| Le respect humain | 25 |
| L'indifférence | 28 |
| Le rire et les larmes | 34 |
| Le travail et le repos | 39 |
| L'honneur | 42 |
| L'homme médiocre | 57 |
| La passion du malheur | 68 |
| La charité | 79 |
| Le mystère et le XVIII$^e$ siècle | 87 |
| La crainte et la peur | 101 |
| Le monde | 108 |
| Le sphinx | 119 |
| Le voyage | 124 |

## LIVRE DEUXIÈME

### LA SCIENCE

| | |
|---|---|
| Babel | 133 |
| L'état de la question | 143 |
| La goutte d'eau | 157 |

                                                            Pages.
La science..................................................  173
L'ignorance religieuse......................................  204
Les alliances spirituelles..................................  214
L'eau bénite................................................  225
Le signe de la croix........................................  230
Saint Denis l'aréopagite....................................  245
L'Unité.....................................................  254
Le siècle et les siècles....................................  261

## LIVRE TROISIÈME

### L'ART

— L'art......................................................  281
— La critique................................................  288
La convention, la fantaisie et l'ordre.......................  301
— L'Asie, la Grèce et Rome...................................  315
L'art antique et la littérature ancienne.....................  326
La catastrophe dramatique....................................  339
Le mépris de l'art...........................................  350
Le comique...................................................  358
Les tendances actuelles de l'art.............................  367
Le roman.....................................................  374
— Le style...................................................  389

## TOURS

IMPRIMERIE DESLIS FRÈRES

6, RUE GAMBETTA

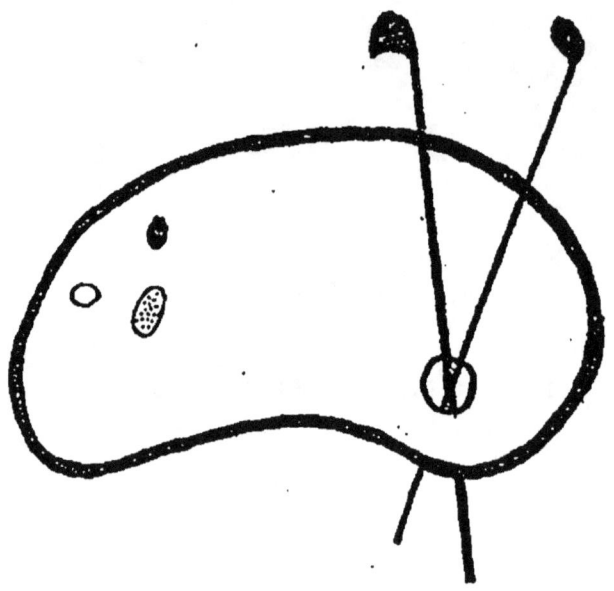

ORIGINAL EN COULEUR
NF Z 43-120-8

www.ingramcontent.com/pod-product-compliance
Lightning Source LLC
Chambersburg PA
CBHW060519230426
43665CB00013B/1577